古典文獻研究輯刊

十六編

潘美月・杜潔祥 主編

第 12 冊

趙翼年譜長編（第二冊）

趙 興 勤 著

國家圖書館出版品預行編目資料

趙翼年譜長編（第二冊）／趙興勤　著－－初版－－新北市：花
木蘭文化出版社，2013〔民102〕
目 4+240 面；19×26 公分
（古典文獻研究輯刊 十六編；第 12 冊）
ISBN：978-986-322-163-0（精裝）
1.（清）趙翼　2.年譜
011.08　　　　　　　　　　　　　　　　　　102002355

古典文獻研究輯刊
十六編　第十二冊　　　　　　　ISBN：978-986-322-163-0

趙翼年譜長編（第二冊）

作　　　者　趙興勤
主　　　編　潘美月　杜潔祥
總 編 輯　杜潔祥
企劃出版　北京大學文化資源研究中心
出　　　版　花木蘭文化出版社
發 行 所　花木蘭文化出版社
發 行 人　高小娟
聯絡地址　235 新北市中和區中安街七二號十三樓
　　　　　　電話：02-2923-1455 ／傳真：02-2923-1452
網　　　址　http://www.huamulan.tw 信箱 sut81518@gmail.com
印　　　刷　普羅文化出版廣告事業
初　　　版　2013 年 3 月
定　　　價　十六編 30 冊（精裝）新台幣 50,000 元

趙翼年譜長編（第二冊）

趙興勤 著

目

次

乾隆二十九年甲申（1764）　三十八歲

【時事】　正月，據福建水師提督黃仕簡密奏：「進出各口船隻不拘內地外洋，但按名目之互異，以定銀數之多寡，每年約取陋規番銀十餘萬圓，均繫文武衙門朋分收受，如總督每年一萬圓，巡撫八千圓，將軍六千圓，興泉道一萬圓，又另單七千圓，海防同知三萬三千圓，又另單六千圓，關部一萬七千圓，泉州府二千圓，同安縣三千六百圓」（《清通鑑》卷一二一），請求速派員查處。又，本月，乾隆帝准巡視中城御史史戈濤所奏，京師五城戲園，概行禁止夜唱。三月，命尚書舒赫德、侍郎裘曰修前往福建查辦海關陋習，並命曰修督署福建巡撫。本月二十四日，乾隆帝就各部院堂官慵惰之舉諭曰：「近聞各部院辦事惟司員說堂畫稿，而各司筆帖式經年不得常見堂官，其所熟悉者不過跟班數人而已。筆帖式將來俱可陞用司員，若該堂官未經謀面，遇有保題陞用之處，止以司官之言爲憑，於理未協。該堂官自應於筆帖式內留心察看，遇有堪以造就尙能辦事者，時加訓勉，以期有成。嗣後各衙門司員說堂畫稿時，並令筆帖式隨同行走。仍就各該處筆帖式人數多寡，酌定班次輪流上堂識認，則該堂官自可悉其才具，因材造就。如有怠惰庸劣之員，該堂官亦可隨時參革。」（《欽定八旗通志》卷首之十二《勅諭六》）四月初，因大學士來保卒，任命尹繼善爲文華殿大學士，仍兼兩江總督。來保（1681～1764），滿洲正白旗人，姓喜塔臘。康熙間，擢一等侍衛。雍正初，授內務府總管，兼理奉宸院事。乾隆朝，先後任刑部尚書、禮部尚書、領侍衛內大臣、吏部尚書、武英殿大學士、軍機大臣兼管兵部事等職。卒於本年三月。七十大壽時，乾隆帝賜以歌曰：「七十古稀亦常有，綸閣中人不多覯。居然臺袞臻黃耇，平生誠謹獲福厚。金門朝夕宣勤久，鮐背精神尙抖擻。漢萬石君今其友，作歌春酒爲卿壽。詞取易達卿祇受，勉力贊襄予左右。」（《欽定八旗通志》卷一六一《人物志四十一》）五月，諭粵海關貢毋進珍珠等物。六月，李侍堯爲兩廣總督，吳達善爲湖廣總督，劉藻爲雲貴總督。七月，帝奉皇太后木蘭秋獮，至十月初始回京師。八月，劉綸兼署禮部尚書。九月，秦蕙田卒。蕙田（1702～1764），字樹峰，號味經，金匱（今江蘇無錫）人。乾隆元年（1736）殿試第三人及第，授翰林院編修，入直南書房，歷侍講、庶子右通政、內閣學士、禮部侍郎、刑部侍郎等職。擢工部尚書，調刑部尚書，協理算學館事務，兼理樂部大臣，署翰

林院掌院學士。少以孝聞，與同里顧棟高、吳鼎、吳鼐、龔燦、蔡德晉諸人爲讀經會。爲官後，退食則閉戶讀書，曾謂：「儒家舍經以談道，非道也。離經以求學，非學也。故以窮經爲主，而不居講學之名。」爲學考訂辨正，必求其正。曾依徐乾學《讀禮通考》之體例，網羅眾說，歷三十八年，始成《五禮通考》，凡爲類七十有五，共二百六十二卷，盧見曾、錢大昕、王鳴盛、沈廷芳、吳鼎、吳鼐、戴震、宋宗元諸學人，均曾參與其事。另撰有《周易象義箋》、《味經窩集》等書。事見《清儒學案》、《湖海詩傳》、《國朝先正事略》、《清史稿》等。十一月，戶部尚書、協辦大學士兆惠卒。以阿里袞爲戶部尚書、協辦大學士。

本年，儀徵李斗（艾堂）開始收集資料，纂寫《揚州畫舫錄》。

蘇州錢德蒼（沛思）增補玩花主人所輯戲曲選集《綴白裘》，此年開始刊行。

安徽吳烺客如皋，觀黃振家班演劇。

長洲吳翌鳳始纂《梅村詩集箋注》。

山陽程晉芳爲蔣士銓題《歸舟安穩圖》，送士銓南還。

浙江韓錫胙著《砭眞記》傳奇翻《西廂記》案。

丹徒王文治外任雲南臨安府知府，經湘黔入滇，作《玉屏縣晚泊》詩。

直隸翁方綱任粵學政，輯《藥洲詩話》六卷。

陽湖蔣炳死，年六十七。

儀徵阮元（伯元）生。

四川張問陶（船山）生。

袁枚作有《詠刀》詩：「出匣一條小，寒光射眼來。非關報仇事，生就殺人才。」據稱，袁枚在尹繼善署座上，有江南吏極力傾軋同官者，尹出一匕首屬吟，子才即刻作此。其人見詩，大驚怍焉。（《隨園先生年譜》）

【本事】春，蔣士銓欲辭翰林院編修職，赴金陵以謀生計。甌北賦詩相勸。

《送蔣心餘編修南歸》：「潞水春風綠半篙，扁舟忽漫泝江皋。竟拋官去談何易，爲養親歸意自高。口腹累人應未免，文章傳世早堪豪。著成潘岳閒居賦，不向年光感二毛。」「敏捷詩如馬脫銜，才高翻致謗難緘。春歸織錦新花樣，老疊登場舊舞衫。過眼恩讎收短劍，隨身衣食有長鑱。歸途笑聽檣烏響，安穩春流一布帆。」「經年不晤自情親，冷暖場中兩故人。世謂灌夫能罵

座，我援瀧吏勸書紳。離筵一別眞如雨，浪蹟重逢定幾春。更憶同時二張子，近來也復少音塵。」「六代風流建業中，由來不可少詩翁。氣兼湖海豪猶在，句得江山助益工。買宅未妨如馬磨，憑欄卻喜對雞籠。金陵近接毗陵路，結社深慚未得同。」（《甌北集》卷一〇）

【按】上引詩「才高翻致謗難緘」句下注曰：「有間之於掌院者，故云。」查錢實甫編《清代職官年表》（第一冊）「大學士年表」，乾隆二十八年至三十四年，劉統勳均「兼掌翰」。（中華書局，1980年，第58～61頁）知當時掌翰林院者，乃大學士劉統勳。《清代七百名人傳・劉統勳》：「（乾隆）二十八年，兼管翰林院掌院學士。」原掌院學士梁詩正，亡於本年十一月十四日。劉統勳兼任掌院學士，當在十一月十四日之後。二十八年之大考，蔣士銓爲「三等一名」，說明其現實作爲爲長官所不喜。考列三等，成績當然不佳。武進錢維城，於乾隆十年一甲一名進士及第，授修撰功令，習清文，散館，列三等，爲乾隆帝所不喜，即是明證。（《清史稿》卷三〇五《錢維城傳》）大考失利，這或許是導致他「拋官去」的直接誘因。至於何人從中挑撥離間，則不得而知。此時，梁詩正已亡故，繼其任者乃劉統勳，由此推測，蔣與劉之間可能有嫌隙。否則，他不會於劉兼管未久即辭去。再說，乾隆二十五年四月，梁「充會試總磨勘官。五月，偕軍機大臣閱庶吉士散館卷，取江西蔣君士銓第一」（王昶《太子太保東閣大學士梁文莊公詩正行狀》，《碑傳集》卷二七），應當說是有恩於蔣，不至於起摩擦。以此而論，甌北所謂「有間之於掌院者」之「掌院」，當指劉統勳。或稱士銓「由進士官編修，以剛介爲和珅所抑」（《清朝野史大觀》卷一〇《清朝藝苑》），而《清史稿》和珅本傳謂：和珅初爲文生員，「乾隆三十四年，承襲三等輕車都尉。尋授三等侍衛，挑補黏杆處。四十年，直乾清門，擢御前侍衛，兼副都統。次年，遂授戶部侍郎，命爲軍機大臣，兼內務府大臣，駸駸鄉用。又兼步軍統領，充崇文門稅務監督，總理行營事務。」《欽定八旗通志》無其傳。《清代七百名人傳》，亦稱其「由文生員於乾隆三十四年承襲三等輕車都尉。三十七年，在鑾儀衛當差。選舁御轎。一日，帝將出，倉卒求黃蓋不得，帝曰：是誰之過與？各員瞪目，不知所措。和珅應曰：典守者不得辭其責。儀度俊雅，聲音洪亮。帝視之曰：若輩之中，安得有此解人，遂派總管儀仗，授三等侍衛。旋挑補粘杆處侍衛。四十年閏十月，遷乾清門侍

衛。十一月，擢御前侍衛，授正藍旗滿洲副都統。四十一年正月，授戶部右侍郎。三月，命在軍機大臣上行走。四月，授總管內務府大臣。八月，調鑲黃旗滿洲副都統。十一月，充國史館副總裁，賞戴一品朝冠。十二月，總管內務府三旗官兵事務。四十二年六月，轉左侍郎，兼署吏部右侍郎。十月，兼步軍統領」。由此可知，乾隆二十九年時，和珅羽毛尚未豐滿，未必能插手翰林院之事，壓抑蔣士銓。「間之於掌院者」是否此人，則不得而知。士銓以仕途不得意，曾「避客謝毀譽，如蟻壃戶蝸隱廬」（《癸未·移榻蓀圃寓齋同居匝月書壁志別》，《忠雅堂詩集》卷一〇），居吳璟處月餘。當時，裘師穎曾薦其「入景山爲內伶填詞，或可受上知」，士銓「力拒之」，（《清容居士行年錄》）憤而辭官離去。對此，《（同治）鉛山縣志》卷一五《人物·儒林傳》亦有詳細載述：「士銓名震京師，名公卿爭以識名爲快。有顯宦某欲羅致之，士銓意不屑，自以方柄入圓鑿，恐不合，且得禍。鍾太安人亦不樂俯仰黃塵中，遂奉以南旋。」然而，春日雖有南歸之想，且早已繪就《歸舟安穩圖》，四處請友人題句，也已預先於金陵購得房舍，但眞正啓行，則是八月間之事。可參見《心餘復以歸舟安穩圖索題，惜別送行，爲賦十二絕句》（《甌北集》卷一〇）組詩。

讀書目力不濟，始戴花鏡。

《初用眼鏡》：「少年恃目力，一覽數行下。能從百步外，遠讀屛滿架。又能寸紙上，心經全寫罷。因之不自惜，遲用弗使暇。螢火貯囊照，鄰燈鑿壁借。倦勿交睫眠，怒或裂眥咤。豈知過則傷，索債乃不赦。年來理鉛槧，忽驚眩盱乍。欲作蠅頭書，晴窗墨研麝。不敢對南榮，取光要旁迓。恭逢廷試期，方覬一戰霸。生平見敵勇，坐是臨陣怕。眼光故如豆，況復蒙綃帕。眞愁霧看花，幾俾晝作夜。何來兩圓璧，功賽補天罅。長繩繫雙日，橫橋向鼻跨。瑩比壺映冰，朗勝炬燃樺。平添膜一層，翻使障翳化。涼月淨無塵，澄潭湛不瀉。瞳神失所居，貰此得宅舍。晦者攝之顯，漆室變臺榭。小者拓之大，蟻垤屹嵩華。空中花不存，鏡裏影逾姹。遂覺虱懸輪，可以命中射。亥豕寧被訛，焉烏漫售詐。藥堪決明瞤，刮豈金篦藉。奇哉洵巧製，曷禁頻歎訝。直於人力窮，更向天工假。相傳宣德年，來自番舶駕。內府賜老臣，貴值兼金價。所以屠公饋，鮑菴作詩謝。初本嵌玻璃，薄若紙新研。中土遞仿造，水晶亦流亞。始識創物智，不盡出華夏。緊余愧結習，把卷頗嗜炙。

舊時多目星，去我一帆卸。抱茲千年冰，如刀難離櫺。已知老漸侵，幸有光
可賫。誓將刮目待，肯與反目罵。珮璲共結綬，詩草同祭蠟。收宜近筆牀，
掛豈雜弓弋。留伴炳燭餘，觀書味噉蔗。」（《甌北集》卷一○）

【按】此詩不僅詳敘甌北視力由「一覽數行」到「愁霧看花」之變化情況，
也簡略考述了眼睛輸入、製造史。其材質用玻璃或水晶，鏡架是用長繩
替代。凡事追究根底，當是受清代考據學風的影響。《陔餘叢考》卷三三
《眼鏡》條曰：「古未有眼鏡，至有明始有之，本來自西域。張靖之《方
州雜錄》云：向在京師，於指揮胡龖寓見其父宗伯公所得宣廟賜物，如
錢大者二，形色絕似雲母石，而質甚薄，以金相輪廓而紐之，合則爲一，
歧則爲二，如市中等子匣，老人目昏不辨細書，張此物加於雙目，字明
大加倍。近又於孫景章參政處見一具，試之復然。景章云：『以良馬易於
西域賈胡，其名曰僾逮。』又郎瑛云：少嘗聞貴人有眼鏡，老年人可用
以觀書，予疑即《文選》中玉珧之類。及霍子麒送一枚來，質如白琉璃，
大如錢，紅骨鑲二片，叮開闔而折疊之。問所從來，則曰：『甘肅番人貢
至而得者。』豐南禺曰：『乃活車渠之珠，須養之懷中，勿令乾，然後可。
予得之二十年無用』云。瑛，嘉靖時人，是知嘉靖時尚罕見也。《吳瓠菴
集》中有《謝屠公饋眼鏡》詩。呂藍衍亦記明提學潮陽林某始得一具，
每目力倦，以之掩目，能辨細書，其來自番舶滿加刺國，賈胡名曰靉靆
云。則此物在前明極爲貴重，或頒自內府，或購之賈胡，非有力者不能
得，今則遍天下矣。蓋本來自外洋，皆玻璃所製，後廣東人仿其式以水
精製成，乃更出其上也。劉跂《暇日記》：史沆斷獄，取水精十數種以入，
初不喻，既而知案牘故暗者，以水晶承日照之，則見。是宋時已知水晶
能照物，但未知作鏡耳。」

時與顧北墅雲、申拂珊甫、諸桐嶼重光、畢秋帆沅、王漱田日杏諸人交
往，或詩歌唱酬，或書齋小聚。

此時寫有《題顧北墅蒲團小照》、《拂珊光祿招同桐嶼、秋帆時晴齋看花
小飲，即用去歲韻》、《弄璋歌，賀拂珊光祿》、《題王勿齋孝廉觀潮遺照，爲
令嗣漱田郎中》（《甌北集》卷一○）諸詩。亦時而以遊戲之筆，抒人生感慨，
如《查初白集中有門神詩，戲效其體》（《甌北集》卷一○）。

四月初八，尹望山繼善七十壽辰，甌北賦詩祝賀。

《壽尹望山相公七十》：「法酒榮頒七秩筵，黃扉新映綠槐煙。人傳與佛

同生日，帝命遷官寵大年。國老膠庠言可乞，世家宰輔史應編。熙朝人瑞今
真見，突兀班行鶴髮仙。」「松柏凌霜本後凋，封疆處處駐星軺。蒼生憂樂縈
孤枕，黃髮勳名歷兩朝。燕寢凝香心似水，茅簷待澤信如潮。爲霖從此應逾
遍，四海俱瞻玉燭調。」「金陵四度駐行襜，部下黃童已白髯。公謂身多宿緣
在，人言地應福星占。禦冬有褲民皆暖，投夜無金吏自廉。今日江南喧灌佛，
定知私祝遍茅簷。」「十年詩客辱知名，燕見常叨倒屣迎。蠟鳳諸郎皆好友，
登龍前歲又門生。後堂絲竹慚高第，詞壘旌麾許主盟。不爲憐才致私祝，昇
平贊化要耆英。」（《甌北集》卷一○）

【按】上引「登龍前歲又門生」句下小注曰：「余辛巳殿試，公爲讀卷官」，
「帝命遷官寵大年」句下小注曰：「公節制兩江，上命於誕日前入覲，至
則加大學士。」袁枚《文華殿大學士尹文端繼善神道碑》：「二十九年，
上召公，爲慶七十，賜讌於第，拜文華殿大學士，仍攝總督。」（《碑傳
集》卷二七）直至次年三月，始由高晉出任兩江總督。甌北詩明確記載
了尹繼善來京之時間，是在尹四月八日生日之前，恰補史傳之不足。另，
尹繼善本年爲七十，上溯其生年，當在康熙三十四年（1695）。《清代人
物生卒年表》作康熙三十三年（1694），疑有誤。

連日為詩，倦於筆墨應酬。

《連日筆墨應酬，書此一笑》：「詩非苦心作不成，佳處又非苦心造。縱
窮周兩搜玄珠，不過寒郊瘦賈島。粉蝶雙飛桃李春，雄雞一唱天地曉。偶於
無意爲詩處，得一兩句自然好。乃知茲事有化工，琢玉鏤金漫施巧。如何一
管秋兔毫，立課分程日起草。腕脫抄胥不停筆，口授堂吏各成稿。此是供役
官文書，就中賞心固自少。言情篇什貴雋永，豈比宿逋可催討？假啼那得有
急淚，彊笑安能便絕倒？君不見倩人搔背不著癢，枉費麻姑好指爪！」（《甌
北集》卷一○）

【按】《隨園詩話》卷一謂：「尹文端公好和韻，尤好疊韻。每與人角勝，
多多益善。庚辰十月，爲勾當公事，與嘉興錢香樹尚書相遇蘇州，和詩
至十餘次。一時材官僄從，爲送兩家詩，至於馬疲人倦。尚書還嘉禾，
而尹公又追寄一首，挑之於吳江。尚書覆簡云：『歲事匆匆，實不能再和
矣！願公遍告同人，說香樹老子，戰敗於吳江道上。何如？』適枚過蘇，
見此簡，遂獻七律一章，第五六云：『秋容老圃無衰色，詩律吳江有敗兵。』
公喜。從此又與枚疊和不休。」甌北此詩，未必是針對尹繼善而言，然

館閣文人間無休止的文字遊戲，令其厭倦，倒在情理之中。他的詩歌創作，更看重的是情感的涵育與自然流溢，而反對無病呻吟、無淚假啼，頗具識見。

四月二十九日，次子廷英生。

《舊譜》：「四月，子廷英生。」

【按】《西蓋趙氏宗譜》：廷英，「字鼎傳，國子監生，同知銜，乾隆二十九年甲申四月二十九日亥時生，道光十四年甲午三月二十日丑時卒，壽七十一。配方氏，乾隆甲戌進士，山東館陶縣知縣汝謙女，乾隆二十六年辛巳十月初九日戌時生，嘉慶二十四年己卯九月二十四日巳時卒，年五十九。」

送王文治出守雲南臨安。

《送王夢樓侍讀出守臨安》：「黃蓋朱輪臨廣陌，官程遙指滇陽驛。丈夫三十專城居，支體爭誇二千石。君昔徒步諸生中，其才八斗氣百尺。曾浮滄海觀扶桑，放眼欲笑人間窄。颶風覆舟身落水，幾被蛟龍食魂魄。歸來射策金馬門，鼎足科名起通籍。自後每試輒冠曹，詞館一時盡辟易。有詔掄才出典郡，一十七人膺選擇。君乘五馬去最先，牂牁古郡列畫戟。此地由來控制雄，爨分東西蠻烏白。即今六詔輸駮馴，不用三苗舞干格。前驅弩負樸揄君，大府堂開句町宅。庭參禮數趨苴龍，檄召威稜讋孟獲。風靜胡床鎮百蠻，塵清絕徼通諸譯。有官如此亦足豪，人生寧必九州伯？況復滇南風景佳，點蒼山青洱海碧。傈花如女顏婭姹，仡鳥喚人聲格磔。自古未曾有品題，一經翦裁愈奇僻。風氣將開不自顯，似天留待詞人闢。探奇定訪昆明池，弔古或噭瀾滄役。苴蘭城是何王居？大度河從幾年畫？蒙段分土偁合離，唐宋割疆考沿革。繡幰遙臨路幾千，錦囊會積詩盈百。而我送君去作郡，一言欲贈繞朝策。男兒素志雅不凡，得官豈為取快適？儒林循吏二傳間，位置必須爭一席。矧茲擢用係破例，詞館不常有此格。聲名要稱翰林官，康濟莫辭賢者責。本有頭冰表潔清，更攜掌露湛膏澤。坐令僮僕褌褲多，不使駃騠聲教隔。他年報最來都門，重為作詩紀政蹟。」（《甌北集》卷一〇）

【按】蔣士銓亦有《送王夢樓侍讀文治守臨安》（《忠雅堂文集》卷一二）詩。《忠雅堂集校箋》於此詩下箋曰：「詩作於乾隆二十九年四月，故有『庭花開落三春過』句。王文治《夢樓詩集》卷七《南詔初集》小序云：『甲申初夏，由翰林侍讀外除雲南臨安知府。』按王文治出都，作詩贈

別者極多，吳璘《黃琢山房集》卷七有《送王夢樓同年出守臨安二律》，畢沅《靈岩山人詩集》卷一七有《送王夢樓同年出守臨安》，曹文埴《石鼓硯齋集》卷五有《送王夢樓同年出守臨安五首》，李調元《童山詩集》卷七有《送別王夢樓先生文治由翰林侍讀出守臨安一百韻》。」（第 899 頁）

　　王文治，《清史稿》卷五〇三《藝術傳》載述曰：「王文治，字禹卿，江蘇丹徒人。生有夙慧，十二歲能詩，即工書。長遊京師，從翰林院侍讀全魁使琉球，文字播於海外。乾隆三十五年，成一甲三名進士，授翰林院編修。逾三年，大考第一，擢侍讀。出爲雲南臨安知府，因事鐫級，乞病歸。後當復官，厭吏事，遂不出，往來吳、越間，主講杭州、鎮江書院。高宗南巡，至錢塘僧寺，見文治書碑，大賞愛之。內廷有以告招之出者，亦不應。喜聲伎，行輒以歌伶一部自隨，辯論音律，窮極幽渺。客至張樂，窮朝暮不倦。海內求書者，多有餽遺，率費於聲伎。然客散，默然禪定，夜坐，脇未嘗至席。持佛戒，自言吾詩與書皆禪理也。卒，年七十三。所著詩集外有賞雨軒題跋，略見論書之旨。文治書名並時與劉墉相埒，人稱之曰『濃墨宰相，淡墨探花』。與姚鼐交最深，論最契，當時書名，鼐不及文治之遠播；後包世臣極推鼐書，與劉墉並列上品，名轉出文治上。」上引《清史稿》中「乾隆三十五年，成一甲三名進士」，「三十五年」，應作「二十五年」。文治出守臨安，乃在中進士四年之後。《清代進士題名錄》乾隆二十五年明確載述「丹徒王文治，一甲三名」。《清代七百名人傳·王文治》，亦稱其乾隆二十五年一甲三名進士。《清史稿》顯誤。又上引甌北詩「颶風覆舟身落水，幾被蛟龍食魂魄」句下注曰：「君隨冊使泛海封琉球，舟覆落海，幾死」，補史書所未及。早年，王文治「以貢生留京師，隨閣學金魁過海至琉球國封王，充記室」（李調元《淡墨錄》卷一五），落海事即發生於此時。

由豐臺帶回松樹五株，庭前栽植，時而澆灌，以娛情興。

　　《種樹》：「兩株翠柏五株松，陰滿齋前地廿弓。妝點先生身入畫，綠陰深處一詩翁。」「帶得豐臺土一把，栽來高已拂簷牙。庭前突見濃陰合，欲賽傖人頃刻花。」「胸中丘壑構何年，種樹爲園翠蔽天。看是豪奢卻寒儉，省他六月搭棚錢。」「閒穿樹底小勾留，早有翩翩蛺蝶遊。笑我與他同栩栩，不知誰蝶又誰周？」「催喚僮奴抱甕過，防他生意漸婆娑。傴行樹下親澆灌，自笑

身如郭橐駝。」「濃綠何曾漏日光,濯枝雨過更蒼蒼。詩筒茗椀清陰下,閒與
兒曹納晚涼。」「掠地橫枝偃蹇驕,鉤衣拂帽向人撩。生平不解低頭拜,今日
爲君屢折腰。」「拂翠松毛不可梳,甕缸水滿映扶疎。午風忽動之而影,忽然
金鱗寸寸魚。」「十日炎歊作意熏,向榮枝漸少欣欣。貧官未是爲農日,也等
田家望雨殷。」「翠痕深映讀書堂,不見花紅但葉蒼。說與愛花人聽取,花時
那比葉時長。」「豪家別墅跨林郊,此地何殊一睫巢。悟得漆園齊物理,滄溟
未必勝堂坳。」(《甌北集》卷一○)

八月初,蔣心餘乞假,南往江寧。甌北為其《歸舟安穩圖》,賦十二絕
句。

　　《心餘復以歸舟安穩圖索題,惜別送行,爲賦十二絕句》,一曰:「軟紅
塵土十餘年,一棹滄江意渺然。此老生平終歷落,不登卿相即求仙。」十二
曰:「館閣相隨近十年,送君蹤迹感蔓蜒。卻慚索米長安客,視草爭嗤上水船。」
(《甌北集》卷一○)

　　【按】《清容居士行年錄》謂,乾隆二十九年甲申,「八月,遂乞假去,畫
　　《歸舟安穩圖》」。蔣氏所作《歸舟安穩圖記》曰:「圖曰『歸舟』,志去
　　也;曰『安穩』,風水寧也。居士有母、有婦、有三子,生理全也,舟中
　　有琴書、有酒樽茶竈、有僮婢雞犬,自奉粗足也。岸樹有花,春波淡蕩,
　　遊鱗不驚,汀鷗相戲,生趣洽而機心忘也。慈顏和悅、坐中央者,太安
　　人也。衣淺碧、側坐陪侍者,居士之婦也。倚太安人膝、憑舷而嬉者,
　　三兒知讓也。小案橫陳,丱角坐對讀書者,大兒知廉、二兒知節也。執
　　卷欹坐、臨流若有所思者,居士也。太安人春秋五十有八,居士行年三
　　十有九,婦少居士二歲。知讓甫六齡,知節長於弟三齡,少於兄亦三齡
　　也。乾隆癸未十二月朔,某自記。」(《忠雅堂集校箋》,第 2056 頁)記
　　寫於十二月初一,圖當繪於此前,或繫十一月間。據李夢生箋,袁枚《隨
　　園詩話》卷八記載曰:「乙酉歲(當作甲辰),心餘奉母出都,畫《歸舟
　　安穩圖》,一時名公卿,題滿卷中。尹文端公謂余曰:『此卷中無佳作,
　　惟太夫人自題七章,陸健男太史四首,足傳也。』」蔣母鍾令嘉詩,題《自
　　題歸舟安穩圖七首》,見《國朝閨閣詩鈔》,詩曰:「館閣看兒十載陪,慮
　　他福薄易生災。寒儒所得要知足,隨我扁舟歸去來。」「一艇平安幸已多,
　　胸中原未有風波。團欒出又團欒返,兒頷鬚長母鬢皤。」「一生辛苦備三
　　從,六十新叨墨敕封。得向青山梳白髮,此心閒處便從容。」「書聲才歇

笑聲連，乞棗爭棃繞膝前。自笑老人多結習，課孫不及課兒專。」「三十隨夫四海遊，江山奇處每勾留。誰知老去清緣在，還坐東南頓水舟。」「手植松楸翠幾尋，故山歸去怯登臨。白雲深處焚黃日，可慰梁鴻廡下心。」「四十歸田可閉門，焚香省過答天恩。三年後更添歡喜，新婦爲婆子抱孫。」同時題詩者，除趙甌北外，尚有錢載、程晉芳等人。（《忠雅堂集校箋》，第 1914～1915 頁）

《然脂餘韻》卷六記蔣母鍾令嘉曰：「鍾令嘉，字守箴，號茶甘老人，江西餘幹人，鉛山蔣心餘之母也。心餘少孤，四齡時，守箴斷竹爲篾，攢簇成字教之，口授經書，蓋與丸熊畫荻競美矣。心餘卒以是入木天，爲名士。守箴著有《柴車倦遊集》。《登太行山》一首，頗有唐人音節。詩云：『絕磴馬蕭蕭，群峰氣勢驕。蒼雲橫上黨，寒色滿中條。極目河如帶，攔車雪未消。龍門劃諸水，禹力萬年昭。』嘗就養京師，謂心餘曰：『吾兒才非適時者，不如歸也。』心餘悚然，乞假歸。守箴作《歸舟安穩圖》題詩紀之，其高致尤不可及也。」

時，顧光旭曾前往送行，《送蔣心餘歸西江》詩曰：「帆影疎疎織綠蒲，夕陽多處起檣烏。兩行通潞亭邊柳，一幅歸舟安穩圖。」「落拓京華春復春，得從杜甫作南鄰。明朝相望知何處，寒雨連江思煞人。」「日歸作計復遲遲，剩得行囊萬首詩。愧我貧無車馬贈，看君解纜立多時。」「買舟容易買山難，鍾阜青青屬謝安。牛渚西江一輪月，無人知道錦袍寒。」（《響泉集》詩卷六）詩既言「帆影疎疎織綠蒲」，又謂「鍾阜青青」，草木既青，尚未凋落，知士銓南歸時，當在八月初。

八月中，張吟薌塤將往山右，枉道來京造訪，且以所作《蔡文姬歸漢》劇作請題。

《喜吟薌至京》：「離懷五載渺相思，空谷跫然到履綦。坐定君先詢近作，別來吾未有新知。遊蹤預恐桑三宿，昔面微添鬢幾絲。僮僕也知交誼厚，廚頭催取具盤匜。」「千里驅車向井陘，感君枉道過虛庭。路紆燕樹千行碧，身帶齊煙九點青。佳客肯來惟舊雨，故人漸散似晨星。雞鳴如晦聯床話，莫惜終宵仔細聽。」（《甌北集》卷一〇）

《題吟薌所譜蔡文姬歸漢傳奇》：「絕塞歸來鬢似麻，新聲哀怨出胡笳。可憐一樣高才女，不及扶風曹大家。」「識曲工詩韻若蘭，忍隨塞馬到呼韓。人間何限傷心事，千載同悲李易安。」「也似蘇卿入塞秋，黃沙漠漠帶旃裘。

諸君莫論紅顏汙，他是男兒此女流。」「琵琶馬上忍重彈，家國俱催兩淚潸。經過明妃青塚路，轉憐生入玉門關。」「卸卻豐貂改舊妝，鏡奩開處費端相。少年梳慣光熙樣，不識今時髻短長。」「莫被曹瞞詭竊名，謂他此舉尚人情。君看複壁收皇后，肯聽椒塗泣別聲？」「逸典能抄四百篇，不煩十吏校丹鉛。誰知書籍歸王粲，翻賴流離一女傳。」「寫出嬋娟寸斷腸，虎賁應倍感中郎。笑他高老琵琶記，何處添來趙五娘？」（《甌北集》卷一〇）

【按】張塤此次來京之時間，當在八月間，蔣士銓離京南下後不久。《喜吟菴至京》中「故人漸散似晨星」句下注曰：「心餘、廉船諸人」，檢《忠雅堂集》，亦未見蔣氏與吟菴酬應詩，知心餘此時已離去。詩又稱，「路紆燕樹千行碧」，野樹尚綠，未及落葉，就時令景物而論，與上文顧光旭送別蔣氏詩中所寫極為相似。故此行當在八月中秋之前。又謂「身帶齊煙九點青」，知張塤是沿運河由齊魯而來京。

夜夢亡妻，百感交集，醒而有作。

《夢亡內作》：「生前心事有餘悲，入夢依然淚暗垂。從我正當貧賤日，與君多半別離時。紙錢豈解營環珮，絮酒難償啖粥糜。一穗寒燈重悵憶，簾前新月似愁眉。」「七年闊別路茫茫，何事今宵入夢長。似此貧宜無可戀，感君久尚不相忘。孤魂想未歸先壠，小膽深憐在鬼鄉。一語寄來聊慰藉，後妻前女少參商。」（《甌北集》卷一〇）

本月，改纂修《通鑑輯覽》。

【按】據《御批歷代通鑑輯覽》前所附，此書的編纂，大學士傅恒、來保、尹繼善、劉統勳為正總裁，兆惠、阿里袞、舒赫德、阿桂、劉綸、于敏中、裘日修為副總裁，翰林院編修趙翼及彭元瑞、韋謙恒、曹錫寶、阮葵生、嚴長明等為纂修官。

刑部侍郎錢茶山維城以文集見示，甌北題詩於後。

《錢茶山司寇以大集見示，捧誦之餘敬題於後》：「已擅巍科最，兼期不朽垂。王瞻碁射酒，鄭老畫書詩。身本有仙骨，學仍無斷時。始知名世者，未易淺人窺。」「欲識通懷處，談深引濁醪。人如東晉達，才有大蘇豪。僻體別裁盡，真靈位業高。幸叨鄉後進，請益敢辭勞。」（《甌北集》卷一〇）

【按】錢維城（1720～1772），字宗磬，一字幼安，號稼軒，又號茶山，江蘇武進人。自幼敏悟，讀書日千餘言，十二三能騷賦古文。年十九，舉順天鄉試。乾隆乙丑（十年，1745）成進士，殿試一甲第一名，授編

修，尋擢右春坊右中允，又擢翰林院侍讀學士、內閣學士兼禮部侍郎，改工部侍郎，調刑部，為右侍郎。諡文敏。為人和平坦白，不立崖岸，不設城府，賢勵寒素，有一長，必為拂拭推引，士以此歸之。為詩仿李太白，為文疏通明暢，絕去雕飾。書法蘇軾，畫出入元人黃子久、王叔明諸家。有《錢文敏詩集》十八卷（乾隆刻本）、《茶山文鈔》十二卷（乾隆刻本等）等。《清史稿》、《清史列傳》、《碑傳集》等，均收有其事蹟。家境艱難，以詩書為伴，賦詩以遣懷，對官場風氣、文場習氣感慨獨多。

《後園居詩》：「昔年園居詩，乃在尚書塢。月榭間風亭，石林蟠水府。今年園居詩，蕭然一環堵。地僅可笏量，屋每牽蘿補。若以較疇昔，曾何足比數？顧獨少外營，意界轉栩栩。種樹鬱成林，蒔花疏為圃。花如莞而笑，樹若翩以舞。老我於其間，一窩自仰俯。門外人海喧，門內洞天古。」「頻年苦貧乏，今歲尤艱難。內子前致辭：明日無朝餐。一笑謝之去，勿得來相干。吾方吟小詩，一字尚未安。待吾詩成後，料理鹽鹽酸。君看長安道，豈有餓死官？」「春風吹花落，茵溷皆適然。此豈天主之，默注陰騭先？奈何世之人，不平輒呼天。硜若操券責，下愚真可憐。天在蒼蒼表，但以一氣旋。生物事已畢，榮枯聽其緣。若必件件理，掛一漏萬千。安得如許天，為之定衡銓？」「百念俱已消，名心猶未絕。今亦蠲除盡，不作死灰熱。回憶貪鶩時，心火炙精血。恨不混沌後，吾名猶不滅。哀哉一何愚，志大力易竭。堯舜周孔輩，亙古數聖哲。至今絕域人，猶未姓字識。況以薄植姿，而冀不朽烈。何殊一豚蹄，乃祝滿篝獲。」「有客忽叩門，來送潤筆需。乞我作墓誌，要我工為諛。言政必龔黃，言學必程朱。吾聊以為戲，如其意所須。補綴成一篇，居然君子徒。核諸其素行，十鈞無一銖。此文倘傳後，誰復知賢愚。或且引為據，見人史冊摹。乃知青史上，大半亦屬誣。」「公卿視寒士，卑卑不足算。豈知漏一盡，氣焰隨煙散。翻藉寒士力，姓名見豪翰。使其早知此，敢以勢位慢？士也而早知，亦可自傲岸。胡為交失之，各就目睫看。此則工囁嚅，彼則雄顧盼。堪笑一雲泥，誤此兩癡漢。」「文章千古事，詎可以勢爭。何哉諸巨公，好以古學鳴？未便鳳樓造，先長牛耳盟。自命韓歐家，群奉燕許名。譽之稍不滿，艴然輒怒生。先生付一笑，擿埴任冥行。古來著述事，豈盡歸公卿？」「種松苦難長，移植從豐臺。種時已尋丈，居然蔚條枚。孰知根實傷，生意日就灰。眼看漸枯萎，徒勞費滋培。旁有小檜柏，卻自尺許栽。欣欣獨向榮，欲成不凡材。乃知無速化，老壯由童孩。欲速則不達，即事可類推。」「杜門

少還往，或憐我索居。我豈眞索居，家有插架書。其中列古人，何止十萬餘。呼之而即至，不煩催小胥。堪笑今之人，未必古人如。偏覺見面難，自高其門閭。一刺投已入，勞我久駐車。此土木偶耳，曷怪與汝疎？」「吾友蔣心餘，才志並激宕。一朝忽抽簪，豈曰非高尚。官去貧難歸，毋亦太孟浪。書生命本薄，作事須自量。得官藉饘粥，全家飽祿養。世無郗嘉賓，辦裝誰可仗。書因乞米修，錢待賣文償。以口腹累人，吾氣仍不壯。托命於君父，終勝門戶傍。」（《甌北集》卷一〇）

另有《題畫》詩，亦寫於本年八月前後。

翻閱翰林編修熊鶴嶠為霖畫冊，並題詩。

《題熊鶴嶠編修畫冊》：「白石修篁羃畫溪，數間茅屋倚岩棲。山家風味清如許，我憶高人唐子西。」「秋風搖落後，萬象出清眞。木脱山見骨，水枯波不鱗。地如盤谷序，人是萬天民。何處尋高躅？寥寥隔遠津。」（《甌北集》卷一〇）

【按】熊鶴嶠，即熊爲霖（1715～？），字浣清，號鶴嶠，江西新建人。《清秘述聞》卷一五：「編修熊爲霖，字鶴嶠，江西新建人，壬戌進士。」《詞林典故》卷八「題名下·皇朝館選題名」、「乾隆七年壬戌科」曰：「熊爲霖，江西新建人。」《欽定八旗通志》卷一二〇《藝文志》曰：「石堂詩鈔二卷，高書勳撰。書勳，戶部尚書其倬之子。字芸功，石堂其號也。年十七中式，乾隆戊午科舉人，中年病足，不仕，早卒。是編合古近體詩爲上、下二卷，共五百餘首，首有張裕犖、熊爲霖二序，爲霖其受業師也。」熊爲霖與金甡、翁方綱有交，見《靜廉齋詩集》卷一四、《復初齋詩集》卷一〇、《復初齋外集》詩卷二四。

遊萬柳堂名迹，發思古之感慨。

《萬柳堂詠古》：「禁城南有舊名園，萬柳參天綠影繁。種樹尚傳廉孟子，題詩終愧趙王孫。名卿草木皆堪敬，一代丘墟此僅存。剩有漁人爲守護，數家應號畏吾村。」（《甌北集》卷一一）

【按】萬柳堂，元明清著作多有載述。如明蔣一葵《長安客話》卷三《郊坰雜記》「萬柳堂」條謂：「元初，野雲廉公希憲即釣魚臺爲別墅，構堂池上，繞池植柳數百株，因題曰萬柳堂。池中多蓮，每夏柳蔭蓮香，風景可愛。一日招盧疏齋摯、趙松雪孟頫遊宴，時有歌小聖詞侑觴者。孟頫賦詩：『萬柳堂前數畝池，平鋪雲錦蓋漣漪。主人自有滄洲趣，遊女仍

歌白雪詞。手把荷花來勸酒，步隨芳草去尋詩。誰知咫尺京城外，便有無窮萬里思？」其他如《輟耕錄》、《樂全堂廣客譚》、《元明事類鈔》、《日下舊聞考》、《詞苑叢談》等，均曾載及。朱彝尊寫有《萬柳堂記》（《曝書亭集》卷六六）。當時，萬柳堂外尚有匏瓜亭、南野亭、玩芳亭、玉淵亭等勝蹟，文人騷客來遊賞者，多有題詠。廉希憲，字善甫，布魯海牙子。幼魁偉，舉止異凡兒。「祖爲皇弟，希憲年十九，得入侍，見其容止議論，恩寵殊絕。希憲篤好經史，手不釋卷。一日，方讀《孟子》，聞召，急懷以進。世祖問其說，遂以性善義利仁暴之旨爲對，世祖嘉之，目曰廉孟子。由是知名」（《元史》卷一二六《廉希憲傳》）。

張吟薌塤由山右回京，轉述孔葓谷繼涵相慕之意，甌北詩以作答。

《曲阜孔葓谷孝廉，吟薌友也，余曾敘其〈紅榈書屋樂府〉。來爲道相慕之意，詩以答之》：「平生未識孔巢父，曾讀紅榈稿一編。著錄已登書畫舫，才名爭慕孝廉船。填詞花月張三影，置酒杯盤趙壹錢。他日計偕來射策，期君同醉咬春莚。」（《甌北集》卷一一）

【按】孔葓谷，即孔繼涵（1739～1783），字體生，一字誦孟，號葓谷，爲襲衍聖公毓圻孫。以乾隆庚辰舉於鄉，辛卯成進士。官戶部主事。充《日下舊聞》纂修官。篤於內行，天性過人。歲丙戌，當與計吏偕，聞術者言，母氏恐有意外虞，則色變不欲行。父兄彊之，行二百里，心怦怦動，策車而返。其在戶部，浸嚮用矣，一旦以母疾遽告歸養，而母氏歿。又三年，遂卒，年四十五。凤雅志稽古，於天文、地志、經學、字義、算數之書，無不博綜。宦京師七年，退食之暇，輒與友朋講析疑義，考證異同。凡所抄校者，數千百帙。集漢唐以來金石刻千餘種，與經義史志相比附。又以編纂官書，遍觀京城內外寺院古蹟碑記，歷西山，沿平昌，罔弗躧錄。遇藏書家罕傳之本，必校勘付鋟，以廣其傳。所刊有《五經文字疑》、《九經文樣疑》、杜預《春秋長歷》、《春秋土地名》、趙汸《春秋金鎖匙》、宋庠《國語補音》、趙岐《孟子注》，爲《微波榭叢書》。又刊《算經十書》、《休寧戴氏遺書》。所自撰者，有《考工車度記》、《補林氏考工記》、《解勾股粟米法》、《釋數同度記》各一卷，《紅榈書屋集》二卷，詞四卷。（參見《清儒學案》卷七九等）《疇人傳三編》卷一有傳。甌北爲《紅榈書屋樂府》所作《敘》，今未見。孔繼涵與張塤交厚，見《竹葉菴文集》卷三、卷六、卷七、卷八、卷九、卷一二、卷一三、卷一五、

卷一六、卷二〇、卷二二、卷二四、卷二五、卷二六、卷三〇、卷三一、卷三三。

九月，送張吟薌塏南歸。

《送吟薌南歸》：「南北蹤難定，馳驅道路長。詩應增古蹟，身漸老名場。橘柚家千里，蒹葭水一方。明春看獻賦，期汝日華旁。」（《甌北集》卷一一）

《吟薌往山西，約廿日必來，今已月餘矣，詩以望之》：「別去方殘暑，歸期忽已過。盧庭俄葉落，滿徑又蒿多。局在棋單著，人孤墨對磨。新詩增束筍，要爾助吟哦。」（《甌北集》卷一〇）

【按】甌北後一首詩既稱「別去方殘暑」，又於詩題中謂「往山西，約廿日必來」，而去已月餘，竟未能歸。張塏離京赴山右，當在八月中旬前後。月餘始歸，則值九月中旬稍後，姑繫於此月。

張廉船舟別去五年，性耽酒，嗜摴蒲，甌北聞之，繫念不已，寄詩勉勵其及時發憤。

《寄張廉船》：「五年不見張公子，千里相思無限情。豪每攫人諛墓物，閒曾伴我讀書檠。結交心有全腔熱，懷古詩無一筆平。歸去西江近何事，定知著述益縱橫。」「聞說居鄉亦樂哉，當筵往往玉山頹。多金倚婦誇齊贅，奇句驚人傲楚材。錢麗好從書舶買，蓬門莫爲博徒開。一言相寄應珍惜，年少如君未易才。」（《甌北集》卷一一）

【按】張舟，見本譜乾隆二十四年考述。方志載張舟事甚少。據此可知，舟之婦翁，家素富，嘗對其多所資助。此可補方志之不足。

與程尺木、蔣澄川時有過從。讀裘曰修和遠祖裘萬頃詩，情有所感，賦詩相贈。

《裘少宰銜恤歸里，尋詔起巡視畿南水利，事竣，假歸，迎太夫人北上，途次又承詔入閩，既還朝，以所和遠祖宋司直萬頃歸興詩韻凡十餘首錄成一冊見示，兼索和章，謹成四律》：「銜恤歸廬淚未乾，國恩深處不遑安。十行手詔催裝急，四海身關謝事難。濟世才猷雲布濩，出山心事水清寒。知公攬轡登程日，三徑頻將杞菊看。」「頻歲桑乾溢不乾，雁垣百堵待謀安。帝恩拯溺關心切，人力回瀾下手難。竹箭波平春漲穩，蛟龍氣靜暮濤寒。畿南水利成勞在，衽席黃圖歷歷看。」「詔使莊庵拂露乾，鈴轅偶駐未曾安。臣心似水流常淡，世事如棋著故難。畫鼓傳簽雙戟肅，皀囊拜疏一燈寒。仙霞關外遄歸早，回首青山馬上看。」「驛路還朝夏潦乾，平泉舊第竹平安。南陔句

有潘輿樂，北海門無蜀道難。名世襟期眞灑落，神仙風骨自高寒。鄴侯不許衡山住，終有青編相業看。（《甌北集》卷一一）

《題程尺木上舍夢雲圖》、《題蔣澄川民部灌園小照》（《甌北集》卷一一）亦寫於此時。

【按】酬贈裘日修詩，可補史傳之不足。史稱，本年三月，命裘日修暫署福建巡撫。其實，據甌北詩注，「公攝巡撫數日」，知其僅代理幾天巡撫之職，官吏之任用猶如兒戲。又從「北海門無蜀道難」句下小注「客至不拒，惟公門爲然」，知其性情和易，較少官場惡習，此對瞭解日修其人，確有助益。

程尺木《夢雲圖》，蔣士銓有【百字令】〈程仁山夢雲圖〉詞，謂：「虛無縹緲，是因何結想？珊珊來矣。彩霧香雲留不住，留下語言文字。昨夜星辰，仙山樓閣，主者非耶是？女三爲粲，姓名歷歷堪指。　　只恐詠到無題，寓言十九，別有閒情旨，小雅離騷何所謂？香草美人而已。澤畔明珠，舟中玉杵，信否憐才子？士嗟不遇，夢中聊索知己。」（《忠雅堂詞集》卷下）《忠雅堂集校箋》於本詞下箋曰：「程仁山，程巉。《鉛山縣志》卷一五《人物》：『程巉，字仁山，號松石。弱冠補弟子員，戊子舉於鄉，選廣西靈川縣。有《楚薌齋詩集》。』」（第 1906 頁）蔣士銓詞與趙翼詩所述畫意相合，程尺木疑即程仁山。

蔣澄川，即蔣熊昌，字澄川，號立菴，江蘇陽湖人。總督倉場戶部右侍郎蔣炳之第三子。以才雋仕爲戶部郎，直軍機處。出守潁州府，凡八年，有政績，以事被議，歸里不出。爲人和雅溫厚，其詩即似其人。而自潁州歸後，出辭沖淡幽遠，無不平之氣。有《澄川詩集》、《桑梓潛德錄》等。（《惜抱軒全集》文後集卷一、《江蘇藝文志·常州卷》）《清代官員履歷檔案全編》第 2 冊第 166 頁載述蔣熊昌履歷曰：「蔣熊昌，江蘇人，年四十歲。由進士乾隆三十六年五月內用戶部主事，十月內用本部員外郎。三十九年五月內用戶部郎中。四十年內補授安徽潁州知府。」蔣熊昌之卒年，《清代人物生卒年表》、《江蘇藝文志·常州卷》等，均未敘及。據《清代官員履歷檔案全編》「蔣熊昌履歷」知熊昌乾隆四十年（1775）四十歲，生年當爲乾隆元年（1736），少趙翼九歲，卒年據甌北《蔣立菴挽詩》（《甌北集》卷四六），當爲嘉慶九年（1804），享年六十九歲。

重陽節，赴陶然亭與同人小聚。

《九日陶然亭同人小集》：「孤亭看菊半詞曹，車馬無煩出郭勞。南浦綠餘人柳老，西山青出女牆高。騷壇盟敢操牛耳，拇陣轟如戰虎牢。地僻向來無古蹟，茲遊或可續題糕。」（《甌北集》卷一一）

《補郢衍》（《甌北集》卷一一）詩亦寫於這一時段。

是月，門人董東亭潮以咯血身亡，甌北賦詩痛悼。

《哭門人董東亭庶常之訃》：「一紙書催淚萬行，斯人才思擅齊梁。並無福可消貧宦，剩有身歸葬故鄉。春夢一場慳富貴，秋風何處哭文章。生平好嘔心成句，絲盡枯蠶得不僵？」「十年一第返江關，也算人生衣錦還。到日家惟懸磬在，病來身死亂書間。消埋奇氣虹千尺，零落殘篇豹一斑。贏得憐才情不約，京華朋舊淚同潸。」「孤露身真落葉如，曾憐少賤帶經鋤。生無薄產常依婦，才可名山未著書。家在一方鴻爪裏，名沈千古貉丘餘。從知墮地須論命，何物憑君覽揆初。」「通家孔李舊相存，一載師生誼倍敦。無分侯芭為負土，最憐董相不窺園。可應食字成仙去，剩有名經比佛尊。寂寞草玄亭下路，一樽酒更與誰論？」（《甌北集》卷一一）

【按】東亭，乃董潮之號。生平見本譜乾隆二十八年考述。為甌北癸未（乾隆二十八年，1763）科所取士，方入詞館，一命遽亡，時人多悲憫之。《湖海詩傳》卷二八謂：「東亭綺歲能詩，與沈文恪初有十子之刻，金春玉應，為世所稱。既而贅婿蘭陵（據繆荃孫考證，應為由常州贅於海鹽，見《國朝常州詞錄》卷一一），兼以饑驅奔走，故其詞句淒鏗。如《感事》云：『已悲閱世同劉峻，莫更逢人說項斯。』《芙蓉池》云：『豆泣釜中知有恨，蒲生塘下更堪悲。』《姑蘇懷古》云：『歌殘白苧春方醉，采得黃絲夏已銷。』《料敵塔》云：『戍卷寒沙騰櫪馬，城荒曉角下轞鷹。』《中山雜感》云：『郡控三關雄鉅鹿，峰連千里走飛狐。』《劉去華詞》云：『青史幾人高諫議，白麻當日哭延英。』皆名句也。一入詞垣，即登鬼簿，玉樹生埋，殊堪霣涕。」（《蒲褐山房詩話》）

同年方牧園汝謙、平姚海聖臺先後來京，話舊題贈，頗多慰勉。

《同年方牧園謁選入都話舊》：「少日盟壇共酒樽，相思雲樹渺江村。離懷豈意聯床晤，交誼原從戴笠敦。著述關心揚子宅，寒暄回首醉翁門。長安冠蓋知多少，情好終輸舊弟昆。」「鹿鳴一榜共追攀，彈指升沈數載間。宿草幾人登鬼錄，前茅有客到卿班。頭銜清我條冰署，手板遲君挂笏山。贏得兩

人無恙在，對床風雨話蕭閒。」「得第還家手一編，八年方謁選人前。古方久向觀書熟，新局今堪按譜傳。爲政終推經術吏，此官不患粥饘錢。他時治行看書最，好入循良第幾篇？」（《甌北集》卷一一）

《同年平姚海明府保薦入都，賦贈》：「一別星霜幾度催，天涯報最喜重來。多年簿領還書味，半路功名起吏才。舊榻再談燈睒睒，新硎眞見刃恢恢。令人卻羨專城樂，如戴鶢鶋未雪瞠。」「滕王閣畔赴官程，七載賢勞起政聲。南浦云爲才子麗，西江水似長官清。石壕夜靜追符少，燕寢香凝好句成。莫道循良無薦達，御屏高處已書名。」「猶憶徵車去國年，玉堂回首路迢然。庸知失馬非爲福，別有飛鳧去作仙。清帶頭冰官鮓卻，潤分掌露縣花妍。政成果應名都擢，鈴閣何須羨木天？」（《甌北集》卷一一）

【按】方牧園，見本譜乾隆二十二年考述。

平姚海，即平聖臺，字瑤海，或作姚海，浙江山陰人。乾隆庚午（十五年，1750）舉人，乾隆十九年進士，改庶吉士，散館改官廣州同知。甌北與其是同科舉人。《兩浙輶軒錄》卷二九：「平聖臺，字瑤海，號確齋，山陰人。乾隆甲戌進士，改庶吉士，出爲金溪知縣，歷官廣州府同知。蔡英曰：瑤海先生晚歲自號火蓮居士，築室鑒湖之濱，顏曰『餘菴營生』壙其右，與方外人焚修其中，顧未免爲塵累擾其清思，年踰七十而卒。《梧門詩話》：平瑤海，甲戌會試出錢文敏門下，公嘗稱其館課『一鈎楊柳外，彷彿上弦初』。及公己卯典試江西，瑤海由庶常改縣令，奉調入閩。公途中見新月，懷瑤海云：『涼風已見催秋去，碧漢何嘗待客還。不信一鈎楊柳月，此詩只令老途間。』」平聖臺與王昶、翁方綱、吳省欽、袁枚、朱筠、錢維喬、錢維城有交，見《春融堂集》卷八、《復初齋外集》詩卷九、《白華前稿》卷三六、《小倉山房文集》卷三○、《詩集》卷三四、《笥河詩集》卷一三、《竹初詩文鈔》詩鈔卷一一、卷一二、卷一四、《茶山詩鈔》卷五。

與吳鑒南璜過往，並從之借得其舅氏商寶意盤詩冊，細讀再三。

《贈吳鑒南民部》：「癡絕吳民部，詩才迥不群。官貧常數米，客到便論文。似舅何無忌，爲郎揚子雲。沈冥寧用歎，佳句已流聞。」（《甌北集》卷一一）

《從吳民部寓齋借觀商寶意太守詩集爲題長句》：「彩筆詞垣舊擅場，喜看暮景更飛揚。冷曹乞郡貧何諱，才子爲官老尚狂。宗派幾家唐大曆，敦盤

今日魯靈光。旗亭畫壁應傳遍，莫漫廬山寺裏藏。」「寫本才看脫小胥，攜來光早映窗虛。便當燈下新翻曲，尚是人間未見書。才豈患多花釀蜜，熟眞生巧水成渠。笑余欲乞鄰家火，卻似光偷鑿壁餘。」（《甌北集》卷一一）

【按】吳璂（1727～1773），字方甸，號鑒南，浙江山陰人。幼聰慧，能承家學。乾隆己卯（1759）舉京兆鄉試，庚辰（1760）成進士，除戶部雲南司主事。己丑（1769）出知湖南澧州。至河南尉氏，父卒於途，貧不能歸，爲衛輝知府朱謀延掌書院。癸巳（1773）再謁選，益空乏。至西安，貲斧竭，得畢沅贈金三十鎰，乃得行。後卒於木果木之亂。其性嗜學，重友義，爲舅氏商公愛重。能苦吟，篇成數改竄，求必傳，一字不安，至廢寢食。飲酒論文，終夕不倦。所著有《蘇門紀遊》、《黃琢山房詩》等。蔣士銓《入祀昭忠祠鑒南吳公傳》（《忠雅堂文集》卷三）詳敘其事。王昶《慰忠祠碑》，則敘其遇難經過。（《碑傳集》卷一二一）又，王昶《湖海詩傳》卷二二曰：「芳甸爲予己卯鄉試所取士，承其尊人樸庭之學，專心吟詠。官戶部時，間一二日，必造予談詩，雖多夕嚴寒，雪花如掌，僕人凍沍，手足皆僵，而芳甸猶堅坐清譚，斷斷不已。後從總督劉君秉恬辦金川糧餉，兵潰，行至登春，戰歿。沈太守清任、蔣編修士銓皆爲作傳。君詩春容莊雅，而才氣自不可遏。句如：『門掩梨花經雨瘦，庭深芳草逐愁長』，『孤燈蟋蟀催詩急，疏雨梧桐入夢寒』，『碧雲影斷人何處，黃葉聲寒雨忽來』，『忍寒偶隱烏皮几，感舊頻挑鳳脛燈』，『漫攜謝朓驚人句，要和張華勵志詩』，『年華忍向閒中度，妙諦都從悟後參』，『夢回紙帳梅花白，笑檢綈袍草色青。』皆工麗可傳。惜其集出於烽火之餘，未爲全備。」（《蒲褐山房詩話》）

商寶意，即商盤（1701～1767），字寶意，號蒼雨，會稽（今浙江紹興）人。雍正八年（1730）進士，官至順寧府知府。有《質園詩集》。事見蔣士銓《寶意先生傳》（《忠雅堂集校箋》，第2092～2095頁）。又王昶《湖海詩傳》卷四謂：「寶意胸羅玉笥，筆有錦機，本以詞林，乞爲郡佐，久居白下，饒有閒情。嘗得趙姬小憐，解碧玉連環爲贈，易名環娘，以中秋夕扁舟載之。未及，玉殞蘭摧，悼亡屢賦，中如：『鬢影憶簪花第一，眉痕怕見月初三』；『舊居鸚鵡曾呼我，斷帶鴛鴦欲付誰』；『錦機未斷纏綿縷，羅襪還留細膩塵』；『誰與修書添半臂，欲煩妙筆畫全身。』皆令人欲喚奈何。晚得小東，又有句云：『恐是玉簫償宿債，偶從

錦瑟感年華』；『未可楚腰擎掌上，試將吳語教燈前。』時人吟諷，以爲元稹、杜牧之筆。不知其才情橫屬，出入於元、白、蘇、陸諸家，足以雄視一世也。君美鬚眉，善音律，衣冠修偉，狀如古僊人。」（《蒲褐山房詩話》）

商寶意盤過訪，討論詩文。甌北爲詩，送其出守雲南。

《寶意前輩枉過論文即送其出守雲南》：「卅年宿望領風騷，良晤今酬結想勞。並世豈容交臂失，著書已見等身高。江山奇處官都到，簿領忙來句益豪。自爲斯文修後進，不關行輩繼詞曹。」「繡幰遙臨大度河，殊方風景總堪哦。碧雞頌後雄詞少，金馬人來好句多。井鬼分躔占北戶，猓苗賣劍課南訛。從知千載蒼山石，宦績文名兩不磨。」（《甌北集》卷一一）

【按】蔣士銓《寶意先生傳》記載，「甲申，年六十四，再補雲南守」。並極力稱道其學養，謂：「公遊心典籍，樹骨風、騷，馳騁百家，弋獵四庫，著《質園詩》幾及萬篇。宦蹟所歷，方幅殆遍，凡冠裳禮讓、戎馬戰爭之區，風月鶯花、般樂娛遊之地，以及蠻鄉瘴海、鬼國神皐、奇詭荒怪之境，莫不退矚曠覽，傾液漱潤，一發於詩。蓋取卷軸精華璀璨，洋溢於呼吸吐納中，遂併古人諸長，使靈源彙心，錦機納手，故能清新無窮，垂老不竭，爲一代有數作者。」（《忠雅堂文集》卷三）甌北對其推崇備至，蓋有以也。

秋杪，家人醃菜爲過冬計，甌北賦詩以自嘲。

【按】《觀家人醃菜戲成四十韻》略謂：「茹蔬貧宦慣，蓄旨內人工。食肉曾嫌鄙，饑腸故久空。珍藏登瓦缶，賤價倒筠籠」（《甌北集》卷一一），可見其爲官京師時之生活情狀。詩開首稱，「物產推安肅，秋成慶阜豐」，據此推知，醃菜當在深秋鄰近入冬之時，所醃之菜才不致腐爛，又由「碧葉經霜綻，嬌芽帶雨芃」、「蕉心包宛轉，藕腕研玲瓏。瑩白光凝外，含黃美在中。洗隨銀指滑，截愛玉肪融」諸詩句來看，所醃製者當爲大白菜。《長安客話》卷二《皇都雜記》所收《白菜》詩曰：「玉羔新且嫩，筐筥薦紛披。可作青菁飯，仍攜玉版師。清風牙頰響，眞味士夫知。南土稱秋末，投簪要及時」，可知白菜乃士夫餐桌常備之菜肴。安肅，今河北徐水，在京城之西南，白菜或來自此地。

冬末，侍講周升桓將赴蒼梧道任。甌北賦詩以助其行。

《送周山茨侍講觀察蒼梧》：「蕩函親捧出層霄，異數書生簡外僚。詞賦

舊推朝右少，聲名今播斗南遙。星軺氣肅螢千部，露冕威尊史六條。報稱應
多開濟略，主知特達異常調。」「按部旄麾一番新，何須回首玉堂春。此官頻
見宣前席，有客還應羨後薪。桂管路今非絕徼，柳州地又有傳人。舊遊可憶
京闈夜，燈火深談到向晨。」（《甌北集》卷一一）

【按】周山茨，即周升桓（1733～1801），字穉圭，號山茨，浙江嘉興人。
乾隆十九年甲戌（1754）進士，改庶吉士，授檢討。癸未（1763）擢侍
講，充武英殿纂修官。次年，出守廣西蒼梧道。曾任濼源書院山長，作
《也可園記》。（據《新修濟南府志》）《國朝書人輯略》卷五引《昭代尺
牘小傳》曰：「周升桓，字穉圭，號山茨，浙江嘉善人。乾隆甲戌進士，
官廣西蒼梧道。書法東坡。」《雨村詩話》卷四謂：「嘉善周侍講稚圭，
爲人英爽，好客善飲，詩不起稿，輒有生氣。一日，余與沈南雷士煒、
成進士城訪之。稚圭大喜，曰：『吾正苦寂寞，今得佳客，詩興勃然矣。』
即口占曰：『佳辰不速客能來，且莫匆匆便放回。種到春蔬新甲出，香聞
蠟甕老丁開。詼諧恰似針投芥，約束明如闔數枚。金谷休教沿罰例，吟
成加倍引深杯。』遂盡歡而散，後出守蒼梧道，遂無此樂矣。」由此可
見其詩才之一斑。著有《皖遊詩存》。蔣士銓亦有《周穉圭侍講升桓出爲
蒼梧道檥舟滕閣索詩爲餞》（《忠雅堂詩集》卷一三）一詩，然係寫於乙
酉（1765）春，時蔣氏在南昌。甌北爲周升桓送別是在京師，又是在其
離京之前。由京師至南昌，道路迢遞，須費許多時日，故甌北此詩，繫
於甲申（1764）歲末。

乾隆三十年乙酉（1765）　三十九歲

【時事】　正月，劉綸丁憂，命莊有恭以刑部尚書協辦大學士，以于敏中爲戶
部尚書，調明德爲江蘇巡撫。中旬，帝奉皇太后第四次南巡，出京。「此次南
巡前，已賞兩江總督辦差銀三十萬兩，全是南巡車駕經直隸、山東，見葺治、
新修行宮多處，帝命兩省各撥公帑二萬兩，『以裕工作之費』」（《清史編年》第
五卷）。閏二月，上奉皇太后臨幸蘇州府。加沈德潛、錢陳群太子太傅。命阿
桂、明亮赴伊犁辦事。三月，召大學士、兩江總督尹繼善入閣辦事，以高晉爲
兩江總督。四月，帝南巡迴京。五月，查抄故總督李衛之子總兵李星垣本籍家
產。六月，乾隆帝就八旗世職官員議勞襲次之事曰：承襲世襲官員人等，「愚

昧者多，惟能披甲當差而與世職之任多不相當。既經承襲，後竟不能當差，一有過失革職，乃反不如伊等披甲，且致苦累。理應概行查明，酌量辦理。嗣後將並非遠派宗族例應承襲者，仍照舊例辦理外，其極遠支派及調取外省駐防兵丁來京承襲之處，均著停止。於原立軍功本支承襲出缺之家，應如何加恩之處，著該部會同八旗大臣等詳細查明定議具奏。至例應承襲人等於出缺之名下，有應扣賠官銀，例應著落於承襲人員應得俸祿內坐扣完結。惟此項人等多有，皆係小官，或由兵丁閒散承襲者，家計殷實者少，僅得一官。伊等應得些小錢糧業經裁去，又將承襲世職俸祿扣賠，於伊等當差，實屬不無拮据。著交該部八旗將此項官員名下所欠官銀共有若干之處，一併查明繕寫清單進呈。」（《欽定八旗通志》卷首之十二《勅諭六》）七月，上奉皇太后木蘭秋獮。九月，命尹繼善管兵部，劉統勳管刑部。以李侍堯署工部尚書。十月，上諭：「八旗官員因事故離任，尚有未完宗人府銀並紅白事借俸資生等銀，在伊等親戚家族及保官、披甲、兵丁並子孫俸餉各銀內扣還者，共一萬六千七十兩零。又因無俸餉可扣按季交納者共七千七百兩，俱係應完之項。今八旗世職應接扣前項銀四萬餘兩，已加恩免。」（《欽定八旗通志》卷首之十二《勅諭六》）十二月，著名書畫家鄭燮（1693～1765）卒，年七十三。朱克敬《儒林瑣記》曰：「鄭燮，字板橋，江蘇興化人。由進士官山東知縣，以請賑忤上官罷歸。淡爽任真，能為詩，尤工書畫。書增減楷隸，別為一格，時號為板橋體，頗寶貴之。又有三絕三真之稱，謂書、畫、詩，皆具真氣、真趣也。《松軒隨筆》云，板橋大令有三絕，曰畫，曰詩，曰書。三絕之中有三真，曰真氣，曰真意，曰真趣。」（《清代名人軼事輯覽》第六冊）

本年，丹徒王文治抵雲南建水，作《箇舊廠》詩，述其地錫廠及礦工部分生活。

上元程廷祚以所作《蓮花島》傳奇全稿寄示金兆燕。

嘉定王鳴盛自定《西莊始存稿》三十九卷。

嘉定王鳴盛輯刻《寶山十家詩》十卷。

武進趙彪詔以所輯鄉先事狀及里巷謠諺資里人纂修《陽湖縣志》。

通州方汝謙旅江西。

浙江章學誠在北京國子監讀書，館高郵沈業富家。

嘉定錢大昕典浙試，拔邵晉涵。

直隸舒位（鐵雲）在蘇州生。

　　錢維喬寓其兄錢維城浙江學使署，締結浣青詩社，祀太白、少陵，酹之以詩。（陸萼庭《錢維喬年譜》）

　　蔣士銓至江寧後，暫居十廟前，貧甚。（《清容居士行年錄》）

　　洪亮吉在外家團瓢書屋，授表弟兆姰經，歲得脩脯錢二千八百。（《洪北江先生年譜》）

【本事】上元節，觀賞火判官。

　　《戲詠火判官》：「滿街燈燭正喧豗，變相俄驚地獄開。略似人形泥塑在，是何兒戲火攻來。漫疑古佛多毫相，翻恐冥官也劫灰。不是禁煙寒食候，莫教錯認介之推。」「焰摩天豈汝班行，判簿聊矜點鬼忙。人以頭焦驚上客，世無竈養作中郎。幾時洗得心如水，何術修成頂放光。莫怪劉元摶活脫，熏煙滿面不施妝。」「祿籍端資校勘功，故當炙手勢豪雄。共驚氣焰能炎上，誰識神靈也熱中。隸以夜叉應面黑，配宜旱魃稱顏紅。只愁黃胖遊春罷，碎作飛塵陌上空。」「噓吸真疑有式憑，不同土偶坐憒騰。潑寒胡到趍應附，姑射仙來見或憎。似吐老僧三昧火，漫驕冷官一條冰。平生性不因人熱，任爾乘權氣鬱蒸。」（《甌北集》卷一一）

三月十三日，應程蕺園晉芳之約，與錢籜石載、錢辛楣大昕、曹來殷仁虎、王述菴昶、吳白華省欽、陸耳山錫熊、趙璞函文哲諸同好，各攜壺榼，聚集陶然亭，為上巳之會。

　　《三月十三日程蕺園舍人招同錢籜石、辛楣兩學士、曹來殷編修、王述菴比部、吳白華庶常、陸耳山、家璞函舍人各攜壺榼陶然亭，為展上巳會分賦二律》：「虛亭聊雅集，各自挈盤匜。正喜春增閏，何妨禊展期？真成無事飲，未免有情癡。不識誰賓主，長安此會奇。」「淺水蘆芽嫩，平堤柳色新。城中如野外，酒客盡詩人。會尚名修禊，遲兼當送春。還期消暑飲，重此滌襟塵。」（《甌北集》卷一一）

【按】上巳，農曆每月上旬的巳日。三月上巳，為古代節日，上巳必取巳日。《初學記》卷四引司馬彪《續漢書·禮儀志》曰：「三月上巳，官民並禊飲於東流水上。」梁宗懍《荊楚歲時記》：「三月三日，四民並出江渚池沼間，臨清流為流觴曲水之飲。」還稱，秦昭王三月上巳置酒河曲。但不必三月初三。自魏以後，一般習用三月初三，但不定為巳日。此詩以三月十三日為展上巳會。

　　陶然亭，為文人最喜聚會之所，見本譜乾隆二十七年考述。癸未九

月十三日，吳白華、曹習菴、程魚門、阮吾山、趙璞函、陸耳山、吳穀堂省蘭，曾集陶然亭，作展重陽會。戊子（1768）春杪，勞介岩之辨、汪涵齋晉徵、孫樹峰岳頒、張劬齋睿、朱近菴等，年皆七十，於此作五老齒會。各省公車至京，場後同鄉聚會，也多在此設宴，飲酒論文。（《藤陰雜記》卷一〇）

詩題所敘及參與雅集者：程葰園，即程晉芳（1718～1784），字魚門，號葰園，歙縣（今屬安徽）人。《湖海詩傳》卷三二謂：「魚門業傳鹽策，家本素封，而覃研典籍，虛懷求益。少問經義於從叔廷祚，學古文於劉海峰大魁，又與商寶意、袁子才唱和，故博聞宏覽，而才情豐蔚，詩文並擅其勝。然宦遊三餘年，家益落，無以自給，為乞米計，至關中，病暑而歿。喪歸。秋帆撫軍留其著作，存於終南仙館，凡十餘年。而畢氏籍沒，其書遂不可考。惟聞《春秋經義》，尚存於門人謝編修振定所，亦未付雕鐫。」（《蒲褐山房詩話》）

錢載（1708～1793），字坤一，號籜石（一作蘀石），秀水（今浙江嘉興）人。《湖海詩傳》卷一四謂：「籜石襟情蕭曠，真率自如。乾隆甲戌初夏，從金檜門總憲一經齋，與余訂交，遂成雅契。性豪飲，常偕朱竹君學士、金輔之殿撰、陳伯恭、王念孫兩編修過余，冬夜消寒，卷波浮白，必至街鼓三四下。時竹君推戴東原經術，而籜石獨有違言，論至學問可否得失處，籜石顴發赤，聚訟紛拏。及罷酒出門，斷斷不已，上車復下者數四。月苦霜濃，風沙蓬勃，餘客佇立以俟，無不掩口而笑者。善鑒別，法書名畫，望之審其真偽，故尤工繪事。晚年致仕歸，藉以給朝夕。乾隆庚戌年八十三，上元日猶為予仿黃鶴山樵，長林修竹，極雨葉風枝之妙。詩率然而作，信手便成，不復深加研煉，殆其鄉李日華、姚綬一輩人也。」（《蒲褐山房詩話》）

錢大昕（1728～1804），字曉徵，號竹汀，又號辛楣，嘉定（今屬上海）人。《湖海詩傳》卷一六謂：「君聰穎異常，髫龀時，即有神童之譽。以召試入內閣，再入詞垣。覃研經史，根柢精深。詩賦之外，究心教理，精蘊曆象考成，能通中西之學。秦文恭公修《五禮通考》，屬以相助。自廣東學政銜恤歸家，有終焉之志。歷主書院，輒以小學、《爾雅》授生徒。所撰《二十一史考異》，又撰《金石跋尾》四集，蓋鄭夾漈、王深寧之流亞也。詩清而能醇，質而有法，古體文亦以震川為歸。年七十五，追溯

為諸生已六十年，有司循例請重遊泮宮，因有句云：『三不朽間當立腳，四先生往孰差肩。』其實唐、婁諸公，斷不逮其百一也。」(《蒲褐山房詩話》)

曹仁虎（1731～1787），字來殷，號習菴，嘉定（今屬上海）人。《湖海詩傳》卷二五謂：「來殷以聲華名望為都下所推，然端靜自守，恂恂粥粥，不至朝貴熏灼之門。其詩初宗四傑，七言長篇風華縟麗，壯而浸淫於杜、韓、蘇、陸，下逮元好問、高啓、何景明、陳子龍及本朝王士禎、朱彝尊諸公，橫空排奡，才力富有。七律尤高華工整，獨出冠時。雄渾之語，則有：『雙峽天低連雪嶺，五丁地險接維州』；『校尉盡看紅帢首，材官齊號黑雲都』，『奸細幾曾誅趙信，征人空見老班超』；『紫霧千盤開漢碣，碧霞四氣拱秦封』；『西京專闡推橫海，東漢登壇數伏波』；『初添蜀郡三城戍，更遣秦川四道兵』；『執法烏臺秦御史，談經絳帳漢儒林。』情韻之語，則有：『梨花小院重重樹，燕子高樓面面風』；『叱犢聲聞黃稻隴，歸鴉影點綠楊村』；『東風樹樹生紅豆，南浦迢迢送綠波』；『明窗曲几彈棋地，小雪疏梅詠絮天』；『初聽成雷喧白鳥，閒看避雨徙無駒』；『澗道水聲疏雨歇，江天帆影夕陽多』；『客路正當歸雁後，鄉心多在落花初』；『白蘋千點鷺初散，紅雨一簾鶯亂啼。』時詩道雜而多端，或仿白居易，或仿黃庭堅、楊萬里，或至仿袁宏道，信手塗抹，率以流易佻巧為能。如郭舍人之俳諧，鄭五之歇後，黃茅白葦，彌望皆是。及來殷詩出，乃奏金石以破蟋蟀之鳴。然其集未行世，人知之者尚少。」(《蒲褐山房詩話》)

王昶（1724～1806），字德甫，號蘭泉，又號述菴，江蘇青浦人。乾隆十九年（1754）進士。南巡召試，授內閣中書，充軍機章京。三遷刑部郎中。三十二年（1767），察治兩淮運鹽提引，前鹽運使盧見曾坐得罪，昶嘗客授見曾所，至是坐漏言奪職。雲貴總督阿桂帥師討緬甸，疏請發軍前自效。四十一年（1776），師凱還，擢昶鴻臚寺卿，仍充軍機章京。三遷左副都御史，外授江西按察使。數月，以憂歸。起直隸按察使，未上，移陝西按察使。以雲南銅政事重，撰《銅政全書》，求調劑補救之法。旋調江西布政使。五十四年（1789），內遷刑部侍郎。屢命如江南、湖北讞獄。五十八年（1793），以老乞休。(《清史稿》卷三〇五《王昶傳》)著述有《春融堂集》、《青浦詩傳》、《湖海詩傳》、《明詞綜》、《國朝詞綜》、

《湖海文傳》、《金石萃編》等多種。江藩《國朝漢學師承記》謂其「肄業紫陽書院，時從惠徵君定宇遊，於是潛心經術，講求聲音訓故之學。是時沈尙書歸愚爲院長，選先生及王光祿鳳喈，吳舍人企晉，錢少詹曉徵，贈光祿寺少卿趙升之，曹學士來殷，上海黃芳亭，泌陽令文蓮七人詩，爲吳中七子。流傳日本大學，頭默眞迦見而心折，附番舶上書於沈尙書，又每人各寄相憶詩一首，一時傳爲藝林盛事」。

吳省欽（1729～1803），字充之，號白華，南匯（今屬上海）人。《湖海詩傳》卷二九謂：「白華著撰，精心果力，不屑蹈襲前人。少日與趙損之、張少華同學漁洋、竹垞，既而別開蹊徑，句必堅凝，意歸清竣。入詞垣，大考翰林第一。由是衡文荊、楚以及四川，遇山歷水刻處，輒以五七字寫之。或以東野、長江爲比，未盡然也。散體文，於唐似孫樵、劉蛻，於宋似穆修、柳開，亦復戛然自異。」（《蒲褐山房詩話》）

陸錫熊（1734～1792），字健南，號耳山，上海人。《湖海詩傳》卷二四謂：「耳山博聞彊記，資稟絕人。由中書入直軍機。初與予奉敕編《通鑑輯覽》。頃之命輯《永樂大典》。復求天下遺書，開四庫館以薈萃之，校對數百人，謄錄至千餘人，歷十年始成。而君與今大宗伯曉嵐司其總。每進一書，仿劉向、曾鞏例，作提要冠諸簡首，上閱而輒善之。特旨由刑部郎中授翰林侍講，文學受知，駸駸響用，典試者三，督學政者一。後因奉天所儲四庫館書中多脫落舛誤，奏請自往覆校，比至而病歿。時論無不痛惜。平日進禦之作，工而不穠，婉而能切，同人推爲莫及。至詩文，隨手散佚，歿後搜篋中，得數百首，皆應酬之作，非其稱意者。」（《蒲褐山房詩話》）

趙文哲（1725～1773），字升之，號璞函，上海人。《湖海詩傳》卷二六謂：「升之賦才英敏，少在申江書院，得凌少司馬指授，論詩以新城爲主。既而與張策時、凌祖錫、汪韠懷、吳企晉同學。至蘇州，又與予及鳳喈、來殷互相砥礪，於唐、宋、元、明、本朝大家名家，無所不效，亦無所不工。自入內閣，直機地，益爲于文襄公所賞。暨偕予入滇、蜀，得江山之助，所作尤變化新奇。至其外佳句可摘者，如：『藕花香遠隨蘭棹，桐樹陰清滿葛衫』；『層層露檻全臨水，葉葉風帆直到門』；『蹟異騷人吟楚些，趣同傲吏托齊諧』；『中年絲竹愁兒女，少日楂梨憶弟兄』；『白髮已虛鉛鼎術，青山空憶草堂貲』；『牽得碧蘿能補屋，穿來黃竹解擎箱』；

『秋風遠度關門樹，曉日晴開嶽井蓮』；『老去評量絲竹肉，客來贈答影形神』；『夕陽沽酒柴桑路，夜雨題詩苦竹州』；『出世尚仍居士服，浮家擬署散人銜』；『矢石餘生嗟已老，詞章小技愧非尊』；『晚歲蟲魚空著述，故山猿鶴漫移文』，『羽林卒勁排鵝鸛，上苑書稀斷雁鴻。』亦炎洲之翡翠，渤海之珊瑚，採擷不能窮也。」（《蒲褐山房詩話》）

送房師趙檢齋瑗出守衛輝。

《還送房師趙檢齋先生由工部郎出守衛輝》：「御紙簽名典郡催，班春喜氣照行杯。淇園地好還多竹，水部才高鳳詠梅。畫戟紅開驪唱裏，太行青到馬頭來。下車會聽歌襦袴，試手從容幹濟才。」「回首深慚國士知，春官桃李手栽時。文非上考成名幸，感爲中年得第遲。九轉敢誇燒滿候，一莊未卜報何期。都亭祖帳臨行處，洪水悠悠繫我思。」（《甌北集》卷一一）

【按】趙瑗，字蘧園，號檢齋，昆陽人。乾隆十七年（1752）進士，選庶吉士，改工部主事，擢員外郎、郎中。己卯，典湖北鄉試。辛巳，爲會試同考官。所得多知名士。出爲衛輝、歸德、開封知府，擢開歸陳許道，轉陝汝道，所至絕苞苴，杜請托，公廉謹慎，吏治修明。丁艱歸里，遂不復出。有《庚山詩集》、《渠川外集》、《檢齋遺集》等。事見《詞林輯略》等。

衛輝，河南衛輝府，治所在今河南新鄉東北部之汲縣。

考各省主考官，甌北名列一等。

《舊譜》：「在翰林。考各省主考官，先生仍列一等。」

送方牧園汝謙出宰高安。

《送牧園出宰高安》：「計日郵程發潞河，尚煩話別屢頻過。此行但飲西江水，相送何嫌下里歌。才子科名眞有數，好官條約本無多。朱衣前隊歡迎處，早慰高堂兩鬢皤。」「貧賤交情自昔眞，同年兄弟最相親。壇高北地詩爲社，香在南豐學有津。吾老漫期文苑傳，君才眞稱宰官身。不須惜別增惆悵，報最來仍共夕晨。」（《甌北集》卷一一）

【按】此詩小注稱「舊與君結詩社」，又於「香在南豐學有津」下注曰：「謂座主汪文端師。」知方汝謙亦曾寄寓汪府，受由敦指點甚多。與甌北結詩社，大概也是這段時間，可補《淮海英靈集》記載之不足。

與蔣南莊龍昌交往，爲其《松陰調鶴圖》題詩。

《題蔣南莊州牧松陰調鶴圖》：「長松落落午風晴，對舞胎仙一兩聲。此

是吾家清獻物，爲君寫出長官清。」「訟亭閒處擘吟箋，素節爭推吳隱泉。佳話好添循吏傳，除供鶴料更無錢。」（《甌北集》卷一一）

【按】蔣南莊，即蔣龍昌，蔣炳第二子，號南村、南莊。趙懷玉《陝西興安府漢陰通判蔣君（騏昌）家傳》謂：「（炳）四子，麟昌，翰林院編修，早世。龍昌，嘉應州知州。熊昌，潁州知府。君其季也。」（《亦有生齋集》文卷一三）

蔣麟昌（1721～1742），字靜存，小字僧壽，有《菱溪遺草》一卷，乾隆七年刻本。《清代官員履歷檔案全編》第 1 冊第 412 頁蔣麟昌履歷曰：「蔣麟昌，江蘇人，年二十二。乾隆四年進士，歷俸二個月。」陸繼輅《同里蔣編修麟昌》曰：「長安有籠復有筌，禽邪魚邪拘盈千。一客避囂掩雙戶，不雪亦作袁安眠。眠來布被當頭擁，誰解東隅赤輪湧。驀聞冬冬敏門聲，驚起遊魂神洶洶。披衣立向疏櫺看，有奴手執烏絲紈。前言主是連城尹，三月八日將之官。總總致辭猶未畢，復有寸緘手中出。緘云遠作飛礫行，索君一詩壯行色。補山補山我何言，椿堂舊景其無諼。爾時乾坤若斗室，蹻足便觸千重藩。生不逢蘇門落落，步兵侶又不耐邸。師涼涼，與踽踽，惟我爲君作楚歌，惟君爲我作吳舞。歌歌舞舞莞爾間，有時相對增愁顏。大珠小珠眼底落，羊裘萬點霜楓斑。蒼茫意氣孰相似，長鯨未沾一勺水。天池煙霧罨垫來，涸轍之鮒躍然矣。凌空躍過石膪嶼，會向滄波浴鱗去。掉尾掃取八閩雲，灑作千邨萬邨雨。迴思兩載相周旋，雅知君力堪承宣。翩翩墨綬出京邑，鳴琴何必輸先賢。況復連城東北之劇地，保障百里重儒吏。簿書雖屈士元才，盤根可礪虞詡器。勸君暫軟彭澤腰，晜君小試武城刀。百壺荔酒清且馥，盟鷗閣外春風高。行行莫瀉別腸淚，彼間望君如望歲。經營一夢尾君行，君其東爾馬首南爾斾。」（《合肥學舍箚記》卷五）

秋八月，張吟薌壦、莊似撰炘及甌北內弟劉可光等，均來京應京兆闈。此前，張吟薌、莊似撰曾獻賦行在，然皆報罷。試秋闈，莊似撰、劉可光又被黜，惟張吟薌舉人及第。甌北一一賦詩勸勉。

《舊譜》：「秋，欽點順天武鄉試主考官。」

【按】張壦《林屋詞》【樓上曲】之六：「二十黌宮爲弟子，孝廉三十書名字。明歲且爲官學師，頭銜咲倒吳中兒。」（《竹葉菴文集》卷三二）據此，張壦似乎三十歲即爲孝廉，其實不然。此概言之。甌北寫於本年秋

的《喜吟薌登京兆試賦賀十二韻》（《甌北集》卷一一）一詩，開頭即謂：
「京兆門高藥榜懸，欣看吾友著鞭先。補償文債才今日，跌宕名場已十
年。眉宇故無寒乞相，頭銜新上孝廉船」，知張塤本年始中舉，年已三十
有五。此前，乾隆帝南巡，張塤曾獻賦行在，然不爲採用，才北上應京
兆闈。甌北曾稱其「人似春蠶眠又起，蹟隨候雁去還來」（《吟薌獻賦報
罷，復赴京闈就試》，《甌北集》卷一一），即指獻賦求官一事，並勉勵他
「豈有斯人長落魄，扶搖風力已曾培」（《吟薌獻賦報罷，復赴京闈就試》，
《甌北集》卷一一）。張塤之生卒年，據鄧長風考證，應在 1731～1789，
並稱，「乙酉（1765），張塤三十五歲，始至京赴秋試中舉。從壬申、癸
酉算起，十餘年來，張塤該是經過四入京師、五赴秋試，才登上了科考
的第一級臺階。說他久困場屋，似並不爲過。」（《明清戲曲家考略全編》
上冊）所言切中實際。

　　莊似撰（1735～1818），即莊炘。「一作忻。字景炎，一字似撰，號
虛菴。清武進人。乾隆三十二年（1768）副貢生。以州判補陝西咸寧知
縣，擢漢陰通判，遷邠州知州，嘗鞫白蓮教案，力爭於統軍，得免株連
者達萬人。歷署興安、鳳翔、榆林知府，政務寬靜，民感其德。以老乞
歸。與洪亮吉、孫星衍、趙懷玉、張惠言等倡爲漢學。尤深於聲音訓詁。
詩文均有法度。信佛法，通經論，校刊《一切經音義》。年十五，即以詩
文著稱，生平著述甚豐，以舟行漢江時船隻漏水，稿本大多毀壞，僅留
文數篇，詩 700 餘首。知者惜之」。著述有《寶儉堂集》、《師尙齋詩集》、
《小濠梁吟草》等多種，皆佚。（《江蘇藝文志・常州卷》）趙懷玉曾撰有
《故奉政大夫山西邠州直隸州知州莊君炘墓誌銘》，詳敍其事。（《碑傳集》
卷一一〇）懷玉文稱其「三遇召試，皆二等第一」，或即甌北所云「三獻
賦報罷」。莊炘自乾隆十六年（1751）有謀取功名之舉，淹蹇十六年，仍
艱於一第，故甌北詩中又有勸慰之意。《莊似撰上舍，吾鄉才士也，三獻
賦報罷。今來試京闈，又被黜。於其出都也，詩以送之》稱：「與君鄉國
未深談，相見長安鬢已毿。賦草千言屬車下，才名十載大江南。年華漸
覺秋花晚，文境空餘老蔗甘。太息斯人艱一舉，茫茫箸策倩誰探？」「落
葉風前動別愁，蕭然南下趁扁舟。諸公共惜投繻去，寒士難爲索米留。
榜後歸期同社燕，酒邊客感付江鷗。通才畢竟襟懷曠，不把文章哭九秋。」
「跋扈詞場久主盟，何堪蹤蹟尙孤徵。淮陰終是無雙士，驃騎寧高第五

名。南國稱詩還最健，西窗讀易有餘清。不須更抱窮途感，會聽三年奮一鳴。」（《甌北集》卷一一）

劉可光，《江蘇藝文志·常州卷》、《清代人物生卒年表》，均未見其人。此人乃甌北內弟，劉午岩之子，劉欽（謙齋）之弟。詩稱：「憶我初爲君家婿，諸舅中尤與君好。聯床客邸常對眠，挾策京闈共赴考。骨騰肉飛少年氣，如劍出匣驥出皂。荒廚無米榻無氈，燈下拈題鏖到曉。奇句必令長老驚，高談弗顧座客惱。便思唾手拾青紫，趁此筆酣墨瀋飽。彈指倏經二十年，往日青春去如掃」，知二人關係甚洽，曾連床夜話，同赴京兆闈，且皆爲意氣風發之書生。然其科場不利，仍陷「泥滓」、「困蓬葆」。又由「君家文行重鄉邑，殖學砥躬各有造。石慶門以孝友稱，鄭公鄉惟經術討。讀書聲每出金石，養親貧猶具鸞鷹。弟兄到老不析產，自相師友淬才藻。娣姒間能互乳哺，童稚輩亦讓梨棗」，知武進劉氏之家風敦樸，孝義可嘉。再由結末「人生中年奮蹟已不早，況復場屋頻潦倒。求名不遂家又貧，荏苒世間行自老。落葉風前送君去，泣罷蒼茫向晴昊」數句來看，甌北之同情、悲憫之情懷隱然可見。（《送可光內弟秋試報罷南歸》，《甌北集》卷一一）

此間，尚寫有《題吟薌鏡影小照》、《陶然亭同人小集》諸詩，可一併參閱。

廁身官場，懶於逢迎，惟「殘編自寶」，一心嚮學。

《漫興》：「紙窗涼逼露華清，顧影蕭然感易生。漸老鬢毛攪黑白，就衰筋骨驗陰晴。將車送鬼窮難去，食字求仙候未成。手剔寒燈清不寐，階前落葉報秋聲。」「富貴何曾有盡期，胡爲行者競如馳？日雖誇父身能逐，山豈愚公力可移。絕頂樓臺人倦後，滿堂袍笏戲闌時。與君醒眼從旁看，漏盡鐘鳴最可思。」（《甌北集》卷一一）

《有以疎慢見責者，書以志愧》：「鮑老郎當久取嫌，枉勞寄語問郎潛。壺觴地迥多珠履，絲竹堂深隔畫簾。姹女數錢工索笑，乞兒向火競趨炎。望塵未慣車前拜，樗散孤蹤敢不恬。」「捫胸自揣本何長，挾冊惟知仰屋梁。老馬智空能識路，野狐禪正欲開堂。殘編自寶千金帚，古學誰探一瓣香。研削燈窗吾老矣，忍將一顧乞孫陽。」「有人來自要津邊，苦勸逢時趣改弦。敢以敬容殘客待，深蒙范叔故人憐。芒鞋不稱朱門步，羸騎羞隨繡憶鞭。斑竹簾前窗草綠，已看木榻坐將穿。」（《甌北集》卷一一）

童梧岡鳳三視學湖南，賦詩相贈。

《送童梧岡編修視學湖南兼寄諸桐嶼辰州》：「蕩函五色麗朝霞，遙指荊南驛路賒。道脉至今稱嶽麓，才人自古到長沙。雲開衡岫占文筆，帆轉湘流過使槎。大雅扶輪須努力，儒生此職最清華。」「行部辰陽禮數寬，有人手版謁征鞍。應劉才子原同調，屈宋銜官恐未安。燕寢香凝杯酒暖，轅門風靜鼓聲寒。相逢為道邵卿老，自少詩朋興漸闌。」（《甌北集》卷一一）

【按】童鳳三（？～1801），字梧岡，號鶴銜，浙江山陰人。丁丑（1757）浙江召試，獲第一。庚辰（乾隆二十五年，1760）進士，改庶吉士，授編修，視學湖南，官至吏部侍郎。為詩胚胎初、盛唐，而跌宕於李，沈厲於杜，又兼有昌谷之瑰麗、義山之穠鬱，尤長於詠古，多寄意深遠，與畢秋帆、諸桐嶼、王詒堂、曹竹虛、吳穀人等時相唱和。有《慎獨齋吟剩》。《樞垣題名》謂：「童鳳三，浙江山陰人。乾隆二十四年七月由內閣中書充，補官至吏部左侍郎。」《清秘述聞》卷一一曰：「童鳳三，字鶴銜，浙江山陰人。乾隆庚辰進士，四十二年以侍讀任。」另見《國朝耆獻類徵初編》卷九四等。

十月，與張塏似曾敞侍讀主試順天武闈。

【按】甌北以翰林院編修，得膺此任，甚感榮幸。詩中寫道：「一行御紙出金扉，忝荷持衡入武闈。豈有兵堪談白面，敢期身自作朱衣？兩回路記前遊熟，七品官膺此遇稀。自揣書生那足任，冰霜彌凜寸心微」，又曰：「孫吳未習愧何如，拜命翻憂學術疏。漫比登壇懸將印，真成臨陣看兵書。縠中人豈皆兒戲，紙上談原屬子虛。所願憑空撈漉處，干城材足寄儲胥。」（《蒙恩命偕張塏似侍讀主試順天武闈，恭紀四律，末章兼呈塏似》，《甌北集》卷一一）當時之情狀，藉此得以考見。該詩「君才校士又談兵」句下小注曰：「君分校文場才月餘。」文場之鄉試，一般安排在八月，初九、十二、十五三場考試。此既言「分校文場才月餘」又主試武闈，由此下推月餘，當在十月間。又據相關記載，武闈「場期在文場後，定十月舉行，順、康時定初九至十三日試外場，十四日試內場。乾隆元年以為期甚迫，改外場初七日為始，大省人數多者於初五日為始，考試馬步箭並技勇；內場十三日入闈，十五日考試策論；嗣又改為初五日起連試外內場，十一日出榜。順天榜鈐順天府尹印，各省榜鈐巡撫關防。中式者為武舉人」（《清代科舉考試述錄》）。故將主試順天武闈事繫

於本月。

張塏似（1731～1777），即張曾敞，字廓原，又字開士，江南桐城人，乾隆辛未進士。姚鼐《原任少詹事張君權厝銘並序》：「君諱曾敞，字塏似，桐城張太傅文端公之曾孫，禮部侍郎諱廷璐之孫，翰林院侍講諱若需之子。年二十一中乾隆十六年進士，改庶吉士，授翰林檢討。自文端至君，爲翰林四世矣！是時君家太保文和公解爲相歸，而侍講及群從在朝爲翰林者四人。君年最少，材器通美，究識古今事宜、國家典故，而持己清峻，人謂君且繼其家兩相國後也。君爲檢討十餘年，值御試翰林，名列第五，進侍讀，充日講起居注官，四遷至詹事府少詹事兼侍讀學士。又值試翰林，列第三，當進官，詔特褒君，而未及遷。自有記注官，君家世職之。及君尤講正體例，嘗獨任一館之事。諸城劉文正公爲掌院，每歎異君。君疾士大夫骫骳隨俗，節概不立，欲以身正之，見於辭色，眾頗憚焉。君三爲順天鄉試同考官，有公廉名。逮己丑科會試復同考時，武進劉文正公爲考官，知君可信，君所薦卷中者，較他房多且再倍。君又以嶢然獨立稍自喜也。於是榜發，磨勘有摘君以所薦舉人梁泉卷疵累數十，當斥革，吏遂傅君法，革職提問。會考驗，無纖毫私狀。而梁泉固鄉舉第一，詔卒復梁泉舉人。君雖釋罪而竟廢矣，於是惜君者莫不咎當時議君之重，而謂兩劉相國宿知君賢而不能爲一言於上，而顧使疾君者得其快。嗟乎！君進非人所得援，其退非人所得沮，天則使君仕不究其才，而志不信於世也，而何咎邪？其後君以□萬壽加恩，復五品頂帶，歸主晉陽、江漢、大梁三書院。乾隆四十二年正月，卒於大梁。年四十七，始娶姑女姚氏，生一女。再娶定興鹿氏，生子元良。側室生子元襲、元袞。其亡也，長子才十二歲。君少而孝友，持喪以禮，於族姻朋友事，雖難成者，任之必儘其勞、謀之必竭其慮。雖疏遠，以急投之必應。乙亥之歲，江南饑，君居侍講憂，在里，倡捐米出賑平糶，晝夜營之，以活一縣之眾，又以糶餘錢積穀以待歲祲，今吾鄉所謂永惠倉也。爲文工爲應制之體，尤好古人文章，托意深邈而不比於時者。仕方顯而爲詩示余，多憤慨深鬱之詞，蓋其所志遠矣。君與余家世姻，少相知，又嘗重余文。君喪之歸也，余既以辭祭而哀之，乃復爲其權厝室銘曰：綺組會者絲邪，而孰爲之機耶？鳴者匏簧邪，而孰噏以揚邪？物或以多榮，或盛夏而先零，孰主張是而爲之虧成，以盛族有君，志則抗而節弗汙，既

駕而驚,而躓於中路。芒乎吾奚知其故,維紀其人,而如可以呼!」(《惜抱軒詩文集》文集卷一二)此外,姚鼐還有《祭張少詹曾敞文》,曰:「嗚呼!昔君始降,宵中營室。鼐生逮君,後五十日。君長而才,鵬揚驥騖。鼐也無能,伏尋章句。十年二之,偕聞鹿鳴。風雪載途,共以車征。龜坼其膚,裹襖帷輪。笑我擁袖,懦婦稚嬰。省試罷歸,獨君登第。送我西墉,援衣出涕。君為禁臣,彪胸爛手。裁瓠朝脫,暮誦士口。鼐走南北,五躓一升。來則授榻,行為檢縢。荒園廢寺,挈攜交朋。畸客窮士,受禮不能。狂歌踞罵,酒悲沾膺。人或駭厭,君恬不憎。鼐不能飲,君每代舉。同車出入,相從坐處。獎善救過,或喜或瀕。嗚呼君往,而孰余成。士氣之卑,言甘貌順。君企古人,欲以義振。兩試翰林,辭成拔儁。遂至詹事,益將孤峻。眾所顧畏,索刺瘢疵。詔衡貢士,有當無私。勇於知恥,怯於賄貨。交讒去官,大快群欺。自是與君,別居南朔。在歲壬辰,來儵去邈。念君魁梧,面丹有渥。終接詹瞢,晨宵商榷。鼐始告歸,君在大梁。靳世大用,為師一方。正月十二,作書示我。暮已告疾,晨琴徹左。凶問遠承,將信終疽。手執君書,情密辭夥。天道祐善,芴不可論。既瘁獨余,又奪所親。彊盛先隕,弱寧久存。鼐在揚州,君柩歸里。不牽其紼,不撫其子。寫辭可窮,有悲曷已。尚饗!」(《惜抱軒詩文集》文集卷一六)《梧門詩話》卷四謂:「京口戴臣來天錫著《松岩詩草》,張塤似、管松厓兩先生序而行之。」由此可知,張塤似曾與管松厓同為《松岩詩草》作序。《聚奎堂用壁間明人王衷白韻呈同考諸公》(《甌北集》卷一一)亦寫於此時。

尹繼善回朝任職,甌北詩以奉賀,並與其子詩歌唱酬。

《尹相公還朝,詩以奉賀》:「經年揆席待調梅,借寇今才納節回。家世本傳黃閣貴,人情久望絳騶來。甘棠有愛歌思滿,溫樹無言氣脈培。正是小春時節到,看噓鄒律遍春臺。」「四十餘年擁節庵,黃扉從此藉論思。帝因耆舊隆者舊,人以膚雲待設施。鎮靜中流無險浪,晴明西日似初曦。昔賢到老彌加力,驗取黃花晚節詩。」「九重優禮許誰攀,書接頻聞寵命頒。樊重門原高戚里,蘇瓌子又躋卿班。道尊少海資陶育,地錫平泉養晏閒。眷注愈深擔益鉅,知公難謝鬒毛斑。」「五雲高處福星明,占是臺階贊太平。朝有白頭增氣象,身將青史論勳名。皂囊封有嘉謀告,畫舫齋還好句成。待取調元仁壽溥,受恩豈獨老門生。」(《甌北集》卷一一)

【按】《欽定八旗通志》卷一四三《人物志二十三‧尹繼善》謂，乾隆三十年（1765）九月，「召來京入閣辦事，兼管兵部事務，充國史館總裁。十月充上書房總師傅，教習庶吉士」。甌北詩《尹相公還朝，詩以奉賀》「道尊少海資陶育」句下注曰：「上命公爲皇子師。」該詩稱「正是小春時節到」。小春，舊稱農曆十月爲小陽春。意謂天氣不寒，有如初春。據此可知，本詩寫於十月間。該詩「樊重門原高戚里」句下注曰：「公女爲皇八子妃」，「蘇環子又躐卿班」句下注曰：「公子樹齋新擢少宰」，「地錫平泉養晏閒」句下注曰：「上命以鄂文端舊園賜公。」（《甌北集》卷一一）可知，尹繼善與乾隆帝爲兒女親家，子慶桂（字樹齋）新擢吏部侍郎。太宰爲百官之長，至宋徽宗時改尚書左、右僕射爲太宰、少宰。明清時通稱吏部侍郎爲少宰。《清史稿》「本傳」僅稱其「授戶部員外郎，充軍機章京，超擢內閣學士」，未敘及此職。《清史稿‧諸王傳》高宗八子永璇傳，亦未敘及其納尹繼善女爲妃事，可補正史之不足。尹繼善來京，所居乃鄂爾泰（諡文端）舊居。據《藤陰雜記》卷四：「西城帥府胡同，爲西林鄂文端公第。」尹氏所居，當即此處。尹繼善至少有十二子，且「公諸子皆能詩。四公子樹齋以蔭得官，有句云：『三代簪纓承雨露，一家機杼織文章。』三公子兩峰以科名起家，詠《獨秀峰》云：『千丈芙蓉拔空起，爲山原不藉丘陵。』文端公見而笑曰：『三兒以我爲丘陵乎？』」（《隨園詩話》補遺卷二）

慶桂（1735～1816），乃繼善第四子。

慶霖（？～1844），字晴村，滿洲鑲黃旗人。雨林與「霖」意義相關，當是其字之別題，爲繼善第五子。《歷代畫史彙傳》卷三三：「慶霖，字晴村，慶保弟，由侍衛洊擢江寧、福州將軍，畫蘭得停雲風味，生平酷嗜文墨，傳重士林，嘉慶丙寅年卒。」清代另一慶霖字伯蒼，乃滿洲正白旗人。

《題慶雨林水石清娛小照》、《題慶樹齋少宰方山靜憩圖》（《甌北集》卷一一）二詩，均寫於此時。詩中亦多有勸勉之詞。如贈慶雨林詩，謂：「好趁青春多讀書，他年倘執騷壇柄」，贈慶桂詩，謂：「官高不改書生味，始是前賢澹泊心。」由此可見甌北爲人之一斑。

慶玉（？～1802），字兩峰，爲第三子。《八旗詩話》：「慶玉，字兩峰，滿洲人。乾隆丙子舉人，官布政使，有《錦繡段詩集》。兩峰爲望山

相公第三子，作詩意致超遠，氣體沖和，其抒寫性靈，正與似村相似。紆徐之中，更復卓犖，兩峰有獨至者焉。」袁枚《哭慶兩峰觀察有序》詩前小序曰：「丁酉七月，兩峰觀察赴任湖北，過隨園留別云：『交情共指青山在，別意相看白髮多。』余讀而傷之。旋聞以孤身出鎮塞外，非其任也。不逾年病還京師，又一年卒。余賦詩哭之，即用其第四聯爲起句。」詩謂：「別意相看白髮多，今朝永訣奈君何。平原自是佳公子，劉秩原非曳落河。翠竹凌霄難鬱抑，良金受鍛易消磨。可憐絕代風騷手，空把穠華委逝波。」（《小倉山房詩集》卷三二）

慶蘭，字似村，以殿試秀才自號，爲第六子。《八旗詩話》：「慶蘭，字似村，滿州人。大學士尹繼善子，有《小有山房詩鈔》、《絢春園詩鈔》。似村閥閱當得官，乃以秀才終老，天性恬澹乃尔。耽詩嗜靜，种竹樹二撟，茸瓦屋四五楹，藏異書万卷，終日閉戶，不接俗客。詩較楊誠斋闊大、范石湖深至，殆能驅使性靈，而不爲性靈所使者。」

內弟劉敬輿欽自廣西陽朔知縣罷歸，寄詩慰勉。

《內弟劉敬輿自粵西罷官歸里，寄詩慰之》：「清勤心蹟我深知，何事彈章苦索疵。出宰民歌來暮褲，休官地有去思碑。拙甘牛後聊循分，老學蛾眉罕入時。且喜高堂還健飯，得歸侍養更何悲。」「也知閒可泛煙波，那便從容得嘯歌。二頃不營眞達者，一官可罷奈貧何。家添食指偏加倍，民送歸程欲挽多。還有書生餘習在，陳編長日好消磨。」（《甌北集》卷一一）

【按】劉欽，見本譜乾隆十七年考述。

冬，送同鄉友劉邦甸還故里。

【按】據《送劉邦甸出都》詩所述，知二人乃早年執友，交情非同一般，故對其京闈落榜深表同情：「雪花打頭風酸鼻，遇我話別難爲情。籲嗟乎！人生在世如轉轂，前路茫茫總難卜。天公賦命本不齊，孰應受窮孰享福？權非己操可若何，所自盡者只幽獨。欲耕無地且硯田，欲養無祿且館穀。臨分更酌一杯酒，愧我無力堪援手。淚眼徒看失意人，二十年前一老友。」（《甌北集》卷一一）由「雪花打頭」諸句來看，本詩當寫於嚴寒冬季。

里中馬浩如來京，報知幼弟汝霖近中秋舉一子，母亦康健，甚喜。

《久不接家書，里中馬生浩如來京，始知老母安信，舍弟新舉一子，可喜也》：「半載無家信，書來轉益愁。高堂頭上雪，破屋岸邊舟。黃葉落如許，

白雲寒自流。一燈孤館夜，鄉夢轉悠悠。」「一事欣予季，中秋正洗兒。門單期衍緒，親老要含飴。姑息難爲父，童蒙貴擇師。四殤姑勿論，有子未嫌遲。」（《甌北集》卷一一）

【按】據《西蓋趙氏宗譜》汝霖名下，子二：長廷賢，杭孺人生，次廷雄，毛孺人生，女一，適邑庠生蔣雲梯。又據該詩小注「弟已生三子一女，俱殤」，知所生子當爲廷賢。時習俗，嬰兒生後三日或滿月，則替嬰兒洗身，落胎髮。《東京夢華錄》卷五《育子》：生子至滿月，「則生色及繃繡錢，貴富家金銀犀玉爲之，並菓子，大展『洗兒會』。親賓盛集，煎香湯於盆中，下菓子、彩、錢、蔥、蒜等，用數丈彩繞之，名曰『圍盆』；以釵子攪水，謂之『攪盆』。觀者各撒錢於水中，謂之『添盆』。盆中棗子直立者，婦人爭取食之，以爲生男之徵。浴兒畢落胎髮，遍謝坐客。」又，陳士元《俚言解》卷一《三朝滿月》：「生子三日謂之三朝。是日祭祖先、洗兒、灸臍，俗稱洗三。」詩既稱「中秋正洗兒」，則知此兒降生時間，當距中秋較近。

時，張吟薌塤寓甌北邸。生活寒儉，共度艱辛，以芋羹餬口。歲暮，與張吟薌掩關而坐，相對交談，感慨頗多。

《歲暮示吟薌》：「殘冬冰雪天，年事蜎毛黟。蕭齋共故人，偏覺清況頗。門卻車轔轆，簾隔塵堁塿。劇談舌翻瀾，雅謔口炙輠。各訂一編稿，刮磨到貼妥。項領龍養珠，膈膊雞抱卵。此興殊不俗，嗒焉忘爾我。迴看長安中，比屋沸碎瑣。豪家考歲會，主進累錢垛。握籌算鎦銖，操券責粒顆。怕人食言肥，防客觀頤朵。亦有貧乏戶，龜手歎勞瘒。索米腹每枵，典衣身或裸。債帥難避臺，逋寇欲逃鎖。眼前吾兩人，獨得掩關坐。本無富窟藏，幸未窮坑墮。處世貴知福，即此便盡可。書生命原薄，出身從坎坷。取數戒太奢，謀生在聊斫。胡爲逞無涯，羨彼金玉瑳。願奢分有定，作計恐終左。且尋爽鳩樂，勿學繭蠶裹。人生能幾時，疾於弦激笴。不見臘又盡，家家爆竹火。」（《甌北集》卷一一）

此時亦寫有《題袁止所主政我我周旋圖》、《友人以鄴城懷古詩見示，但侈陳魏瓦齊磚而於歷代割據建都之蹟殊多掛漏，爲補成八首》（《甌北集》卷一一）二詩。

【按】《甌北集》卷四〇《四哀詩·張瘦銅舍人》曰：「京邸留君住，寒酸共芋羹。劇談千古識，奇氣萬人英。」知張塤此次來京，居甌北寓所。《友

人以鄴城懷古詩見示，但侈陳魏瓦齊磚而於歷代割據建都之蹟殊多掛漏，為補成八首》詩，可見甌北熟諳史事，且考據之風對詩歌創作時有滲透，時代使然。

乾隆三十一年丙戌（1766）　四十歲

【時事】　正月，以雲貴總督劉藻平緬甸亂事不力，移湖廣總督。未離任，又奏何瓊詔等貪功輕進，遭帝嚴斥，謂：「『藻本書生，軍行機宜，非其所習，朕不責以所不能。至調度賞罰，並可力為籌辦，乃舛謬若此，豈堪復勝總督之任？』因左授湖北巡撫，命楊應琚往代。復諭：『應琚未至，藻當實力經理。若自以為五日京兆，致誤事機，必重治其罪！』部議奪職，留雲南效力。」（《清史稿》卷三二七《劉藻傳》）藻畏懼甚，於三月初自殺。刑部尚書莊有恭，處治蘇州府同知段成功縱役累民、婪索贓銀案不力，且授意按察使朱奎揚等有意從寬，被罷官，下刑部獄。罪應斬，改監候。調李侍堯為刑部尚書。二月，榮親王永琪「少習騎射，嫻國語，上鍾愛之」（《清史稿》卷二二七《諸王傳七‧高宗諸子》），然因剃頭曾召福園門外人等入內，遭嚴斥，諭曰：「朕想阿哥剃頭，自有按摩處太監，何用外邊民人，今五阿哥既用民人剃頭，阿哥中用民人剃頭者，諒不止一人，著總管查明具奏。再福園門係園庭禁地，不應令外人出入，今既將剃頭民人領至阿哥住所，若優伶等輩亦可喚入乎？該管總管及五阿哥諳達等，交宮內總管治罪。」（《國朝宮史續編》卷一《訓諭一》）結果，五阿哥至三月即薨。三月，增加舉人揀選名額，以疏通壅滯。「舉人選官之制，有考選，有揀選。考選因文藝而別其人才，揀選初兼考試，後以具文罷之」（《石渠餘紀》卷一《紀舉人授官》）。雍正初，以舉人揀選，每逾三十年不得官。上年，乾隆帝諭曰：「舉人選用知縣需次，每至三十餘年。其壯歲獲售者，既不得及鋒而用，而晚遇者年力益衰。中夜思維，籌所以疏通壅滯，查每科中額一千二百九十名，統十年而計，加以恩科，則多至五千餘人。而十年中所銓選者，不及五百人。除會試中式外，其曾經揀選候選者，尚餘數千。經久愈多，遂成壅積，而知縣員缺，只有此數。缺少人多，固必然之勢也。」（《石渠餘紀》卷一《紀舉人授官》）至本年，大挑增其額，以擴展舉人仕進之途徑。四月，常州府武進縣劉躍雲、劉種之、杭州府仁和縣沈世煒、常州府陽湖縣管幹貞、雲南臨安府蒙白縣尹壯圖、陝西西安府渭南縣蔣兆奎、直隸保定府束鹿縣穆凌

煙、江南滁州府全椒縣金兆燕等二百餘人進士及第，出身有差。是科會試，尹繼善為主考官，裘曰修等為副考官。雲南普洱外悉平。先是，「緬甸大入邊，滇事棘。緬酋莽達拉自為木梳長所篡，擊敗貴家木邦，貴酋宮裏雁奔孟連。時應琚子重穀為永昌知府，誘殺之，木酋亦走。緬益橫，入犯思茅。上移應琚雲貴總督視師。應琚至楚雄，緬人漸退，師乘間收復。應琚往孟良、整賣正經界，集流亡，釐戶口，定賦稅」（《清史稿》卷三二七《楊應琚傳》）。五月，十一阿哥永瑆，私以「鏡泉」為號，且題於十五阿哥扇頭。乾隆帝覽之，怒甚，於本月十三日，在乾清宮召見大學士、軍機大臣，諭曰：此舉非皇子所宜，「此蓋師傅輩書生習氣，以別號為美稱，妄與取字，而不知其鄙俗可憎。且於蒙養之道，甚有關係。皇子讀書，惟當講求大義，期有裨於立身行己。至於尋章摘句，已為末務，矧以虛名相尚耶？」（《國朝宮史續編》卷一《訓諭一》）又稱：「我國家世敦淳樸之風，所重在乎習國書、學騎射，凡我子孫，自當恪守前型，崇尚本務，以冀垂貽悠久。至於飾號美觀，何裨實濟，豈可效書愚陋習，流於虛謾而不加察乎？設使不知省改，相習成風，其流弊必至令羽林侍衛等官，咸以脫劍學書為風雅，相率而入於無用。甚且改易衣冠，變更舊俗，所關於國運人心良非淺鮮，不可不知儆惕。朕此前御製皇朝禮器圖序，特暢申其旨，曾令阿哥等課誦。邇來批閱《通鑒輯覽》，於北魏金元諸朝，凡政事之守舊可法、變更宜戒者，無不諄切辯論，以資考鑒。將來書成時，亦必頒賜獎習，益當仰體朕之思深計遠矣。阿哥等誕育皇家，資性原非常人可及，其於讀書穎悟，自易見功。至若騎射行圍等事，則非身習勞苦，不能精熟。人情好逸惡勞，往往趨於所便，若不深自提策，必致習為文弱而不能振作，久之將祖宗成憲亦罔識遵循，其患且無所底止，豈可不預防其漸耶！阿哥等此時即善辭章，工書法，不過儒生一藝之長，朕初不以為喜。若能熟諳國語，嫻習弓馬，乃國家創垂令緒，朕所嘉尚，實在此而不在彼。總師傅等須董率眾師傅，教以正道。總諳達亦督令眾諳達，時刻提撕勸勉，勿使阿哥等耽於便安。」（《國朝宮史續編》卷一《訓諭一》）七月，乾隆帝奉皇太后巡幸木蘭，至十月初始回京師。八月，江南徐州銅山縣韓家堂黃河決口，達六十餘丈。至十月，決口始合龍。十一月，銅壁關為緬兵攻佔，清軍潰敗。十二月，《大清會典》一百卷成。《大清會典》，初修於康熙三十三年，續修於雍正五年，乾隆二十九年奉敕重修，使典章彌備，條目彌詳。

　　本年，如皋黃振作《看一人戲》詩，寫所見獨角戲。

嘉定王鳴盛輯《江浙十二家詩選》二十四卷成。

嘉定曹仁虎輯《刻燭集》。

通州方汝謙自定《白雲山樵集》。

浙江章學誠在京繼續從事文學活動，先後交山陽程晉芳、安徽吳烺等，與烺從朱筠學。

浙江杭世駿掌教揚州安定書院。

安徽姚鼐在京，以詩送侍朝住主德州書院。

武進錢維城在京，為人評跋唐周昉等二十四家畫冊。

高郵王引之（伯申）生。

江西吳嵩梁（蘭雪）生。

蔣士銓應浙江巡撫熊學鵬（廉村）之聘，往主紹興蕺山書院。（《清容居士行年錄》）

洪亮吉仍在外家授徒，表弟蔣兆岣等從其學，歲入脩脯錢七千。六月，應童子試不售。是歲，詩社以《洗硯池賦》、《檳榔行》、《雲溪竹枝詞》命題，亮吉試列第一。從舅蔣和寧（榕盦）閱其文，奇賞之。所賦中秋《減字木蘭花》詞十首，同輩傳抄殆遍。（《洪北江先生年譜》）

六月，顧光旭坐糧廳差滿，進京，仍以御史兼戶部行走。時當引見，放臺灣差，以獨子故，遂引疾不與。（《響泉年譜》）

錢維喬會試報罷，南回故里。其兄維城視學浙江滿歲，還朝。（陸萼庭《錢維喬年譜》）

金兆燕八應會試中式，始成進士。其《題宋瑞屏磨蟻圖小照》詩有謂：「我生半世輪蹄中，壯歲轉徙隨飛蓬。八上燕京三入越，齒落面皺成衰翁。」（陸萼庭《金兆燕年表》）

【本事】元旦，賦詩感懷，思母不已。

《丙戌元旦試筆》：「東風又到六街塵，身世俄驚四十春。少小幾時行欵老，昇平方好敢傷貧？五經次第傳諸子，萬卷低昂聚古人。獨有鄉心難遣處，高堂鬢已白如銀。」（《甌北集》卷一二）

正月十五日夜，因大風驟起，觀燈未成。次日晚，為兒輩央求不過，遂驅車偕兒曹往菜市口觀燈。

《上元后一夕同兒輩市口看燈》：「昨宵佳節天大風，市頭燈火一掃空。今朝無風天色好，滿街人沸月影中。兒曹牽衣喜相告，出門要看紅燈紅。對

之那能即嗔喝，聊與命駕菜市東。置膝自抱我誠癖，上車不落渠自雄。發蒙教猜春謎字，遠咻引避市語訌。倘逢相識見應笑，如雞轂雛在一籠。中年漸多兒女愛，已無大志立事功。竿木逢場且作戲，閒情聊托兒嬉同。卻憶倚閭人望我，亦如我愛諸孩童。」（《甌北集》卷一二）

【按】菜市口，在宣武門大街南側。陳宗蕃《燕都叢考》「外城總說」謂：「當時漢人之宦京師者，多旅居宣武門外」，並注曰：「宣武門外大街南行近菜市口，有財神會館，少東鐵門，有文昌會館，皆爲讌集之所。西城命酒徵歌者多在此，皆戲園也。」這一帶也是上元節賞燈之好去處，故云。

與翰林院編修韋謙恒相過從，並題其父鐵夫教諭《授經圖》。

《題韋鐵夫教諭授經圖，爲令嗣約軒編修》：「不教顏柳擅家規，一幅如披諷諭詩。代遠業猶傳故相，官閒身自課佳兒。無鱣集座沈淪慣，有鯉趨庭變化奇。三尺書郎今及第，由來名父作經師。」「冰冷儒官建立殊，通經致用果非迂。青氈堂下辭私饋，黃鵠陂前議免租。當局能肩眞鐵漢，滿籯何物笑金夫。不須數典援韋慢，賜策陰功券此圖。」（《甌北集》卷一二）

【按】韋謙恒，據民國八年修《蕪湖縣志》卷五〇《人物志》：韋謙恒，字愼旃，號約軒。丁丑應南巡召試，賜舉人，授內閣中書。癸未一甲三名進士，授編修，遷左庶子，晉侍讀學士。壬辰補貴州按察使，晉布政使，以罪降。壬子官侍讀，丁未陞國子祭酒，以病告歸，原品休致。年七十七卒。有《傳經堂文集》等。《湖海詩傳》卷二八謂：「約軒以翰林大考受知，不數年，直綸扉，出爲方伯，緣事罷歸，以四庫館編校加鴻臚少卿。」（《蒲褐山房詩話》）《藤陰雜記》卷二稱：「韋約軒中丞謙恒，二十拔貢，名噪詞場。四十四癸未及第，不十年開府黔中，嗣三入詞館，再領成均，官上鴻臚，七十七卒。」徐世昌《晚清簃詩彙》，謂韋謙恒又號木翁。可互參看。《清代人物生卒年表》據《傳經堂詩鈔》卷一一《乙巳初度作》，謂其生於康熙五十九年（1720），卒於嘉慶元年（1796），甚是。其父韋前謨，《湖海文傳》卷五三劉綸《溧陽縣教諭鐵夫韋君墓誌銘》：君諱前謨，字儀哲，鐵夫其號，蕪湖人。以廩貢生注泗州訓導，歷金壇，遷溧陽教諭。

《授經圖》，王昶《春融堂集》卷四九《授經圖記》謂：「同年韋君約軒出示《授經圖》一卷。中依石而坐，容色睟然，是爲君尊人鐵夫先

生。其垂髫倚側而奉書者，則君也。蓋君家傳經已九世矣。是時君方年十四耳。……圖長三尺五寸，博一尺。高梧深柳，老屋數椽，稱其爲經師所居云。」一時題此圖者甚夥，如王昶《秋林授經圖爲同年韋愼旃謙恒題》（《春融堂集》卷一五）、錢大昕《題韋鐵夫授經圖遺照》（《潛研堂詩集》卷七）、錢載《爲韋編修謙恒題其先教諭鐵夫授經圖》（《蘀石齋詩集》卷二七）、吳省欽《爲約軒題尊甫鐵夫司訓授經圖》（《白華前稿》卷三七）。蔣士銓《韋約軒尊甫鐵翁授經遺像》詩曰：「公歿廿載瞻遺容，公子執經公座中。聞公有道抱六籍，學者遠近擔簦從。平生醞釀經世學，在官偶試多陰功。晚年投簪課諸子，鯉庭蘭蕙含春風。五郎鍾愛比文度，入畫雙瞳秋水露。少維雛鳳啄桐花，長珥麟毫封雞樹。舍人及第天扶持，九原一笑公聞知。卅年隱德被桑梓，官秩不稱同嗟咨。關西夫子孰敢略？琴鐸錚錚愚者悟。坐看梟烏化慈烏，笑聽貪夫遭鬼僕。蝗螟出境避三鱣，哺穀饑鴻亦可憐。有時微服問疾苦，往往痛哭桑麻間。泗州久作蛟龍壑，田吏報淤還報涸。一田兩糧民力殫，官不矜憐胥吏樂。丈量之詔一朝下，公以儒師歷田舍。請裁冗官減浮賦，歲取從茲七千罷。我聞虞山文肅官司農，積誠上書陳世宗，請除浮糧六十萬，天祐父子爲三公。江南之人尚能言其事，功有廣狹仁心同。腐儒有文但局促，俗吏無術多凡庸。經義治事具體用，本諸德行言非空，不特泗民效尸祝，金壇溧陽人士皆思公。前賢聲欬渺難及，公子西清同出入。有孫未冠裒公書，三禮六官能手輯。身如瘦鵠目秀明，隔牆讀書朝夕聲。他時述祖詩成後，把筆還修韋幔經。」（《忠雅堂詩集》卷一一）大致可知韋鐵夫爲教官時代民請命之情狀。錢載之詩亦稱，「經濟端由儒者出，儒家六經天下術。韋公經業信已傳，嘗作儒官世少匹。泗州爲墾賦宿蠹，半淤半涸中有田。潼安設衛徵莫析，丈量詔下雍正年。儒官襄役條厥議，淤者涸者無蒙焉。大吏以聞衛斯撤，州賦得減蹄七千。捕蝗賑饑況多效，博士非惟掌教經。先生自卻暮夜金，早有生徒化而孝」，可與甌北詩「冰冷儒官建立殊，通經致用果非迂」對讀。

與吏部官員項任田、儀曹黃恩錫時有交往。

《黃烈婦挽詩》、《送項任田吏部請假歸歙》、《曉出使門》（《甌北集》卷一二）等，寫於此時。

【按】甌北《黃烈婦挽詩》題下小注曰：「姓蔣氏，儀曹黃恩錫子婦。」

據《清代人物生卒年表》，知黃恩錫，字素菴，雲南永北人。生於康熙五十五年（1716），卒年不詳。又據《（乾隆）寧夏府志》卷二一，知其曾官中衛知縣。事見《清代官員履歷檔案全編》第19冊第616頁。錢載《黃烈婦傳》謂：「同年雲南永北黃君素菴，令甘肅，入為禮部主客主事。其家府城，夫人熊氏，一子鈞，例貢生。鈞之繼娶蔣氏，未舉男。今年鈞二十有四歲，而病沒於五月五日。方鈞病亟，氏已痛絕不欲生。越七日，內外服屬畢集也，朝食婢在廚下，婦乃入室闔戶，自經死，稍梳櫛，衰麻被身。實乾隆乙酉五月十一日，年二十有一歲，蓋家人防之不及防也。黃君得家問，既悲子之蚤世，復哀婦之殉其子者烈也，而屬載書其事。永北之登進士者，在明有譚進士，本朝乾隆丁巳始有劉進士，及壬申黃君而三。今烈婦之死，非止為門戶光，後來永北之稱黃氏者不惟以進士矣。烈婦，布衣蔣奇勳第四女，生於甲子八月二十五日，其結縭也，癸未之七月二十九日。」（《籜石齋文集》卷一二）敘述較詳，正可與甌北詩對讀。項任田，疑為黃山一帶人。

接蔣士銓書，知其自辭官南歸後，忽而金陵，忽而南昌，再往鉛山鵝湖，復歸石城，又欲往姑蘇。一歲數徙，居無安所。甚為憂念，寄詩以慰其懷。

《得心餘書卻寄》：「足音跫然到千里，忽得故人書一紙。遙知歸養仍未寧，一歲攜家輒三徙。買宅金陵席不暖，艤棹南昌帆又駛。鵝湖歸住逾半年，扁舟又向石城指。罷官已同鵲繞枝，為客更似魚失水。眼看身自作黔婁，還倒空囊救桑梓。無錢恥乞有好施，曷怪方朔饑欲死。昨傳白門待掌教，當路忽入細人毀。得非磨蠍坐身宮，所至輒攖謗焰起。姑蘇講席定何如，復恐有物尼之止。生平百尺樓嫌低，不屑侯門躡珠履。豈知翻傍矮簷下，求一托足艱如此。江湖可樂貧奈何，賦罷懷人淚瀰瀰。」（《甌北集》卷一二）

【按】甌北詩中所述，與《清容居士行年錄》記載略有不同。後者略謂：三十年，暫居江寧十廟前，貧甚。三十一年，應約主紹興府蕺山書院。三十二年，歸白下，奉母挈家至蕺山。可互為參照，或補行年錄所未及。

是年春，欽點會試同考官。闈中，與總裁尹望山繼善時相唱和，且於落卷反覆檢選，唯恐遺落真才。

《舊譜》：「是年春，欽點會試同考官。」

《入闈分校奉和總裁尹相公用壁間韻之作，兼呈同考諸公》：「文昌星映棘闈深，節鉞歸來此乍臨。人喜朱衣新宰相，公原青瑣舊詞林。導師暨拂宗風倡，老將登壇氣韻沈。文體從看趨雅正，別裁早已具精心。」「考官單出禁垣深，妙選緣知帝鑒臨。接座清言霏似屑，分題名作列如林。人才可惜珠休棄，文價何憑羽亦沈。晝燭三條應共勘，昔年辛苦認初心。」「新進慚叨寵遇深，五年此地四經臨。頻添泥爪留詩壁，又認巢痕到易林。朱碧迷離燈影炫，星河絡角漏聲沈。摩挲敢說無花眼，應只堅持似水心。」（《甌北集》卷一二）

《翻閱落卷再疊前韻》：「差排文卷盡堂深，覆校渾如帖又臨。退筆幾堆將入塚，神斤一柄再搜林。額瘢恨不將花點，鼻觀那能盡水沈。五色目迷吾敢忽，櫟材或恐有琴心。」（《甌北集》卷一二）

《尹公又有詩見示，依韻奉和》、《再疊前韻》（《甌北集》卷一二）諸詩，亦寫於此時。

本次會試，甌北房得士蔣兆奎、沈士煒等十一人。

《舊譜》：「得士蔣兆奎等十一人；選館者一人：沈世煒；又鮑坤、陳理次科分部。

【按】蔣兆奎（？～1802），字聚五，陝西渭南人。自副貢生補甘肅張掖縣教諭，乾隆三十一年成進士，三十三年教諭俸滿，授四川合江知縣。後擢河東鹽運使，遷按察使，又遷甘肅布政使。因辦理鹽務甚力，授山西巡撫。嘉慶四年，授漕運總督，固辭不許，召授工部侍郎，尋授山東巡撫。嘉慶七年卒。《清史稿》卷三二四有傳。謂：「蔣兆奎，字聚五，陝西渭南人。自副貢生補甘肅張掖縣教諭。乾隆三十一年，成進士。三十三年，教諭俸滿，授四川合江知縣。調灌縣，丁憂。師征小金川，攻熱耳，總督富勒渾奏留兆奎從軍，駐達烏圍治餉。既破熱耳，移餉往。俄，大金川助亂，兆奎知熱耳不足守，復移糧達烏圍。已而，他所糧悉被焚。將軍阿桂才兆奎，使駐日隆治餉，兼司令砲局。旋調署華陽，加知州銜。四川盜號嘓嚕子，擾尤溪。兆奎捕得盜渠，獲首犯。服闋，遷山西澤州同知，擢太原知府。以巡撫農起薦，擢河東鹽運使。五十四年，遷按察使，仍兼理鹽務。尋遷甘肅布政使。五十六年，高宗八旬萬壽，兆奎入祝嘏。時河東商困，兆奎議改鹽課歸地丁，上命如山西同巡撫馮光熊勘議。旋議山西、陝西、河南三省應納正雜課四十八萬餘兩，均入三省行鹽完課納稅百七十二廳州縣地丁，兩加九分有奇，下部議行。五

十七年，上以河東鹽價減，銷暢，兩三月內，發販鹽數倍於往年，商民交便。褒兆奎始終承辦，收效甚速，賜孔雀翎。旋授山西巡撫。五十九年，迎蹕，賜黃馬褂。六十年，以山西錢賤，請停寶晉局鑄錢，從之。嘉慶元年，詔與千叟宴。尋命毋詣京師，仍加恩賚。奏劾汾州知府張力行挾訟事婪索，冀寧道鄧希曾等迴護同官。奪力行官，命兆奎按鞫。又發力行侵帑狀，坐斬。二年，以病乞解任，歸。四年，高宗崩，兆奎入臨，即授漕運總督。固辭，不許。旋奏言：『整頓漕運，要在恤丁。今陋規盡革，旗丁自可節費；而生齒日繁，諸物昂貴，旗丁應得之項，實不敷用，急須調劑。前讀上諭：「有漕州縣，無不浮收，江、浙尤甚，每石加至七八斗。」歷來交納，視爲固然。今若劃出一斗津貼旗丁，餘悉革除。所出有限，所省已多。不特千萬旗丁藉資濟運，即交糧億萬花戶皆沾恩無窮。』疏入，上嫌事近加賦，飭與有漕省分各督撫另議調劑。兆奎疏言：『各督撫所議調劑，有名無實。兩江費淳所奏，不敷運費；江蘇擬四升七合，安徽擬二升，焉能有濟？』因力請罷斥。上責兆奎矗率，並諭：『加賦斷不可行。此外如何設策善後，令再覈議。』兆奎奏請：『每船借給銀百兩，於各糧道庫支領，分三年，以旗丁應領之項扣還。山東、河南兩省路途較近，減借五十兩；有漕各省本有輕齎，原應徵米，斗折銀五分。請仍徵本色，按照旗丁米數，分給白糧。無輕齎，請通融勻給。』上以『所擬損民益丁，巧避加賦之名，仍存加賦之實』，遣侍郎鐵保會淳詳察。兆奎又奏：『旗丁運費本有應得之項，惟定在數十百年之前。今物價數倍，費用不敷。近年旗丁尚可支持者，以州縣浮收，向索兌費，並折收行月等米，以之貼補一切經費。今革除漕弊，浮費可省，兌費不能減。臣才識短淺，惟恐貽誤，求上別簡賢員，原從小心敬畏而來，不敵氣質用事。』上即命鐵保代兆奎，召授工部侍郎，尋授山東巡撫。御前侍衛明安泰山進香，還京師，奏山東有司私饋銀八百，並及途中營汛墩房坍塌。上以詰兆奎，兆奎復奏辯，且稱老病，求去。上怒其忿激，念廉名素著，降三品卿銜休致。七年，卒。」

沈世煒（1732～？），字吉甫，號南雷，一號沈樓，浙江仁和人。乾隆二十一年進士。是年，甌北爲會試同考官，得士蔣兆奎、沈世煒等十一人。世煒進士及第，授庶吉士，改禮部主客司主事。事見汪中《誥授通議大夫山東提刑按察使司按察使原品致仕恩加一級沈公廷芳行狀》

（《碑傳集》卷八四）所附文字。《兩浙輶軒錄》卷三一：「沈世煒，字吉甫，號南雷，又號沈樓，仁和人，廷芳子。乾隆丙戌進士，官儀制司郎中，保舉御史。著《澹俱齋詩集》。萬福曰：沈樓善楷法，酷似顏平原，尤嗜吟詠，詩學淵源得之庭訓爲多。」《湖海詩傳》卷三一：「沈世煒，字吉甫，號南雷，仁和人，廷芳子。乾隆三十一年進士，官至禮部郎中，有《澹俱齋詩集》。」朱筠《歸途寄懷京華消寒小集諸公索和·沈南雷禮部》：「遠遊信足壯茲行，逸氣眞懷對爾驚。心識名家肱貫折，風傳官驛足工輕。鵬飛君莫談莊叟，馬進吾猶學孟生。半載消多齊赴約，肯拚寒醉一輪明。」（《笥河詩集》卷六）余集《沈南雷詩序》：「余以丙戌通籍，同里之成進士者十有五人，同榜則二百餘人，可謂盛矣。一時同跂並踔，各以其材力爭爲世用。已而用者陞於朝，不用者散於野，詔下而升沈頓異。求爲文酒燕樂、聯吟發藻以申朋好之情者，殆有所不暇。越數年，余入史館，與施耦堂最狎。耦堂已由翰林改儀曹禮部，職清暇。耦堂爲人傲岸自異，性縱酒而耽詩，酣嬉淋漓，不可一世。當其劇飲大醉，歌吟笑呼，視京朝之言詩者蔑如也，顧獨善南雷。時南雷固同改儀曹，而縱酒耽詩則又同也。南雷爲人落落穆穆，廓然有大度，亦能遺外世俗，不屑流逐於齷齪之習。耦堂詩豪放汗漫，馳騁於坡、谷之間。南雷則醇而後肆，斂才於法，有耦堂之跌宕而益之以沖和，其稱詩不相謀亦不相下也。十年之間，耦堂將出典大郡，南雷亦膺薦臺諫，而竟先後病且死。嗟乎！二人者名位皆未究其用，而況於詩也。其死也，余在京師皆親往哭之，而又忍讀其詩也耶！二人者，齒皆長於余，而宿草之感今二十年，而余且老矣，能不悲哉！余既衰且病，性懶而道日拙，留京師至漠然無所嚮。晚乃作大梁之遊，君次子養恬以末秩官豫，刻君詩適成，乃得讀之。回憶同里十五人者，皆變滅不可道，即二百餘人之存者，亦落落不一二數，俛仰之間，甚矣其衰也！南雷獨得子孫之賢、之足，貴而文章之傳，又足以垂於無窮，此又非盛衰之說所得而概也。抑不知耦堂之後賢，有能志養恬之志者乎？序君詩，且以念耦堂也。」（《秋室學古錄》卷六）事又見《清代官員履歷檔案全編》第 19 冊第 591頁。

鮑坤，《清朝進士題名錄》作鮑錕，浙江杭州府仁和縣人。

陳理，《清朝進士題名錄》乾隆三十一年丙戌科陳姓者凡 10 人，即

陳桂森、陳昌圖、陳嘉琰、陳濂、陳樽、陳錫、陳汝元、陳彙義、陳孚、陳庭學，無陳理，《清代官員履歷檔案全編》亦不載其人，未知係《舊譜》誤記否？

紀心齋復亨亦為會試同考官，而房卷獨少。

《紀辛齋侍御房卷獨少，用總裁韻遣興，和以解之》：「采得芳菲聚一家，卻分鄰杏幾枝斜。定知一樣春妍處，愛惜偏深手種花。」「燒尾筵看一隊新，出群定屬阿誰身。將兵何必多多善，只要行間有用人。」「知音雖別屬鍾期，春酒同來介壽祺。莫以敬容殘客待，有人偏感寄生時。」「一般鐵網入波深，偏是明珠轉易沈。此意自令寒士感，手持敗卷惜文心。」（《甌北集》卷一二）

【按】《湖海詩傳》卷一四：「紀復亨，字心齋，歸安人。乾隆十七年進士，官至鴻臚寺少卿。」（《蒲褐山房詩話》）紀復亨與蔣士銓、王文治、顧光旭、秦鐄、錢載等均有交往。據《清詩紀事》，復亨，字元穉，號心齋，甌北詩稱辛齋，當取其音同。心齋《送周贊善出使琉球》詩其一曰：「春融喜氣指龍荒，稽首群瞻竹冊光。萬里使星懸地極，五更曉日耀天章。高帆展盡蓬瀛翠，腥霧重開翰墨香。破浪壯懷憑報國，眞看乘去好風長」，被許爲「不爲奇險之語，自覺高秀」。（《清詩紀事》第九冊）

邵耐亭齊熊有官不補，欲南歸故里，以讀書、著述自娛。甌北題贈其《萬卷樓圖》，為其送行。

【按】由《題邵耐亭萬卷樓圖即送其南歸》（《甌北集》卷一二）：「與君相從十載前，對床風雨夜不眠。荒雞膈膊蹶起舞，著鞭欲賭誰最先。與君相見十載後，老婦翻成倒繃手。公車枉載牘三千，罰水幾吞墨一斗。多君意氣凌滄洲，眊氉不作窮途愁。有官不補竟歸去，云有萬卷之書樓」諸詩句，可知二人交情之深厚與邵氏情趣之所在，或可補志傳所不足。

親友中多有落第者，內弟劉可型芳下第後赴津門就館。程晉芳儲書滿架，功名無成，卻債臺高築。趙文哲落第，入直軍機。穆凌煙癸未（1763）捷禮闈，補廷試，仍以需次歸里。甌北一一賦詩慰藉。

《送內弟劉可型落第後赴津門就館》、《門人穆凌煙癸未捷禮闈，今年始補廷試，仍以需次歸里，作詩送之》、《慰蕺園下第》、《璞函落第後入直軍機，詩以調之》（《甌北集》卷一二）均寫於此時。

【按】劉芳，「字可型，又字翼之。清陽湖人。鳴鶴侄。乾隆十八年（1753）

舉人。官沛縣訓導，擢福建甌寧縣知縣。勵清操，慎斷獄。以事去官。歸里後，經理善舉，建設義學，訓迪後進，爲鄉人欽仰」（《江蘇藝文志‧常州卷》）。

穆凌煙，據乾隆四十一年四月二十九日履歷折，其乃「直隸保定府束鹿縣人，年四十四歲。乾隆三十一年丙戌科進士，候選知縣，今簽掣廣西思恩府上林縣知縣缺」。（《清代官員履歷檔案全編》第 20 冊第 510 頁）送穆凌煙詩謂：「閱世譜新局，翻書得古方。他年任民社，應易奏循良」，既剖露己通經致用、研史拯世之情致，亦對門人多所期許。

贈程晉芳詩曰：「官燭空修書滿架，子錢欲避債無臺。只應一卷名山業，消爾生平磊落才」（《慰蕺園下第》），透現出程氏窮困落魄之情狀。酬贈趙文哲詩：「文章報國儒者事，固藉黼黻宣鴻猷」（《璞函落第後入直軍機，詩以調之》），亦許人以自許。翁方綱《翰林院編修程君晉芳墓誌銘》謂：「君束髮時，讀蕺山劉念臺《人譜》，見其論守身、事親大節，輒心慕之，故以蕺園自號。其後，綜覽百家，出入貫串於漢、宋諸儒之說，未始不以程朱爲職志也。著《正學論》七篇，反覆於體用、博約之際。嘗與友人書，謂宋儒講太極、河洛，牽入麻衣、希夷之說，又以鄭衛爲淫詩，其他小誤處間亦有之，大者止如是。至於天道人紀，節心制行，務爲有用之學，百世師之可也。」（《碑傳集》卷五〇）知程氏爲學之追求。

六月，子耆瑞殤。時，年方六歲。

《哭亡兒耆瑞》：「不謂吾生遘此哀，一枝玉樹竟輕摧。頭顱痛我行將老，質性憐渠早有才。燈市春遊曾未久，書堂曉讀枉相催。傷心野鬼叢中厝，誰與孤魂伴夜臺？」「衰宗累世只單傳，寧易生兒似汝賢？不死定知薪克荷，雖貧每慰室如懸。新松作勢空千尺，種樹成陰動十年。此痛自關門戶計，豈徒舐犢愛難捐？」「早知不是我家兒，何事曇花現暫時？就塾不辭晨課早，候門常耐夜歸遲。幾曾膝上離文度，枉向人前譽哀師。那得臨風無老淚，聰明已愛講唐詩。」「骨相曾無慮折磨，且知早歲即沈痾？漫期董奉甦威彥，空對倉舒想華陀。大藥有筒傳世少，庸醫無刃殺人多。可憐眉目清如畫，生把葰苓毒死他。」「不望于門駟馬闐，縹緗世業也須傳。殺青稿在憑誰付？拔白鬚多黠自憐。老我身眞同槁木，此兒才可抵斜川。翻書擬解幽憂疾，插架摩挲轉泫然。」「明識彭殤可概論，那堪觸目儼生存。幾年捧雄相從蹟，數紙塗鴉未

沒痕。弱女影孤誰作伴，老親書到尚呼孫。此生縱會觀空法，瞥起前塵也斷魂。」「淚滿西河痛索居，擬乘薄箄返鄉閭。葬留嬴博空題墓，歸到柴桑孰舁輿？思子臺邊人渺渺，望鄉亭上夢蓬蓬。更憐生死長安裏，可認江南舊草廬？」「牽衣辟咡日千回，今送孤眠土一堆。縱列童真寧見汝，已登鬼錄卻依誰？可能化鶴仍歸省，曾說非熊解再來，痛定終疑緣未斷，三生石畔望低徊。」（《甌北集》卷一二）

《暮夜醉歸，入寢門似聞亡兒病中氣息，知其魂尚爲我候門也》、《中秋夕感亡兒作》（《甌北集》卷一二），均寫於這一時段。

七月，張吟薌塤往山左，賦詩贈別。

《送吟薌往山左》：「赤汗翻漿戒徒御，冒暑來仍觸熱去。磨牛身老往來間，班馬聲淒別離處。憶君去秋歌鹿鳴，便合射策登承明。我作考官君下第，坐對方叔難爲情。君言入都凡幾度，今來猶幸非虛行。已從京兆新發解，兼試儀部特注名。青山舊約或基此，相期十年終踐盟。依人暫往非得已，乞食不諱陶淵明。噫籲嚱！男兒胸中有千載，晞髮扶桑濯滄海。前身摩詰凤有緣，後世子雲遙可待。何曾托志燕雀微，詎屑爭食雞鶩猥。豈知中歲尚塵鞅，萬卷徒供救饑餒。向人啼笑爲人忙，此意真堪付一哂。係余新抱西河悲，賴有良友開心期。無端折柳又相送，曷禁淚下如綆縻？」（《甌北集》卷一二）

【按】張塤【樓上曲】之六謂：「二十黌宮爲弟子，孝廉三十書名字。明歲且爲官學師，頭銜咲倒吳中兒。」（《竹葉菴文集》卷三二）甌北詩於「已從京兆新發解，兼試儀部特注名」句下注曰「新考教習」，當是指去年舉人及第之事。塤詩「明歲且爲官學師」，當是懸擬之詞。由甌北詩「特注名」來看，張塤考禮部教習，當在本年五、六月間，然雖已記名，但未即授職，故有山左之行。張塤【滿江紅】〈禹城縣黑風口二首〉小序謂：「乾隆三十一年七月，予有閭邱之役。二十七日，達禹城縣。」（《竹葉菴文集》卷三二）【六麼令】小序：「鄙人行役，訪妹晉陽。」（《竹葉菴文集》卷三二）鄧長風於《張塤和他的〈竹葉菴文集〉》一文中，對此曾詳加考證，此依之。閭邱，故址在今山東壽光縣南，一般稱山東爲山左，以其在太行山之左也。所記與甌北詩相符，故張塤離京往山左，當在七月初。

曹來殷仁虎乞假將歸省，請甌北題其父曹柳汀《觀稼圖》。

《題曹檀滑柳汀觀稼圖，應令嗣來殷編修屬，時來殷方乞假歸省》：「東

皋雨足水沒髁，鴉軋區滕亂秧馬。澤農三五趣蒔秧，雁字排連各分把。方如棋罫直似繩，頃刻禾科綠滿野。觀稼者誰柳陰斜，白葛衫子輕於紗。旁觀謂是課耕叟，不知身已曾受誥五花，爲農氣味性所嘉。來與豳風畫圖添景色，飯筥能餉杖不揲。人生動慕富且貴，豈知眞樂不在榮利內。那如腰帶鐮，手秉耒，薅草殺蟲治蕪穢。上辦縣官租，下了方社賽。夕伸布裘脚，朝曝茅簷背。有秫可釀秔可春，閒覓詩朋招酒對。不借之履獨速衣，風味自勝緋魚袋。先生其眞達者流，腹笥便便無等軰，乃作識字耕夫甘守退。練川秋晚熟田禾，遙識逢年樂事多。況值循陔人恰到，看將華黍譜笙歌。」（《甌北集》卷一二）

【按】本作雖爲題畫詩，但個人之生活情趣則寄蘊其間。「識字耕夫」云云，於甌北晚年詩作中屢見。

題《觀稼圖》者甚夥。王昶有《柳汀觀稼圖爲來殷尊人檀湑先生桂芳題五十四韻》（《春融堂集》卷九）、蔣士銓有《題曹來殷仁虎庶常尊人檀湑先生觀稼圖》（《忠雅堂詩集》卷九）、王鳴盛有《題曹檀湑江村觀稼圖》（《西莊始存稿》卷一四）、錢大昕有《題曹檀湑先生柳汀觀稼圖》（《潛研堂集》詩集卷八）。士銓詩謂：「公爲九州伯，兒作五湖長。少年安逸老者努，此理於情爲勉彊。居士緘封觀稼圖，翰林得慰瞻雲想。思親看畫笑顏好，抱卷索詩神氣爽。我於晴窗一展之，柳風著面禾香吹。微波浮漾老農髁，綠塍界畫高僧衣。一人插秧一抱持，兩人嚮背似有詞。其一小憩坐偏欹，主伯亞旅誰得知？主人延佇美鬚眉，飄然林鶴含清姿。讀書種樹悉精理，九畹蘭蕙已見逢年時。江南水鄉抱門徑，行田偶爾來東菑。勸農使者倘相問，但道姓氏非樊遲。今年告身命吉士，未可更號山農師。明春老鳳謝丹穴，玉堂引雛翁庶幾。若需拜手上圖頌，翁曰臣有豐年詩。」鳴盛詩謂：「先生與我家同里，同業筆耕食破硯。我家嚴君性蕭淡，暱就先生最相善。祭酒布衣老諸生，無田累世甘貧賤。兩翁顏鬢各皤皤，黶黮青衫尚如靛。省門矮屋冷秋燈，大小身經數十戰。三寸毛錐不得力，故紙堆中且勤佃。閒時共話爲農樂，春雨扶犁眞可羨。欲拋書冊事鋤耰，租取吳牛駕鞧鞦。世事從來有屈伸，兩家生兒突而弁。幸遭聖世命不薄，致身館閣相後先。力田究竟得逢年，善人昌後如操券。我昔請急趨庭闈，跪奉賜金起調膳。鄉里兒童爭歡嗟，識字耕夫今擁傳。開筵舞彩祝君恩，卅載辛勤始授粲。來殷之才我所畏，藝圃書田夙溉灌。

聲名官職兩入手，領得告身光有爛。先生開顏定一笑，老來筋力添彊健。卻寫江村觀稼圖，鄉園風物圖中見。僧衣漠漠遙分畦，野局方方低築堰。新秧出水剛如針，嫩綠瓜瓤色一片。老農赤腳唱田歌，十十五五互相喚。插秧根貴插堅牢，插得根牢後無患。秧科分得行要疎，行愈稀疎實愈綻。農談瑣碎有至理，先生行田遠臨沜。閒捉蒲葵自障日，披襟恰受薰風扇。生涯漫言托九農，頭銜已自高三院。回思舊日求田心，情事雖同俄異撰。獨慚我本無一長，有腹徒能飽吃飯。倉中雀鼠體自肥，棧下駑駘豆長戀。家請官供無以報，空憶吳秔香可饡。先生樹德方若滋，藝蕙百畝蘭九畹。從今所獲當屢豐，作歌聊爲惰農勸。」

曹仁虎，見本譜乾隆三十年考述。

檀漘，即曹桂芳，官翰林侍讀。錢大昕《蓉鏡堂記》：「檀漘先生自縣之外岡，徙居城東清鏡塘之南，再徙乃定居焉。是時大昕方十五六歲，從先生受經義，與同學十數人下榻先生所，僅老屋數椽，東西相向，無所謂堂也。久之，稍治其隙地爲書齋。又數年，乃買故常平倉廨，稍葺而新之，顏其堂曰『蓉鏡』。適大昕乞假里居，數造先生之堂。先生曰：『子盍爲我記之。』大昕不敢當，因請名堂之義。先生曰：『吾嘗夢遊一洞天，湖水澄澈如鏡，芙蓉盛開，宛在鏡中，心甚樂之，因是以名。』坐客或舉李相國故事，以爲先生有賢子，既已掇科第，登侍從，吉夢之占，其後來將相之祥乎？先生聽然笑曰：『此非吾所及也。』」（《潛研堂集》文集卷二一）錢大昕《日講起居注官翰林院侍講學士曹君墓誌銘》：「翰林院侍講學士曹君習菴，予同里總角交也。君之高祖母，予曾祖姑；而予曾祖母，則君高祖姑。君之尊人檀漘公，爲先大父入室弟子，予又受業於檀漘公。君少於予三歲，相視若昆弟然，已而同客吳門，先後以召試通籍，又同在詞館，應製詩文，互相商榷，遊覽讌集，出入必偕者蓋四十年。予視學東粵，僅半載，奉諱歸里，遂不復出。又十餘年，習菴亦視學於粵，臨行貽書告予，謂任滿日當乞養南歸，相從尋山水之盟。乃到任僅半載，奉太夫人之諱，馴至不起。嗚呼！當代失一大手筆，聞者無不盡傷，況交親至厚如予者乎？孤子臣晟，以誌銘見屬，誼不可辭。君諱仁虎，字來殷，別號習菴。本姓杭氏，世居嘉定之周公村，十世祖維德，幼孤，依母氏居外家，子孫因以曹爲氏。五世祖元嘏，移居城西之外岡。高祖國正，贈武德將軍。曾祖錫命，康熙壬戌武進士，湖廣撫

標中營游擊。祖源，歲貢生，以君貴累贈中憲大夫，始移居縣城。父檀
滑公，文行爲士林推重，弟子著錄最盛，歲貢生，候選訓導，以君貴，
誥封奉直大夫，晉贈中憲大夫。母程氏，累封太恭人。君少而好學，沈
靜不妄出一語，而於所讀書悉能貫串。同邑王君鳴盛，少負才，俯視儕
輩，獨稱君與予爲二友。年十六，補博士弟子，學使蒲州崔公紀有奇才
之目。中丞覺羅雅公樗亭，選高才入紫陽書院肄業，州縣以君名應。時
青浦王君昶與予亦同入院，三人者食則同饡，夜則聯床。而長洲吳君泰
來、上海趙君文哲及王君鳴盛數過從，相與鏃厲爲古學。君在院尤久，
院長沈文慤公數稱其詩，學使寧化雷公鋐舉君優行。乾隆二十二年，聖
駕南巡，君獻賦行在，召試列一等，特賜舉人，授內閣中書。儤直之暇，
刻意吟詠，未嘗造請貴遊。二十六年成進士，改翰林院庶吉士。散館，
授編修。君詞賦久爲海內傳誦，及在禁林，每遇大禮，高文典冊，多出
其手。館閣代言之文，院長輒委屬草，皆典重清切，宜古宜今。擢右春
坊右中允，充日講起居注官，扈蹕盤山，有奉敕賡和諸作。遷翰林院侍
講，轉侍讀，進右春坊右庶子，擢侍講學士。五十一年，奉命視學廣東，
與平少詹恕交代。少詹爲諸生時，嘗受業於君，粵人傳爲美談。明年，
程太恭人終於官署。君方按試連州，不及視含斂。聞訃，晝夜號泣。甫
匝月，竟以毀卒，時乾隆五十二年八月八日，距生於雍正九年五月五日，
春秋五十有七。娶陸氏，繼娶申氏、董氏，皆前卒。子臣晟，女二人。
君起家儒素，以文字受主知，久列承明著作之廷，京察常居一等，兩遇
大考，皆列二等。教習庶吉士凡七科，前後典鄉試者二，分校順天鄉試
者一，分校會試者三，總裁武會試者一，後進得其品題，便成佳士。舟
車所至，乞詩文者屢滿戶外。博極群書，精於證據，詩宗三唐，而神明
變化，一洗龤率佻巧之陋。格律醇雅，醞釀深厚，卓然爲一時宗。少時
與王、吳、趙諸君唱酬，彙刻其詩，流傳海舶，日本國相以餅金購之。
在京華與館閣諸同好及同年友爲詩社，率旬日一集，或分題、或聯句、
或分體，每一篇出，傳誦日下，今所傳《刻燭》、《炙硯》二集是也。其
事二親孝，所得俸錢，分寄諸弟，無私藏焉。所著詩有《宛委山房》、《春
盤》、《瑤華》、《倡和》、《秦中雜稿》、《轅韶》、《鳴春》諸集，又有《蓉
鏡堂文稿》、《二十四氣七十二候考》、《轉注古音考》。學士在唐、宋時預
聞機密，今則專以文字爲職，然亦惟鴻筆麗藻，斯與職稱，學優如君，

其不謂之眞學士也！」（《潛研堂集》文集卷四三）

同年諸桐嶼重光緣積逋罷辰陽知府任，甌北寄詩以慰之。

《聞桐嶼罷官卻寄》：「一麾出守到辰陽，忽被彈蕉執中傷。儒術豈應疎撫字，仕途未可恃文章。空留東閣花如雪，可惜中年鬢未霜。太息春明分手日，曾期治行漢循良。」「早聞劉寵一錢無，懸坐何堪更積逋。前路已成新破甑，中流安得一懸壺。訟庭對簿隨階鶴，薄產償官寫券驢。回首舊遊眞似夢，曾持彩筆直金鋪。」（《甌北集》卷一二）

【按】諸桐嶼，即諸重光（1720～1769），字升之，又作申之，號桐嶼，浙江餘姚人。《樞垣題名》：「諸重光，浙江餘姚人，乾隆二十四年七月由內閣中書充補。」吳省欽《白華後稿》卷二三有其墓誌銘。《兩浙輶軒錄》卷三一：「諸重光，字申之，號桐嶼，餘姚人。乾隆庚辰及第第二，入授翰林院編修，出爲辰州知府。著《二如亭詩集》、《二研齋遺稿》。《紹興府志》：重光以舉人考授內閣中書，直軍機，受知於傅文忠。時王師方進討伊犂，繼平回部，軍書旁午，重光晝夜入直傳宣調發，大臣倚若左右手。館選後典試山東，以京察一等出守辰州。會辰溪水發，被劾罷歸。重光淹學清辭，傲睨一世，而好汲引後進，人咸惜之。《梧門詩話》：諸桐嶼太守，少慧，屬徵士鶚、杭編修世駿、孫通政灝、陳太僕兆崙，共相推挹，論交在師友間。」平聖臺《二研齋遺稿序》：「吾友諸桐嶼下世十八年矣。其子開泉秀才，裒其所存應制與唱酬之詩，乞予序而梓之。予讀之，不覺淚涔涔下也。桐嶼以不羈之才，弱冠走京師，屢屈場屋，及掇甲科，入中秘，主試山左，分校禮闈，大考、京察皆優等，一時蔚然，名聞天下。天子以其久值軍機，有干濟才，敕守辰州，君亦願竭心膂以圖報稱。乃抵任甫一年，輒以抨去，傾貲了官逋。儊佗無聊，卒於鄂渚。士友聞之，莫不流涕。其生平著述，高文典冊，百不存一。開泉以丱角孤童，與其母夫人處海濱窮僻之鄉，晨編夜績，性命相依，僅收其旅裝遺稿，思公諸大雅之林，以續其一生之慧命。嗚呼，亦可悲矣！予亦丁卯入都，就試北雍，始與桐嶼及毛靜樞訂交，久客居貧，連臂出入者五六年，敝裘糲食，不以爲苦。每一詩文出，互相激賞，歌呼達旦，意氣之豪，俱不可一世。甲戌春，予預館選，桐嶼亦以特試第一人補內閣中書，而靜樞被黜，杜門痛深鎩羽。比予中墮選調，轉徙江廣，靜樞起用洛陽令，不數年謝世。獨喜桐嶼官職、聲名後來居上，意謂吾三人

中秀而實者，惟君可必矣，而亦遽止於此。人世間菀枯榮悴，顛倒於電光石火之中，曾不可以一瞬而猶斷斷計較於一篇之去留、一字之工拙，以付諸不知誰何之人，不亦可以已乎？桐嶼詩文俱私淑於蘇文忠。其在軍機受命屬草，千言立就。爲諸巨公作碑版記序甚多，既成，趣焚其稿。此二編者，非其傑作，亦足見所得之不小矣。靜樞長桐嶼一年，予小桐嶼二年。靜樞鄉會程墨，膾炙人口，迄今不存一字。予雜著差多，亦漫不收拾，不足以遮人眼。開泉能爲此刻以傳其父之詩，桐嶼可謂有子矣。苦雨寒燈，菴居蕭瑟，予以後死而得序君生平，君於夜臺，不廢聞見，悲喜當何如耶？」（《湖海文傳》卷三一《序》）《郎潛紀聞》卷八：「國初趙氏寄園，舊址在今給孤寺鄰近。乾隆庚辰、辛巳間，王述菴侍郎、翁覃溪學士、諸桐嶼太史結屋比鄰，時有『三家村』之目。」

初冬，約王述菴昶、朱竹君筠、程蕺園晉芳、曹來殷仁虎、趙璞函文哲、陸耳山錫熊諸友家中小聚，共論詩文。

《竹君、述菴、蕺園、來殷、耳山、璞函小集寓齋即事》：「老屋三間聚履綦，到來便擬夜歸遲。地非北郭聯吟處，人似西園雅集時。名飲豈須絲竹肉，清談無過畫書詩。只慚蔬韭誇高宴，未免人嗤措大爲。」「蕭寺看花僅幾旬，俄驚裘褐戒霜晨。年光真覺如彈指，著述猶難到等身。五鼎食中無我輩，千秋亭外幾癡人。只應轟醉過殘臘，此便消寒第一巡。」（《甌北集》卷一二）

【按】竹君，朱筠之字。朱筠（1729～1781），字竹君，號笥河，順天大興人。乾隆十八年（1753）舉於鄉，次年成進士，改庶吉士。越四年，授職編修，充方略館纂修官。三十二年冬，授贊善。次年，擢翰林院侍讀學士，旋充日講起居注官。三十四年協辦內閣學士批本事，其秋督學安徽。三十八年，以生員欠考事，降級。因學識優越，仍授編修，命纂《日下舊聞》兼《四庫全書》館纂修事。四十四年督學福建。又二年卒，春秋五十有三。朱筠「剛腸疾惡，俗流不敢至其門，寒畯有一善，譽之如不容口。其在都，載酒問字者，車轍斷衢路，所至之處，從遊百數十人。既資深望重，則大言翰林以讀書立品爲職，不能趨謁勢要。時相大學士金壇于文襄公頗專擅，進退天下士，先生引翰林稱後輩故事，呼以『于老先生』，又長揖無屈一膝禮，議館事不肯私宅相見。時相既不樂，乃言於上，以爲辦書遲緩。上深知而保持之，命促之而已。其督學安徽，旌表婺源故士江永、汪紱等，祠其主於鄉賢，以勸樸學之士。在

福建，與弟珪相代，一時傳爲盛事，而閩士攀轅走送者，數百里不絕。
時士人饋一石，積試院成山，起亭曰『三百三十有三士亭』。其後文正主
持文教，海內名流皆以暗中索拔，多先生所賞契者，故世稱據經好古之
士爲『朱派』云。先生窮年考古，兼好金石文字，謂可證佐經史。爲文
仿遷、固、淵、雲，尤長於敘事。書法參通六書，有隋以前體格。藏書
萬卷，坐客常滿，譚辨傾倒一世。手不持珠玉，每言古之君子必佩玉，
今之小人必佩玉。所至名山川，搜奇攬勝，都人士傳誦吟詠，至今不
輟。蓋郭林宗之識士，鄭康成之通經，兼而有之矣」。（孫星衍《朱先生
筠行狀》，《碑傳集》卷四九）詩中有「裘褐戒霜晨」、「消寒」諸語，故
繫於此時。

為錢大昕（字曉徵，號竹汀，又號辛楣）之父方壺公《歲寒小照》題詩。

《題錢方壺歲寒小照，爲令嗣辛楣學士》：「紙窗炙硯坐圍爐，三徑寥蕭
一客無。正是閉門風雪候，爲翁題取歲寒圖。」「木落山容刻露真，孤清風味
許誰親。羊羔酒客應相笑，大有人間冷淡人。」（《甌北集》卷一二）

【按】錢方壺，即錢桂發，字方五，別號方壺。錢大昕《先考贈中憲大夫
府君家傳》：「府君諱桂發，字方五，號小山，贈奉政大夫陳人公之子。
少承庭訓，以讀書立品爲務，性耿介，不妄與人交，友朋有過失，規箴
必盡所欲言。或以爲太過，則曰：『吾知有直諒而已，豈可以謅佞待良友
乎？』好讀先正舉業文，恥流俗腐濫之習，年近四十，始補學官弟子，
歲科試，文益有名，而秋賦屢躓，及子大昕通籍登朝，遂絕意進取，以
詩酒自娛。是時王光祿鳴盛之父虛亭公、曹學士仁虎之父檀漵公，年齒
與府君相上下，親串款洽，文酒唱和無虛日，當時稱『三封翁』。」（《潛
研堂集》文集卷五○）

《（嘉慶）直隸太倉州志》卷一五《選舉》謂：「錢桂發，大昕父，
乾隆年贈中憲大夫。」著作有《望仙橋志》四卷、《養新堂詩稿》十卷。
（《（嘉慶）直隸太倉州志》卷五六《藝文五》）

《履園叢話》卷五謂：「錢王炯字青文，嘉定縣學生，少博學經籍，
事父母以孝聞。其兄早歿，撫其孤成立。幼從太倉李景初課誦，李歿，
無子，迎其妻黃氏，敬養三十餘年。及其歿也，爲制喪服，葬而除之。
嘗謂讀書必先識字，於四聲清濁辨別，無少訛溷。經史之外，旁及天文
地學，以及卜筮祿命之書，亦無不窮究也。惟不喜二氏之學，嘗云：『仙

言長生，佛言不滅，二者皆未可信。夫神依形以立，未有形去而神存者。今二氏之徒遍天下，卒無一人能見古仙古佛者，則長生非生，不滅乃滅也。孔子言疾沒世而名不稱，立德、立功、立言，吾儒之不朽，即吾儒之長生不滅也。』乾隆二十三年，有司舉鄉飲禮，延爲大賓。知縣介玉濤問何以致壽，答曰：『某生平不知導引服餌之術，但文字外無他嗜好，未嘗輕易喜怒耳。』卒年九十二。以孫大昕貴，誥贈奉政大夫、翰林院侍讀，晉贈中憲大夫、詹事府少詹事。」

《（嘉慶）直隸太倉州志》卷三七《人物》：「錢王炯，字青文，邑學生，嘗謂讀書必先識字，故於四聲清濁辨別無少訛溷。於四部書無所不究，旁及卜筮祿命之術，惟不喜二氏學，嘗云：『仙言長生、佛言不滅，二者皆未可信。夫神依形以立，未有形去而神存者。今二氏之徒遍天下，卒無一人能見古仙、古佛者，則長生非生、不滅乃滅也。孔子言疾沒世而名不稱，立德、立功、立言，吾儒之不朽即吾儒之長生不滅也。』事父母孝。兄早歿，撫孤侄使成立，叔修宗譜，斷自遷嘉定之祖爲始，而不附貴胄，蓋其愼也。幼從太倉李景初課誦，李歿無子，迎其妻黃氏敬養三十餘年，歿爲制服葬而除之。歲時，必設位致祭焉。乾隆二十三年，有司舉行鄉飲禮，延爲大賓。知縣介玉濤問：『何以致壽？』答曰：『某生平不知導引服餌之術，但文字外無他好，未嘗輕易喜怒耳。』卒年九十有二。誥贈奉政大夫，翰林院侍讀。子桂發，字芳五，邑學生，少承庭訓，以讀書立品爲務。及子大昕通籍，遂絕意進，□當事重其名，往往造廬問興居，自報謁外，不更至。遇子弟質美者，必教以兼通古學，勿蹈科舉空疎之弊。又創議立宗祠，年已及耄，猶率子弟行禮，無倦容。易簀之日，遺命不作佛事。卒年七十有九。誥授奉政大夫、翰林院侍讀，晉贈中憲大夫、詹事府少詹事。」

陸錫熊《題錢方壺先生照》：「先生學道人，潛德契元想。眷茲歲暮心，陶勝亦獨往。幽蕤謝凋姿，寒柹發新賞。情同孤雲停，抱見明月朗。閒居富珍旨，坦步豈塵鞅。履安托竛枝，葆素懷鶴氅。時成白雪謠，璵在青霞上。應龍已騫霄，老鳳不嬰網。哲謨清斯傳，皓節貫無兩。言偕鹿門隱，自署五湖長。天全適於物，性繕得所養。瞻圖企芳慕，風流式吾黨。」（《篁村集》卷七）王昶《題錢方壺先生桂發歲寒三友圖曉徵尊人》：「日暖南枝破紅蕚，蒼雪紛紛卷疎籜。鱗鬣之而五粒松，秋濤風鼓殷千

墅。歲寒三友古所稱，畫評最數黃華作。_{黃庭筠有歲寒三友圖。}豈知異代有同規，冰雪襟期謝炎灼。家園本近練祁湖，碧浪澄如上下箸。五畝田收秔稻豐，數椽屋老藤蘿絡。井裏群推王彥方，詞章雅重唐文若。桃李新陰在鯉庭，楂梨嘉譽傳芸閣。去年襆被來京華，行李蕭然縛雙屬。閒尋古寺肆夷猶，小覓鄉朋共嘔嗏。入舍方欣愛日長，趣途肯負還山約。耦耕命駕事西疇，隱几忘形等南郭。風絮閒門掃綠楊，粉香小圃圍紅藥。非無翠莒舞回碕，亦有青棠倚疎箔。先生素尚獨孤清，臭味差池遠叢薄。水邊竹下愜幽尋，臘尾春頭高寄託。葺帽枯筇得得來，未厭年光尚蕭索。梅花似玉映微霜，冷蕊疎枝全戌削。竹窠如蝱趁長飆，亂葉交柯爭拂掠。蒼髯老叟更輪囷，元氣淋漓走龍蠖。命侶眞疑一笑同，論心欲證千金諾。結隱情懷冷似鷗，耐寒標格清於鶴。我昔挐舟拜德公，白板雙扉遠塵漠。耘鋤漁榿半橫斜，史籬書箱互參錯。酒兌余杭清醞醇，茶分洞岕寒泉瀹。不須符子王一邱，已見榮期獲三樂。今觀此冊倍蕭森，畫法居然妙皴皵。樂志從知擅後雕，放懷信足忘豐爵。躡屨寒披嚴子裘，提壺晚就陶公酌。倘容撰杖比奚童，相隨欲試遊春腳。」（《春融堂集》卷九）

陳融《顒園詩話》：「竹汀始以辭章名。沈歸愚有《吳中七子詩選》，七子者，吳企晉、趙損之、曹來殷、王西莊、黃芳亭、王蘭泉，而竹汀居其一。既乃研精經史，蔚爲著述，於經義之聚訟難決者，皆剖析源流。文字、音韻、訓詁、天算、地理、民族、金石以及古人爵里、事實、年齡，瞭如指掌。古人賢愚是非，疑似難明者，皆有確見。……官中書時，與吳烺、褚寅亮同習算術，剖析中西兩法，用以觀史，抉摘無疑。曾典試湘南，場後士子以試文謁學使吳雲岩，雲岩決其必售者五人，揭曉則五人皆中；而五魁之中，竟占其四，楚人傳爲盛談。……尋督學廣東，不久而丁艱，故到粵之作，只有《庾嶺謁曲江祠》、《過嶺口占》、《南雄舟行》、《滇陽峽》、《大廟峽》、《初到藥洲》、《頂湖山慶雲寺》數首，而倦遊之志已見於詩。……丁艱後，不復出。……其自評詩則謂：既專心於著書，故不常作詩，偶有所作，亦復不工。譬之吐絲之蠶，不能吟風。才力有限，從吾所好可矣。」（《清詩紀事》第九冊）

題查（恂叔）禮《榕巢圖》。

《題查恂叔太守榕巢圖》：「一官南徼幾經年，老樹枝間結屋偏。要識政成無一事，退衙便作鳥窠禪。」「後樂情深肯愛閒，爲民桑土幾煩艱。誰知十

笏書齋地，別有胸中廈萬間。」（《甌北集》卷一二）

【按】查禮（1715～1783），吳省欽《誥授通議大夫例授資政大夫兵部侍郎湖南巡撫都察院左都御史查公神碑》謂：公諱禮，字恂叔，一字儉堂。先世臨川，占籍宛平，居天津水西莊。援例以戶部主事授廣西慶遠府理苗同知，擢太平知府，歷官寧遠知府、川北道、松茂道，遷四川按察使、布政使，湖南巡撫。乾隆四十七年卒。年六十九。（《白華後稿》卷二〇）

「榕巢」，趙翼《簷曝雜記》卷三《榕巢》曰：「查儉堂禮爲粵西太平守，署園有大榕樹一株，其幹旁出者四。儉堂謂可架屋其上也，乃斫木爲書室，名曰『榕巢』，並以自號焉。明窗淨几，掩映綠陰中，退食後輒梯而上，品書畫，閱文史，頗爲退閒勝地。丁艱去，接任者來，熟視，笑曰：『此中大便甚佳。』遂穴其板作廁舍。」

查禮曾據榕巢繪作圖，一時題詠者甚眾，如蔣士銓《查恂叔太守榕巢圖》（《忠雅堂詩集》卷一一）、程晉芳《題查丈儉堂榕巢圖》（《勉行堂詩集》卷一六）、錢大昕《題查恂叔太守榕巢圖》（《潛研堂集》卷八）、吳省欽《題榕巢圖爲恂叔太守》（《白華前稿》卷三七）、吳璜《題查恂叔太守榕巢圖》（《黃琢山房集》卷八）等，其中蔣詩謂：「潭潭府中太守居，簿牒滿案圍吏胥。公餘卻嫌官事擾，何處掩關宜著書？池上老榕寄百歲，入地參天閱人世。斧斤赦後得全生，風雨來時堪自蔽。一枝撐立孤鵬騫，一枝橫偃蒼龍眠。池邊倒影鏡花舞，岸畔側身堤蟻穿。中間架屋小巢露，賢守新營讀書處。繁柯巧構谺簷楹，密葉微開通牖戶。瘴鄉毒淫五嶺同，可有麥麴山鞠藭？樓臺豈但坐臥適，腰腳亦免涔濕攻。方丈眞如鳥窠綴，半夜吟聲出天際。山川幾處借雕鐫，木石居然無廢棄。嗚呼！名賢所過勝蹟留，後來攬結思前修。碧梧翠竹多鸞鳳，下視憐他鵲與鳩。」

與王述菴昶過從較頻，為其《蒲褐山房冊子》題詩。

《題述菴蒲褐山房冊子》：「吾友吏隱徒，買宅城南隅。不村又不郭，無丘亦無墅。但有槐柳三五株，綠陰滿庭似張幕。每日退直歸，下帷誦忍饑。齋名曰蒲褐，恰如頭陀苦行局禪扉。不謂人海中，乃有此境堪息機。我觀朝士遍臺省，往往好寫家園景。問渠懷鄉胡不歸，徒托高情付畫餅。丈夫未得立功立事賦遂初，又無買山錢可營田廬。聊復出了官事入讀書，冀除一室爲

幽居。君不見王子猷，偶然僦居未暖席，何可一日無此君，便令種竹青滿宅。又不見韋蘇州，官閣前頭森畫戟，放衙無事便詠詩，燕寢凝香嫋煙碧。古來達人所見殊灑然，知君已得其眞詮。一蒲團上披老褐，周妻何肉蘇晉禪。獨慚寄園本是吾家地，輸與高人占清閟。何當僦屋重結鄰，彌勒同龕參妙義。」（《甌北集》卷一二）

《賦得紅藥當階翻》、《賦得賢不家食》、《千章夏木清》、《野含時雨潤》、《薰風自南來》、《律中蕤賓》、《天子始絺》、《平秩南訛》、《五月斯螽動股》、《竹箭有筠》、《月中桂樹》、《寒流聚細文》、《春蠶作繭》、《玉水方流》、《德車結旌》、《蟻穿九曲珠》（《甌北集》卷一二）諸詩，大都寫於這一時段。

【按】「寄園」，見本譜乾隆二十四年考述。戴璐《藤陰雜記》卷七謂：「寄園爲高陽李文勤公別墅。其西墅又名李園，狄立人億於此設宴。見姜西溟詩。其後歸趙恒夫給諫吉士，改名寄園。沈心齋閣學詩云：『大隱金門侶，名園休沐宜。輞川摩詰畫，杜曲牧之詩。簾亞文禽入，花陰碧蘚滋。家傳清獻鶴，夜靜獨知詩。』胡南苕初夏小集有詩。查他山《九日遊》詩：『縈成曲磴疊成岡，高著樓臺短著牆。花氣清如初過雨，樹陰濃愛未經霜。熟遊不受園丁拒，放眼從驚客路長。亦有東籬歸不得，四年京洛共重陽。』給諫休寧人。子占浙籍，中式，被某劾之，謫官助教，久住京師，以寄園捐作全浙會館。孫宮允人龍《記》稱爲明冉駙馬月張園址，改爲寄園觴詠之地。後以父子異籍，被浙人劾奏，以寄園捐爲全浙會館。」「寄園有梨一株，逾常味。李高陽居時嗜之。後艾司寇元徵、徐漕帥旭齡、趙給諫吉士接住，饋以爲常。癸亥，梨大熟。甲子，高陽薨，梨隨枯。甲子，會辛卯同年在朝者於寄園，鄭山公、王阮亭、沈繹堂、李奉倩等二十九人。甲戌，惟鄭山公重、王涓來澤宏、王阮亭三人，尙列朝端。距辛卯已四十四年。」此處爲清初李霨（字景霱，別字坦園，直隸高陽人）故居。據載，「公少力學讀書，寒暑不輟，喜著述。雅負藻鑒，能知人，主試讀卷，先後得士甚盛，魁儒鉅公，多出其門，弟子之衆，近世罕儷。闢寄園於舍北，自稱據梧居士，吟詠其中，有問業者，講論不輟，旁及天文、地理、百家之言。」（王熙《光祿大夫太子太師戶部尚書保和殿大學士謚文勤李公霨墓誌銘》，《碑傳集》卷四）可知，此乃京師名園。

冬十一月，特授廣西鎮安知府。

《舊譜》：「冬十一月，特授廣西鎮安府知府。先生以不習吏事，乞傅文忠公奏辭，文忠力止之，而乘間以先生學問優長奏。及先生請訓於養心殿，凡舊時履歷、在軍機處行走及代汪文端撰擬詩文等事，上已知之甚悉，一一諭及。先生冀可仍留翰林，奏對時微露吏治未嫻之意。上諭之曰：『讀書人原有不能辦事者，汝在軍機處久，頗能事。廣西乃政簡民淳之地，汝初任留心練習，自可成好官。』乃叩頭出。」

十二月十九日，挈家出都。

《奉命出守鎮安，歲杪出都，便道歸省，途次紀恩感遇之作》：「官程忽赴粵江濱，除授榮叨御墨新。臣子敢因貧乞郡，聖明自重職親民。頭銜冰去寒猶在，膚寸雲攜澤要均。借馬杜陵今五馬，微軀何以答皇仁。」「館閣清班十載深，行旌還帶寵光臨。專城我豈勝邊郡，作吏人猶重翰林。寸燭三更新讀律，單車一輛遠攜琴。岩疆何等殷崇寄，敢戀虛名玉署吟。」「一出盧溝蹟漸遙，當年從此上雲霄。重來恰是回頭路，欲去還向拗項橋。敢以身微忘戀闕，或憑政最更登朝。露寒鵁鶄曾遊地，回首巢痕故未消。」「江國年年入夢頻，之官今喜省衰親。征途游子歸千里，新歲高堂正七旬。兒女青紅爭衣彩，湖山金碧好嬰春。團圞何者非君賜，好與鄉鄰仔細陳。」「長安最樂是交知，文酒流連月有期。饌薄百錢堪作主，談深一字或爲師。離筵忍打花奴鼓，空谷將賡木客詩。別罷都門車幾兩，他時落月有相思。」「平生無一事堪豪，每到垂成易所遭。半世爲文憐未就，一行作吏更何操。舊翻殘帙留兒讀，不朽名山讓客高。多少蒼生待康濟，始憐試手乏牛刀。」「少日研磨翰墨場，得登詞館敢他望。伐毛去垢曾三洗，束髮從戎未一當。見獵敢云心尚喜，善刀聊幸拙堪藏。簪毫莫更誇能事，未必蓬山定見長。」「株守頻年想壯遊，從今景物豁吟眸。天教詩境開生面，人少題篇在上頭。風雪滿天麞兩鬢，江山萬里入孤舟。平生曾詡登高賦，可有驚人好句留？」「喔喔雞催落月暉，手攜孩稚就駗駓。黑甜屢喚還貪睡，紅腐難餐每忍饑。老境漸多兒女愛，長途尤怕雪霜威。卻思到郡皆吾子，也要謀他食與衣。」「獨傷驥子委京塵，小具黃腸載兩輪。未必有魂聊有魄，卻憐歸骨不歸人。靈光可讀增神瘁，贏博仍遭爲愛眞。痛絕骸髏餘一副，舊曾夜貼老夫身。」「湯湯淮水敢停橈，身過脂膏恐自饒。素節敢移貧士守，微名也怕後生描。呂防門已人思避，夏統船無主出邀。聊與步兵相對飲，一燈剪韭話寒宵。」「路過淮南近故林，輕舟取次渡江潯。順風恰稱還鄉愿，落日猶懸望闕心。劇郡劍牛覘吏績，傳家琴鶴本官箴。詞

臣此擢非常格，忍逐時趨宦海沈。」（《甌北集》卷一三）

歸途，遇大雪，寒甚，垂車簾以擋風。

《途遇大雪》：「先生身將作火鼠，去向炎方嘗瘴暑。豈知寒酸緣未斷，還須歷盡冰霜阻。征途連日朔風屬，曉來風止稍和煦。化工何處萬翦刀，翦出玉蝶滿空舞。又疑揉碎華鬘雲，噴下層霄壓九土。混茫直泛洋伶仃，晃眩豈辨谷子午。世界幻入兜羅綿，恍見洪荒萬萬古。青山未老白頭催，枯樹不花素霙補。墮地無聲膩若煙，伺隙善入狡於雨。絕無人蹟難問途，見有漁舟始知浦。壓馬真看有腫背，墮車或不虞折股。先生畏冷又畏濕，亟下輿簾塊獨處。如曷旦鳥寒自號，比紇干雀凍不語。此行正要裹襜帷，翻閉巾車作處女。」（《甌北集》卷一三）

經沛縣，登覽歌風臺以賦詩。

《歌風臺懷古》：「匹夫成帝十年功，萬乘還鄉宴此中。雲起真符天子氣，風來故是大王雄。兒童歌舞三侯遍，父老追攀一縣空。頗怪生平稱大度，如何宿怨獨銜豐？」「置酒空興猛士嗟，韓彭被殺已如麻。負心竟烹功狗，出手威原斬路蛇。百敗河山終造國，千秋魂魄尚思家。榮歸翻下英雄淚，此處勝他畫繡誇。」（《甌北集》卷一三）

> 【按】《徐州府志》卷八《古蹟》引《寰宇記》曰：「歌風臺，在沛縣東南一百八十步。」又引《舊志》：「初，臺在泗水西岸，有石刻歌辭，歲久傾圮。成化間，徙置河東琉璃井之次。嘉靖間，知縣周洺別為臺於東偏，覆亭碑上，至今屢經修葺。」

路徑邳州，因過草壩遭鄉人糾纏。

《邳州道中，土人築草壩於水次，車過必資輓輅，索錢無藝，為賦此詩》：「草草輿梁闊三尺，僅容兩輪無餘隙。轅駒局促不敢行，輓輅例資土人役。數家活計乃在此，安坐河干候轍蹟。客車到輒來脫驂，驅馬先過河流碧。馬在河東車在西，斜陽欲下滿天赤。此時從容方議價，得勢巧乘騎虎急。嚴關何處繞背行，矮簷敢怨低頭迫。沽酒須沽酒盈盎，索錢必索錢足陌。傾囊倒庋恣所求，彼岸得登日已夕。道逢縣令姑訴之，謂不病民但病客。客雖失錢民得錢，即吾養民之惠澤。」（《甌北集》卷一三）

至淮安，與同年阮（**唐**山）葵生相聚，一門生托故避去。

《奉命出守鎮安，歲杪出都，便道歸省，途次紀恩感遇之作》之十一謂：「呂防門已人思避，夏統船無主出邀。聊與步兵相對飲，一燈窮韭話寒宵。」

可知甌北南歸時之窘迫境況。

【按】呂防，當即呂大防。《宋史》卷三四〇《呂大防傳》曰：「大防樸厚
慕直，不植黨朋，與范純仁並位，同心戮力，以相王室。立朝挺挺，進
退百官，不可干以私，不市恩嫁怨以邀聲譽，凡八年，始終如一。」為
官之清正如此。甌北藉以自許，足見其抱負不凡。

　　夏統，《晉書》卷九四《隱逸傳》詳載其事，「夏統，字仲御，會稽
永興人也。幼孤貧，養親以孝聞，睦於兄弟，每采梠求食，星行夜歸，
或至海邊，拘蝛蛾以資養。雅善談論。宗族勸之仕，謂之曰：『卿清亮質
直，可作郡綱紀，與府朝接，自當顯至，如何甘辛苦於山林，畢性命於
海濱也！』統悖然作色曰：『諸君待我乃至此乎！使統屬太平之時，當與
元凱評議出處，遇濁代，念與屈生同汙共泥；若汙隆之間，自當耦耕沮
溺，豈有辱身曲意於郡府之間乎！聞君之談，不覺寒毛盡戴，白汗四匝，
顏如渥丹，心熱如炭，舌縮口張，兩耳壁塞也。』言者大慚。統自此遂
不與宗族相見」。其母病篤，乃詣洛市藥，曬藥於船。太尉賈充心異之，
乃就船與語，欲使之仕。統俛而不答，後不知所終。亦可見其遠避塵俗
之念。

　　唐山，阮葵生字。阮葵生（1727～1789），字安甫，又字寶誠，號唐
山，又作吾山。江蘇山陽人。乾隆十七年壬申舉人，官至刑部右侍郎，
有《七錄齋集》。《國朝詩人徵略》卷三五謂：「阮葵生，字寶誠，號吾山，
江南山陽人。乾隆十七年舉人。官刑部侍郎，有《七錄齋集》。辛巳會試
取中正榜，授內閣中書，軍機司員處行走，補刑部主事。諸城劉文正公
告同列曰：『阮某，西曹選總讞事有人矣。』明年，總辦秋審。有兄被殺
而父受賂私和，弟首其事，證父以賄，擬徒。公判曰：『為兄泄憤，手足
之誼雖全，陷父充徒，恩義所傷實重。使依前擬，不特父不能無憾，於
子，子亦何能一息自安？應改子首如父自首例，令其弟代父充徒，則無
媿兄弟之義，亦不賊父子之恩矣！』（《揅經室集》）吾山司寇撰《茶餘客
話》三十卷，戴服塘為選十二卷，仿畢升活字板印行。服塘謂其記前型、
搜逸事、考證典物，多有未經人道者。余謂即擬諸漁洋《池北偶談》數
種，亦正不多讓也。（《松軒隨筆》）。」《靈氛館詩話》續詩話卷三：「（阮
學誥）長子吾山少（司）寇葵生，博物工文，風流文采，至今人猶思之。
其《遲紫坪未歸》云：『目斷西陵積靄邊，遊遍九月尚流連。真成湖上煙

波客，苦戀江南橘柚天。別圃經時無客到，小樓遲爾對床眠。清霜一夜寒初劇，未省秋衣疊楚綿。』《題王振西行春圖》云：『菖葉初釵柳乍絲，一聲布穀喚林枝。擔鋤荷笠邨邨路，畫出儲王雜興詩。』寄興纏綿，吐辭秀曼，不愧風人。吾山有詩文集甚夥，惜無有刻者，惟《茶餘客話》行焉。」

至瓜洲，連日大風，船不得行，困頓數日。

　　《舟至瓜洲，連日風阻不得渡，詩以遣悶》：「吹浪江豚卷白波，歸心便擬亂流過。長年苦勸公無渡，遇險休貪趲路多。」（《甌北集》卷一三）

　　《題汶上旅壁》（《甌北集》卷一三）亦寫於此次歸途。

乾隆三十二年丁亥（1767）　　四十一歲

【時事】　正月，清查原湖南巡撫李因培袒護屬下營私虧帑案。《清史稿》卷三三八《李培因傳》：「因培在湖南日，常德知府錫爾達發武陵知縣馮其柘虧庫帑二萬餘。時因培報通省倉穀無虧，慮以歧誤得罪；示意布政使赫升額，令桂陽知州張宏燧代其柘償萬餘，不足，仍疏劾。會宏燧讞縣民侯岳添被殺，誤指罪人，為按察使宮兆麟所糾。因培及繼任巡撫常鈞覆讞不能決，上命侍郎期成額即訊，因得宏燧營私虧帑及承因培指代其柘償金諸狀，以聞。上命奪因培官，逮送湖北對簿，具服。諭曰：『諸直省倉庫虧缺，最為錮弊。昔皇考嚴加重戒，朱批諭旨，不啻三令五申，人亦不敢輕犯。朕御極三十餘年，有犯必懲，乃近年營私骫法，屢有發覺。豈因稽查稍疎，故態復作？朕自愧誠不能感人，若再不能執法，則朕亦非甚懦弱姑息之主也。』期成額奏至，因培下刑部論斬決，上命改監候。」二月，《皇朝文獻通考》自乾隆十二年（1747）奉敕編纂，至此告竣。三月，緬兵至蠻黑劫掠牛馬糧草，殺死馬夫。參將哈國興退至新街。是時，炎瘴已熾，官兵染病者相繼，哈國興稟請撤兵。（《嘯亭雜錄》卷五《緬甸歸誠本末》）本月，陳宏謀補授東閣大學士，劉綸協辦大學士。四月，以雲南邊境瘴盛，命暫停進兵。本月，嵇璜署禮部尚書。五月，上命明瑞至省，「即赴永昌，巡撫鄂寧亦偕往。明瑞以將軍兼制府，給滿洲兵三千，調川、貴及滇省兵二萬餘，以副都統額爾景額為參贊，給關防。調河南開歸道諾穆親為滇鹽道，陝西漢中道錢受穀為滇迤東道，及軍機司官傅顯、馮光熊襄軍事，議大舉剿賊。明瑞至，則首發楊應琚欺罔之罪」「復奏劾李時升、朱崙、劉德成及烏

爾登額、趙宏榜罪，皆報可。李時升、朱侖、劉德成皆伏法，烏爾登額、趙宏榜下獄」。(《嘯亭雜錄》卷五《緬甸歸誠本末》) 六月，「解前總督楊應琚至避暑山莊，命廷臣鞫得實。上大怒，暴其罪於天下，令自裁。是時楊應琚長子前永昌府知府重穀解湖北任，奉旨省親至滇，因索玩器於瘴故前騰越州知州陳廷獻之家人，杖殺之，論抵。是月，逮貴州巡撫湯聘」(《嘯亭雜錄》卷五《緬甸歸誠本末》)。本月，蔡顯著《閒漁閒閒錄》案發。華亭縣蔡顯，乃雍正己酉（1729）科舉人，時年七十一，以閒漁自號。居鄉無聊，曾著有《宵行雜識》、《紅蕉詩話》、《潭上閒漁稿》、《老漁尚存草》等多種，於乾隆二十二年（1757）陸續刊刻。《閒漁閒閒錄》一書，於本年三月刻竣，分送親友、相識。鄉人評其怨望訕謗，欲行公舉。至五月，蔡顯畏懼，呈書自首。兩江總督高晉，當即飭令華、婁二縣將蔡顯及其家屬嚴加看守，令松江府將一干人等押解來省。凡接收、發賣、刻字、刷印、投寄此書或為其書作序、提供素材、協同參訂者，逐一嚴辦。「除將蔡顯所供送給逆書之黃錦堂等十三人並寄書之朱駝子委員前往查拿，俟提解到日究明另行分別辦理，並將蔡顯之舉人、聞人俊之訓導咨部斥革外，查律載大逆者凌遲處死，正犯之子孫、兄弟及伯叔父兄弟之子男十六以上皆斬，男十五以下及正犯之母女妻妾給付功臣之家為奴，正犯財產入官，若女許嫁已定歸其夫知而不首者杖一百、流三千里」。「蔡顯合依大逆凌遲處死律凌遲處死。長子蔡必照年已十七應照律擬斬立決」。至六月，乾隆帝聞報，諭曰：「蔡顯身係舉人，輒敢造作書詞恣行怨誹，情罪重大，實為大理、國法所難容，但閱原書內簽出各條，多屬侘傺無聊、失志怨憤之語，朕方以該犯尚無詆毀朝政字句，其情與叛逆猶去一間，或可原情酌減，及細檢各處，如稱戴名世以《南山集》棄市、錢名世以年案得罪，又『風雨從所好，南北杏難分』，及《題友裂裟照》有『莫教行化烏場國，風雨龍王欲怒嗔』等句，則是有心隱躍其詞，甘與惡逆之人為伍」，「該督何竟意存姑息，仍不免大事化小、小事化無之陋習，況該督等平日既漫無覺察，不能預發其奸，直至自行敗露尚圖苟且完事，何以申國憲而快人心？看來此等逆犯本屬戾氣所鍾，兼以齗齗識文字而家居又不能得志，遂爾逞其詭譎，侈為狂吠，意或幸逃顯戮，即可藉此市名於後，恐不獨一蔡顯為然，於世道人心深有關係，封疆大臣可不思力杜逆萌、執法究治耶？蔡顯已降旨從寬改為斬決，伊子蔡必照並改為應斬監候。」(《清代文字獄檔》上冊) 七月，乾隆帝奉皇太后木蘭秋獮，至九月下旬始回京。九月，將軍兼總督明瑞舉兵緬甸，「九月二十四日出師，會大雨，三晝夜不絕，人馬俱立泥潦中，

糗糧盡濕。至芒市，易糧以行，而負糧以牛，不能速」(《皇朝武功紀盛》卷三《平定緬甸述略》)。十一月，浙江天台縣原生員齊周華著述悖逆案發。齊周華本緣呂留良案被監禁，獄中又作《祭呂留良》文，將呂極力推崇，比之夷齊、孟子，還自稱爲獨孤損、跛仙、忍辱居士、含元子、尚古先生、華陽山人、懵懂道士等。所著《名山藏》、《需郊錄》、《贈言集》等，頗多牢騷犯悖之言，應照大逆律凌遲處死。其「兄弟、妻子雖經該犯視同仇敵，久已屏逐，但繫律應緣坐之人亦不便因此寬貸其罪，所有該犯長子齊式昕、次子齊式文、長孫齊傳繞、次孫齊傳榮、胞弟齊周蔭、胞侄齊式鵬、齊式鷥、齊標示、齊式冕、齊式燕均照律擬斬立決，妻朱氏、妾丁氏、長媳奚氏、次媳吳氏、幼孫齊傳絢均給付功臣之家爲奴。再，查齊式文先經在逃，應通飭嚴緝，務獲正法，毋使漏網。所有該犯家產查明入官。其刻字匠周景文雖據供不通文理，不知悖逆情事，究屬違犯，請照違制律杖一百折責四十板，再加枷號一個月示儆」(《清代文字獄檔》上冊)。

本年，華亭夏秉衡著《雙翠園》傳奇成。

海州吳恒宣 (來旬) 與湖北崔應階合著《雙仙記》傳奇二卷。

浙江韓錫胙調任寶山縣知縣，所著《漁村記》傳奇定稿。

吳江袁景輅、陳毓升等輯《國朝松陵詩徵》二十卷成。

嘉定王鳴盛輯並世人詩爲《苔岑集》二十卷刊行。

武進劉綸、劉星煒、陽湖楊述曾、金壇于敏中、鎮洋畢沅、上海陸錫熊、青浦王昶、江寧嚴長明、直隸朱筠等先後在北京爲弘曆纂修《歷代通鑑輯覽》。

丹徒王文治被劾罷歸，過昆明晤旗籍朱孝純，輯《歸人集》。

武進趙懷玉在京，爲元和韓是昇題《小林屋圖》。

武進錢維喬旅北京。

浙江商盤死，年六十七。

顧光旭時年三十七，本年夏，轉工科給事中。(《響泉年譜》)

蔣士銓由浙歸白下，奉母挈家之蕺山。九月，攜歸鉛山，一月仍返越中。(《清容居士行年錄》)

袁枚作《續詩品》三十二首成。(《隨園先生年譜》)

以制義不進，洪亮吉往張王廟西潘氏塾從時月圍元福受作文法。七月，就江寧鄉試，僦鹿苑菴後雲依閣讀書，每夜輒至三鼓，僧徒厭之，托言有賃宅者，遷其入菴旁土室，上漏下濕，居之晏然。(《洪北江先生年譜》)

【本事】正月抵家。在故鄉住有月餘。二、三月之交，始奉母出遊蘇、杭，同行者有外姑、叔外姑、沈倬其母及各家後輩。

《奉太恭人遊蘇杭間，兼請外姑沈太君、叔外姑張太君及倬其母王太君同舟，四老人白首相映，各家子姓隨從扶掖，亦樂事也》：「彩衣娛侍及芳晨，鮑母麻姑況有鄰。簫鼓喧催青翰舫，湖山晴映白頭人。閒尋樂事同良友，貸借韶光奉老親。贏得江鄉傳好語，女中四皓出遊春。」（《甌北集》卷一三）

【按】甌北於十二月十九日挈家出都。京師距陽湖兩千三、四百里。其當時攜家帶口，又遇冰天雪地天氣，道路難行，忽而乘車，忽而水路，且在瓜洲延擱數日，以每日行百里計，行程亦當在一月左右。如此看來，甌北抵家之日，當在正月下旬。《舊譜》僅稱「正月抵家」，是籠統而言，不足爲據。詩中既稱「閒尋樂事同良友，貸借韶光奉老親」，沈母乃「女中四皓」之一，同年友沈倬其作爲隨從之「子姓」，亦當同往。

三月初，至蘇州，得友人張吟薌塤款待，憑弔五人墓，同遊石湖。

《吟薌邀遊石湖》：「以我攜家累，勞君費酒錢。春當修禊日，人上蕩湖船。古寺藏山翠，遙村帶水煙。曾期同結社，此地頗幽偏。」「當年范文穆，水石有清風。使節伸彊敵，詩朋得放翁。奇書桂海作，老遇鑒湖同。出處渾無忝，名賢景仰中。」（《甌北集》卷一三）

《五人墓》（《甌北集》卷一三）詩亦寫於此時。

【按】《甌北集》卷四〇《瘦銅子孝彥來見，泫然有作》詩「僅餘我作青蠅弔，猶憶君邀畫鷁飛」句下注曰：「余赴鎮安任，過蘇州，瘦銅具舟邀遊石湖。」石湖，在江蘇吳縣盤門西南十里，界吳縣、吳江間。范蠡所經入五湖者。諸峰映帶，風景絕勝。宋范成大因越來溪故址，水築臺榭，孝宗書石湖二字賜之。成大因以自號。（參見宋祝穆《方輿勝覽》卷二）

《欽定大清一統志》卷五四謂：石湖，「《輿地紀勝》：在吳縣盤門西南十里，太湖之脈，范蠡所經入五湖者。《新志》：在府西南二十里，白洋灣所彙也，界吳縣、吳江之間。有茶磨諸峰映帶，頗爲勝絕。宋參政范成大因越來溪故址，小築亭榭，孝宗書石湖二字賜之。中有千岩觀、天鏡閣、玉雪坡、盟鷗亭諸蹟，有巨石刻大士像，因名石佛寺。湖中長橋臥波，爲行春橋，風帆沙鳥，致爲清曠。乾隆二十二年、二十七年、三十年、四十五年，翠華南巡，有《御製初遊石湖》、《泛舟石湖》、《遊石湖疊韻》、《石湖八絕句》詩並御匾二、御聯一。海潮菴後有泉自石流出，

彙爲池可半畝餘，御題二湖二字，鐫之崖壁。」

甌北《吟薌邀遊石湖》，乃是事後追記。張塤有詩曰：「酒似百花蜜，榆吹三月錢。相尋一湖水，不見古人船。詩誦田園興，山分寺郭煙。此時群屐會，獨我與君偏」，「風光彈指過，畫燭滿湖風。姥共傔人馭，兒皆白髮翁。文章半寥落，出處未全同。音信今頻斷，誰盟鷗鷺中。」並稱：「雲松集中有《吟薌邀遊石湖》詩，鄉未見也，蓋亦後來補作。是日別船置酒，請其太夫人同遊，而予母以穉孫出痘未與會。今云松與予俱爲無母之人，緬懷舊事，不覺雪涕。補和原詩寄之二首。」（《竹葉菴文集》卷二一）瘦銅言「鄉未見」，「鄉」通「向」，意即從前，過去。《荀子・正論》：「天下厭然，與鄉無以異也。」可知甌北詩乃後來補作。

「五人墓」，《江南通志》卷三八謂：「五人墓，在虎丘山塘。五人者，顏佩韋、楊念如、馬傑、沈揚、周文元也。」清姚之駰《元明事類鈔》卷一五《人品門一》謂：「五人墓：明張溥《五人墓碑記》，五人者，當蓼洲周公之被逮，急於義而死者也。至於今郡之賢士大夫，請於當道，即除魏閹廢祠之址以葬之，且立石墓門以旌其所爲，五人曰顏佩韋、楊念如、馬傑、沈揚、周文元。李繼貞《五人詠》：五人生爲義士死爲神，不然屬鬼除君側。」清顧祿《桐橋倚棹錄》卷五謂：「五人墓，在山塘，墓基即普惠生祠，毛一鷺所建以媚璫者。《長洲志》：『明天啓年逆閹煽惡，戕害忠良。時周忠介公順昌以抗直矯旨被逮，五人公憤，奮擊緹騎至斃。巡撫毛一鷺請戮於市，士大夫哀之，捐金得首，合其屍，斂葬於此。吳太樸默題其墓曰「五人之墓」。碑爲韓貞文馨八齡時所書。五人者，顏佩韋、楊念如、馬傑、沈揚、周文元也。』」（《蘇州文獻叢鈔》初編）袁枚、趙翼、蔣士銓、舒位等，俱有詩寫及「五人墓」。甌北詩既稱「以我攜家累，勞君費酒錢」，可知，其此次來蘇州，很可能住在張家。又謂：「春當修禊日，人上蕩湖船。」「修禊」，舊俗農曆的三月上旬的巳日，到水邊嬉遊采蘭，以袪除不祥，稱爲「修禊」。《太平御覽》卷三〇引《漢書・禮儀表》曰：「三月上巳日，官人並禊，飲於東流水。」魏以後固定爲三月初三。《晉中興書》：「會三月三日，中宗出禊。」《荊楚歲時記》曰：「三月三日，四人並出江渚池沼間，爲流杯曲水宴。」既言「當修禊」，可見，甌北偕親眷至蘇州，當在農曆三月初，此可補《舊譜》所不足。

三月上旬，偕親友至杭州，遊覽西湖靈隱寺、岳王廟、宋故宮諸勝迹，

憑弔岳忠武墓。

《西湖詠古》：「不負風光勝地多，六橋來正景暄和。人間作畫難爲稿，是處銷金別有窩。綺閣簾櫳紅杏雨，彩船簫鼓綠蘋波。山靈笑我家相近，何事今才載酒過。」「割據深心笑井蛙，金書玉冊累朝加。千秋英氣潮頭弩。三月風情陌上花。民不罹兵都愛主，國無稱帝易傳家。霸庭不肯填湖築，此意今猶父老嗟。」「鳳凰山下故宮基，重話南遷駐蹕時。宋嫂羹魚空舊感，崔君泥馬已新祠。夢華碎錄孤縷緯，沈陸神州一錯棋。不是行都集冠蓋，此湖也只習家池。」「桂子荷花色色幽，偏安定後足清遊。直教宮亦移長樂，從此湖應號莫愁。三竺峰巒非艮嶽，兩堤燈火似樊樓。空餘芳草孤山路，老將騎驢感白頭。」「南園想見昔雕甍，黃胖遊春意氣橫。負鼎龍升非相罪，隔籬犬吠是人聲。生前珠翠千行繞，死後頭顱萬里行。獨惜平分半湖地，累人作記損高名。」「選勝樓臺傍稚川，相公富貴又神仙。襄城炮已三年打，萬嶺燈猶五夜燃。蟋蟀戲收殘局罷，蝦蟆更促六宮遷。可憐幾代冬青樹，只換漳州一木棉。」（《甌北集》卷一三）

《岳忠武墓》、《大石佛歌》（《甌北集》卷一三）均寫於此時。

【按】《西湖詠古》詩稱，「六橋來正景暄和」，又謂「綺閣簾櫳紅杏雨」，且云「三月風情陌上花」，已點出來杭之時令。「暄和」，和暖之意。「暄」，溫、暖。「紅杏雨」，清明前後杏花盛開之時的雨。宋釋志南《絕句》稱：「沾衣欲濕杏花雨，吹面不寒楊柳風」，元虞集【風入松】詞，「杏花春雨江南」，與「三月風情」互證。且蘇、杭相距不遠，故甌北此次來杭，時間當在三月上旬。

三月下旬，告別親朋，令弟汝霖在家奉養老母，甌北則由錢塘江登舟西行。

《舊譜》：「正月抵家，奉太恭人遊蘇州、杭州，住西湖十餘日。」

《舟發錢塘江》：「風細江流靜，春遊任棹遲。潮猶彊弩避，塘紀斛錢爲。上水自茲始，看山無斷時。柁樓吟晚飯，添取越中詩。」（《甌北集》卷一三）

【按】《舊譜》既稱甌北此次來杭，「住西湖十餘日」，那麼，其離杭赴任之具體時間，當不會早於本月下旬。

行富春江上，憑弔嚴子陵釣臺。行經常山，過鄱陽湖。

《釣臺》：「故人已起作天子，出仕不過供役使。艱難未曾與佐命，升平寧復資助理。不同其憂同其樂，立人之朝頗有泚。與其局促卿月班，何似趺

宕客星裏。此翁明眼早見及，乃以狂奴傲青紫。世人不知輒言高，佳話至今豔青史。平生交遊驟顯貴，攀附舊恩冀染指。此特陳涉客有夥頤誇，蘇秦嫂甘匍伏恥。鄉黨自好便不為，區區何足矜脫屣。朝非新室帝非莽，大義亦豈貴不仕。正惟共視一官重，遂覺遺榮成絕軌。然則子陵本非高，世人所見自卑耳。」（《甌北集》卷一三）

《富春道中》、《常山道中》、《鄱陽湖懷古》（《甌北集》卷一三）諸詩，均寫於此時。

【按】富春江，浙江在富陽縣境者，稱富春江。釣臺，即嚴子陵釣臺，在浙江省桐廬縣富春山。《後漢書》卷一一三《嚴光傳》：「耕於富春山，後人名其釣處為嚴陵瀨焉。」《欽定大清一統志》卷二三四：「七里瀨，一名七里灘。在桐廬縣嚴陵山西。《元和郡縣志》：在建德縣東四十里。《太平寰宇記》：七里瀨，即富春渚也。葉夢得《避暑錄》：七里灘，兩山聳起，壁立連亙七里，土人謂之瀧。《舊志》：七里灘，上距嚴州四十餘里，又下數里乃至釣臺，兩山夾峙，水駛如箭，諺云『有風七里，無風七十里』，言舟行難於牽挽，惟視風為遲速也。」鄱陽湖，古稱彭蠡。隋時始稱鄱陽，以接鄱陽山而名。在江西省北境，跨南昌、進賢、餘干、鄱陽、都昌、星子、德安、永修諸縣。藉此可知，甌北自杭州乘船，由錢塘江入富春江。經由富陽、桐廬、蘭陵，入衢江，再經衢州、常山，又入樂安江，進江西境，至鄱陽湖。當行至常山（今浙江最西部，靠近江西）時，仍為三月間。由《常山道中》「近南時令早，三月已耕畬」可知。

四月初，抵南昌，登滕王閣以懷古。

《滕王閣》：「洪都城下水連天，獨客憑高萬象懸。一閣臨江還百尺。三王到我又千年。濤聲似挾西山雨，風色爭回左蠡船。地大自慚才分小，題詩安得筆如椽。」「蒼茫今古一憑欄，物換星移俯仰間。爽氣西來仍不減，大江東去幾曾還。騷人骨已銷煙水，帝子魂空戀佩環。詞罍歌場總陳蹟，令人增感鬢毛斑。」（《甌北集》卷一三）

【按】由詩中「獨客憑高萬象懸」來看，甌北在南昌當稍加逗留，登滕王閣以遣興。

由南昌沿贛江水路西南而行，至樟樹鎮，入袁水，經袁州、萍鄉，西行至湘江，仍沿水路南行。

《樟樹鎮為王文成誓師地》：「藩邸猝稱亂，文臣此誓師。倉皇臨大變，

智勇出良知。烏合乘城日，狐疑返旆時。從容樵舍縛，儒者事原奇。」（《甌北集》卷一三）

《袁州城外石橋最雄麗，相傳爲嚴世蕃所作》、《萍鄉》、《浮湘》（《甌北集》卷一三）諸詩，均寫於此時。

【按】樟樹鎭，在江西清江縣東北三十里。今爲清江市。明王守仁討朱宸濠，自吉安會軍樟樹鎭。

袁州，即江西宜春，清時爲袁州府。

萍鄉，在江西最西部。《萍鄉》詩稱「舟到江源盡，人尋旅店投」，知其由南昌至湘鄉，一直沿水路而行。

沿湘江乘舟南下。四月末，經衡陽，繞道耒陽，東折至祁陽，達永州，又至鍤觜，入斗河。

《舟行》：「順風兼順水，一日數百里。風逆水復逆，進寸慮退尺。風水兩俱順，良可快躁進。我意殊不然，過順生悔吝。惟願得其一，以偏收全功。有風不必水，有水不必風。於力既易補，於理亦甚公。君看得意人，雙挾風水駛。張帆飽若弓，捩柁疾於矢。前有山彎彎，下有石齒齒。乘勢不及收，一觸或破毀。」「小舟名倒扒，長不逾二仭。首尾易位置，逆行乃反順。篷低頭每觸，艙短腳難伸。雖嫌地太窄，頗喜程可趁。船輕行使便，但用一篙振。淺沙詎能膠，碎石莫可礑。拍拍如鳧鷖，躍躍若黿黽。每當灘高處，千艘力俱擴。沖波獨踔厲，直上弗轉瞬。水方倒懸急，舟偏倒行迅。名義殊不祥，朝歌理宜慎。一節聊可師，能以退爲進。」「衡陽四五月，人人打魚苗。縛筏占江面，於焉結棚寮。排連如櫛比，奚啻百里迢。尺寸有分地，茅簜各自標。上流發水來，魚苗隨波飄。不知落誰家，努目爭欲招。斯須入一筏，戢戢千萬條。量之盈斗石，笑語婦子囂。比鄰空羨魚，瞪目那得剽。終日不獲一，河上乎逍遙。同此托業微，得失相去遼。事固有如此，幸心可以消。」「泝流過祁陽，山緊江漸窄。水刷山根露，岿崿森角骼。時復作嵌空，倒瞰奔流碧。舟行過其下，壓頂慮崩拆。邪許同一聲，響答出空隙。眾篙所叢刺，石有千孔蹟。沿堤默流覽，奇景多創獲。非特狀譎詭，更有質變易。石或爛如土，土或堅如石。」（《甌北集》卷一三）

《衡山》、《耒陽杜工部祠》、《永州道中》、《鍤觜爲湘漓二水分流處》、《斗河》（《甌北集》卷一三）諸詩，也寫於此時。

【按】耒陽，在衡陽南近百里，而祁縣在衡陽東約一百七八十里。耒陽，

唐代詩人杜甫卒於此。史載，大曆中，甫「出瞿唐，下江陵，泝沅湘以登衡山。因客耒陽，遊岳祠，大水遽至，涉旬不得食。縣令具舟迎之，乃得還。令嘗饋牛炙、白酒，大醉一夕卒，年五十九」（《新唐書》卷二〇一《文藝傳上》）。甌北很可能是慕杜甫之名，故繞道一往，瞻仰杜甫祠。又，《舟行》詩謂：「衡陽四五月，人人打魚苗」，知其至衡陽時，已至四月下旬。否則，四、五月不當並稱。

「鏵觜」，宋范成大有《鏵觜》詩，題下小注曰：「在興安縣五里所，秦史祿所作也。迎海陽水疊石爲壇，前銳如鏵，沖水分南北，下爲湘、漓二江，功用奇偉，余交代李德遠嘗修之。」詩曰：「導江自海陽，至縣乃彌迤。狂瀾既奔傾，中流遇鏵觜。分爲兩道開，南漓北湘水。至今舟檝利，楚粵徑萬里。人謀敓天造，史祿所經始。無謂秦無人，虎鼠用否耳。紫藤纏老蒼，白石溜清泚。是間可作社，牲酒百世祀。修廢者誰歟，配以臨川李。」（《石湖詩集》卷一五）宋劉克莊亦有《鏵觜》詩，題下小注曰：「史祿渠至此分水。」詩曰：「世傳靈渠自秦始，南引灘江會湘水。楚山憂赭石畏鞭，鑿崖通塹三百里。篙師安知有史祿，割牲沈幣祀瀆鬼。我舟閣淺懷若人，要是天下奇男子。只今渠壞無人修，嗟乎秦吏未易訾。」（《後村集》卷六）宋徐介《耒陽杜工部祠堂》詩曰：「手接汨羅水，天心知所存。故教工部死，來伴大夫魂。流落同千古，風騷共一源。消凝傷往事，斜日隱頹垣。」詩後注曰：「《耒陽縣志》：杜公墓祠在縣治北郭外二里，耒江左畔，洞庭觀之西。《詩話總龜》云：杜祠過客多題詩，歐陽文忠獨稱介此詩。」（仇兆鼇《杜詩補注》卷上）

《斗河》謂：「遂使楚粵交，血脈貫腰脅。」斗河，或即陡河。《清史稿・地理志》「廣西・桂林府・興安」：「海陽江，即湘、灘二水源也。……湘水自治東，東北流，右受莫川，入全州；灘水經治北，曰陡河，西流折南，至興隆市六峒江，合黃柏江、華江、川江、反璧江爲大融江。」知此河以堤岸陡峭險峻，形狀似斗而名。

五月初，經陽朔山，抵達桂林，謁巡撫宋邦綏、布政使淑寶、按察使圖桑阿等。

《風洞山爲瞿式耜張同敞殉節地》、《陽朔山》（《甌北集》卷一三）等詩寫於此時。

【按】宋邦綏，《清史稿》無傳。長洲人，字逸才，號況梅，乾隆進士，

由編修累擢湖北巡撫。以模稜瞻徇革職，尋起用，官至廣西巡撫，查出軍田十二萬餘畝，戍守有資，帝頗嘉之。後官戶部侍郎卒。《湖海詩傳》卷七：「宋邦綏，字逸才，號曉岩，長洲人。乾隆二年進士，官至戶部侍郎，有《紅杏齋集》。」《（同治）蘇州府志》卷八九謂：「宋邦綏，字逸才，照子。乾隆丁巳進士，選庶吉士。丁父憂。七年散館，授編修，充甲子河南鄉試正考官，遷侍讀，督學湖北。旋丁母憂。服闋，充日講起居注官，尋授四川川東道。二十一年，遷河南按察使，升廣東布政使，調山西。二十七年，擢湖北巡撫。會總督愛必達、臬司沈作明以縱歸州盜犯得罪，上以邦綏蒞任日淺，僅予革職留辦堤工，旋授陝西布政使。三十年，授廣東巡撫。奏請於鬱林等處山嶺、土坡履勘勸耕，酌借牛具、籽種，以盡地利。又奏：各屬舊設土勇、堡卒，猺獞地方，設狼兵狼目，各給軍田，輕其糧賦，嗣多輾轉私售。前督臣楊應琚奏明清查，臣抵任後，飭催查出軍田十二萬餘畝，給土勇狼兵，戍守有資。上嘉勉之。鎮安府屬之小鎮安，界連安南，匪犯黃副團等糾眾滋事，邦綏飭屬捕獲，置之法，奏革土巡檢岑純武職。舉言土巡檢，職卑難以控制，請改設通判一員。又歸順州屬之河潤寨，人戶稀少，應裁。原設州同，將宣化縣那南寨巡檢移駐，其那南寨事務歸併金城寨巡檢管理。再於那波、者賴、者欣三村增卡添兵，怕懷隘爲小鎮安門戶，添設把總一員，兵十五名，土勇二十名，兼轄那波等村。下部議行。三十二年，授兵部侍郎，署倉場，調戶部。三十五年卒。（節《道光志》）」。

淑寶，《清史稿》、《欽定八旗通志》未收。滿洲鑲紅旗人，乾隆九年任巡察黑龍江等處御史。（《欽定盛京通志》卷四○《職官二》）乾隆五十七年由湖南驛鹽道遷福建按察使。五十八年調甘肅布政使，旋調廣西布政使。（《東華續錄》）。未知即其人否？

圖桑阿，圖巴子，「乾隆十年十二月襲，十四年八月襲一等昭武侯」（《清朝文獻通考》卷二五○《封建考五》）。或即此人。

「風洞山」，元光祖《風洞山大士像碑》謂：「桂林之北面，因山爲城，層崖疊壁，最爲險固，居山之半曰風洞，洞戶北出，下臨大野，群峰列峙，一江前陳，眞偉觀也，士大夫嘗登覽焉。」（《粵西文載》卷四一）晚明瞿式耜、張同敞殉節地。吳高《遊桂林風洞山》詩曰：「到處名山入品題，此中佳境足幽棲。四時風氣侵人冷，八表峰巒舉目低。滿地

白雲無客掃，一林紅雨有鶯啼。樂遊不記歸時晚，踏破蟾光信馬蹄。」（《粵西詩載》卷一五）孟洋《九日遊風洞山》詩曰：「九日獨登風洞閣，萬峰疊擁靖江城。煙中臺殿浮秋色，天畔松杉落雨聲。黃菊野開孤客淚，蒼梧水繞二妃情。心懷徃歲承恩宴，腸斷斜陽望帝京。」（《粵西詩載》卷一六）《明史》卷二八○《瞿式耜傳》載，順治七年十一月，清兵攻甚急，式耜孤立無援，「耜端坐府中，家人亦散，部將戚良勳請式耜上馬速走，式耜堅不聽，叱退之。俄總督張同敞至，誓偕死，乃相對飲酒，一老兵侍召，中軍徐高付以敕印，屬馳送王。是夕，兩人秉燭危坐。黎明數騎至，式耜曰：『吾兩人待死久矣。』遂與偕行。至則踞坐於地，諭之降，不聽，幽於民舍。兩人日賦詩倡和，得百餘首，至閏十一月十有七日，將就刑，天大雷電，空中震擊者三，遠近稱異，遂與同敞俱死」。

　　　「陽朔山」，在廣西興安縣南九十里，在廣西西南部，亦作陽海山。宋樂史《太平寰宇記》卷一六二《嶺南道六》曰：「陽海山，在縣城北一百七十里，屬興安縣。按：酈道元《水經》云：陽海山，一名陽朔山。其山自永州零陵縣西迤邐岡巒，連互不絕，此山即湘、漓二水之源，南為漓水，北為湘水，即此水也。」清胡渭《禹貢錐指》卷九謂：「湘漓之源，同出陽朔山。西北流至興安東五里分水嶺上，始分為二水，南曰漓，北曰湘。」

其先，途遇大雨，凡十七晝夜，至桂林始天晴。由桂林乘船沿灘江南行，經平樂、昭平，至蒼梧，折而西，入潯江，再入鬱江，經橫州，略加逗留，與鄉人莊似撰炘相遇，倍感情親。入歸德土州。

　　《舊譜》：「謁巡撫宋公邦綏及藩司淑寶、臬司圖桑阿諸公畢，由灘江舟行。」

　　《過昭平峽》、《橫州晤莊似撰》、《歸德峽讀王文成平田州摩崖頌》（《甌北集》卷一三）諸詩寫於此詩。

　　【按】《簷曝雜記》卷三「粵西灘峽」曰：「余初至桂林，由水路赴鎮安任。先是，大雨十七晝夜，是日適晴。已刻自桂林發舟，日午已至平樂。」「昭平峽」，「在廣西昭平縣，漓水合樂川（即平樂江）以至蒼梧。灘凡三十六，至昭平而中分。（或謂自平樂而中分）自昭平而上至桂林，不甚險惡。自昭平而下至蒼梧，兩岸皆高山盤束，中多銳石，灘重疊而水湍急如沸，有數千百漩渦。昭平縣東有大小峽，俱亂石橫生水中。」「橫州」，「隋簡

州，亦曰緣州，唐改曰橫州，又改曰寧浦郡，明清皆屬廣西南寧府，民國改爲橫縣。」「歸德峽」，當在歸德州境內。此地「宋置歸德州，明初土酋歸附，授知州世襲，屬廣西南寧府。清因之，民國初歸隆安縣承審，尋並果化土司地，置果德縣」。（《中國古今地名大辭典》）即今平果縣。地瀕右江，爲甌北去鎮安必經之地。

　　莊炘（似撰）至橫州一事，未見他書記載。趙懷玉《故奉政大夫陝西邠州直隸州知州莊君炘墓誌銘》一文，僅謂「乾隆十六年，召試二等第一。其後三遇召試，皆二等第一。三十三年戊子，中順天鄉試副榜貢生，出大興朱學士筠之門。時年雖三十餘，已屢擯場屋，且母年高，亟謀祿養，乃就職直隸州州判。」（《碑傳集》卷一一〇），未敘及其廣西之行，或是遊幕至此，亦未可知。

七月，抵鎮安任。因大旱，乃步行至馬鞍山祈雨，大雨如注，百姓敬服之。

　　《舊譜》：「七月初抵鎮安任。地在粵西省之極西，其南與安南連界，西接雲南。所屬一縣二州，一通判四土司。廣袤八百餘里，層巒疊峰，摩雲插天，多瘴癘。然民俗甚淳，訟事稀簡，先生欣然樂之。初涖任，夜聞城外擊鼓聲，問。門吏曰：『小民因旱求雨也。』先生曰：『民既愁旱，官當祈雨。』遂命詰朝出祈。有府僚馬偉稟曰：『火日當雨，向來官祈雨必預擇是日，否則恐徒勞也。』先生笑曰：『度是日有雨而後祈，此心已不可對神明，遑冀得雨乎？』詰朝步行至城南之馬鞍山，行禮畢，歸途即大雨如注。民皆神之。」

八月，有緝犯安南之事。甌北因具文代前守韋馱保申辯，觸怒兩廣總督李侍堯。

　　【按】《舊譜》：「八月，有緝犯安南之事，前守韋馱保因鎮民糾結安南民，至雲南土富州滋擾。事發後捕獲百餘人，尚有首犯農付奉逸去。韋守因此被劾，留於郡緝犯。至是募人入安南，訪知農付奉已死，有子阿細爲人奴，乃緝獲之。令阿細同往其父埋屍處，以屍棺偕來。先生以屍真僞未可憑，而阿細繫沽口，叵鞫也。傳集其親鄰數人來認，果不謬。阿細既真，問其父死及埋，阿細皆在旁，起屍又阿細偕往，則事已確實，遂具文申報各上司。而總督李公侍堯祇許以阿細照罪人家屬例問擬，農付奉已死，其屍究未可憑，不得並詳。蓋恐實其屍爲韋守復官地也。先生以死父與活子偕來，蹤迹既確，如謂其屍假，則又當跟究何人之屍及緝

犯者買從何處，此案將無結期，遂又具文申辯。李公大怒，批行臬司，有『趙守祖護同官，恐嚇上司』之語，先生不爲動。」

李侍堯（？～1788），字欽齋，一字昭信，漢軍鑲黃旗人。「乾隆元年，授六品蔭生。八年，補印務章京。九年，授副參領。十三年十月，遷參領。十一月，調印務參領。十四年，擢正藍旗漢軍副都統。十七年六月，授公中佐領。十二月，調熱河副都統。二十五年，擢工部右侍郎，兼管鑲白旗漢軍副都統。六月，調戶部右侍郎。十一月，晉廣州將軍。二十一年七月，署兩廣總督」。二十四年，實授兩廣總督。十二月，「奏防範外商規條五：一、洋船銷貨後，應飭依期回國，禁止住冬；一、洋商館，毋許漢奸私行交易；一、內地行商，毋許借洋商資本；一、洋商毋許雇內地廝役；一、洋船泊處，守備一員，督同弁兵防範。下部議行」。二十六年正月，授戶部尚書。二十八年五月，授湖廣總督。三十年五月，查處廣西右江鎮總兵李星垣婪索土田州知州岑宜棟案不力，交部嚴加議處，革職。三十一年正月，署刑部尚書。三十三年三月，仍回兩廣總督任。「四十五年三月，原任雲南糧儲道海寧，向軍機大臣訴李侍堯貪縱營私狀，奏聞，命尚書和珅、侍郎喀寧阿查辦。和珅等尋奏，查訊侍堯，供認收受道府等官饋賂各款不諱。上諭著革職拏問，交和珅等嚴審定擬具奏。命褫所襲伯爵，以侍堯弟江西提督李奉堯襲。五月，擬侍堯斬監候。下大學士九卿議，改斬決。復下各直省督撫議。十月，諭曰：『各省督撫核擬李侍堯一案，業已到齊。李侍堯以大學士兼管總督，受恩最深，乃敢營私敗儉，驕縱妄行，實出意料之外。覈其情罪，非僅如彰寶之因病任性，縱家人勒索供應者可比。較之從前恒文、良卿貪婪軌法，致罹刑憲，情節實約略相等。惟恒文甫任督撫，即肆意婪贓，平日又無出力辦事之處，李侍堯則身任總督二十餘年，如辦理暹羅，頗合機宜，緝拿盜案等事，亦尚認眞出力，且其先世李永芳，於定鼎之初，歸誠宣力，載在旗檔，尤非他人所可援比。是以前與尚書和珅等照例定擬斬候，大學生九卿改立決，朕復降旨，令各督撫等各抒己見，確議具題。』」後定爲斬監候，秋後處決。四十六年三月，甘肅蘇四十三亂起，特旨賞侍堯三品頂戴，赴甘肅辦理軍務。四十九年，閏三月，廣東監生譚達元控總商沈冀州斂派公費，饋送前督臣李侍堯。經福康安查實。上諭曰：「李侍堯久任封疆，素能辦事，是以加恩復用。自簡任陝甘總督以來，於剿捕

逆回、查辦監糧二事，尤能認眞出力，而地方諸務，亦俱實心整頓。其令總商科斂公費購買物件，與枉法受財者有間，所用公費銀兩，議令按數倍繳，亦足蔽辜。李侍堯著加恩免其治罪，從寬改爲革職留任。」四月，又因查辦甘肅鹽茶廳回人田五聚眾滋事不力，遭嚴斥，曰：「況李侍堯在各省總督中，素稱明白能事，人所共知。朕之棄瑕錄用，亦因其尙有才能，冀其感恩出力，乃竟於地方大事，貽誤若此，朕更不能曲爲之解，抑深自引咎愧恨也。福康安參奏李侍堯之處俱係實在情節，諒伊亦無從諉卸。著將原折交留京王大臣會同大學士九卿科道覆議，定擬具奏。」留京王大臣定擬斬決。論曰：「李侍堯本應依擬即行正法，但念本省因有不逞之徒，滋事擾害，致本省總督，即罹典刑，轉恐啓刁風而滋厲階，非所以遏寇虐、靖邊疆也」，「今李侍堯玩誤因循，其罪雖浮於勒爾謹，但念其歷任總督多年，於地方事務，尙屬諳練通曉，至軍旅本非其所嫻，著從寬改爲應斬監候，秋後處決。」五十年十月加恩釋放。五十一年三月，署戶部尙書。五十二年正月，臺灣林爽文事起，命侍堯爲浙閩總督。五十三年十月卒。(《清代七百名人傳・李侍堯》)

既擔此任，便勤於政事，登山臨水，訪查風習民情。

《鎭安土風》：「宦轍經年到，郵簽萬里修。地當中國盡，官改土司流。峻阪愁雲棧，孤城仿月鉤。近邊多壥吏，按部半番酋。密箐千尋木，寒泉百丈湫。四時無落葉，一雨或披裘。瘴要澆胸塊，妖曾紀肉球。深宵蠻蠱放，白晝虎倀遊。魋客從人雇，狙公作盜偸。蠻方天混沌，猺語鳥鈎輈。儂姓還豪族，韋家說故侯。點脣檳汁染，約臂釧紋鍐。跳月墟爭趁，娶春俗善謳。儮皮齊贄易，握算賈胡留。村婦無弓足，山農總帕頭。性愚供使鹿，見小重多牛。籬壁穿多穴，欄房隔作樓。燒畬灰和土，接水木刳溝。靛采藍盈菊，禾收穗滿籌。筈包鹽有滷，苴窖菜成油。犬肉多於豕，檀薪賤似楢。鷓鴣羹味薦，蛤蚧藥材收。獲膽從蹄剔，豬豪激矢抽。山羊因血捕，水獺爲皮搜。石斛花論價，桄榔面可溲。竹根人面活，藤杖女腰柔。物產眞驚見，民情易紿求。掛魚官閣肅，羅雀訟庭幽。閒倚半山閣，時乘獨木舟。虞衡稽桂海，草木訂春秋。詩已傳邕管，官非謫柳州。勉修循吏績，撫字輯逖陬。」(《甌北集》卷一三)

《落皮樹》、《鑒隘塘瀑布》(《甌北集》卷一三)，亦寫於此時。

【按】甌北於《簷曝雜記》中對此行有詳細載述，如：「粵西灘與峽皆極

險。府江之昭平峽，橫州之大灘，右江之努灘、雞翼灘，左江之歸德峽、
果化峽，余皆身經其地，而昭平峽最險。余初至桂林，由水路赴鎮安任。
先是大雨十七晝夜，是日適晴。巳刻自桂林發舟，日午已至平樂。舟子
忽椓杙焉。余以久雨得晴，方日中何遽泊，趣放舟，而不知其下有峽之
險也。舟子不得已，乃發舟。山上塘兵亟呼不可開，而舟已入峽不能止，
遂聽其順流下。但見滿江如沸，有數千百漩渦。詢知下有一石，則上有
一渦，余始憮然懼，然已無如何。幸而出峽，舟子來賀，謂：『半生操舟，
未嘗冒險至此也。』余自是不敢用壯矣。後余調廣州，自桂林起程，百
僚餞送，有縣令緱山鵬亦在座。余至廣十餘日，忽聞緱令溺死峽中矣。
橫州大灘長三十里，舟行石縫中，稍不戒輒齏粉，亦奇險也。自黔江下
至常德府，有清浪灘，略與橫州灘相等。兩處俱有馬伏波廟。而黔中之
頭灘、二灘、三灘，共三灘，路雖短而險更甚。」（卷三《粵西灘峽》）
並載述鎮安風習曰：「鎮安府在粵西之極西，與雲南土富州接壤，其南則
處處皆安南界也。崇山密箐，頗有瘴。然民最淳，訟獄稀簡。縣各有頭
目，其次有甲目，如內地保長之類，小民視之已如官府。有事先訴甲目，
皆跪而質訊。甲目不能決，始控頭目。頭目再不能決，始控於官，則已
為健訟者矣。余初作守，方欲以聽斷自見，及至則無所事。前後在任幾
兩年，僅兩坐訟堂，郡人已歎為無留獄，則簡僻可知也。此中民風，比
江、浙諸省，直有三、四千年之別。余甚樂之，願終身不遷，然安得有
此福也？」（卷三《鎮安民俗》）「鎮安故多瘴癘。鈕玉樵《粵述》謂署中
有肉球、肉腳，時出現，而瘴毒尤甚，入其境者，遂無復生還之望。及
余至郡，未見有所謂肉球、肉腳者，瘴亦不甚覺。問之父老，謂『昔時
城外滿山皆樹，故濃煙陰霧，凝聚不散。今人煙日多，伐薪已至三十里
外，是以瘴氣盡散』云。」（卷三《鎮安水土》）

冬，時常巡邊，以消除邊界糾紛。每出村，父老爭相出迎，雞豚酒醴，
各有所獻。

《舊譜》：「是冬照例巡邊，凡與安南連界處，深山窮谷無不親歷，恐有
奸匪竄伏也。」

《行邊》：「時清關隘靖兵塵，飭備仍嚴絕徼巡。仙佛未經吾獨往，猿
狖初鬬俗猶淳。深山日少常如暮，密葉冬榮只似春。奇境天留詞客賞，驂鸞應
譜見聞新。」「邨邨父老杖爭扶，出謁星軺拜滿途。我到豈能春有腳，渠來自

爲昔無襦。欲蘇剜肉誰先務，果療燃眉敢後圖？疾苦要教當面說，停驂頻與話交衢。」「安南處處共山場，判界曾無一堵牆。敢恃狂夫驚折柳，也愁鄰女要爭桑。綴斿國已先分土，畫斧河仍不設防。柔遠銷萌非細事，頭鬚從此白岩疆。」「到此方知地界遙，日南風景畫難描。籌邊漫續名臣疏，按部翻供太守邀。萬木叢排成樹海，諸峰亂湧作山潮。卻嫌呵殿聲殊俗，不稱清遊愧老樵。」（《甌北集》卷一三）

【按】據上引「深山日少常如暮，密葉多榮只似春」詩句，本詩殆寫於冬季。《簷曝雜記》卷三《鎮安倉穀、田照二事》記載曰：「每余出行，各村民輒來舁輿至其村，巡歷而過，又送一村，其村亦如之，父老婦稚夾道膜拜，日不過行三十里。至宿處，土銼瓦盆、雞豚酒醴，各有所獻，不煩縣令供頓也。及余調廣州，時方赴桂林，途次得旨，即赴新任，不復回郡。時署中惟一妾，巾車出城，滿街人戶無不設香案跪送。又留一族孫鶴沖在郡，交代畢來廣時，街民送亦如之。是歲九月，陳恂等七十餘人又送萬民衣傘至廣，計程四千餘里，距余出鎮安已六七月矣。亦可見此邦民情之厚也。」

又，同書卷四《仕途豐嗇頓異》：「余出守鎮安，萬山中一官獨尊。鼓吹日數通，出門炮聲如雷。冬月巡邊，輿前騎而引者凡十餘，隊後擁纛驂騎又十餘，可謂極秀才之榮矣。然心竊自恐不能消受。一日方盥面，適內子對鏡曉妝，余瞥自見面目於鏡中，謂內子曰：『君睹此面，可稱此膴仕否？』未數日，而以詳請前守回籍事幾被劾。會有旨從軍，乃得免。」巡行下雷道中，見與交趾接壤處古樹密集，綿亙八百里，望之如海，歎爲驚奇。

《樹海歌》：「洪荒距今幾萬載，人間尚有草昧在。我行遠到交趾邊，放眼忽驚看樹海。山深谷邃無田疇，人煙斷絕林木稠。禹刊益焚所不到，剩作叢菁森遮隩。托根石罅瘠且鈍，十年猶難長一寸。徑皆盈丈高百尋，此功豈可歲月論。始知生自盤古初，漢柏秦松猶覺嫩。支離夭矯非一形，爾雅箋疏無其名。肩排枝不得旁出，株株撐作長身撐。大都瘦硬幹如鐵，斧劈不入其聲鏗。蒼髯蝟磔烈霜殺，老鱗虬蛻雄雷轟。五層之樓七層塔，但得半截堪爲楹。惜哉路險運難出，僅與社櫟同全生。亦有年深自枯死，白骨僵立將成精。文梓爲牛楓變叟，空山白晝百怪驚。綠蔭連天密無縫，那辨喬峰與深洞。但見高低千百層，並作一片碧雲凍。有時風撼萬葉翻，怳惚諸山爪甲動。冥濛

一氣茫無邊，森沈終古不見天。赤日當空烈於火，下乃窈黑霏寒煙。積陰所生靡不有，猛獸牙角虺蛇涎。呼群猿鶴叫淒慄，嘯儔魑魅行翩躚。蟲夗禽數罔兩窟，胎孫卵子不記年。我行萬里半天下，中原尺土皆耕稼。到此奇觀得未曾，榆塞鄧林詎足亞。鄧尉香雪黃山雲，猶以海名巧相借。況茲薈翳徑千里，何嘗澎湃重溟瀉。怒籟吼作崩濤鳴，濃翠湧成碧浪駕。忽移渤澥到山巔，此事直教髣衍詫。乘籃便抵泛舟行，支節略比刺篙射。歸田他日得雄誇，說與吳儂望洋怕。」（《甌北集》卷一三）

同時寫有《下雷道中》詩。

【按】《樹海歌》小序曰：「自下雷州至雲南開化府，凡與交趾連界處八百里，皆大箐，望之如海。」又《簷曝雜記》卷三《樹海》：「鎮安沿邊，與安南接壤處，皆崇山密箐，斧斤所不到，老藤古樹，有洪荒所生，至今尚蔥鬱者。其地多不落葉，每風來，萬葉皆如山之鱗甲，全身皆動，真奇觀也。余嘗名之曰『樹海』，作歌記之。其下蔭翳，殆終古不見天日，故虺蛇之類最毒。余行歸順州，途中有紫楠木七十餘株，皆大五六抱，莫有過而顧之者，但供路人炊飯而已。孤行者無炊具，以刀斫竹一節，實水米其中，倚樹根而炊，炊熟則樹根之皮亦燃，久之，火盤旋自外而入，月餘則樹倒矣。倒後，火仍不滅，旅炊者益便焉。使此木在江南，不知若何貴重，而遭此厄，可惜也。余嘗欲構一屋材，擬遣匠剜尺寸斷之，雇夫運出，終以距水次甚遠，一木須費數十千，遂不果。」

至左州，與州牧吳孫圃璟相識，因吳係蔣心餘同鄉，故話頭多合，相見甚歡。

《左州官舍晤吳蓀圃州牧》：「曾讀新詩禁禦邊，何期相晤斗南天。故人見面欣無恙，才子爲官定足傳。邑小城垣人可越，山深燈火日猶懸。酒闌卻憶平生友，何處披簑泛釣船。」（《甌北集》卷一三）

《田州》、《舟行》、《蓮花九疊》、《陽朔山觀眾猴下飲》均寫於此時。後一首當爲追憶路經陽朔山之事而補作。

【按】左州，在廣西西南部。唐置羈縻左州。宋元因之。明清屬廣西太平府。後與崇善縣合併，爲崇左縣。距鎮安二百多里。吳蓀圃，即吳璟，據魯九皋《山木居士文集》卷六《送吳舍人北上序》：南昌吳舍人蓀圃，年未弱冠而舉於鄉，越十有數年，屢上春官不第，於是援例官中書，入直內閣。用志于學日勤，與鉛山蔣編修、武寧汪明經以詩文辭相劘。又

據魯氏其他詩作，知其乾隆改官相州知州，有政績，改左州，多所建樹。又據《南昌府志》「選舉志」，知其與蔣士銓爲同榜舉人。（《忠雅堂集校箋》，第 661 頁）與蔣士銓多有唱和，見《忠雅堂文集》卷七、卷十、卷十四、卷二十、卷二一、卷二九。

乾隆三十三年戊子（1768） 四十二歲

【時事】 正月，《御批通鑑輯覽》告竣，大學士傅恒等進呈。乾隆帝《序》略曰：「於凡正統偏安，天命人心，繫屬存亡，必公必平，惟嚴惟謹，而無所容心曲徇於其間。觀是書者，凜天命之無常，知統系之應守，則所以教萬世之爲君者，即所以教萬世之爲臣者也。」（武英殿藏本）二月，征緬失利，敵兵日增，清兵日少，孤軍無援，明瑞自縊於軍中。據載，「明瑞每晨起即躬自督戰，且戰且撤，及歸營率以昏時，勺水猶未入口。糧久絕，僅啖牛炙一臠，猶與親隨之戰士共之。所將皆饑疲、創殘之餘，明瑞體恤備至。有傷病者，令土練舁以行，不忍棄，故雖極困憊，無一人有怨志。其死也，非不能自拔歸，蓋以阿瓦未平，懼無以返命。上亦有全師速出之旨，而路阻不得達。遙望闕庭，進退維谷，故彷徨展轉，決計以身殉。而又不忍將士之相隨死也，結隊徐行，持重自固，使賊不能覆我。直至小猛育，距宛頂不過二百里，度將士皆可到，然後遣出之，而自以身死賊中。嗚呼，此意良可悲矣！方軍勢日蹙時，鬭愈力，嘗謂諸將曰：『賊已知我力竭，然必決死戰者，正欲賊知我國家威令嚴明，將士用命，雖窮蹙至此，無一人不盡力。則賊知所畏，而後來者易於接辦。』此其謀國之深，尤非徒慷慨赴死者所可同日語矣。」（《皇朝武功紀盛》卷三《平定緬甸述略》）《嘯亭雜錄》卷五謂：「明瑞身負數傷，亦慮落賊手，力疾行，距戰處已二十里，氣僅屬，乃從容下馬，手自割髮授家人使歸報，而自縊於樹下。家人以木葉掩其軀而去。」與甌北所記相類。《欽定八旗通志》卷一四五《明瑞》謂：「三十三年二月，明瑞令將領分隊以次沖出，自冒矢石殿後，胸臂被槍陣亡。都統紮拉豐阿、護軍統領觀音保，亦歿於陣。」所記史實略有出入。三月，湖北荊門何家巷居民何佩玉等聚衆造反，製造槍刀旗幟，黃旗上書寫「大明朱天子天令號」，與官府對抗。官府派人追剿，其聞知，「先用茅草放煙爲號，擂鼓豎旗，吶喊齊出。參將督兵追捕，該犯等各執刀槍器械，格殺兵丁戴廷株、霍士俊、王紹文、趙成鳳等四名」（《康雍乾時期城鄉人民反抗鬥爭資料》下冊），

然終爲官府所鎮壓。孫大有、何佩玉、何麼女等大小共二百二十餘名被擒獲，死傷者達三十餘人。四月，參贊大臣舒赫德、總督鄂寧屢陳征緬困難，判斷敵情有誤，遭乾隆帝嚴責，斥爲「無恥之見」。五月，命明德赴雲南永昌，阿桂爲雲貴總督。六月，兩淮預提鹽引案發。「兩淮鹽政尤拔世奏繳本年提引徵銀，上以此項歷年均未奏明，自乾隆十一年起，應有千餘萬，命彰寶會同詳察。前任鹽政高恒、普福、運使盧見曾均坐是得罪」（《清史稿》卷三三二《彰寶傳》）。「尹繼善、高晉以兩淮鹽務積弊匿不以聞，均下部嚴議」（《清史稿》卷一三《高宗紀》）。七月，帝奉皇太后木蘭秋獮。「紀昀以漏泄籍沒前運使盧見曾諭旨，褫職，戍烏魯木齊」（《清史稿》卷一三《高宗紀》）。八月，方觀承（1698～1768）卒。觀承字遐谷，號問亭，又號宜田，安徽桐城人，爲官「長於用人，安放貼妥，如置器然。敦良者使柔民，聰彊者使折獄，素封者使支應，迂緩者使訓士。即其人雖不出於正而譎詭捷黠者，亦使之刺探而奔走。甘苦必知，賞罰必信，一言必察，寸技不遺，以故人樂爲用。畿輔數千里，如臂使指，拇脈皆通」（袁枚《太子太保直隸總督方敏恪公神道碑》，《小倉山房文集》卷三）。九月，嚴禁偷翦髮辮。「民間喧傳，有人偷翦髮辮，始於江浙，漸蔓延直隸山東各處，人心驚惶，帝以各省督撫緝捕不力，高晉、明德、彰寶、馮鈐、熊學鵬、永德等，俱交部嚴議」（《清鑒綱目》卷七）。十月，以兩淮預提鹽引案發，「高恒、普福、達色處斬，改海明等緩決」（《清史稿》卷一三《高宗紀》）。盧見曾已於九月間絞決。十二月，「黃教糾聚作亂，臺灣道張珽以不親往剿治革職。翌年，黃教就擒。總兵王巍，以措置乖方伏法」（《清鑒綱目》卷七）。

本年，南匯吳省欽典黔試，作《麻陽獵卒行》，寫湘西途中所見的一名老年獵夫。

武進趙懷玉自京南還，過淮，有感於河工積弊，作《書事》謂：「但飽腰下橐，弗恤溝中魂。」

武進錢維喬著《鸚鵡媒》傳奇二卷。

山陽程晉芳此際作《文木先生傳》，記吳敬梓事。

青浦王昶、上海趙文哲官北京，以弘曆將究治兩淮鹽運案事通風報信與盧見曾，事露被撤職，請從軍入滇自贖。

浙江沈廷芳主儀徵樂儀書院，作《樂儀書院八詠》。

陽湖孫星衍從父之句容教諭任，在句讀書四年。

盧見曾下獄死，袁枚有《十月四日揚州吳魯齋明府招同王夢樓、蔣春農、

金棕亭遊平山堂即席》詩，蓋為弔盧見曾而作。(《隨園先生年譜》)

顧光旭奉旨出守寧夏知府，或勸其先拜謁總督再到任。光旭不聽，到任逾月，始至省，總督吳達善一見，甚喜，即欲調蘭州首府。光旭謂布政使曰：「外府尚恐不勝，況為首府乎？願辭。」布政使曰：「無難勝任，渾而已。」光旭曰：「卑府正坐不會渾，故出耳。今初出就要渾，斷不勝任矣。」遂回寧夏。(《響泉年譜》)

九月十六日，洪亮吉與蔣氏成婚，贅於外家。婚甫五日，即赴弔邵先生齊燾於常熟。邵先生，乾隆壬戌翰林，主常州龍城書院。是年，亮吉有《哭邵先生》、《遊虞山》等詩。(《洪北江先生年譜》)

【按】鄭虎文《翰林院編修邵君齊燾墓誌銘》：「乙酉，清蹕南巡，有詔徵在籍詞臣，集試闕下。時文官京師，或謂曰：『此舉意在邵某也，若與邵厚，曷促之來？』文曰：『邵某病，且母老，恐不果來。』已而竟以疾辭不赴。越四年卒，春秋五十有二。」(《碑傳集》卷四八) 一般年表，據此認定邵齊燾生於康熙五十七年（1718），卒於乾隆三十四年（1769），恐未確。鄭虎文所撰《翰林院編修邵君齊燾墓誌銘》，乃邵氏子培德「泣而請」，時間記憶或有誤。洪氏年譜則確切載述赴弔時間是在新婚之後五日，當不致誤。據此，邵氏若活五十二歲，當生於康熙五十六年（1717）。亮吉又有【鳳棲梧】詞，「憶昔來遊才合巹。新婦三朝，尚向紗帷隱。小別卻歸為整鬢，對人言語尤奇窘。　　三十三年真轉瞬。未比松筠，早向深秋隕。紅豆莊前紅淚隕，回途魂已銷將盡。」詞題下小序曰：「戊子秋杪，至虞山赴邵先生苟慈之喪，時亮吉結褵甫三日。今復以事來遊，則距悼亡日甚近也。感而賦此。」(《更生齋詩餘》卷一) 與洪氏年譜所述大致相吻合。可知，邵氏實亡於本年秋。

【本事】春，鎮安府署後獨秀山洞中黑猿忽出，滿城喧噪。甌北不以為意，處之泰然。

《署後獨秀山一穴甚深，相傳中有黑猿，出則不利於太守，頗有驗。今春猿忽出穴，良久乃入，詩以誌異》：｜秀山穴霬空，有猿宅其腹。相傳不可見，見則官必覆。今年獨何為，白晝駭眾目。三尺黑衣郎，臂長而尾禿。未作吟擁條，已似教升木。滿城共喧噪，惡徵比止鵬。妻孥輟箸愁，士民握粟卜。先生付一笑，吾自有幽獨。清節絕苞苴，平心理案牘。不與孽為召，安得祟潛伏。縱有無妄災，命也非我速。此志持已審，升沈聽轉軸。爾猿顧何

知，妄敢預禍福。按以妖惑眾，於法本當族。磔加盜肉鼠，張湯未爲酷。祝
網姑爾貰，不射繁弱鏃。亦豈肯爾媚，特構峻青屋。跳擲任所之，鎮物惟作
肅。山鬼技易窮，道人慮久熟。」（《甌北集》卷一三）

【按】《簷曝雜記》卷三《獨秀山黑猿》：「鎮安府署東北有獨秀山，高百
丈。山之半一洞，深不可測。其中有黑猿，不輕出，出則不利於太守。
余在郡時，以詳請前守韋馱保回京事將被劾，上官檄余赴省，而猿忽出，
滿城人皆謂太守當以此事罷官矣。有老者熟視久之，謂：『舊時猿出，多
俯而下視，故官覆。今猿向上，當無慮，且得遷。』未幾，余得旨赴滇
從軍，遂免劾。然馳驅兩年，勞苦特甚，猿蓋先示兆云。又天保縣令送
一黑猿來，繫於楹。有門子戲之，相距尚七八尺，忽其右臂引而長，遂
捉門子之衣，幾爲所裂，而猿之左肩則已無臂，乃知左臂已併入右臂矣，
即所謂通臂猿也。此猿竟不爲人所狎，終日默坐。與之食不顧，數日遂
餓死。」

二月，以農付奉案未結，乃親自赴省，途經養利、崑崙關、賓州等地。時
兩廣總督李侍堯在梧州督辦軍中馬匹之事，甌北至梧，與李論辯再三。

《舊譜》：「以農付奉案未結，乃親自赴省。時滇省有徵緬之役，廣西協
濟馬萬匹，總督李公來駐梧州督辦。先生即赴梧，反覆辯論農案，觸其怒，
遂被劾。」

《于役養利》：「東風駘蕩雨絲斜，細馬蹄剛沒草芽。一路鷓鴣啼不斷，
山山紅發木棉花。」「養利坡前足稻田，秧針刺水綠芊綿。不知二月春猶淺，
已似江南五月天。」「蹄涔水溢注前溪，墟落炊煙出屋低。知是夜來春雨足，
四山黃犢盡翻犁。」「偌大空虛境豁開，如何都占石山堆。無多平地俱耕盡，
爭向山頭種芋魁。」（《甌北集》卷一三）

《崑崙關詠古》、《賓州》（《甌北集》卷一三）詩，亦寫於此時。

【按】「于役」，乃有事遠行之意。「役」，行役。甌北此次遠行，乃是爲農
付奉案未結之事。養利州，故治在今廣西養利縣北。清時屬太平府（故
治在崇善縣），在府西北百四十里。崑崙關，「在宣化縣東北一百二十里，
崑崙山上。宋皇祐四年狄青討儂智高，勒兵賓州，別將陳曙擅引步兵擊
賊潰於崑崙關，青斬之，旋引軍次崑崙關。元夜於軍中會飲，引軍潛渡
關，大敗賊兵。《舊志》：關阨賓、邕兩界，旁多岐嶺，與諸夷通，爲府
境衝要」（《欽定大清一統志》卷三六四）。賓州，清屬廣西思恩府（故治

在廣西武鳴），在府東二百里，即今廣西賓陽市。上述各地，均爲甌北由鎮安至梧州經行處。甌北詩稱「二月春猶淺」，知其此次出行，當在農曆二月間。

經甌北據理力爭，前守韋馱保，得以還都候補。

《前守韋馱保緣事罷官，羈留鎮郡者兩年，茲得請還都，詩以送別》：「得歸已自勝懸車，官罷猶羈兩載餘。誰肯回波蘇涸鮒，幾因失火及池魚。離亭飲散孤帆杳，貧宦裝輕落葉如。最是臨分前令尹，肯將利弊爲余書。」「酒闌重話舊彈蕉，信有威權大吏操。喜怒所爭才一芋，愛憎相反豈多桃。民猶爭誦廉公褲，我敢相矜范叔袍。會有詔書搜廢籍，新硎且莫善藏刀。」（《甌北集》卷一三）

【按】韋馱保，據乾隆二十二年十月二十七日履歷折，其乃「鑲黃旗滿洲都統明安佐領下由官學生現任內閣中書，乾隆十九年二月內保送引見，奉旨記名，以同知用，食俸十四年，年三十九歲，於乾隆二十二年十月分簽掣福建泉州府同知缺」。（《清代官員履歷檔案全編》第 19 冊第 27 頁）

緣農付奉案事，爲李侍堯所忌恨。李侍堯上疏彈劾，恰有旨令甌北赴滇參軍事。李無奈，始追劾疏還。

《舊譜》：甌北緣農付奉案事，得罪李侍堯，被劾。「適有旨令先生赴滇參軍事，李公乃追劾疏還」。

《奉命赴滇從軍征緬甸》：「軍諮榮拜詔書新，萬里猶蒙記小臣。政績未能河渡虎，功名敢想閣圖麟。正愁年少髀生肉，尚有家傳膽滿身。邊事頻年紆廟略，微軀忍復歎勞薪。」「一紙爰書忤上游，風聲早晚勒歸休。難甘公府宣明面，已戴軍門秀實頭。劾疏幸因軍事免，朝衫終仗國恩留。男兒官不遭彈去，便合沙場灑血流。」「少年曾亦慕勳名，今日眞聽戰鼓聲。未便赤身能搏虎，漫同白面喜談兵。地恢畫斧山河界，陣破雕題象馬營。萬里立功須膽智，令人到此愧班生。」「腐儒身未習橫戈，薄技惟餘盾鼻磨。爲政已應書下下，將兵敢說善多多。番頭魚買長纓繫，蠻髻鴉盤細馬馱。傳語健兒休笑我，凱旋時節要鐃歌。」（《甌北集》卷一四）

甌北將赴滇從軍，回鎮安，恰州牧何坦夫內遷刑曹，賦詩以志別。

《何坦夫州牧內遷刑曹，余亦有滇行，詩以志別》：「生平恥乞郡，忽作鎮安守。讀書未讀律，始覺腐儒陋。判牘昧科條，枉特筆如帚。僚屬得何休，

飄然白髭叟。經術儲既深，志節植不苟。披豁無城府，肝膈吐出口。念余治術疎，納約還自牖。事每十反餘，語必三思後。余既得益毗，悉意相可否。賃足負驅蚩，儌目導水母。宛如初嫁娘，婉娩聽保姆。相從半年來，課程倖免咎。公餘及風雅，官齋夜藕韭。淵源溯漢魏，矩矱追韓柳。論文我稍長，作史君最久。文事吏事間，兩人互師友。絕徼日南天，此樂實希有。詔擢君曹郎，失我左右手。欲行輒攀留，弗忍餞尊酒。孰知我先別，從軍向南斗。緬甸西南夷，叢爾本小丑。邇來忽擾邊，騷及土司某。吾皇赫斯怒，鞠旅拉枯朽。軍前需驅策，選擇到下走。兵事敢告勞，行將赴賊藪。豈惜筋力憊，誓竭心血嘔。卻憶君登朝，緋魚綴瓊玖。青綾被正溫，賒縻香可嗅。何日相追從，壺觴醉燕九。臨分期後會，參商隔卯酉。迢迢南北天，萬里各回首。」（《甌北集》卷一四）

【按】何坦夫，吳玉綸《晴雲軒跋》：「晴雲軒，何坦夫先生顏其作字處也。先生文章、吏治近於古人，字其餘事耳。平生規橅眉山，漸入大、小王之室，清暉豐頰，趨進奕如。有求輒書，書竟輒掀髯長笑，聲徹戶外。東坡云『筆所未到氣已吞』，意在斯乎？尤善草書，瀏灕頓挫，得張旭觀公孫大娘舞劍器法，而於蘇氏所謂難於嚴重者亦有合焉。翹首晴窗，曠懷高寄，以視鹿鹿京華，洶湧於名利之域，握管無片刻暇者，所得於樂境為何如也！豈獨藝林中增墨寶云爾哉。」（《香亭文稿》卷一二）

五月九日，與親人告別，束裝赴滇。

《舊譜》：「至土富州，江水暴漲，筏橋三十餘丈悉沖斷，督土官續成之。橋長筏軟，輿馬俱難度，僕從皆匍匐，先生獨徒步過。兩岸觀者咸驚詫，先生笑曰：『余非不欲手足並行，以觀瞻所繫，恐為人所笑也。』」

《從軍行》：「半年莅邕管，拙政何所成。朝來奉簡書，忽復有遠行。遠行將何之，滇南佐用兵。王事敢告勞，辦嚴趣長征。獨念垂白母，聞信晝夜驚。妻孥又細弱，欲托無友朋。臨當出門去，不覺涕泗橫。報國固素懷，誓不共賊生。悲離何必諱，此亦人至情。」「古來戎馬間，軀命長草草。一身既從軍，生死那得保。此意黯自憐，未敢向人道。作氣自振厲，命酒豁懷抱。山妻則已知，顧弗忍深考。間出一語商，似預籌未了。亂之以他詞，中心各如擣。臨別復何言，得歸不必早。寶我膝下兒，奉我堂上老。」「自粵入滇路，處處皆瘴鄉。況當五六月，鬱蒸更為殃。深菁既陰穢，淫霖復淋浪。征途甫數日，一僕病已僵。我行日惴惴，起居慎周防。雖饑敢貪飽，雖暑敢愛涼？

自惟出門來，命已付彼蒼。豈復自愛惜，私此七尺彊。泰山鴻毛間，輕重要自量。與其觸瘴死，何似作國殤。」「粵西祀伏波，滇南祀諸葛。代閱數千載，英風猶未沫。偉哉茲二公，建樹何宏闊。當其身在世，同此百年活。顧乃所成就，萬古瞻突兀。始知真天人，其才固度越。緊余本鯫生，經濟無一髮。敢詡白面談，垂涎覬勳伐。惟應師古人，忠誠勉自竭。雖輸钁鑠豪，聊矢盡痒沒。」（《甌北集》卷一四）

【按】土富州，屬雲南廣南府（治寶寧），在雲南東南部，府東南二百六十里，距鎮安二百多里。上同知儂氏，世襲。

經響水塘，至土富州，聞知博晰齋明亦奉命赴滇，嘗經此，賦詩以寄。

《響水塘》：「深山硿磝殷雷鼓，人馬不敢獨行踽。不知聲從何處來，但見晴天灑白雨。天下瀑布皆下垂，茲獨仰歕向穹宇。建瓴萬斛方急落，有石觸之怒於虎。驚然騰出三百尺，雪雪萬矢發地弩。渾疑神龍下取水，倒捲江湖滿空吐。小者如珠大如黿，激射寧煩桔槔庌。濕氣滃似煙濛濛，碎沫濺成霧縷縷。力殺乃漸斜飛下，忽又拗作回波舞。有時天風來戛之，飄過隔峰點三五。噫嘻乎！誰將珠玉唾九天，亂落星河日卓午。人間乃有過潁水，水經狹陋弗及譜。不因于役走遐荒，奇景何由快目睹。」（《甌北集》卷一四）

《慶遠守博晰齋前輩亦奉命赴滇，余至土富州，晰齋已先過數日，卻寄》：「彩雲南畔使星明，投筆從軍亦壯行。虎帳少年應共笑，粵西來得兩書生。」「詞垣資序數盧前，合讓先生快著鞭。卻憶聞雞茅店月，共誰起舞踏宵眠？」（《甌北集》卷一四）

【按】《簷曝雜記》卷三《響水塘瀑布》：「天下瀑布皆洶湧下注而已。滇中廣南府有地名響水塘者，其瀑乃自下而上，躍出半空。初在三里外，即聞轟雷聲。漸近里許，則對面語不相聞。望見白雨濺空，皆噴而上，高十餘丈，碎點飛灑，成一片煙霧，闊可十畝，真天下奇觀也。噴而復落，流為澗。驛路在澗之右。少焉循路而上，則與瀑頂相併，乃知其上又有大山，大山諸水彙於此，跌而下，正值大石如盤陀者，觸而激射，是以濺入空際，非真有逆流之瀑也。」

博晰齋，即博明（？～1789），字希哲，號晰齋，一作西齋。

《清秘述聞》卷六謂：「博明，字晰齋，滿洲鑲藍旗人，壬申進士。」

《交翠軒筆記》卷一謂：「蒙古博西齋洗馬明，為元代後裔，有《西齋偶得》一書，中論遼金元掌故，頗足以資考證。」

　　《郎潛紀聞》卷一一謂：「滿洲博晰齋，乾隆壬申進士，由編修外任府道，改官兵曹。博聞彊識，於京圻掌故、氏族源流，尤能殫洽。晚年頹放，布衫草笠，溷蹟長安。僧舍酒樓，醉輒題詠，灑如也。人有叩其姓名者，答曰：『八千里外觀察使，三十年前太史公。』又云：『十五科前進士，八千里外監司。』事又見《藤陰雜記》卷七。

　　《梧門詩話》卷五曰：「晰齋觀察博明亡後，詩多散佚，余訪之而未得也。《清綺集》中載觀察丙子主廣東試，於玄遠驛壁間題《廬陽竹枝詞》四首，情韻俱佳。《周瑜》云：『小喬初嫁正風流，繡袴綸巾冠列侯。一曲紅牙三爵後，元戎帳上幾回頭。』《張遼》云：『將軍飛騎過山溪，無數村兒盡不啼。橋上曉風橋下水，蜀山秋草接雲齊。』《曹植》云：『八斗才名紀異材，終焉於此亦堪哀。洛川西望盈秋水，羅襪明月波上來。』《焦仲卿妻》云：『南來孔雀喜雙翔，白馬青廬積恨長。千載人行梧柏路，五更啼斷兩鴛鴦。』」

　　《天咫偶聞》卷二曰：「蒙古博晰齋觀察明之居，當在御河橋之左近，故翁覃溪題其《西齋詩輯遺》云：『藝苑蜚聲四十年，淒涼剩草拾南天。玉河橋水柯亭綠，多少瓊瑤未得傳。』但未知門巷在何許耳。晰齋著有《西齋偶得》、《鳳城瑣記》二書，覃溪序之云：『西齋洗馬所著《偶得》三卷、《鳳城瑣錄》一卷。其《瑣錄》內考正《明詩綜》諸條，予嘗借錄之矣。西齋姓博爾濟吉特氏，祖邵穆布，總督兩江。西齋少承家世舊聞，加以博學多識，精思彊記，其於經史詩文、書畫藝術、馬步射、翻譯、國書源流以及蒙古唐古忒諸字母，無不貫串嫻習。西齋與余生同里，乾隆丁卯同舉鄉試，壬申同中會試，同出桐城張樹彤先生之門，又同選庶常，同授編修，同直起居注，同修《文獻通考》，同教習癸未科庶吉士，同官春坊中允。其後余視學粵東，西齋觀察粵西，余寄詩有十同篇之詠，蓋知西齋者莫予若也。而西齋之卒，予適出使江西，西齋以所著此二編，於疾革時始托同里邵楚帆給諫，遂有脫誤，不及盡為訂正。今又十餘年，給諫將為付鋟，而屬余序之。給諫既以《瑣錄》更寫淨本，而於《偶得》一帙，詳加分卷，惓惓致慎，以求其必傳於後，深可感也。予篋中所舊錄考正《明詩綜》數條，尚有與此稍出入者，就其要者略增數字耳。亦可見西齋撰述之精博，當必不止於此。即以屬樊榭集所載《賣元詩》一律，西齋尚能舉其家世來歷，而予今忘之矣。憶嘗同在館下，十餘年間，

燕談諧笑，筆之於冊，皆典故也。而今僅於此雜著二種繫之，良足悲也！西齋外任雲南迤西道，內官兵部郎中，而其在詞垣最久，故仍稱西齋洗馬，以志感舊之思云爾。按覃溪所謂考正《明詩綜》數條，蓋在西齋《偶得》中。今錄之云：『朱竹垞《明詩綜》載朝鮮詩人八十有二，其爵里表德，文集缺而未載，及所載有舛誤者，郵致鮮國，代爲檢核補之。其檢而未獲者，仍缺焉。鄭希良，字言夫，官校理，有《虛安集》。曹庶，仁山人，官參議。權擥，字正卿，安東人，有《所閒堂集》。尹子雲，字彥龍，茂松人，官左議政，有《樂聞軒集》。李克堪，廣州人。申從濩，字次韶，高靈人，官參判，有《三魁堂集》。成俔，字磬叔，號庸齋，昌寧人，官大提學，有《虛白堂集》。成侃，字和仲，昌寧人，官修撰，有《眞逸齋集》。盧公弼，字希亮，交河人，官領中樞府事，有《菊逸齋集》。李荇，有《容齋集》。尹仁鏡，字鏡之，坡平人。金麟孫，字呈瑞，慶州人，官判書。尹殷輔，字商卿，海平人。林百齡，字仁順，號槐馬，善山人，官右議政。李潤慶，字重吉，廣州人，官判書。徐敬德，字可久，唐城人，贈官右議政，有《花潭集》。樸淳，字和叔，忠州人，官領議政，有《思菴集》。李珥，有《粟谷集》。金瞻，字子瞻，號荷堂，安東人，有《東岡集》。高敬命，字而順，號齋峰，長興人，官參議，有《苔軒集》。許篈，字美叔，號荷谷，陽川人，官校理。金尙憲，有《清陰集》。李廷龜，字聖徵，號月沙，官判書。其先世蓋隴西李氏入高麗者，原云：號粟谷。粟谷，李珥號也，蓋誤。崔壽城，字可鎭，號猿亭，江陵人，處士。成，當作城。林悌，字子順，處士，有《白湖集》。趙希逸，字怡叔，號竹陰，林川人，官參判。金鎏，字冠玉，號北渚。申欽，字敬叔，號象利，平山人，官領議政。權韠，字汝章，號石洲，安東人，贈官持平，有《石洲集》。趙昱，字景陽，號龍門，平壤人，官主簿，有《葆眞集》。柳永吉，字德純，號月蓬，全州人，官參判。魚無逸，字潛夫，號浪仙，威從人。李嶸，字仲高，完山人，官翰林。金宗直，字季顯，善山人，官判書，死節之臣也。有《佔畢齋集》。李承詔，字允甫，號三灘，陽城人，官判書。鄭碏，字君敬，號古玉，溫陽人，官司評。李直，字汝固，號澤堂，德水人，官判書。李達，著有《蓀谷集詩》，不詳其名，蓋誤。樸彌，字仲困，號芬西，潘南人，官錦陽尉。姜克誠，字伯實，號醉竹，晉州人，官舍人。鄭之升，字子愼，溫陽人，處士，有《叢桂堂集》。姜

渾，字士浩，晉州人，官判中樞府事，有《水溪子集》。金淨，字元沖，號沖菴，慶州人，官判書。鄭知常，西京人，官知制誥。李仁老，字眉叟，仁川人，官右諫議大夫，有《雙明齋集》。李安訥，字子敏，德水人，官判書，原未載名。《梅月堂詩集》，乃金時習作。時習，少穎異，後避世，隱於儒釋之間。月山大君婷，懷簡王子，康靖王妟弟。朝鮮制，王兄弟封君，同母者封大君，非女子也。詩話誤。以上共補四十八人。又謂遼之耶律氏，即今伊刺里氏。元之孛爾只止歹氏，即今博爾濟吉特氏。特者，衆詞也。又有博爾濟錦氏，本一族也。又謂錫伯，即古鮮卑。蒙古呼中國爲契塔特，西洋呼中國爲吉代，皆契丹之轉音也。皆有至理。又其《釋詩草木鳥獸及馬今名》一篇，亦可資考。其《鳳城雜記》皆記鳳凰城事，頗資掌故。今載其略云：鳳凰城邊柵，在盛京城異隅南一度六十分，東一度。邊門在鳳凰城東南三十里鳳凰山之麓，植木柵爲繚垣，屋三椽，中爲門，施管鑰焉。邊門章京司之，是爲通朝鮮之孔道。康熙二十八年，設領催一名，兵九名。雍正五年，添領催一名，兵十九名。乾隆六年，添兵二十名。十一年於兵額內改領催二名。戶部議定，以三千二百九十四兩作爲定額，以歲春冬之季徵之。蓋朝鮮賀正旦使，以三月出邊領《時憲書》，員役以十二月初旬出邊也。國家嘉惠遠人，凡鮮人之物，毫無收取。所抽乃邊門商民之互市者。馬市之兵丁、臺跕門柵人等所易牛馬、農器亦納稅焉。其有非時之謝恩稱慶諸典禮往來者，別爲造報。馬市設於中江，歲春秋仲月望後，朝鮮員役以牛貨齊陳於江干，駐防兵丁臺㸓夫以布七千五百十四段，易牛二百、鹽二百九十九包、海菜萬五千八百斤、海參二千二百斤、大小紙十萬八千張、綿麻布四百九十九段、鐵犁二百具，以京畿、平壤、黃海三道商各一人承辦，義州知府率員役領之。所具糗餌薧魚稱之曰宴。其官商曰別將權使，無衙署，僦民廠墨以居。無胥役，惟城尉撥有兵丁三人供使，令歲支公用銀二百兩。蔀屋柴門，終日靜坐。是以家瀋城者，率以歲事小畢，即促裝歸，歲數往返焉。鳳凰城邊柵，北自石人子與醜陽接界；南至海濱五百六十里有奇。出柵，至與朝鮮分界之中江，北遠而南近。其地皆棄同甌脫者，蓋恐邊民擾害屬國。乃朝廷柔遠之仁，設官置汛，立法綦嚴。又一條云：鳳凰山麓有故石城一，周十餘里，設二門。依山設險，石堞具存，相傳爲舊鳳凰城，朝鮮人呼之曰安市城。考《新唐書》貞觀十九年四月，李

勒濟遼水，高麗皆嬰城守，帝大享士，帳幽州之南。命長孫無忌誓師，乃引而東，勒攻拔蓋牟城，即其地建蓋州。程名振攻沙卑城，遊兵鴨綠江上，遂圍遼東城。城潰，即其地建遼州。進攻白崖城，高麗將孫代音降，即其地建嚴州。進次安市，攻未能下。帝怒，敕諸將攻之，三日不克，乃班師。按蓋牟，今蓋州；遼州，今遼陽；沙卑，今海城。且延壽惠眞欲取烏骨，渡鴨綠，迫其腹心。長孫無忌謂：安市十萬戶在吾後，不如先破云云。今此城最險，計其地勢，無不吻合當日兵機。其爲安市城無疑。至《明一統志》謂在蓋州城北，其情勢則是轉戰而北矣。考城內故屋址甚多，有哨臺二。但無水不可以居，豈故有井而久廢耶？又聞朝鮮人云：當日守城之將名楊萬春，可補史缺。又（十二石齋）《詩話》記晰齋答人問云『一十五科前進士，七千里外舊監司』二句，此詩集中題爲《偶作》，云：『疆將老骨自支持，莫怪逢人問是誰。一十四科前進士，萬三千里舊監司。病腸索寞慵耽酒，拙宦蕭條懶賦詩。衰衰諸公休自負，阿婆三五少年時。』」

又經特磨道，過西陽江上大嶺，日暮遇雨。長途跋涉，足腫脹，馬鞭不前，行走艱難。

《特磨道中》：「不信人間有此途，特磨絕徼赴軍符。萬山圍住天如井，六月蒸來客在爐。到處黃茅啼格磔，偶逢綠樹結跏趺。黠奴頗負詩能誦，馬上微吟我僕痛。」（《甌北集》卷一四）

《過西陽江上大嶺遇雨》：「遙望大嶺高摩天，豈知路乃在其巔。晨行到午僅山麓，今夜可能驛館宿？波濤百沸西陽江，過江乃上危岩崆。蒼松滿山聽啼鳥，若在閒時景亦好。其如征人程期忙，忽復大雨鳴淋浪。射面不減繁弱鏃，灌頂豈是醍醐漿。石作蒺藜淖成粥，十步九跌相扶將。一氣迷茫濕雲滃，天將暮兮足俱腫。僕如敗卒驅不前，馬似伏雞鞭不動。笑我亦同土偶人，滿面泥塗剩鼻孔。」（《甌北集》卷一四）

【按】特磨道，今云南廣南縣地。宋時名特磨道。儂智高之裔居之。（《欽定大清一統志》卷三七三）

西陽江，《清史稿·地理志》作西洋江。江在土富州境內，自寶寧入，折東北入廣西西林界。《欽定大清一統志》卷三七三謂：「西洋江，在府城南八十里，源出板郎、速部、木王三山。三流相合，東流經富州，西北又東南流入廣西田州界，注於右江。」《雲南通志》卷三曰：「西

洋江，在城南九十里。源出板郎、速部、木王三山，合流入廣西田州，
達右江。」

五月底，由宜良抵滇城，無一相識者。觀覽滇海，出碧雞關，至楚雄稍
加逗留，為州守秦岵齋朝釪款待。

《舊譜》：「有地名老鬼墳，下臨絕澗，水湍悍，無橋可渡。雇土民三十，
挾先生泅而渡，幾殆。行二十餘日至滇城，城中無一相識者。」

《滇城》：「千峰行盡見平疇，一片炊煙萬瓦浮。南紀河山推重鎮，前朝
湯沐守通侯。彩雲晴卷黃茅瘴，宿霧寒消碧玉流。獨客經過相識少，駸駸連
夕過星郵。」（《甌北集》卷一四）

《楚雄守秦岵齋留飲即贈》：「長安稀會面，相見百蠻中。人地推秦望，
江山得楚雄。籌邊論兵略，為吏守儒風。使我忘羈旅，深談刻燭紅。」（《甌
北集》卷一四）

《宜良縣》、《滇海》、《碧雞關》、《題楊畏知祠》（《甌北集》卷一四）諸
詩，均寫於此時。

【按】宜良，《欽定大清一統志》卷三六九謂：「漢滇池縣地，唐為昆州地，
後蠻酋羅氏築城於此，號羅裒龍。元憲宗六年立太池千戶，至元十三年
升宜良州，治太池縣。二十一年罷州為縣，省太池入焉，屬中慶路。明
屬雲南府，本朝因之。」

滇城，即今昆明市。滇海，即滇池。在昆明南，呈貢縣西，晉寧縣
西北，昆陽縣北。一名滇南澤。

碧雞山，《欽定大清一統志》卷三六九謂：「碧雞山，在昆明縣西南
三十里。峰巒秀拔，為諸山最，東瞰滇池。《華陽國志》：碧雞光景，人
多見之。」

秦岵齋，秦朝釪（1721～1794），字大樽，號岵齋，晚號蓉湖居士。
江蘇無錫人。裴大中等修《無錫金匱縣志》謂其，「乾隆十三年（1748）
進士，由禮部郎中出為楚雄知府。朝釪胸無柴棘，訥於口而豐裁峻厲，
人不可干以私……以左遷歸。朝釪工於詩，其集顧光旭刻之。尤善治古
文，多可傳者。」（光緒七年刻本，卷二十二）著有《岵齋詩文鎬》、《消
寒詩話》。與顧光旭、張問陶有交，多唱酬之作。見《響泉集》詩卷二、
卷三、卷四、卷六、卷七、卷一六，《船山詩草》卷二、補遺卷一、卷二。
清劉嗣綰撰有《澄江舟中讀秦岵齋先生楚中集》，詩曰：「春江一曲畫屏

風，盡日高歌拓短篷。結興三閭香草外，棲心十老碧山中。清吟我欲登秦望，秀句天教壓楚雄。先生以滇之楚雄守去官歸。記別先生顏色好，微雲堂上月溟濛。」（《尚絅堂集》詩集卷八《禪榻集》）洪亮吉有《江漢書院喜晤秦表兄朝釪賦贈一首秦前官楚雄太守》，詩曰：「官清萬里乏歸裝，轉向名區闢講堂。爾汝共憐生計切，江山如許著書忙。時以所著《消寒詩話》等見示。宵深已入高堂夢，話舊都稱大父行。忍把外家遺事譜，十年群從半淪亡。」（《卷施閣詩》卷六《中條太行集》）《炙硯瑣談》卷中：「秦大樽朝釪刺史，無錫人。《澤周語餘》有《蛟螬瓶歌》一篇，最奇，惜未之見。誦其五七字，如『霜鐘殷四壁，夜坐似深山。風梳平楚樹，雲湧一樓山』，『山容入室僧初定，庭際無花草亦香。一枕春風眠不住，門前知賣馬蘭芽』，俱有佳致。湖北胡會元紹鼎未第時，曾遊彭方伯家螢幕，澤周稱其《送彭孝廉密之歸里》詩云：『相逢能幾日，忽爾動驪歌。地遠聞秋葉，天空走大河。雞聲催夜短，蟲語向人多。我亦離鄉久，臨岐意若何！』」《瀟湘聽雨錄》卷四：「秦岵齋副郎朝釪護送安南貢使歸國，途間接見一以禮，不私，常以人臣無境外之交謝之。經過供夫馬外，絕無所受。使竣過衡，有以方物托寄都門者，卻之曰：『殷洪喬豈寄書郵邪？』其風槩如此。」

楊畏知祠，當在楚雄。《明史》卷二七九《楊畏知傳》曰：「楊畏知，寶雞人。崇禎中，歷官雲南副使，分巡金滄。」乙酉（順治二年，1645）秋，「定土官吾必奎反，迤陷祿豐、廣通諸縣及楚雄府。畏知督兵復楚雄，駐其地」。「初，唐王聞畏知抗賊，進授右僉都御史，巡撫雲南，以巡撫吳兆元為總督。及可望等至，以畏知同鄉，甚重之。尋與劉文秀西略，畏知拒戰敗，投水不死，踞而罵。可望下馬慰之曰：『聞公名久。吾為討賊來，公能共事，相與匡扶明室，非有他也。』畏知瞠目視之曰：『紿我爾。』可望曰：『不信，當折矢誓。』畏知曰：『果爾，當從我三事：一不得仍用偽西年號，二不得殺人，三不得焚廬舍，淫婦女。』可望皆許諾。乃與至楚雄，略定大理諸郡，使文秀至永昌迎天波歸。迤西八府免屠戮，畏知力也。」張獻忠養子孫可望，於獻忠死後，襲踞四川，出貴州入雲南，尋降桂王，乞封秦王。遭阻，怒甚，遂發兵襲南寧，殺戮「沮秦封者」多人，得真封秦王。「而畏知旋至，痛哭自劾，語多侵可望。遂留為東閣大學士，與吳貞毓同輔政。可望聞之怒，使人召至貴陽，面責數之。畏知大憤，除頭上冠擊可望，遂被殺。楚雄人以畏知守城功，為

立祠以祀」(《明史》卷二七九《楊畏知傳》)。可知，楊畏知祠當在楚雄。
行經下關洱海，至合江鋪，本已夜宿，忽京師綠營兵至，乃移避於山後，
寄宿農家草棚。又策馬過娘娘狗叫山。再至漾濞，西南行，夜宿黃連鋪，
越瀾滄江，往永昌。

《洱海》：「滄波浩渺映朝嵐，極浦人家浸蔚藍。一片風帆天際杳，教人
馬上憶江南。」(《甌北集》卷一四)

《至合江鋪，已就宿矣，忽京兵來，乃移避於山後》：「數間寓舍讓京營，
移就山家破草棚。人共馬牛眠一屋，月隨風雨湧三更。也知入市應安堵，自
笑從軍轉避兵。信是健兒驍可畏，先令膽落到書生。」(《甌北集》卷一四)

《夜宿黃連鋪》：「攬轡從軍道阻修，點蒼南畔問星郵。寒燈野戍三更火，
積雨深山六月裘。地號黃連知苦到，人思黑睡向甜求。燎衣暫卸征鞍宿，一
笑翻當蔗境留。」(《甌北集》卷一四)

《下關》、《娘娘叫狗山》、《瀾滄江》(《甌北集》卷一四)，均寫於此時。
【按】下關，即龍尾關。在雲南大理南三十里。

洱海，《清史稿》卷七四《地理志》謂：「太和縣，沖，繁。倚。西
點蒼山，高六十里，山椒懸瀑，注為十八溪，綿亙百餘里，府之鎮山也，
西拱縣城如抱弓然。西洱河，亦名洱海，形如月抱珥，亦曰珥河。」

合江鋪，《徐霞客遊記》卷一〇《西南遊日記十七·雲南》：「北向仍
行，溪西三里有亭橋跨溪上，亭已半圮，水沸橋下甚急，是為四十里橋。
橋東有數家倚東崖下，皆居停之店，此地反為蒙化屬，蓋橋西為趙州，
其山之西為蒙化，橋東亦為蒙化，其山之東為太和，犬牙之錯如此。至
此始行溪東，傍點蒼後麓行七里，有數十家倚東山而廬，夾路成巷，是
為合江鋪。至是始望西北，峽山橫裂，有山中披為隙，其南者，余所從
來峽也；其北來者，下江嘴所來漾濞峽也。」漾濞，在今云南漾濞縣，
大理西三四十里處。黃連鋪，在漾濞與永平之間。在永平縣東北九十餘
里。瀾滄江，出西康北境之格爾吉山，經昌都而東南流，入雲南西境，
歧為二：東曰漾備江，西曰瀾滄江，至順寧而合，曲折南流。永昌，府
名，治所在今云南保山，在瀾滄江西。

六月中旬，抵永昌，拜會定邊將軍、雲貴總督阿里袞、巡撫明德，與薩
靈阿、諾穆親、明善等一一相會。

《舊譜》：「是年春，將軍明公瑞以征緬殉難於小猛育。大學士果毅公阿

里衰來爲將軍兼總督，駐永昌。本軍機大臣也。巡撫明德亦在永昌辦軍需，乃自滇城又赴永昌。以途中夫役艱於雇，舍輿而騎，過博南，渡瀾滄江，凡行十八日至永昌。果毅公已竚望久，即令在幕下。巡撫明公又令兼辦軍需局事。時同在將軍幕者爲臬司諾穆親、員外郎明善、薩靈阿，皆軍機故人也。」

《果毅阿公以使相兼定邊將軍開幕府永昌，命余參軍事，時同在幕下者爲員外郎明公、薩公、按察諾公、觀察馮魯岩，皆軍機故人也。天涯朋舊一時聚首，詩以志遇》：「上公仗鉞領專征，戎幕慚叨逐隊行。萬里風煙蠻子國，一窗燈火故人情。響占神索兵猶動，鑒出凶門策益精。屑懦不堪談表餌，十年樞府漫知名。」(《甌北集》卷一四)

【按】阿里衰，諡襄壯，追加封號爲果毅繼勇公。《欽定八旗通志》卷一四四《人物志二十四‧阿里衰》，敘其本年事蹟曰：「三十三年正月，授參贊大臣，往雲南軍營。三月，署雲貴總督，尋授副將軍，駐永昌。七月，疏言：『緬酋向來恭順，內地人往來貿易，以資其用。今擾我土司，抗我大兵，則中華一切貨物不許絲毫透漏。永昌、普洱一帶千餘里，山路叢雜，恐潛行偷越。嗣後奸民販貨出口，拿獲即行正法。隘口兵丁得財賣放罪亦如之，疏防照例治罪，失察文武官弁查明參革。』上是之。又疏奏：『雲南省城至永昌千餘里，山嶺陡險，過兵運糧崎嶇難行。是以撥糧二十五萬石，到永者僅一萬三千石。請將藩庫報銷開款項內動支二三萬兩，修理道路，糧運庶免遲誤，文報亦不稽延。』諭速行妥辦。八月，又言：『沿邊土司，地廣民稀，往歲豐收賣與內地商販。經緬匪蹂躪，夷散田蕪。蒙恩調駐重兵，夷民俱已復業。請於今冬借給銀兩，購買籽種牛具，普行耕種，秋成後按照時價交米還項。不敷兵糧，即在各土司地方採買，省內地挽運之費，官兵裹帶之勞。』得旨嘉獎。九月，阿里衰會雲南巡撫明德奏：『滇省銅廠，向例糧道專管，遇有奏銷，布政司雖會銜無稽查之責。糧道駐省城銅廠三十餘處，近者數百里，遠者千餘里，耳目難周。查本地道、府、州、縣、鄉、保是其管轄。山廠設有透漏，即可調撥兵役拿究。至金、銀、鉛廠二十九處，又係布政司兼管，而本地道、府不與焉。請將金、銀、銅、鉛各廠係州縣管理者，責成本府專管，道員稽查。係府、廳管理者，責成本道專管，各廠事務統歸布政司總理報銷。至糧道不管銅廠，止辦兵糧，事務太簡。驛鹽道事繁，請將驛鹽道所轄之雲南、武定二府改歸糧道管理。』如所議行。」

明德，《欽定八旗通志》卷一六六《人物志四十六·明德》載其事蹟，略曰：「明德，滿洲正紅旗人，姓輝和，雍正十二年由筆帖式補太常寺博士。乾隆元年，授寺丞。二年，遷步軍統領衙門員外郎。三年，調戶部緞疋庫。五年，遷山東糧道。七年，授湖南按察使。」「二十一年二月，授山西巡撫」。二十二年「十月，前任山西布政使蔣洲虧空勒派，爲巡撫塔永寧所劾。上以明德前與蔣洲共事，毫無覺察，並著革職拿問。命尚書劉統勳前往鞫實，洲正法，明德擬絞。特免明德罪，發甘肅交黃廷桂差委」。「二十四年正月，授甘肅巡撫」。「三十年正月，調江蘇巡撫，未蒞任，命署江西巡撫」。「三十三年二月，調補雲南巡撫」。三十四年三月，擢雲貴總督。因辦理草料不力，遭切責。「又以明德不能催辦糧餉，再下部嚴議，應革任。均得旨：『寬免，註冊。』七月，經略大學士傅恒等奏留明德協辦軍務，俟凱旋後，再赴新任。尋命署雲南巡撫，專管臺站事。十月，諭曰：『明德辦理軍需糧馬，是其專責。屢經飭諭，始終不能實心出力。今經略大學士傅恒奏：『十月初一日，已抵新街會兵，克期深入，而後隊繼進之兵，尚未到齊。』前屢諭明德，令其設法催償官兵，迅赴蠻暮，何以至今尚未全抵軍營。即所運糧石，亦不能源源接濟。辦馬一項，亦自安於無能，希圖置身事外。可見其平日專事空言塞責，竟成疲玩痼習。著革去翎頂，加恩仍署雲南巡撫，以觀後效。』三十五年卒。」

諾穆親，「滿洲正藍旗人，乾隆三十五年七月任雲南巡撫，三十七年三月解」（《欽定八旗通志》卷三〇四《八旗大臣題名二·各省巡撫》）。《樞垣題名》：諾穆親，正藍旗滿洲人。乾隆二十五年由戶部郎中充補，官至戶部侍郎。

明善，非《清史稿》中之明善。原供職軍機處。國朝御史題名：「(乾隆三十八年至四十一年)明善，鑲白旗人，由工部郎中補授道御史，掌雲南道。」

薩靈阿，「滿洲鑲藍旗人，乾隆三十四年四月，任廣東潮州鎮總兵。三十六年十月，調雲南永順鎮總兵。三十九年八月，調普洱鎮總兵。四十二年三月，卒」（《欽定八旗通志》卷三四二《八旗大臣題名四·各省總兵》）。《樞垣題名》:薩靈阿，旗人，乾隆二十三年由內閣中書充。

馮魯岩，見本譜乾隆二十二年考述。

入阿里袞幕，兼辦軍需事。時而出遊易羅池等風景名勝，亦聞知許多征

緬戰場近事。

《易羅池》:「我家住近九龍山,第二泉名播人寰。萬里吟鞭到金齒,誰知山名適相似。山下亦有泉涓涓,風味依稀比甘美。方塘半畝甃四隅,塘底迸出瑟瑟珠。斜飛直濺千萬顆,碎若泡沫無根株。水底安得風捲入,有時晃漾偏縈紆。輕圓粒粒手可捉,將到波面忽又無。是誰倒插花欹壺,應有地軸轉轆轤。不然驪龍睡其下,頷中百琲隨嚬呼。可憐遊魚尾直豎,爲吸水根皆俯趨。乃知山空乳滿腹,晝夜不斷流清腴。龍泉之亭跨其上,虛窗不用繭紙糊。亭前琉璃二百畝,泉所流出彙作湖。長堤未栽綠楊柳,碧浪已長青菰蒲。迷離煙雨倏回合,彷彿一幅江村圖。我來幕府參戎務,官比馬曹聊備數。偶然投轄出城來,挂笏看山輒日暮。閒揀旗槍瀹茗嘗,齒頰清芬似甘露。陸羽茶經愧未編,贊皇水遞愁無路。蹤蹟鴻泥信偶然,故鄉抛卻竹爐煙。那知絕域瀾滄外,翻試清冷一酌泉。」(《甌北集》卷一四)

《永昌弔徐武功楊升菴》、《王將軍拔柵歌》、《矗華山殺賊歌》(《甌北集》卷一四)等詩,亦寫於此時。

【按】易羅池,據詩注,在永昌九龍山下。又據《清史稿·地理志》,「城內太保山,縣以此名,東哀勞山,西九龍,南法寶,西北怒江」。知易羅池在保山西部九龍山下。明謝肇淛《滇略》卷二謂:「太保山在永昌府西,其名不知所始。崒峚東向,高千餘尺,橫岡數里,山巔平衍,可習騎射。嘗有掘地者於土中得巨磚甚多,皆有平、好二字,周遭林木蒼翠,煙雲變幻,稱奇觀云。」《簷曝雜記》卷三《永昌府珍珠泉》:「永昌府城外九龍山,亦名太保山。下有易羅池,方二丈許。池底常噴出如碎珠者萬顆斜而上,將至波面,輒散爲水不可見。池中有魚,其首皆俯趨。蓋泉初出時味最甘,故魚慣趨而下也。池水流出,又有一大池,可五六十畝,頗有煙波浩淼之致。傅文忠經略來滇,明中丞特構一亭於湖中,比杭之湖心亭,而架曲木橋以通之,頗可憩。惜堤上無樹,若植桃、柳數百株,當稱『小西湖』也。黔之威寧城外有葡萄泉,亦從池底湧出,其顆大如葡萄,色嫩綠,亦如之,惜無廊檻映其旁,但一破亭而已。余方欲經始,適去官,遂不果。」

《王將軍拔柵歌》詩題下註曰:「名連,以拔柵功,由步卒超擢游擊。」王連事蹟,亦見《嘯亭雜錄》卷五《緬甸歸誠本末》,略謂:乾隆三十二年參贊額爾景額於十月抵騰越,「與提督譚五格率官兵於十一月壬

辰出虎踞關，趨猛密。越六日至老官屯，賊已立木柵，進攻不能克，日與接戰亦不能勝，我兵久屯於堅柵之下，人亦多疾病，額爾景額幽恚以死。上優敘之，以其弟額爾登額代。是月，將軍明瑞率萬二千人抵錫箔江，結浮橋以渡。至蒲卡始遇賊之前哨，擒數人，詢知賊聚於蠻結，遂進攻蠻結。賊果立十六柵以待，領隊大臣觀音保麾眾先據山之左臂，賊來爭，不得上。翌日，兩軍相持未決，而顧賊柵甚堅。其法，立木為柵，聚兵於其中，柵之外又開深壕，植竹木於旁，皆銳其末而外向。賊有柵自護，我槍炮不能傷，而賊從柵隙處發鳥槍擊我輒中，此賊之長技也。哈國興請分三路登山，俯趨而薄之。軍士畢奮，時出邊已逾月未見賊，至是始與賊遇，無人不欲殺賊也，一呼而直逼其柵。有黔兵王連者先躍入，十餘人繼之，賊悾亂不知所為，多被殺。遂破一柵，乘勢復攻得其三，而十二柵之賊乘夜盡遁。」趙翼《皇朝武功紀盛》卷三，亦詳載其事。

鬢華，又作蠻化。明瑞殺敵鬢華山，見《皇朝武功紀盛》卷三《平定緬甸述略》。中謂：明瑞傷一目，稍愈，乃率兵向大山進發。「先是，賊之綴我也，每夕駐營猶相距十餘里，不敢逼。至是，我兵營於蠻化山巔，而賊即營於山半。明瑞謂諸將曰：『賊輕我甚矣！若不決一死戰，益將肆毒於我，無噍類也。賊久識我軍號，每晨興，我三吹波倫而起行，賊亦起而追。我明日仍吹波倫者三，而我兵盡伏於箐以待，毋得有一人留營者。』令既下，翼日三波倫畢，賊果謂我兵已行也，爭蟻附而上。我兵萬眾突出，槍炮聲如雷，賊遑遽不及戰，輒反走，趾及頂背自相蹂踏，死者無慮二千餘人。我兵乘勢擊殺，又一二千，坡澗皆滿。自是賊不敢近數日，每夜在數十里外轟大炮數聲而已。」《嘯亭雜錄》所敘，與此相類。

九月，送龔儀可往普洱招輯百姓，並寄家書以慰高堂。

《寄家書》：「夜涼戎帳露華微，正憶江南木葉飛。一紙寄家言有盡，萬山圍路夢難歸。燈前酒氣催磨劍，月下砧聲感搗衣。還恐倚閭人悵望，擺邊不敢說兵威。」（《甌北集》卷一四）

《用晰齋韻送龔儀可觀察往普洱招輯番夷》：「半壁南陲倚壯猷，九龍江去撫諸酋。笑談座上還紅袖，出入兵間未白頭。堠館五更雞膈膊，軺車一路鳥鈎輈。登程早喜新晴好，瘴退黃茅九月秋。」（《甌北集》卷一四）

【按】龔儀可，與王文治、趙文哲亦有交，見《夢樓詩集》卷八、卷九，《姆隅集》卷六。王文治《龔儀可太守自雲南遷鎮元，贈行二首》謂：「峨眉千丈碧嶙峋，曾結茆菴錦水濱。名士未除豪俠氣，神仙重現宰官身。卅年判事欽先見，萬里相逢似故人。便把滇雲方渤海，閭閻何減漢時春。」「大吏綏邊借一籌，春風催發五驊騮。量移不盡煙中路，坐嘯應登月下樓。人到中年逾惜別，天連荒徼易生秋。五華山色昆明水，歲歲花開憶舊遊。」（《夢樓詩集》卷八《南詔二集》）。《用晰齋韻送龔儀可觀察往普洱招輯番夷》詩稱「登程早喜新晴好，瘴退黃茅九月秋」，知此詩乃寫於本年九月。

九月末，隨阿里袞巡邊，「渡怒江，逾高黎貢山，歷龍陵、騰越，遍巡南甸、幹崖、盞達、芒市、遮放各土司及虎踞、萬仞、鐵壁等關。周覽形勝，詢悉夷情，為進兵計」（《舊譜》）。

《隨將軍果毅公出邊》：「笳鼓聲喧旭日紅，繡旗曉發潞江東。秋生霜露先驅瘴，人到邊關想立功。踮踮漫驚鳶墮水，蕭蕭慣聽馬嘶風。莫疑幕府參文史，奏捷須煩筆陣雄。」「新婦帷車夙所羞，貂蟬不望且兜鍪。跨鞍久已嫺驢背，投筆何須定虎頭。臨陣兵書慚未熟，近邊賊壘要先收。閒呼老校相隨話，或有芻蕘可借籌。」（《甌北集》卷一四）

《高黎貢山歌》：「巨靈開荒劃世界，奇山驅出中原外。聽他豪距蠻徼中，負地掀天逞雄怪。高黎貢山潞江畔，萬仞屏顏插穹漢。我行起趁雞初啼，行至日午山未半。回視飛鳥但見背，俯瞰眾峰已在骭。雪經烈日曬不消，瀑作怒雷吼不斷。每上一層冷一層，夾衣旋把重裘換。無端嵐氣蒸蘊隆，幻出白霧粥面濃。手伸十指看不見，何許厚翳將眼封。浩如騎鯨入煙海，身在萬里迷茫中。又如盲人乘瞎馬，腳下坑塹知幾重。少焉罡風來一掃，了了仍露青芙蓉。五十三參更難上，線路盤旋躡榛莽。面真對壁何所參，頭恐觸天不敢仰。危崖石裂藤絡縛，老樹皮皴虎磨癢。有時棲鶻戛長嘯，是處啼猿發哀響。自非人馬結隊行，賁育亦怯獨來往。何哉設險有此形，得非天以限邊庭。豈知氣運有開闢，形勝不得相關扃。至今漸成康莊坦，早有結屋層椒青。層椒青青日西下，借問下山尚三舍。解鞍且就茅店眠，驚看繁星比瓜大。」（《甌北集》卷一四）

《干溝》、《潞江》、《龍陵關》、《黃陵岡》、《軍營夜坐》、《杉木籠山王驥征麓川進兵處》、《白雲菴遇故總兵華公將赴軍效用》、《鐵壁關》、《猛卯》（《甌

北集》卷一四）、《駐軍盞達》、《遮放》、《平戞》（《甌北集》卷一五）等詩，均寫於此時。

【按】《舊譜》稱「霜降後隨果毅公出邊」。「霜降」，一般在陽歷十月二十三或二十四日，即陰歷九月末。

「潞江」，或稱潞江即怒江，恐不確。《清史‧地理志》謂，怒江由保山西北自雲龍入納西溪，雪山、蒲縹、坪市、八灣諸水東南入潞江。《欽定大清一統志》卷三七八謂：「潞江，在雲龍州西二百七十里，極邊，源出吐蕃哈拉諾爾，入怒夷界，爲怒江。經州西境又南流入永昌府界，相傳即禹貢黑水蒙氏，嘗僭封四瀆之一。」

「龍陵關」，在永昌府西南二三百里。「清以保山之猛弄地設龍陵廳，移永昌府同知分駐，分府屬之潞江、芒市、遮放三土司隸焉」。「舊屬雲南騰越道，在龍川江支流芒市河上，地處高原，氣候無瘴，村落漸盛，頗通貿易，稅司設分關於此」。（《中國古今地名大辭典》）。

「黃陵岡」，甌北《黃陵岡》詩自注曰：「地在南甸土司外二百餘里，過此則非樊人所居，皆野人寨矣。」（《甌北集》卷一四）「杉木籠山」，「亦作沙木籠山，在雲南騰沖縣西南。通緬甸路，高插雲霄，一上一下，殆百五六十里」（《中國古今地名大辭典》）。

「高黎貢山」，「在城（筆者按：永昌府）東一百二十里，舊名崑崙岡，界潞江、龍川之間，蒙氏僭封爲西嶽，山頂有泉分流而下，又名分水嶺」（《雲南通志》卷三《山川》）。《徐霞客遊記》卷一○上《西南遊日記十七‧雲南》謂：「由此西望，一尖峰當西復起，其西北高脊排穹，始爲南度大脊，所謂高黎貢山。土人訛爲高良工山，蒙氏僭封爲西嶽者也。其山又稱爲崑崙岡，以其高大而言，然正崑崙南下正支，則方言亦未爲無謂也。」顧祖禹《讀史方輿紀要》卷一一三《雲南一》謂：「高黎共山，在永昌府騰越州東北一百二十里。一名崑崙岡，土語訛爲高良公山亦作高黎貢山。東臨潞江，西臨龍川江，左右有平川，名爲灣甸.今山之東南即灣甸州也。山上下東西各四十里，登之可望吐蕃雪山，草卉障翳，四時不凋，瘴氣最惡。多雪春融，夏秋炎熾。山頂有泉，東入永昌，西入騰越，故又名分水嶺。」

鐵壁關，在雲南騰越境內，乃騰越八關之一。

猛卯，在雲南騰沖縣西南隴川土司之南，距緬甸較近。

虎踞關，在雲南隴川西境之邦杭山，爲騰越八關之一。

盞達，《欽定大清一統志》卷三八〇《永昌府》謂：「盞達副宣撫司，在府西南五百里。東至幹崖宣撫司界二十里，西至距石關一百里，南至銅壁關一百里，北至猛瞼八十里。本幹崖宣撫司地。明正統中置副宣撫司，萬曆九年爲緬所滅，本朝平滇，置盞達副宣撫司，隸永昌府，土官刁氏世襲。」《雲南通志》卷二四《土司》謂：「盞達副宣撫司，幹崖之貳也。明正統四年，怕便以從征麓川功，授盞達宣撫司，賜名刁思忠，傳至思官，以木邦罕氏勾緬破城，爲緬所獲，兄思權襲，以平猛延瑞功，賜繡衣，傳至思韜。本朝平滇，思韜投誠，授副宣撫世職，思韜死，子思鈜襲。思鈜死，子思琳襲。思琳死，今子思弼襲。」

芒市，雲南芒市河上游南岸，舊屬龍陵縣。即今雲南潞西，在龍陵西南。

十月中下旬，甌北從阿里衰返永昌，適錢充齋受穀觀察前來餉軍，送來麵粉。甌北匆即采野蔬、和麵以作餡餅，烤而食之，大快朵頤。

《錢充齋觀察遠餉永昌麵，作餅大嚼，詩以志惠》：「久客生計窘，晨起惟啖粥。山行想酒樹，野處訪麵木。嘉惠荷故人，玉屑饋滿籮。貧兒詫驟富，動色到僮僕。於焉商食單，享此非分福。冷淘勞擗旋，水引費撈漉。挏臡乏脂豨，膾臠少棧鹿。餺飥法不嫻，餺飥料未蓄。聞昔蠻荒中，祭必人首戮。武侯南征來，改薦饅頭熟。今行即其地，厥例正可續。又無起酵具，籠篋枉削竹。係惟作餅事，力省成易速。鷗夷科澗泉，鴉嘴鋤野蔌。先採銀泥爛，次納金薤馥。接抄彌罅縫，按撼擴邊幅。周輪仿鏡圓，空中肖壁複。火不武而文，功既翻又覆。逼焰焦有瘢，得氣飽如毬。斯須動頤朵，雪膚瑩滿盞。饢口欣過屠，盂趁出鏊燠。寧顧齒牙倦，本無書畫黷。一笑戎馬間，將軍不負腹。卻憶豪富家，茲事鬪鼎餗。束晳賦猶陋，吳均説未錄。佳名巨勝殊，雅製曼陀獨。攪蜜雕駝蹄，拌槐蒸兔目。肪求赤髓羊，胰選舐背犢。膏環圓無端，餤條直不曲。傚古紅綾包，翻新彩花簇。裹餤巍如柱，張皮大於屋。百和工雜糅，千層互連屬。製作卜字勺，飣就五色鬱。酥有見風消，薄可映字讀。脆或嚼爲粉，軟或卷成束。視我腐儒餐，奚啻飯脱粟。顧當饑渴中，所願良易足。中流遇一壺，直抵舟萬斛。殷勤謝珍貺，敬志古誼篤。已增十日糧，況勞千里轂。從軍王仲宣，累人閔仲叔。饑驅彭澤詩，乞米平原牘。生平骯髒氣，不覺滋愧恧。所悲茹淡久，欲語羞再瀆。晉饑惟恃秦，隴得又望蜀。何

當更拜嘉，庖人日繼肉。」（《甌北集》卷一五）

【按】甌北九月末始離永昌，隨阿里袞出邊巡察。由永昌至遮放等地，有三四百里之遙，又多爲山路，來回起碼需半月餘，故斷其回永昌時間，當在十月中下旬。

錢充齋，即錢受穀（1715～1772），字黃予，號充齋，或作沖齋，秀水（今浙江嘉興）人。《湖海詩傳》卷二二謂：「黃予尊人爲阿文成公受業師，亡於京邸。黃予方弱冠，扶靈以歸。家極貧，從其姊夫沈編修昌宇於湖北學幕，亦皆徒步往來。既由召試入中書，成進士，授庶常，改戶部，悉心核算，人謂幹才。及觀察滇南，軍需旁午，凡有勞苦，必身任之，而操守清潔，不肯絲毫苟得，雖屋宇卑陋，飲食麤糲，不恤也。少時讀書，務爲絕俗。在滇南時，每至五更夢醒，輒取昔時所誦，如《治安書》、《天人策》、徐孝穆《與楊愔書》、庾子山《哀江南賦》、劉蕡《對策》、杜牧《論兵》諸大篇，蹋壁溫之，盡一篇乃已，奴隸驚起。余輩深愧不如。」（《蒲褐山房詩話》）

十一月八日，子廷偉生於鎮安官舍。未久，程夫人即買舟歸。

【按】《舊譜》稱：「是年十月，子廷偉生於鎮安官舍，程恭人即買舟歸。」

據《西蓋趙氏宗譜》：「廷偉，初名廷良，字鎮安，縣學廩生，乾隆三十三年戊子十一月初八亥時生，嘉慶二年丁巳閏六月十六日辰卒，年三十。」甌北自撰《亡兒廷偉小傳》：「兒名廷偉，乾隆三十三年十一月八日生於鎮安官舍，即以鎮安爲字。」（《西蓋趙氏宗譜·藝文外編》）可證《舊譜》之誤。廷偉著有《鎮安詩稿》一卷。「配謝氏，乾隆丙午進士、河南固始縣知縣諱聘女。乾隆三十二年丁亥十月十二日巳時生，咸豐六年丙辰八月二十三日丑時卒，壽九十。」

臘月，阿桂以總督兼將軍來滇，與阿里袞同駐一營。是年，大兵剿南坎、頓拐等地。甌北值二公之間，守營、護印，並處理緩急應援之事。年底，在盞達度歲。

《舊譜》：「冬，阿文成公桂以總督兼將軍來與果毅公同駐一營，先生乃兼值二公之間。是年大兵暫停進征，有旨以偏師剿怵緬人。於是剿南坎，剿頓拐，剿戞鳩。凡兩將軍出行，命先生守大營、護將印，一切緩急應援，皆得便宜行事。」

《臘月駐盞達營，熱不可耐，命騶卒砍竹環植帳外，聊以禦暑》：「南荒

氣候殊，臘月熱如煮。赤日逼布幕，鬱蒸不可處。炙疑請入甕，烹似縛置俎。自笑寒號蟲，今來作火鼠。扣囊出奇計，伐竹命僕圍。三十青琅玕，插地不用礎。綠陰忽滿空，宴坐澹容與。風來亦夏夏，客至可語語。那顧戕良材，聊因慰孤旅。嗟此窮冬天，鄒律噓穀黍。世方思避寒，茲獨亟驅暑。始知造化奇，涼燠判方所。不見騰沖頂，積雪尚瑤嶼。」（《甌北集》卷一五）

《剿南坎》、《剿頓拐》、《夏鳩行》、《自夏鳩回萬仞關馬上作》、《駐師蠻圻，有修竹萬竿，中隙地丈許，支帳宿焉，塵勞中一快也》、《邊外野人有收得軍中逸馬來獻者》（《甌北集》卷一五）諸詩，均寫於此時。

【按】《五哀詩·故公相阿文成公》一詩略曰：「滇南興緬役，拜公大將壇。余適來從戎，參軍婀鮋蠻。幕府一握手，商略誅冥頑。竪議輒脗合，圖易先思艱。明年經略至，總統王旅嘽。蠻語或間之，嫌疑微有端。意見稍歧互，何以濟艱難。余以舊屬吏，委曲寓轉圜。事既切同舟，結須解連環。敢撫桓伊箏，聊破彌遠鑽。以茲用意密，知我心力殫。後公終獲譴，羈留騰沖關。二子戍兩粵，余又措之安。迨公重作帥，金川奏凱還。策勳爵上公，禮絕鵷鸞班。余時已歸耕，不復達書翰。」（《甌北集》卷四〇）甌北與阿桂之關係，由此可見。又，《清史稿》卷三一八《阿桂傳》僅稱，「三十三年，以傅恒爲經略，阿桂及阿里袞爲副將軍，仍授阿桂兵部尚書、雲貴總督」。《清代七百名人傳》所述亦甚簡，謂阿桂於乾隆三十三年二月，授副將軍，命偕經略大學士傅恒、副將軍阿里袞進剿緬甸，四月授兵部尚書，六月授雲貴總督。《簷曝雜記》卷三《緬甸之役》稱：「余以鎮安守，於乾隆三十三年奉命至軍，時果毅公阿里袞方爲將軍，命余參軍事。未幾，今大學士誠謀英勇公雲岩阿公桂亦以總督兼將軍至。兩將軍合營，翼仍在幕府。」均未敘及阿桂赴滇之時間。《嘯亭雜錄》卷五《緬甸歸誠本末》則謂：「九月，總督副將軍阿桂抵滇，時幕府爲革職郎中王昶、中書趙文哲。十月，副將軍阿里袞駐兵於騰越。」而甌北《平定緬甸述略》卻稱：「（三十三年）四月中，緬酋遣我兵之被俘者許爾功等八人，賫貝葉書求和。副將軍果毅公阿里袞奏其事，上慮賊非出於至誠，不可輕許，戒勿答。冬，阿里袞駐兵於邊，上命鼓剿以恇之。於是遣侍衛達里善等搗南坎，殺二百餘人。海蘭察等搗拐頓，亦殺二百餘人。會副將軍阿桂亦至營，兩將軍合將八百人襲夏鳩，殺六七百人。」（《皇朝武功紀盛》卷三）又證之以《舊譜》「乾隆三十三年」：「冬，阿文成公

桂以總督兼將軍來與果毅公同駐一營，先生乃兼值二公之間。是年大兵暫停進征，有旨以偏師剿忙緬人。於是剿南坎，剿頓拐，剿憂鳩。」由此可知，阿桂來滇之時間，當為乾隆三十三年冬。剿南坎、拐頓、憂鳩諸小型戰役，均為本年冬季。詩每為述及，至盞達，「臘月駐盞達旁，熱不可耐」（《甌北集》卷一五），剿南坎是「白刃寒生霜滿野，雕弧彎應月初弦」（《甌北集》卷一五），知為臘月初三前後。駐師蠻圻，「天南臘月猶炎歊，赤日炙我皮毛焦」（《甌北集》卷一五）。據甌北《平定緬甸述略》所載，阿桂來滇，當在剿南坎、拐頓以後，襲憂鳩之前，臘月中旬前後。若如昭槤所云，阿桂九月即抵滇，甌北詩為何竟未提及？還有，阿桂既九月已抵滇，阿里袞就銅廠管理一事，於乾隆三十三年九月，會同雲南巡撫明德上疏啟奏，為何獨漏雲貴總督阿桂一人，亦於情理不合。（《欽定八旗通志》卷一四四《人物志二十四・阿里袞》）可見，昭槤所說的九月抵滇，恐不確。又據《清史編年》第六冊，三十三年十一月二十五日，「阿桂由京前往雲南途中」，十二月初九日阿桂馳抵盞達。益見昭槤所記有誤。「南坎」，在雲南騰沖縣西南龍川江之南。「蠻圻」，《國語》卷一「（吳）韋昭注」曰：「蠻，蠻圻也。夷，夷圻也。《周禮》：衛圻之外曰蠻圻，去王城三千五百里，九州之界也。夷圻，去王城四千里。」又，雲南天氣炎熱，甌北亦有記載。《簷曝雜記》卷三《雲南天氣之暖》：「雲南天氣炎蒸。余在盞達軍營度歲，布帳不敢南向，則面北以避日炙。然其地多西南風，則又於帳南合縫處用橫木支一罅使透風。又令僕役伐樊夷村中大竹數十，環植帳外，稍可禦暑。然其地距騰越不及三百里，遙望騰越，山巔積雪乃經春不化，殊不可解。……余嘗疑地氣有寒暖不同，而天氣皆涼，是以滇地雖暑，而山巔雪仍不化也。」藉此可知其軍營生活之狀況。

乾隆三十四年己丑（1769）　四十三歲

【時事】　正月，「免雲南官兵所過地方及永昌等三府州本年額賦。其非經過地方，免十分之五，並免湖北、湖南、貴州三省官兵經過地方本年額賦十分之三。庚寅，以緬人書詞桀驁，命副將軍阿桂與副將軍阿里袞協助傅恒征剿」（《清史稿》卷一三《高宗紀》）。二月，以征緬「軍營馬匹疲瘦，諭責阿里袞等不能

殫心籌辦，交部嚴議，應革職」（《欽定八旗通志》卷一四四《人物志二十四・阿里袞》）。命傅恒整飭馬政，經略雲南軍事。本月「啓行，懇辭親遣經略儀注，命閣臣頒勅印於太和殿。上賜傅恒及出征將士食，即席製詩曰：『緬酋弗靖擾滇邦，螳臂居然試莛撞。健騎重驅厄魯部，驍材兼選黑龍江。弼予中國原無二，平彼今時豈有雙。就事熟籌應一往，於浮得掣勝千扛。必能合眾成城奏，莫拒牽羊祖肉降。湛露和風士鳧藻，佇看飲至酌金缸。』」（《欽定八旗通志》卷一四四《人物志二十四・傅恒》）三月，福建屏南縣蕭日安等密謀起事事發，於本日陸續就擒。「蕭日安，原係屏南縣人，以燒炭營生，往來古田、屏南二邑，因折本貧窮，本年二月內，與素相交結之甘國臣、張滿、李芳、劉傳、李旦、柳宗侯、張勇、陳其善、洪瑞蕃、李元貴等共十二人，相商結拜兄弟，於二月十五日在佛虎堂廟拜把」，並製造布旗，刻「福建等處陸路提督印」、「敕命護國總鎮將軍印」等木戳，聚集百餘人。事為官府訪得，被鎮壓。（《康雍乾時期城鄉人民反抗鬥爭資料》下冊）本月，傅恒至雲南省城，阿桂署雲貴總督。四月，傅恒至騰越。「上親書扇以賜曰：『炎徼熾煩暑，軍營區畫頻，大端應悉記，細務不辭親。世上誰知我，天邊別故人。晶斯風到處，揚武並揚仁。』初，上以賊據老官屯之險，勅造舟並奪賊船，順流直搗。副將軍阿里袞等以邊外峽紆，湍險舟不通，沿江亦無辦工所奏止者。再後特遣傅顯、伍三泰往視，所言與阿里袞等同。傅恒至軍詢之撫夷李景朝、土司線官猛等。知蠻暮近地有山曰翁古多木，旁有地曰野牛壩。野人所居涼爽無瘴。野人樂受值，執役甚恭。使傅顯蒞事，滿洲綠營兵並從行，奴僕更番運料至江岸」（《欽定八旗通志》卷一四四《人物志二十四・傅恒》）。本月，賜陳初哲、任大椿、奇豐額、嵩慶、潘奕雋等一百五十餘人進士及第，出身有差。五月，宣城縣武生李超海《武生立品集》案審結。起初，據安徽學政德風奏稱，武生李超海所著《武生立品集》「語皆悖謬」、「荒誕不經」，經安徽巡撫富尼漢會同兩司復審，知李超海「因屢試未中，抑鬱無聊，牢騷混寫，並無別有參酌之人。臣恐該犯或有怨望訕謗別情，將集內不經語句逐一指出，嚴刑究問。該犯堅稱：實因愚昧無知，不知忌諱，委非心懷怨望，訕謗時政，嚴詰至再，矢口不移。臣查李超海以微末武生，乃因憤激不能上進，竟敢妄為著作，逞其誕詞，公然於學政衙門具呈投獻，希圖僥倖，與妄布邪言無異，自應嚴加治罪以懲惡劣。李超海合依妄布邪言、書寫張貼、煽惑人心為首者斬立決例，應擬斬立決，俟奉到諭旨即在省城正法，以正人心以肅士習。李上青、馮桂馨聽從尊長指使，代為抄錄，雖俱堅供不知

文義，但冒昧代抄，應各照不應重律，杖八十再加枷號一個月」（《清代文字獄檔》下冊）。六月，毀錢謙益所著書。「帝以謙益所著《初學集》、《有學集》二書中多詆謗語，命銷毀其版，查禁其書，並列謙益名入《貳臣傳》，親製詩指斥之」（《清鑒綱目》卷八）。七月，乾隆帝奉皇太后木蘭秋獮，九月二十二日始還京師。本月，野牛壩造船工竣。「狀聞，諭曰：『所辦甚是，他人斷不能似此。滿洲兵騎射素嫻，進剿時自宜資以馬力。至於習勞之事，則與綠營兵丁既同隸行間，原不應區分彼此。向特因綠旗惡習，恇怯無能，臨事每多退避。是以有犯必懲，若其服役辛勤，當與滿洲兵一體愛惜，以均勞逸。前此領兵大臣，惟知體惜滿洲，而於奔走服役專派綠營，不復念其獨勤，豈一視同仁之道？今傅恒於運送船料，令滿洲兵輪流乘騎分擡，不使綠旗偏於勞瘁。並以大臣官員跟隨之家奴等，乘馬安行，於理未協，亦一例分派輪擡，籌辦實為公當。綠營兵稍具天良，有不知感激奮勉願為國家出力者乎？此實從來所未籌及，自非公忠體國與朕同心之大臣，豈能酌理揆情，均平妥協若此。凡有領兵之責者，皆當奉以為法。傅恒如此存心，必蒙上天所垂祐，迅奏膚功，自可預卜。朕深為嘉悅。至於造船一事，水陸並進，實征緬最要機宜。乃朕屢次詢問，而阿里袞等並以該處崖險澗窄斷難行船為詞。即朕今年特派傅顯、伍三泰等前往專辦此事，亦以沿江一帶實無造船處所覆奏。傅恒至永昌，即遣人往勘，則於銅壁關外野牛壩地方，即係成造船隻之處。樹木足供船料，且氣候涼爽，可以屯聚兵丁。而野人又極恭順，服勞無異內地編氓。同此沿邊僻壤，非自今日始通，何以前此並無一人見及。而傅恒得之，便如取攜。可見事無難易，人果專心致力，未有不成者。無如諸人皆豫存畏難之見於胸中，遂以為隔閡不可行。以今日傅恒所辦觀之，向所謂斷難籌辦者，然乎不然乎？將此宣諭中外知之。』」（《欽定八旗通志》卷一四四《人物志二十四‧傅恒》）。八月，征緬甸師發騰越，渡戛鳩江，據西岸，遂抵允帽。（《欽定八旗通志》卷一四四《人物志二十四‧傅恒》）九月，乾隆帝就東三省人等習漢字與否諭曰：「前以東三省人等竟不認識漢字，如何辦理綠營事務，曾經降旨。嗣後東三省人等不必補用綠營官員，並交兵部將現在各省綠營人員內東三省人共有幾員之處，查明具奏。特以東三省人等俱係本地生長，不識漢字難以辦理綠營事務之故耳。若伊等子孫生長京城，原與舊滿洲無異，八旗都統等理宜分別辦理。今竟全無區別，將現在各省綠營居官之東三省人等概行撤回，甚屬拘泥。除此次召回之東三省人等帶領引見時，朕酌量調補外，並著八旗嗣後東三省人等若係本身移住京城者，仍照前

降諭旨不必升補綠營；若移住京城後所生子孫在京已居二代，與久居京城舊滿
洲、蒙古無異，即著回京城之滿洲、蒙古一體挑選升補外任。倘因有此旨，即
不盡心教導伊等子弟學習騎射、清語、技藝，唯令專讀漢書，學漢人習氣，尤
屬非是，斷乎不可。」（《欽定八旗通志》卷首之十二《勅諭六》）十月，阿里
衮率部至新街，「時傅恒偕副將軍阿桂領兵新街東岸，賊三千餘船百餘迎拒。
阿里衮同伊勒圖據戞鳩江西岸，派滿洲吉林綠營兵七百餘進剿。賊寨藏百餘
人，我兵奮勇沖入，賊遁。又一寨藏賊三四百，貴州把總姚卓殺賊一，奪旗一，
我兵鼓勇進剿，賊棄壘逃。賊踞寨者復五百人，我兵放槍攻擊，賊堅壁不出，
日暮不能固守，潛遁，擊斃二十餘人，奪寨三，殺賊五十餘。諭曰：『初次接
仗，即能如此獲勝。朕覽奏甚爲欣慰。』」（《欽定八旗通志》卷一四四《人物
志二十四·阿里衮》）。「傅恒取道猛拱破猛養寨，獲臘泥拉賽，誅之。設臺站，
留瑚爾起兵七百駐之。遂至南董干，攻南準寨，獲頭目木波猛等三十五人。師
次暮臘，猛養頭目紮達布棄猛養拔營而逸，大兵長驅至新街。賊遁，傅恒夾攻
於東西岸。東岸射殺賊目一，斬級五百餘，獲纛一、船一、寨三，糧械無算。
西岸奪寨三，斬級五十。奏至，諭曰：『此次初與賊人接仗，即射斃頭目，殺
賊眾多。又連破賊壘，奪獲纛幟、軍械、米糧等物，軍行甚爲利順。且官兵俱
各勇往，朕心深爲嘉悅。應加恩示獎，送部分別議敘。』傅恒以所獲緬纛進，
上賦誌事詩曰：『師會新街可進航，賊人迎拒據蘆塘。數番斫陣妖鋒挫，兩
隊奪舟我武揚。斬將搴旗嘉此眾，水凶土劣慮其方。老官屯得當振旅，觀象
玩辭易義長』（《欽定八旗通志》卷一四四《人物志二十四·傅恒》）。十一月，
「傅恒進圍老官屯，克毛西寨。緬酋懵駁遣頭目諾爾塔乞降。傅恒以其地氣候
惡劣，疏請允降。諭曰：『緬甸僻在炎荒，中朝以化外置之。乃歷任總督，自
張允隨廢弛邊備，嗣是愛必達、吳達善等亦因循，致滋事釁。而劉藻辦理莽匪
侵擾九龍江事，由思茅退回普洱輒行畏罪自戕。緬匪逐鴟張無忌，此歷來貽誤
情形也。至命楊應琚前往，調度乖方，致賊匪入關，騷擾土司。其種種欺謾，
屢飭不悛，取罪實在於此。及再命明瑞前往，仍令以總督經理邊情，並未遽欲
興師遠涉，而所統八旗勁旅不過二千，又分其半與額爾登額，由旱塔一路取道
合剿。迨明瑞自錫箔蠻結拔寨殺賊，乘勝深入，轉戰至小猛育，爲時已久。屢
促額爾登額移兵往援，乃敢抗延不赴。又復紆道退回內地。明瑞等猶沿途接仗，
期殿全師。竟以策應不前捐軀，以殉其事，遂難中輟。彼時緬酋懵駁雖曾具書
軍營，懇停進剿。而所遣乃內地被留之兵丁許爾功等八人，並未專派大頭目齎

表乞降。此則國體所關，豈宜輕納？是以置之不答，然猶冀其悔罪輸誠，尚可宥其既往。非必欲勞師動眾，爲犂庭掃穴計也。詎待一載，逆酋猶頑梗怙終。我國家當全盛之時，豈可任小丑跳梁，不示懲創。況滇省綠營恇怯積習，久爲賊匪所輕。而阿里袞等亦未能相機部署，是以調遣吉林索倫等慣能殺賊之人，並閩省水師同赴滇省，水陸夾攻。又因大學士傅恒屢請前往督辦，其實心體國，經畫有方，體察形勢，所言始爲可信。遂命爲經略，往蒞其事。此朕不得已用兵之苦心也。至傅恒，於七月間自騰越進兵，視前此師期較早兩月。賊匪未及預防，因得由戞鳩一路統兵直進，收取猛拱、猛養。而其所經山徑崎嶇，江河紆阻，越險濟軍，備嘗勞瘁。且因敵刈糧不藉內地轉餉，及至新街會兵，策勵將士，無不賈勇爭先。於江岸沙洲連奪賊砦，殲賊五百餘，並殪其頭目，獲取舟航纛械，賊皆望風披靡。如此殫誠宣力，不畏艱險，實從來大臣所罕覯者。及進次老官屯率眾攻剿，而賊守拒甚固。遂克毛西一寨，誅戮賊眾，絕其糧援，復悉力圍其大寨，勢可計日而取。但其地水土惡劣，官兵多生疾病，即領隊大員亦間有染患身故者。將士等不用之於戰陣，而徒令其嘗試毒屬，於心實有所不忍。是以半月前，即叠傳諭旨決計撤兵。今傅恒等奏緬酋懵駁奉有蒲葉書，遣老官屯大頭目諾爾塔齎詣軍門，籲請貸其聲討。傅恒等移檄使受約束，義正詞嚴，姑從所請。賊眾甫經創衂，諒不敢遽萌故智。至傅恒請罪一折，以爲力違眾議，執意請行，將此次出兵引爲一人之罪，殊爲未喻朕意。此次出兵，非好大喜功。而傅恒承命經略，職分應爾設以爲辦理。非是朕當首任其過，其次方及傅恒，豈宜獨以爲己責？」（《欽定八旗通志》卷一四四《人物志二十四·傅恒》）本月，副將軍阿里袞卒於軍，命阿桂仍在副將軍上行走。十二月，「緬酋懵駁遣其大頭目十四人，獻方物於軍」（《欽定八旗通志》卷一四四《人物志二十四·傅恒》）。

本年，武進陳明善選唐李、杜、王、孟、韋、柳、韓、儲八家詩爲《唐八大家詩抄》，此年刊行。

金匱楊潮觀調官四川邛崍，建吟風閣，作《邛州小西園記》。

青浦王昶、陽湖趙翼同經高黎貢山至騰越，昶作《疊水河觀瀑樓記》。

山陽程晉芳自京南還，作《津門鼓棹行》。

嘉定王鳴盛、錢大昕、長洲吳泰來同詣虎丘訪古，大昕作《虎丘石觀音殿題名》。

浙江邵晉涵在北京，校讀惠棟所著《古文尚書考》。

金壇段玉裁復入都，以所著《詩經韻譜》、《群經韻譜》無注釋，從邵晉涵借書參補。又從戴震赴太原，玉裁主壽陽書院，震纂《汾州府志》。

安徽戴震復入都，序吳縣余蕭客所著《古經解鉤沈》。

吳縣張塤任中書。

長洲沈德潛死，年九十七。

武進趙彪詔死，年八十三。

陽湖李兆洛（申耆）生。

是年，袁枚五十四歲。劉墉守江寧，以風言欲逐枚，枚聞信，偏不走謁。逾年，劉墉托劉廣文要枚代作《江南恩科謝表》，備申宛款。劉墉旋擢觀察，枚贈以五古一章，末謂：「公以天人資，而兼宰相胄。高如冰鑒懸，那有吞舟漏？寧可失之詳，慎毋發之驟。」又謂：「氣斂心益明，業廣福彌厚。」蓋規之云。（《隨園先生年譜》）

蔣士銓四十五歲，仍掌教於紹興府蕺山書院。（《清容居士行年錄》）

顧光旭三十九歲。夏，由寧夏調任平涼府，民皆赴省乞留。六月到任，因本地無書院，乃於郡城西明藩王府故址建柳湖書院，有學舍百餘間，立掌教，多士咸奮。（《響泉年譜》）

洪亮吉二十四歲。五月，應童子試，以縣試第二，府試第三，院試第八，補縣學生。七月，與同里邵辰煥、屠紳、劉駿、莊寶書、趙懷玉等和詩極多。（《洪北江先生年譜》）

【本事】春，隨阿里袞、阿桂兩將軍駐騰越州。王昶、趙文哲亦來軍前效力，時而聯騎出城賞花。

《舊譜》：「春，隨兩將軍駐騰越州。」

《述菴、璞函緣事罷官，亦從軍來滇，卻贈》：「幾載京華共酒樽，豈期炎徼再相親。翻愁日下無名士，卻喜天南有故人。株累驚心金齒戍，巢痕回首玉堂春。好將戎幕聯詩社，吟遍蠻鄉景物新。」（《甌北集》卷一五）

《璞函接余書，中但有「翻愁日下無名士，卻喜天南有故人」二句，其全首未寫寄也，乃即用人字韻賜和四首，欣荷之餘，再次奉答》：「浮蹤共踏日南春，喜到聯床聽雨人。廢籍搜才身再起，他鄉逢舊誼逾親。泥須函谷關前用，灰是昆明劫後身。儒者立功非異事，國恩深豈慮膏屯。」「同來入幕敢稱賓，身世悠然剪燭論。草檄我慚磨盾手，從戎君是讀書人。一丁目識談兵處，重甲身披試馬晨。絳灌聞之應竊笑，法師壇下畫符頻。」「掃穴犁庭仗武

臣，也須慬切夜眠薪。圖麟勳業終當奏，畫虎英雄恐未眞。兩陣難拘古兵法，六經只管幾文人。孱羸翻怪書生劍，時發光芒拂斗辰。」「愧我枯毫老不神，經年先踏瘴煙勻。已抛書卷蟫應食，久習鞍韉馬亦馴。看鏡功名青鬢改，聯床交誼白頭新。從今消得征途況，未覺身爲羈旅人。」（《甌北集》卷一五）

【按】《甌北集》此詩下附趙文哲原作曰：「瘴雨炎風百五春，八千里外對床人。便同把酒愁無那，況遣挑燈影獨親。帶甲關山迷遠夢，加餐書問感閒身。相逢未必還相識，骨相虞翻一倍屯。」「蠻語居然入幕賓，六張五角事休論。更無老淚沾歧路，剩有餘生累故人。病馬嘶風愁折坂，荒雞號雨耐蕭晨。佩刀澀盡霜花影，猶向床頭作響頻。」「舊是金門索米臣，升沈雖判總勞薪。魂收斗極哀元叔，耳塞韶華悵景眞。顧我遠留懸磬室，感君獨作望雲人。蘆笙嗚咽蘭江路，又見天涯上塚辰。」「日下天南句有神，驪珠十四淚攙勻。世皆欲殺公言過，夷尙思居我氣馴。息壤空留青嶂好，菟裘未卜白頭新。安邊樓畔悲歌動，誰道初明是恨人？」（又見趙文哲《娵隅集》卷三）

《同璞函遊杜鵑園作歌》、《漫興》、《晰齋以大理松煙製墨見贈，賦謝》（《甌北集》卷一五）均寫於此時。

【按】據阮元《誥授光祿大夫刑部右侍郎王公昶神道碑》（《碑傳集》卷三七）所載，王昶似同阿桂同時來滇。程晉芳《四死事傳》「趙文哲」謂：「君既富文學，又精神奕然，處劇境無滯難。左右禁近臣方重倚毗，而君以漏泄禁中語去官。時尙書阿公桂將軍督師滇南，幕府闕書記，聞君才，奏請君暨郎中王昶同行。君慷慨辭家，匹馬短衣，從阿公以南。由楚之黔，之滇，之緬甸。」（《碑傳集》卷一二一）敘述略同阮元。至於文哲何時來滇，仍不甚了了。王昶《恤贈光祿寺少卿戶部主事趙君墓誌銘》則謂：「戊子秋，侍講學士紀昀、中書舍人徐步雲泄兩淮鹽運使盧見曾事，君與余牽連得罪。會兵部尙書阿公桂以定邊右副將軍總督雲南貴州，請以余兩人掌書記，詔許之。明年三月，至騰越州。」（《碑傳集》卷一二一）戊子，即乾隆三十三年。明年，即三十四年（1769）。由此可知，王、趙二人至騰越時間，當在本年三月。昭槤《嘯亭雜錄》卷五《緬甸歸誠本末》所云，「九月，總督副將軍阿桂抵滇，時幕府爲革職郎中王昶、中書趙文哲」，時間記載或有誤。王、趙與甌北爲京師故舊，若於去歲九月已來滇，甌北詩爲何未見提及？基於以上原因，姑繫於本年三月。

趙文哲《騰越州治東數里，有何氏舊池館，杜鵑最盛。己丑春曾偕家雲松遊焉，水竹幽蔚，花光絳天，爲裵回久之。雲松既返粵西，予顧頻還往於此。又值花時，遣奴子探視，謂：「已試花，十數日後當大開。」予適以事遽返永昌，遂不及往。臨發□□，輒爲此詩寄雲松。對床聽雨之外，此又一可感事也》詩曰：「蠻鄉二月花如海，繫馬青楊巷未改。天涯白髮幾春風，差喜花前故人在。繁紅□戶芳晝陰，遊絲千尺搖春心。茅亭臨水短於艇，一篙疑入桃花林。絳雲團枝霞倚樹，日影波光眩朝暮。花深深處醉眠多，粉蜨隨人出無路。花開相遇典春衣，花落相思減帶圍。又見啼紅遍山郭，登臨何日送將歸？劉郎老矣空前度，莫怪東君苦相誤。多恐重來不忍看，故遣搖鞭背花去。」（《娵隅集》卷八）《御定佩文齋廣群芳譜》卷三九《花譜‧杜鵑》曰：「杜鵑花，以二三月杜鵑鳴時開。」又引白居易語謂：「山石榴，一名山躑躅，一名杜鵑花。杜鵑啼時花撲撲。九江三月杜鵑來，一聲催得一枝開。」清查慎行《建溪棹歌詞十二章並序》詩曰：「年年三月杜鵑啼，紅白花開似錦溪。只作漫山桃李看，不知中有海棠梨。」（《敬業堂詩集》卷四四）可知杜鵑花開以三月爲盛，可爲前文推測之佐證。

四月，大學士傅恒來滇經略軍事，甌北隨從阿桂、阿里袞兩將軍迎於永昌，復隨傅恒至騰越。其又入直傅恒幕，進剿事宜，多有建言。

《舊譜》：「已而大學士傅文忠公來滇經略軍事，先生隨兩將軍以四月朔日迎於永昌。文忠素重先生，命入直幕下。時方議進兵道路，前歲明將軍由錫箔進，不得志。文忠在京時，有滇省送京之熟於緬地者數人，問知騰越州之西有戞鳩江，渡而西即緬屬之猛拱、猛養兩土司地。由猛養可直擣緬酋之木疏老巢，由木疏可直擣緬酋所居之阿瓦城。於是定議大兵渡戞鳩進剿，另令提督五福以偏師五千從普洱進，遙爲犄擊。其奏摺由軍機定稿，攜至永昌。初六日將發矣，會壁間有地圖，先生指謂文忠曰：『圖中戞鳩、普洱相距不過三寸，其實有四千餘里。兩軍既進，東西遠隔，聲息不相聞，進退俱難遙度。去歲明將軍之不返，由不得猛密路消息也。』文忠始瞿然，問計安出。先生謂大兵既渡戞鳩之西，則偏師宜由江東之蠻幕、老官屯進取猛密，則夾江而下，造船以通往來，庶兩軍可互應。文忠是之，乃罷普洱之兵，改偏師循東岸以進。文忠命先生進兵路另爲一摺入奏。其後渡戞鳩之兵，遭瘴氣多疾病，而阿文成公所統江東一軍獨完，遂具舟迎公於猛養，渡而歸。又以此兵敗賊

於蠻暮、老官屯，得以蕆事。先生嘗自愧從軍年餘無所贊畫，惟此一策不無小補云。是月又隨文忠至騰越。先生以戛鳩渡江究非萬全策，倘渡江後不能掃犁而撤兵歸，恐賊綴於後，江阻於前，此危道也。力言於文忠，勸改進兵路。文忠以已奏定，遂不從。時又議冒暑進師，不必避瘴，謂春夏之交瘴初發，或不可當，至夏秋當漸減也。先生在滇一年，知南中氣候，七八月中瘴益甚。力言於文忠，謂夜之冷，不冷於黃昏，而冷於五更；日之熱，不熱於清晨，而熱於午後。蓋氣以積而愈盛，故秋瘴愈不可支。至霜降則瘴自消，且無雨，兵行始便利。文忠謂若是則須坐守數月，徒糜餉，非計也。」

《春和相公經略來滇，余以故吏仍直幕府，敬呈四律》：「宰臣親出擁旌麾，金齒關前運握奇。郭令身原兼將相，潞公名久動華夷。蠻叢開道曾當日，麟閣圖形又一時。早帶洗兵天上雨，日南地總發華滋。」「分憂自請靖邊陲，萬里郵簽並日馳。拜策仍辭推轂禮，臨軒特賜出車詩。便宜事不從中制，忠益謀能集眾思。相度既來功自速，好磨樂石待韓碑。」「屈指兵興一路中，郵亭不斷戛刀弓。頻年聖主籌良將，多少蒼生望相公。關勢尚傳銅鐵固，軍威兼列鸛鵝雄。腐儒篋有雞毛筆，要詠平蠻第一功。」「天南豈意得從行，六載曾隨禁地清。故吏公猶殷待士，書生我本不知兵。汪童敢忘橫戈志，陵母能堅伏劍情。憑仗運籌平蕩早，幕僚也得倖功名。」（《甌北集》卷一五）

【按】《五哀詩·故相國贈郡王傅文忠公》詩曰：「會公討緬甸，余亦來從征。得復參末議，易地駐援兵。惟有渡江策，不能阻公行。冒瘴涉洪濤，人馬斃郵程。尚賴偏師完，隔江發棹迎。公竟染危疾，還朝遽奠楹。嗚呼公之亡，朝野咸悲縈。豈少一腐儒，私為血淚傾。第念公門館，何限名公卿。乃獨於薄劣，數加拂拭榮。此情何可忘，事往心猶揯。」（《甌北集》卷四〇）同詩《故公相阿文成公》亦謂：「明年經略至，總統王旅嘽。蜑語或間之，嫌疑微有端。意見稍歧互，何以濟艱難。余以舊屬吏，委曲寓轉圜。事既切同舟，結須解連環。」（《甌北集》卷四〇）甌北在軍幕之作用可知。

《簷曝雜記》卷三《緬甸之役》亦載其事，謂：「明年四月，傅文忠公恒來滇經略，余以故吏又橐筆以從。時方議冒暑興師不必避瘴，大兵從騰越州西渡戛鳩江，經猛拱、猛養直抵緬酋所居之阿瓦。余在滇一年餘，知暑瘴不可不避，必俟霜降後瘴始退，軍行無疾病，始可展力。且大兵既渡戛鳩，全在江外，萬一不能如志，則歸路可虞。嘗力言之，而

公意已定，不見納。惟偏師應援一節，公初議大兵渡戛鳩，別令提督五福統偏師五千，從普洱進，以分賊勢。時方閱地圖，余指謂公曰：『圖中戛鳩、普洱相距不過三寸許，其實有四千餘里。兩軍既進，東西遠隔，聲息不相聞，進退皆難遙斷。前歲明將軍之不返，由不得猛密路消息也。』公始瞿然，問計安出。余謂：『大兵既渡戛鳩之西，則偏師宜由江東之蠻暮、老官屯進取猛密，則夾江而下，造船以通往來，庶兩軍可互應。』公是之。乃罷普洱兵，改偏師循東岸以進。其後大兵西渡，遭瘴氣多疾病；而雲岩將軍所統江東一軍獨完，遂具舟迎公於猛養，渡而歸。又以此兵敗賊於蠻暮，攻賊於老官屯，得以蔵事。余自愧在軍無所贊畫，惟此一節，稍可附於芻蕘之一得。憶昔直軍機時，公於漢員中最厚余，滿員中最厚雲岩。公今征緬之役，因余說而改偏師，因雲岩公統偏師而得善歸，此中似有機緣也。」

《平定緬甸述略》述傅恒督兵征緬事更詳，曰：「三十四年春，上命大學士公傅恒來滇經略兵事。以四月朔至永昌，越八日，至騰越州。兩阿將軍及將軍伊勒圖偕至。南徼地多瘴，群議宜俟霜降後出師。經略遲之，謂：『若是須坐守四五月，既糜餉，且軍初到，當及其銳用之，久則先懈，非計也。』其進兵之路，以阿瓦城在大金江之西，若從錫箔路進，則阿瓦仍隔江外。惟騰越州西有戛鳩江，即大金江之上流，過江則為猛拱、猛養兩土司，前明王驥征麓川，追思機發至此，刻石江邊，所謂『石爛江枯，爾乃得渡』者也。由猛拱、猛養，可搗緬酋之木疏老巢。由木疏至阿瓦，又皆陸行，步騎可直抵城下。乃定議大兵渡戛鳩而西，其偏師先議在普洱遙為聲勢，後改議從猛密夾江而下，造舟於蠻暮，以通往來。部署既定，七月二十日經略大兵起行，阿里袞從，留阿桂於蠻暮，督造戰艦。經略至戛鳩，集舟結筏，凡十日乃畢渡。師次猛拱，土官渾覺先遁，縶其小妻招之，乃來降。獻馴象四，貝葉書一，夷語謂之標格丁，蓋編年紀候之書。牛百頭，糧數百石。至猛養，亦有牛米之獻。於是所歷二千餘里，皆不血刃而下。惟途間忽雨忽晴，山高泥滑，一馬倒則所負糧帳盡失。軍士或枵腹露宿於上淋下潦中，以是多疾病。猛拱、猛養雖緬屬，非緬腹地，故緬酋不遣兵來。而緬俗以八月前刈禾，至中秋則集兵出。九月下旬，阿桂造百船成，所調閩、粵習流之士亦至，將由蠻暮江出大金江，賊已列舟扼江口，阿桂擊敗之，賊目賓雅得諾被創

死，由是江路無阻。伊勒圖往迎經略，遇於哈坎，經略以十月朔渡江回
蠻暮。緬賊尋以大眾水陸來犯。阿桂將步兵，哈國興將水兵。陸路之賊
先沸唇至，旌旗蔽野，勢張甚。阿桂麾兵以鳥槍連環疊進，弓矢繼之，
騎兵又從旁蹂之，賊不支，遂大潰。我兵追殺無算。哈國興率舟師順流
下，賊猶列艦以拒。有閩兵躍入賊船，一賊泅水遁，閩兵即入水斬之，
賊駭奪氣。我軍歡而奮，因風水之勢蹴之，賊舟自相撞擊，多覆。凡殺
溺死者數千，江水為之赤。江之西亦有賊結柵自固，阿里袞提兵往攻，
連破二柵，餘賊皆逃。是時諸路軍皆大捷。會經略已病，諸將欲遂以此
蕆事。阿里袞曰：『老官屯有賊柵，前歲額爾登額進攻處也。距此僅一舍，
不往破之，何以報命？』策馬先行，經略以下皆隨之。賊柵據大坡，周
二里許，白坡逶邐，下插於江，柵木皆徑尺，埋土甚深，遇樹則橫貫之
以為柱。柵之外掘深濠三層，濠外又橫臥木之多枝者，銳其末而外向，
名曰木簽，守禦甚備。我軍阻旬餘不得進。先用大炮擊之，柵木堅不折，
有折者賊輒補之。哈國興斫箐中老藤長數百丈者，繫鐵鈎於端，募敢死
士，夜往鈎其柵，三千人曳藤以裂之，為賊覺，砍藤斷而罷。經略又命
火攻。先制擋牌禦槍炮，一牌可護十數人，以兩人舁而前，十數人各挾
薪一束隨之。百餘牌同時並舉，如牆而進，拔簽越濠，至柵下。方燃火，
忽西南風起，火反燒我軍，遂卻回。最後遣兵穴地，至其柵底，實火藥
轟之，柵果突然起，高丈餘。賊驚擾，聲震天。我軍皆挺槍抽刀，待柵
破而掩殺。無何，柵忽落而平，又起又落，如是者三，不復動，柵如故。
蓋立柵之坡斜而下，而地道乃平進，故坡土厚，不能迸裂也。然賊自是
懼。其柵之插入江者，開水門以通舟，運糧械不絕。阿桂謂：如是則賊
終無坐困之日也。撥戰棹五十，越過其柵截之。時阿里袞已病甚，猶力
疾督攻柵，視槍炮最多處輒當之。經略慮其傷，令統舟師以息勞。戰艦
整列，賊糧械不得入柵，由是益懼。其酋帥曰眇旺模者，遣人來乞和，
願結柵於兩軍適中地，請將軍等往蒞，眇旺模親來面受要約。經略不許。
諸將以兵多染瘴，日有死亡，爭勸受降撤兵。乃遣哈國興往，責眇旺模
以進表、納貢、返土司地諸事。議未決，眇旺模左顧而去。哈國興單騎
入其柵責之，眇旺模不敢見，別遣人出，請如約。適緬酋懵駁亦遣使齎
貝葉書來乞降，乃取其成而還。緬甸平。余以乾隆三十三年奉旨赴滇，
時果毅阿公為將軍，命余參軍事，嘗從歷入關諸隘口。是冬，雲巖阿公

以總督兼將軍，二公同在一營，余兼直焉。其明年，大學士忠勇公傅文忠來滇經略，余以故吏又在幕下，故所記較親切。」（《皇朝武功紀盛》卷三）可互爲參證。

五月初，有旨令鄰省官在滇者，各歸本任。遂辭經略傅恒、將軍阿桂、阿里袞等人，於五月九日，自騰越回返。

《舊譜》：「會有旨，鄰省官在滇者，仍各歸本任。先生乃以五月九日辭經略、將軍等，自騰越起行。」

歸途路經點蒼山下，繞道安寧州，浴湯泉，又由路南州，入廣南，再入土富州。

《雪團》：「我聞清涼山，上有太古雪。爲落苦寒地，冬夏常塋徹。何哉炎徼中，已屆六月節，亦見雪作團，淨白接玉屑。一團賣一錢，筠籃滿街列。問其所從來，點蒼晨採擷。夫惟高故寒，上界氣凜列。歊蒸迥不到，留此一片潔。乃知十九峰，夐在青冥絕。若以天咫量，五臺豈能垺。塞北冷易凝，天南暖難結。自非入太清，安得脫暑熱？征途憺無事，物理供靜閱。地暖天自涼，此論非摭說。歸去姑雄誇，滇雪堅如鐵。洪爐燎不消，沸湯沃不滅。」（《甌北集》卷一五）

《安寧州湯池》、《路南州食雞蹤》、《廣南》、《蜈蚣箐》、《土富州驛舍》（《甌北集》卷一五）諸詩，均寫於此時。

【按】點蒼山，「點蒼山，在大理府城西五里。高千餘仞，盤互百餘里。一云高六十里，盤互三百里。介龍首、龍尾兩關之間，前襟榆江，碧瀾萬頃，背環漾水，連絡爲帶。亦曰靈鷲山。有十九峰環列內向，如弛弓然。山椒懸瀑，注爲十八溪。翠巒條分，青嶂並峙，如大鳥之連翼將翔也」（《讀史方輿紀要》卷一一三《雲南一》）。

據上引「何哉炎徼中，已屆六月節。亦見雪作團，淨白接玉屑。一團賣一錢，筠籃滿街列。問其所從來，點蒼晨採擷」，知甌北歸途當經由大理、下關一帶，且時在五、六月間。《簷曝雜記》卷三《雲南天氣之暖》：「又大理府之下關，六月中常有雪團賣於市，暍行者以當飲冰焉。詢其由來，則取諸點蒼山最高處也。相傳五臺山有千年不化之冰、六月長霏之雪，塞外苦寒，固宜爾。滇南極炎地，乃亦有此。」安寧，在雲南昆明西十餘里處。漢置連然縣。唐置安寧縣。元立安寧千戶，改爲安寧州。清因之，屬雲南府。《簷曝雜記》卷三《安寧州溫泉》：「滇城西六十里爲

安寧州，前明楊文襄一清故里也，有溫泉極佳，有司已築室其上。余自滇回粵，紆道赴之。門外小石山數座，皆穿穴透漏，土人謂之『七竅通天』。款扉入，有內外兩池，皆正方，惜池底仍沙土，但四周甃磚，可坐而已。聞驪山之泉下有石版鋪底，此不及也。然官斯土者已爲此泉所累。每大吏出省，安寧其首驛也，必往浴焉，供張畢具。又相傳有某督者，日須此泉浴，姬妾亦傚之，日費三十斛。知州者另製木桶，使氣不泄，常雇六十人，更番作水，遞至督署，尚暖可浴也。在大吏不過一盆水，而有司爲之憊矣。」

路南，唐爲昆州蠻，元改爲路南州，清因之，屬澂江府。

廣南，《讀史方輿紀要》卷一一五《雲南三》謂「廣南府」：「古南蠻地。宋時名特磨道，儂智高之裔居之。宋至和二年，廣西經制使余靖遣邕州司戶參軍石鑒入特磨道，生獲儂智高母，即此。元至元中立廣南西道宣撫司，領路城等五州。後來安路奪其路城、上林、羅佐三州，惟領安寧州、富州。明初改置廣南府，編戶六里，土同知儂姓。領州一。今仍曰廣南府。府山崖高峻，道路崎嶇，控臨邊陲，有金湯之固。《志》云：廣南古無郡邑，西洋江限其南，牌頭山爲之鎮，崇崖巨壑、峻阪深林之區也。」

蜈蚣箐，當在特磨道中。

六月末，抵鎮安。當地土民無不爭先出迎。時妻兒已歸故里。

《舊譜》：「六月三十日抵鎮安。鎮安士民喜先生旋任，無不歡迎恐後。」

《入小鎮安》：「一路炎蒸歷幾旬，到官甘澍灑程勻。豈隨太守雙輪雨，應洗征夫十斛塵。宛宛前途馼篠隊，依依舊日脫韝人。共言此去欣無恙，祇是微添白髮新。」（《甌北集》卷一六）

《回鎮安官舍》：「兩載身隨勁旅屯，得歸廨舍總君恩。愧無績可留銅柱，敢幸生猶入玉門。口不談兵聊守默，心仍見獵想追奔。篋中一卷滇行草，略記鴻泥指爪痕。」「十笏衙齋澹夕暉，依然枯衲掩山扉。去時父老愁長別，到日妻孥已大歸。燭案前披訟牒，洗塵杯下脫征衣。卻慚戎幕毫無補，偃仰徒誇髀肉肥。」（《甌北集》卷一六）

【按】小鎮安，即鎮邊縣。明永樂中分置鎮安土州，屬思恩府。尋廢。乾隆八年設土巡檢。三十一年改流官通判駐轄，曰小鎮安廳。（《清史稿》卷七三《地理志二十》）又，《簷曝雜記》卷四《滇黔民俗》：「滇、黔民

情最淳。征緬時，派滿洲、索倫兵各五千，每站過兵，須馬七百、夫二千，皆出之民間。上軫念民艱，按例加倍給雇價，然多爲有司移用，民之應差者未必得也。其夫、馬皆民間按田均派。余自滇歸，一日小憩道旁靈官廟。有生監及村老十餘人咸集，見余至，皆跪迎。余問其何事，皆不敢言，固詰之，則結算兵差費耳。問以費若干，則糧銀一兩科至六兩餘。余謂：『朝廷給價已加倍，何至煩爾等出財？』皆云：『藩庫例不先發，令有司墊辦，有司亦令民墊辦，俟差事畢始給。今差雖畢，而給與否未可知。且有司亦多他用，民等幸不誤差，不敢望給直矣。』其謹厚如此。」

天保縣令姜某夥同攝府事金某，乘甌北從軍滇南之機，欲借發田照以斂錢財。甌北訪知之，力禁此弊，以絕其貪欲。

《舊譜》：「有天保縣令姜某與攝府事金某商，謀按民田給以照，俾息訟端，其實欲藉給照以斂錢也。已令土目向各邨造田冊矣。先生歸，廉知之，乃出示，寢其事。姜大失望，然民間免出此橫錢矣。」

《簷齋偶得》：「閨媛或有私，時猶恐人知。娼女即改行，見客仍笑嬉。由來出身異，意趣自各歧。與聘卻扇妓，寧買破瓜姬。所以劉士安，轉運兼度支，管庫必用士，不使吏爲之。」「城市犬能吠，專吠藍縷人。鄉村犬亦吠，反吠衣履新。由其所見陋，生不識冠巾。毋怪狗苟徒，仇正群猗猗。彼其心目中，好醜本不分。自非同氣類，相遇必怒瞋。亦復何足責，彼固非人身。」「夕陽在西下，紅乃映海東。震雷鼓一鳴，百里聞隆隆。由來聲與光，所屆遠莫窮。奈何齷齪流，目睫謀徒工。死爲無名鬼，生爲無是公。君子務其大，意氣高於虹。」（《甌北集》卷一六）

【按】《簷曝雜記》卷三《鎮安倉穀、田照二事》謂：「又天保縣令某，先與署府某商謀，謂民間田土無所憑，故易訟，宜按田給照以息爭端，實則欲以給照斂錢也。而時未秋，民無所得錢，先使甲目造冊，將於秋收後舉行，而不虞余之自滇歸也。夏六月，余忽回郡，廉知之，以此令向日尚非甚墨，因語以此事固所以息爭，而胥役等反藉以需索，則民怨且集於官，不如自以己意出示罷之，尚全其顏面也。然計其所失，已不下萬餘金。某方銜次骨，而民間皆知以余故得免此橫錢，是以感最深。」載其事甚詳，可參看。

九、十月間，總督至南寧閱兵，例往迎。經歸德峽，過橫州大灘，經桂

平，達梧州，至端州。寓閱江樓，與故人蔣南邨龍昌邂逅，喜不自勝。又折而回，由梧州，隨周山茨升桓觀察往桂林、南寧。宿南寧敷文書院，為王陽明所建之事功所傾服。

《舊譜》：「會總督至南寧閱兵，例往迎。」

《寓端州閱江樓喜蔣南邨州牧至》：「飛簷角立倚崧臺，谺落晴江望眼開。百尺正慚豪士臥，一帆恰遇故人來。聯吟鴝鵒青花硯，共泛羚羊白浪堆。獨愧樓名故鄉似，天涯鴻爪首同回。」（《甌北集》卷一六）

《隨周山茨觀察赴桂林有作》：「于邁從公畫舫移，江行消得上灘遲。唱酬客路增新詠，脫略官場恃舊知。蠲渴雪分紅荔啖，助談風起白蘋吹。上司屬吏皆詞客，成此風流一段奇。」「詞垣忽漫各揚鑣，劉井柯亭一夢迢。吏事漸增新學問，詩情兼譜野歌謠。從軍我愧遺三矢，按部公能振六條。雅誼欣叨恕狂態，還如鎖院話寒宵。」（《甌北集》卷一六）

《宿南寧敷文書院，王文成平田州時駐師講學處也，瞻拜遺像，敬志二律》：「清高遺像見名賢，講學臺空尚歸然。公已身兼三不朽，我憐生晚百餘年。真源卻自龍場得，此地應偕鹿洞傳。五體能無投地拜，瓣香親炷一爐煙。」「駐師邕管為田州，談笑功成帖兩酋。餘事更教藤峽斷，奇勳先著贛江流。漫勞異學諸儒詆，終雪虛聲處士羞。蘚翰如林聽鼓篋，此風也復足千秋。」（《甌北集》卷一六）

《歸德峽》、《橫州大灘謁伏波將軍廟》、《桂平道中》、《梧州道中》（《甌北集》卷一六）諸詩，均寫於此時。

【按】端州，即今廣東肇慶。《清史稿》卷七三《地理志二十》謂：「康熙二年，廣東、西分設總督，四年復故。雍正元年，復分設，明年復合。六年，以雲貴總督兼轄廣西。十二年，仍復故，駐廣東肇慶府，後移治廣州府。」時，兩廣總督李侍堯很可能暫駐肇慶，故甌北前往迎之。

蔣南邨，即蔣龍昌，見本譜乾隆三十年考述。

周山茨，即周升桓。時任廣西蒼梧道，故稱其觀察。其生平見本譜乾隆二十九年考述。

歸德峽，《歸德峽》詩稱：「田州南去急流潺，峽束渾如勒馬還。」歸德峽當在廣西平泉東北一帶，因瀕臨右江，形勢險要。

田州土州，《欽定大清一統志》卷三五九《思恩府》謂：「在州西四百五十里，東西距四百里，南北距三百五十里。……漢鬱林郡地，唐開

元中始置田州,治都救縣,天寶初曰橫山郡,乾元初復曰田州,屬嶺南道邕管。貞元二十一年廢,後復置爲羈縻州,宋亦曰田州,屬邕州右江道。元升爲田州路。明洪武初曰田州府。嘉靖七年降府爲州,復添設田寧府治焉。明年府廢復爲田州,屬廣西布政使司。本朝康熙三年,改屬思恩府。」在廣西百色、恩隆、恩陽一帶。

橫州大灘,亦當在橫州境內。雍正六年金鉽《請移駐丞倅等官疏》曰:「南寧府橫州之伏波大灘,宜設巡檢查防也。查橫州幅員遼闊,俯臨左江。該州伏波大灘在州東七十餘里,界連廣東欽州、靈山等處,水闊山荒,宵小每乘間竊刼。州屬僅有吏目一員,駐防州城,鞭長莫及。應請設巡檢一員,弓兵十二名,駐箚其地。將附近村莊、河道,俱交與巡防,庶地方得以寧謐。查南寧府屬之果化土州,人民甚少,吏目一員,理應裁汰,又與隆安縣那樓寨巡檢接壤,該寨亦甚僻小,應將果化土州吏目之事,令那樓寨巡檢就近兼理。其果化土州吏目,請改爲橫州大灘司巡檢,則捕巡不致乏員,而要地得以防範矣。」(《廣西通志》卷一一三《藝文·國朝·疏》)《清史稿》卷七三《地理志二十》「橫州」下注曰:「東:橫嶺。北:震龍山。東北:定祥山。西北:平天嶺。鬱江自永淳入,東流,右受橫槎江、平南江、鹿江,經治南,東北流,左受清江,右受武流江,折北,古江自永淳東南流注之,東北入貴縣。南寧營分防汛駐城。有大灘巡司。」

桂平,《欽定大清一統志》卷三六三《潯州府》謂「桂平縣」:「附郭東西距一百五十里,南北距三百七十里,……漢鬱林郡,布山、阿林二縣地。梁分置桂平郡。隋平陳郡,廢爲桂平縣,屬鬱林郡。唐貞觀七年爲潯州治,五代、宋因之。元爲潯州路治。明爲潯州府治,本朝因之。」甌北此次爲何遠行,除例迎總督之外,還有否其他原因,《舊譜》無一字及之。然據《署齋偶得》之二所云,「由其所見陋,生不識冠巾。毋怪狗苟徒,仇正群猘猘。彼其心目中,好醜本不分。自非同氣類,相遇必怒瞋。亦復何足責,彼固非人身」,當因甌北抨擊姜、金二貪官藉發囘照聚斂錢財之舉,觸動其根本私利。或有「狗苟徒」於上司前「仇正」誣告之事。甌北此次遠行,或與此有關聯。姑附於此,俟考。詩稱「秋風吹上鬢毛斑」(《桂平道中》,《甌北集》卷一六),又謂「南天本偏氣,十月開桃杏」(《梧州道中》,《甌北集》卷一六),知此行在九、十月間。

十月末，值收倉穀，嚴禁猾吏設謀坑民、濫收稻穀之弊，對奸貪小吏，繩之以法。

《舊譜》：「冬收倉穀，又嚴禁各屬浮濫之弊。常平穀春借秋還，鎮安俗登穀皆連穗，故不斗量而盛於竹筐，以秤權其輕重。向例出借時連筐五十斤，筐重五斤，則小民得穀僅四十五斤耳。及還倉，則五十斤之外加筐五斤，息穀五斤，又折耗五斤，爲一秤。民已加十五斤矣。相沿日久，亦視爲固然，不敢怨。而去歲以購馬濟滇軍，有司不無所累，遂於收穀時別製大筐，可盛百二十斤者收之。先生在滇不知也。及是年已無購馬費，而各屬意欲以購馬年所收爲額，先生預聞之。會總督至南寧閱兵，例往迎，而府倉亦有社穀當收。乃於秤之六十斤處鑿一孔，貫錘繩於其中，不可動移，聽民自權。筐五斤，又息穀五斤，變價交司庫，故以六十斤爲一秤。於是民之以兩筐來者，剩一筐去，城內外酒肆食棚各醉飽，幾不能容。甫三日，秤穀悉收畢。先生至南寧，而歸順州民陳恂等赴寧來控收穀橫斂狀。先生立遣役縛其監倉奴及書吏，痛懲之，而各屬之收穀皆不敢逾檢矣。鎮郡民由此感先生甚。」

《秤穀歎》：「邊民怕官魚見獺，十月滌場齊納稭。斛不可量須秤稱，猾吏乃得施其猾。持衡高下總在手，手握錘繩緊不撒。求益豈但賣菜爭，貪多直欲助苗揠。頭會箕斂尚有數，此則無慮十加八。可憐窮黎不敢言，張目熟視詛眞瞎。緊余實忝守此土，忍睹民膏盡被刮。下令禁之未必止，按法誅之不勝殺。特從秤背穿一穴，貫以長緪掛錘砝。如索鎖骨未易開，如孔入須猝難拔。免使移星錯昂參，省教瞥眼眩匉訇。平準聽民自權度，奸胥在旁眼空眨。從此銖黍分低昂，一秤賢於百番箚。諸葛秤心敢詡同，姚崇秤誠聊可察。雖減墨吏囷積高，且紓耕農釜聲戛。」（《甌北集》卷一六）

【按】又，《簷曝雜記》卷三《鎮安倉穀、田照二事》謂：「余在鎮安，別無惠民處，惟去其病民者一二事而已。常平倉穀，每歲例當春借秋還。其穀連穗，故不斗量而權以稱出。借時盛以竹筐，每稱連筐五十斤，筐重五斤，則民得穀僅四十五斤耳。及還倉，則五十斤之外加筐五斤，息穀五斤，又折耗五斤，共六十五斤爲一稱，民已加十五斤。然相沿日久，亦視爲固然，不敢怨。余赴滇從軍之歲，粵西購馬萬匹濟滇軍，有司不無所累，遂於收穀時，別製大筐可盛百二十斤者收之，民無可訴也。及明年，余自滇歸，已無購馬費，則仍循舊例六十五斤可矣，而墨吏意殊不足，然未敢開倉也。余府倉亦有社穀當收，即令於稱之六十斤處鑿一

孔，貫錘繩於其中，不可動移，聽民自權（筐五斤，係前官放穀時所扣；息穀五斤，價交司庫，故六十斤為一稱）。於是民之以兩筐來者，剩一筐去，城內外酒肆幾不能容。余適以事赴南寧，而歸順州牧欲以購馬歲所收為額，州民陳恂等赴寧來控。余立遣役縛其監倉奴及書吏，荷校於倉外，而各屬之收穀，皆不敢逾檢矣。」可互為參看。

時而出巡轄區內各地，至歸化州，囑州牧湯存方多加植樹。在華岢，激勵百姓農耕，至嵌漢卡，檄近境安南地方官謹守誓盟。每到一處，父老婦稚夾道膜拜。

《舊譜》：「每出行，各村民輒來舁輿至其村。巡歷而過，又送一村，其村民亦如之。父老婦稚夾道膜拜，日不過行三十里。至宿處，土銼瓦盆，雞豚酒醴，各有所獻，不煩縣令供頓也。」

【按】《簷曝雜記》卷三《鎮安倉穀、田照二事》：「每余出行，各村民輒來舁輿至其村，巡歷而過，又送一村，其村亦如之，父老婦稚夾道膜拜，日不過行三十里。至宿處，土銼瓦盆、雞豚酒醴，各有所獻，不煩縣令供頓也。及余調廣州，時方赴桂林，途次得旨，即赴新任，不復回郡。時署中惟一妾，巾車出城，滿街人戶無不設香案跪送。又留一族孫鶴沖在郡，交代畢來廣時，街民送亦如之。是歲九月，陳恂等七十餘人又送萬民衣傘至廣，計程四千餘里，距余出鎮安已六七月矣。亦可見此邦民情之厚也。」

《土俗》：「見日常須到巳牌，瘴深侵曉總陰霾。城中屋少惟官廨，牆上山多逼郡齋。俗有鬼神蠻放蠱，夜無盜賊虎巡街。所欣民意安吾拙，相愛渾如鳥入懷。」（《甌北集》卷一六）

《貴縣途次奉旨調守廣州，感恩誌遇，兼寄別鎮安士民》之三曰：「鎮安雖僻自堪豪，最喜蕭閒似馬曹。片檄下時諸部肅，萬山深處一官高。草亭置酒留賓醉，花閣抄詩課吏勞。此福難消應準折，從今判牘夜焚膏。」（《甌北集》卷一六）

《照陽關》、《獨秀山古榕樹歌》、《鑒臨塘驛合小憩》、《上果化峽》、《歸順州龍潭觀打魚》、《華岢》、《嵌漢卡檄安南官勘地》、《夜坐》、《題春山仙奕圖》、《人面竹》（《甌北集》卷一六）諸詩，均寫於此時。

【按】照陽關，在歸德州（今廣西靖西縣）與小鎮安（鎮邊縣）分界處。
　　　華岢，今作化岢。在今廣西靖西縣東南。

鑒隘塘，《簷曝雜記》卷三《鎮安水土》謂：「（鎮安）惟水最清削，極垢衣蕩漾一二次，則膩盡去，不煩手摑也。是以不論貧富皆食豨脂以潤腸胃。余嘗探其水源，在城西三十里，地名鑒隘塘。水從山腹中出，有長石橫攔之，長三十餘丈。水從石上跌而下作瀑布，極雄壯。城中望之，不啻數百匹白練也。彙而成川，繞城南而過。川皆石底，無土性，故魚之肉甚堅而無味。又東流，亦從山腹中出左江。蓋滇、黔、粵西諸水，大半在山腹中通流，其見於溪澗者不過十之一二而已。」

果化峽，在果化州境內。《欽定大清一統志》卷三六四《南寧府》謂「果化土州」曰：「在府西北四百二十里。東西距七十五里，南北距五十一里，……古盤瓠百蠻地。宋置果化州，屬邕州橫山寨。元屬田州路，明初因之，後屬廣西布政使司，宏治十八年改屬南寧府，本朝因之。」

鎮安多虎，民不得安，嘗募能殺虎者，以除禍患。

【按】《簷曝雜記》卷三《鎮安多虎》：「鎮安多虎患。其近城者，常有三虎，中一虎已黑色，兼有肉翅。月明之夕，居人常於欄房上見之，蓋千年神物也。余募能殺虎者，一虎許償五十千。居人設阱攫及地弩之類，無不備，終莫能得。檻羊豕以誘之，弗顧也。人之為所食者，夜方甘寢，忽腹痛欲出便，其俗屋後皆菜園，甫出門至園，而虎已銜去矣。相傳腹痛即虎伥所為云。人家禾倉多在門外，以多虎故無竊者。余嘗有句云『俗有鬼神蠱放蠱，夜無盜賊虎巡街』，蓋實事也。余在鎮兩年，惟購得一虎、五豹。豹皆土人擒來，虎乃向武州人鉤獲者。其法以木作架，懸鐵鉤，鉤肉以餌之。虎來搏肉，必觸機，機動而虎已被鉤懸於空中矣。」

十月末，聞將軍阿里袞卒於軍中，為詩以哭之。

《哭果毅阿公病歿於軍》：「曾從絕域立功回，五百驍兵萬賊摧。使相旌旗開幕府，上公劍履畫雲臺。攻心徼外勳垂就，曳足軍中志可哀。太息金沙江畔路，將星寒落浪花堆。」「曾忝軍諮畫策長，血痕親見裹金瘡。可憐病到三遺矢，猶自身衝百戰場。門望高還傳帶礪，國恩深為紀旂常。獨悲丹旐還都日，故吏無由奠一觴。」（《甌北集》卷一六）

【按】乾隆三十四年十月，阿里袞率兵至新街，「時傅恒偕副將軍阿桂領兵新街東岸，賊三千餘船百餘迎拒。阿里袞同伊勒圖據戞鳩江西岸，派滿洲吉林綠營兵七百餘進剿。……十一月，以疾卒於軍。諭曰：『尙書果毅公阿里袞，久侍禁廷，揚歷中外。公誠恪慎，宣力有年。前此平定西

陞，懋著勞績，曾經圖像策勳。是以征緬之役，特命前往滇南俾膺副將軍之任。去歲因其身患瘧疾，遄遣御醫馳視，並賜藥餌調攝。旋即得痊，而精神未能全復，朕心方為厪念。昨自戞鳩進次猛拱，所至頗稱勞瘁。及在新街分兵剿賊，奮勇奪壘，純蓋足嘉。乃因體弱邁疾，猶統舟師前進。正冀其速愈以副委任，遽聞溘逝，深為軫惻。所有應得恤典，該部察例具奏。』禮部議，上賜祭葬如例，命入祀賢良祠，諡襄壯」（《欽定八旗通志》卷一四四《人物志二十四·阿里袞》）。《清史稿》卷三一三《阿里袞傳》則曰：「十月，傅恒還師蠻暮，復進攻老官屯，駐戞鳩江口。緬甸兵水陸並至，傅恒、阿桂軍江東，阿里袞軍江西，迎戰。敵結寨自固，阿里袞率兵七百攻之，敵百餘棄寨走。把總姚卓殺敵，奪其旗，師銳進，敵四百餘亦遁。復戰，會日暮，敵不能堅守，皆引去。凡破寨三，殺敵五百餘。傅恒亦邁疾，諸將議毋更進兵。阿里袞曰：「老官屯賊寨，前歲額爾登額攻未克。距此僅一舍，不破之何以報命？」策馬行，傅恒以下皆從之，寨堅，攻不克。阿里袞疾甚，猶彊起督攻，視槍炮最多處輒身當之。傅恒慮其傷，令將舟師，毋更與攻寨。十二月，卒於軍。」昭槤《嘯亭雜錄》、趙翼《平定緬甸述略》，雖均言及其「已病甚」，但未確載其卒之日期。僅錄以備考。而《清史稿》卷三〇一《傅恒傳》則謂：「阿里袞感瘴而病，改將水師，旋卒。十一月，傅恒復進攻老官屯。」據此，阿里袞又似卒於十月。干昶《春融堂雜記·征緬紀聞》，謂阿里袞卒於本年十月十九日，當可信。《欽定八旗通志》、《嘯亭雜錄》所載或有誤。此處繫年，姑依《清史稿》「本傳」。

聞傅恒出師老官屯奏凱，賦詩志喜。

《聞經略出師老官屯，水陸攻圍，緬人乞降，班師奏凱，詩以志喜》：「喜聞蠻徼已輸忱，束甲和門請獻琛。化外狁夷真革面，征南上相本攻心。花鬘譯使衣裁毹，貝葉番書字縷金。鐵壁關前歌大凱，勒勳應在最高岑。」「遙識歡聲湧似濤，入關戰士解征袍。放歸逐北嘶風馬，洗罷征南帶血刀。絕徼遠來莽面誓，廣場大饗裹瘡勞。受降如此方咸克，招致何曾一著高。」「頻年征調促郵符，絡繹津亭轉粟芻。隻日價同雙日雇，一鍾費至十鍾輸。夜郎雖大終歸漢，孟獲成降為渡瀘。不是廟謨能決討，幾時此局了軍需。」「簪毫幕府忝從戎，別去方聞息戰攻。劇喜世堪長偃武，敢嫌身不與成功。鐵橋波靜蠻江白，銅鼓春喧社火紅。所惜摩崖吾未及，筆端空負氣如虹。」（《甌北集》

卷一六）

【按】《清史稿》卷三〇一《傅恒傳》：「十一月，傅恒復進攻老官屯。老官屯在金沙江東，東猛密，西猛墅，北猛拱、猛養，南緬都阿瓦，爲水陸通衢。緬兵伐木立寨甚固，哈國興督諸軍力攻，未即克。師破東南木寨，緬兵夜自水寨出，傅恒令海蘭察禦之，又令伊勒圖督舟師掩擊，復獲船纛。緬兵潛至江岸築壘，又自林箐中出，海蘭察擊之，屢有斬馘。師久攻堅，士卒染瘴多物故，水陸軍三萬一千，至是僅存一萬三千。傅恒以入告，上命罷兵，召傅恒還京。傅恒俄亦病，阿桂以聞。上令即馳驛還，而以軍事付阿桂。會緬甸酋懵駁遣頭人諾爾塔齎蒲葉書乞罷兵，傅恒奏入，上許其行成。」

是年冬，娶妾蔣氏。

【按】《西蓋趙氏宗譜》謂：趙翼，側室蔣氏，乾隆十九年甲戌七月二十六日未時生，道光十四年甲午十月三十日亥時卒，壽八十一。蔣氏時年十六歲。

乾隆三十五年庚寅（1770）　四十四歲

【時事】　正月，以乾隆帝六十壽辰，明年皇太后八十壽誕，普蠲各省額徵地丁錢糧一次。二月，原貴州巡撫良卿以贓法婪贓被處決於貴州省城。《清史稿》卷三三九《良卿傳》謂：「良卿，富察氏，滿洲正白旗人。乾隆七年進士，授戶部主事，遷郎中。外授直隸通永道，累遷貴州布政使。三十二年，命署巡撫。師征緬甸，良卿董臺站。上諭良卿：『師行供頓有資民力者，核實奏聞。』良卿疏言：『此項多鄉保措辦，銀數多寡參差，無從核算。』上謂：『師行供頓有資民力，亦當官爲檢核。若以鄉保措辦遂置不問，民瘼何所仰賴？且吏役因以爲奸，又何所不至耶？良卿以布政使署巡撫，何得諉爲不知？』下吏議，當降調，命改奪官，仍留任。既，上發帑佐軍需，良卿請確查散給。上詰良卿：『既言無從核算，何能確查散給？』命留供續發官軍。良卿又疏陳貴州兵極能走險耐瘴，請募五千人習槍炮、藤牌備徵發。上嘉其盡心，賜孔雀翎。尋移廣東，以募兵事未竟，仍留貴州。貴州產鉛，歲采運供鑄錢，以糧道主其事。三十四年，良卿疏劾威寧知州劉標運鉛不如額，並虧工本運值，奪標職，令良卿詳讞。良卿疏陳標虧項，並劾糧道永泰，請簡大臣會鞫。上爲遣內閣學士富察

善如貴州會良卿按治。永泰揭戶部陳標虧項由長官婪索，因及良卿及按察使高積貪黷狀，上解良卿職，復命刑部侍郎錢維城、湖廣總督吳達善即訊。故事，奏摺置黃木匣，外護以黃綾袱，至御前始啓。上發副將軍阿桂軍中奏，於袱內得普安民吳佃訴官吏、土目私派累民狀，命吳達善密勘；而劉標亦遣人詣戶部訴上官婪索，呈簿記，上申命吳達善嚴鞫。吳達善先後疏言，標積年虧帑至二十四萬有奇。良卿意在彌補掩覆，見事不可掩，乃以訪聞奏劾；及追繳銀六千有奇，令留抵私墊公項，不入查封，始終隱飾。又及高積鬻儲庫水銀，良卿有袒庇狀。良卿長支養廉，爲前布政使張逢堯及積署布政使時支放。普安州民吳國治訴知州陳昶籍軍興私派累民，良卿即令昶會鞫，不竟其事，乃致佃賄驛吏附奏事達御前。上乃責良卿負恩欺罔，罪不止於骪法婪贓，命即貴州省城處斬，銷旗籍，以其子富多、富永發伊犁，畀厄魯特爲奴。積、逢堯、標皆坐譴。」三月，帝命阿桂「赴騰越以待緬人入貢。是時，明德降爲巡撫，代以彰寶，使守備蘇爾相往緬，責其入貢遲慢，憒駮留之。公上言：『緬人村落在蠻暮、木邦、猛密三土司外，偏師不可深入，宜休息數年，爲大計舉。』上以連年用兵，恐他省備辦糧馬，一時竭蹶，且不直以拘留蘇爾相故，輕議大舉，降旨切責。於是部議革職。命以內大臣管副將軍事。」（《碑傳集》卷二八《太子太保武英殿大學士一等誠謀英勇公謚文成公阿桂行狀》）。三月，傅恒由雲南邊境還至京。時帝奉皇太后駐蹕天津府，閱駐防兵。傅恒朝行在，命與福建安俱仍爲總管內務府大臣。四月，雲貴總督彰寶劾哈國興與緬人議，具約以不實。先是，大軍征緬，「經略傅恒議用水師，令國興赴銅壁關外野人山督造船。移雲南提督，加太子少保。船成，從傅恒出猛拱、孟養、南豐、猛烈、猛壩，次老官屯。緬人水陸備甚固，攻之不時下。頭人諾爾塔以其酋憒駮命，遣使得魯蘊詣軍乞解兵。傅恒令國興出見，曉以利害，令具約十年一貢，毋更擾邊，歸所掠內地人。緬人誓奉約。時傅恒方病，將軍阿桂召從征諸大臣議，皆言許之便，遂與定約解兵。既而貢弗至，總督彰寶遣都司蘇爾相諭意，留不遣，揚言國興許以木邦、猛拱、蠻暮三土司予緬人，請如議」（《清史稿》卷三一一《哈國興傳》）。乾隆帝聞彰寶奏，「召國興至京師，詰國興，國興白陳未嘗有此議。上責國興遷就畢事，奪太子少保，左授貴州古州鎮總兵。移雲南臨元鎮」（《清史稿》卷三一一《哈國興傳》）。五月，因征緬不力，副將軍阿桂爲帝切責，召大學士，尚書同軍機大臣等諭曰：「傅恒身抱沈疴，勢幾難於自主，而阿桂身任副將軍，凡軍營要務，經略而下，即應身肩其責，自當先送傅恒入關

調理，而阿桂留駐彼處，整飭部伍，或五日，或十日，漸次徐徐退兵，庶緬匪不能窺見淺深，妄生輕視耳。乃阿桂一得緬匪投誠之信，如獲更生，即將諸路攻圍之兵同時俱撤，即日怱忙而歸，致緬匪知我兵利於速退，得以料我虛實，遂生慢易之心。及渾覺遣歸，彼益得深悉營中底裏，豈復有所忌憚，在渾覺之不應遽遣，朕固不能為傅恒諱，即傅恒回見，朕時亦自知病中辦理之失，至亟亟撤兵一節，則其咎全在阿桂。阿桂受朕厚恩，委以軍務重寄，竟全不以國事為念，惟圖自了，可謂毫無良心，實為可恨！」（《東華續錄（乾隆朝）》乾隆七十一）嗣經兵部議奏，請將阿桂照例革任。乾隆帝命將其領侍衛內大臣、禮部尚書、鑲紅旗漢軍都統一概革去，以內大臣革職留任，辦副將軍事。六月，調官保為刑部尚書、素爾納為戶部尚書。七月，傅恒卒。「諭曰：『大學士一等忠勇公傅恒才識超倫，公忠體國，德心孚契，襄贊深資。自早齡侍值禁近，即覘其器宇非常，薦膺委任。旋以金川建績，錫爵酬庸，用是擢冠綸扉，綜理庶務，蓋誠靡懈，罕有其比。西師之役，獨能與朕同志，贊成大勳。及崇爵再加，堅讓不受，尤足嘉焉。昨歲進剿緬甸，傅恒堅決請行。朕以萬里懸軍，情難深悉，而廷臣更無可當斯寄者，因授為經略，統率勁旅專征。傅恒自夐鳩濟師以後，身先士卒，艱瘁備經，用能收服猛拱。迨會師蠻暮，襲擊新街，斬馘搴旗，賊皆潰竄，遂進攻老官屯。時傅恒已身染沈痾，猶力疾督勵兵眾，晝夜兼攻，克期可卜。逆酋畏懼，具書懇請解圍。而朕亦因其地水土惡劣，軍中多病，先期降旨撤兵，並遣醫馳驛往視。春間，傅恒於天津行在復命，見其形神頓異，隱慮難以就瘥，猶冀其安居調理，以臻勿藥。詎自五月以後，病勢日益加劇，漸成不起。每朝夕遣使存問，賜以內膳羹糜，俾作頤養。復間數日，親臨視疾，見其有增無減，軫念彌殷。今聞溘逝，深為震悼。所有衾襚之屬，業經從優頒賜，似此鞠躬盡瘁，允宜入祀賢良祠，賞給內帑銀五千兩治喪，並著戶部侍郎英廉經理其事。朕仍親臨奠醊。其應得恤典，著該部察例具奏。』上親臨其第酹酒，製詩曰：『瘴徼方欣興病回，侵尋辰尾頓增哀。鞠躬盡瘁誠已矣，臨第寫悲有是哉。千載不磨入南恨，半途乃奪濟川材。平身忠勇家聲繼，汝子吾兒定教培。』又命喪葬儀節視宗室鎮國公例行。賜祭葬有加禮，諡文忠」（《欽定八旗通志》卷一四四《人物志二十四·傅恒》）。八月，命劉統勳兼管吏部。帝奉皇太后往木蘭秋獮，至十月初始回。九月，廣東豐順縣百姓朱阿姜、揭陽監生池亨會等聚眾舉事，歃血結盟，嘯聚於白芒洲，各用白布纏頭，吹螺持械，殺差拒官，聲勢張甚。後為總兵薩靈阿、兵備道觀音保等帶兵鎮壓，擒獲一百

二十餘人。(《康雍乾時期城鄉人民反抗鬥爭資料》下冊) 十月，乾隆帝就內務府人員兼管庫房事，諭曰：「據總管內務府大臣奏：『兼攝茶庫之兵部員外郎五十三現升禮部郎中，請仍留兼辦庫務』等語。所奏不可行。前因內務府人員習氣不好，是以令六部選派誠幹司員引見，兼管六庫，俾相牽制。此等兼攝之員若令久於其任，則不但不能糾察，轉恐沾染積習，彼此聯爲一氣，殊非派員兼理之本意。嗣後六部人員兼管六庫者，並定限三年更換一次。其有升任等事，總管內務府大臣概不准奏留。著爲令。」(《欽定八旗通志》卷首之十二《勅諭六》) 十二月，以崔應階爲漕運總督，李湖爲貴州巡撫。

本年，吳縣張塤由粵至贛，作《水碓》詩，寫土豪沿河占地設巨碓，阻遏舟舶交通，使航行遭遇危險事。

甘肅奇旱，鎮洋畢沅本其地方官的感觸，作「可憐人餓死，賑冊尚留名」詩。

吳中發生拐殺兒童案，以浙吏阻撓，對拐犯未得重治，趙懷玉憤作長詩《吳童冤》。

吳縣范來宗北行入都，作《過關行》，述關吏對行旅的阻撓。

蘇州石琰(恂齋)刻所著《天燈記》、《忠烈記》二傳奇。

丹徒王文治遊蘇州，寓吳泰來話雨亭，爲題所藏仇英繪倪瓚像。

山陽程晉芳經皖北行，在揚州與沈大成、金兆燕、侍朝等會，晉芳作《竹西訪桂歌》。

安徽汪啓淑客邗江，與王文治、鮑之鍾等會何氏園，金兆燕爲序《邗溝集》。

金壇段玉裁作吏入黔。

上海陸錫熊旅粵，與翁方綱同訪六榕寺。

上海曹錫寶官山東，此際以縱容糧丁殺人，降職爲部員。

直隸紀昀自烏木齊放還。

浙江杭世駿解揚州書院事南還。

寧夏大旱，六月降霜，蕎麥一夕而枯。顧光旭上告藩司，求賑災民，凡三上，均被拒，爲民請命，不避斧鉞，曾賦詩曰：「產破妻孥賤，腸枯草木甘。」畢秋帆譽之曰「十字千古」。(《響泉年譜》)

洪亮吉偕黃景仁赴江寧鄉試，不售。秋，在寧與袁枚相識，詩被許爲有奇氣。(《洪北江先生年譜》)

【本事】春初，仍時而下鄉巡視，訪察風俗民情，因勢利導之。

《土歌》：「春三二月壚場好，蠻女紅妝趁壚嬲。長裙闊袖結束新，不賭弓鞋三寸小。誰家年少來唱歌，不必與儂是中表。但看郎面似桃花，郎唱儂酬歌不了。一聲聲帶柔情流，輕如遊絲向空嬝。有時被風忽吹斷，曳過前山又嬝嬝。可憐歌闋臉波橫，與郎相約月華皎。曲調多言紅豆思，風光罕賦青梅摽。世間真有無礙禪，似入華胥夢縹緲。始知禮法本後起，懷葛之民固未曉。君不見雙雙粉蝶作對飛，也無媒妁訂蘋蔦。」（《甌北集》卷一六）

《山行》、《舟行》（《甌北集》卷一六），均寫於此時。

【按】《簷曝雜記》卷三《邊郡風俗》：「粵西土民及滇黔苗、傜風俗，大概皆淳樸，惟男女之事不甚有別。每春月趁壚唱歌，男女各坐一邊，其歌皆男女相悅之詞。其不合者，亦有歌拒之，如『你愛我，我不愛你』之類。若兩相悅，則歌畢輒攜手就酒棚，並坐而飲，彼此各贈物以定情，訂期相會，甚有酒後即潛入山洞中相昵者。其視野田草露之事，不過如內地人看戲賭錢之類，非異事也。當壚場唱歌時，諸婦女雜坐。凡遊客素不相識者，皆可與之嘲弄，甚而相偎抱亦所不禁。並有夫妻同在壚場，夫見其妻為人所調笑，不嗔而反喜者，謂妻美能使人悅也，否則或歸而相詬焉。凡男女私相結，謂之『拜同年』，又謂之『做後生』，多在未嫁娶以前。謂嫁娶生子，則須作苦成家，不復可為此遊戲。是以其俗成婚雖早，然初婚時夫妻例不同宿。婚夕，其女即拜一鄰嫗為乾娘，與之同寢。三日內，為翁姑挑水數擔，即歸母家。其後雖亦時至夫家，仍不同寢，恐生子則不能做後生也。大抵念四五歲以前，皆係做後生之時。女既出拜男同年，男亦出拜女同年。至念四五以後，則嬉遊之性已退，願成家室，於是夫妻始同處。以故恩意多不篤，偶因反目，輒至離異，皆由於年少不即成婚之故也。余在鎮安欲革此俗，下令凡婚者不許異寢。鎮民聞之皆笑，以為此事非太守所當與聞也。近城之民頗有遵者，遠鄉仍復如故云。」詩既言「春三二月壚場好，蠻女紅妝趁壚嬲」，知趁壚之對歌，當在春二、三月間。又，《山行》詩有「蠶眠欲起女提筐」句，提筐采桑，蠶眠欲起，亦在春日，故姑繫於此。

三月，以事赴省，在桂林，得見沈魯堂太守所拓《元祐黨碑》，賦詩以記其事。

《元祐黨碑在桂林者今尚存，沈魯堂太守搨一本見示，援筆作歌》：「崇

寧四年二月吉，臣京奉敕書黨籍。首編元祐終元符，所在郡司咸勒石。大書
深刻何煌煌，執政待制分班行。聿從章相初定案，七十三人已濫觴。子瞻儋
州子由雷，分地各就名偏旁。茲更增列三百九，直空人國無留良。歿者追奪
生者竄，並禁子孫仕朝堂。兼有曾持紹述議，亦得附驥分餘光。問胡作此一
網計，眾正登朝我將棄。遂甘鑄鐵錯竟成，肯令死灰焰重熾。剗除異己期必
盡，威福橫行乃無忌。太師原是一魔君，謬托左元仙伯位。龍腦煙浮別院香，
鶉羹命賤行廚味。比鄰侍女知避名，天子姻家親賜醉。回視南遷諸黨人，瘴
雨蠻煙葬無地。窮荒僦屋方坐愁，相府歌鍾正得意。豈知公道昭日星，錮之
愈力名愈馨。朝端枉矜九州鼎，天下已誦千佛經。磨礱貞石妙鐫刻，翻似為
作功德銘。嗚呼！權奸所爭亦細故，只此目前富貴具。庸知數十年榮華，不
過蜉蝣一旦暮。何苦抵死仇正人，徒供千載嬉笑怒。冰山他日況崩摧，白頭
也赴長沙路。桃花三樹詔勒回，東明佛燈黑如霧。一樣投荒作逐臣，剩比諸
賢多臭腐。相傳星變已毀碑，此碑何以完無虧？想因桂管地僻左，深岩無人
施斧椎。碑陰不鐫刻工某，毋乃亦是安民為。沈侯好古搨一紙，鐵畫銀鈎擅
絕技。一點金鋒雖兆亂，臨池功深特秀美。惜哉若亦作清流，故自不減蘇黃
米。」（《甌北集》卷一六）

《平江道中》：「放棹滄江穩，春堤草色新。山牛多似虎，沙鷺立如人。
湖海名何有，煙波意自親。中流淡容與，暫此豁襟塵。」（《甌北集》卷一六）

【按】沈魯堂，與蔣士銓、張九鉞有交。蔣詩《沈魯堂太守避暑商氏別業
子適病瘧戲柬》曰：「沈侯不能瘦，當暑苦蒸溽。守令二十年，僅仅存老
屋。有奴具廚饌，無地營水竹。卻借岸上舟，枕簟過三伏。臥臨百畝潭，
坐袒十圍腹。每邀淡蕩人，共用清涼福。我居屹相望，招手隔溪曲。海
風吹神山，語笑相斷續。言約十日飲，去吸千頃綠。如何病寒熱，遽為
瘧鬼辱？限同事克期，來比客不速。戞戞玉琢齒，睒睒電搖目。蕩身簸
粃糠，挾纊疊衾褥。少焉變袒裸，欲就冰雪沃。拭汗交二巾，飲水盡三
斛。兩境即漸滅，百體逡巡復。可憐維摩室，獨寢遠眷屬。我無關中蟹，
誰擲子章髑？致疾或有因，勿藥當代鞠。陰陽貴和平，偏勝忌染觸。臣
罪自知之，補救猶可贖。堆柈餉薑豉，聊佐餐淡粥。寧嫌近周妻，且莫
啖何肉。吾儕禱食指，霍爾效遙祝。」（《忠雅堂文集》卷一六）張詩《飲
桂林沈魯堂太守署齋》謂：「地接三湘北，樓高八詠名。壺觴追昔夢，鼓
角靜邊聲。桂石羅天秀，灕江繞郭清。短篷明日下，回首獨含情。」（《紫

峴山人全集》詩集卷一一）上引甌北詩引用多家筆記所載故實，藉此，可知其爲學之趨向。

《平江道中》，疑是甌北赴桂林行水路經平樂時所作。《清史稿》卷七三《地理志·平樂府》：「明府治，因之。東：團山、瓜嶺。東南：蓮花。北：目岩。東北：魯溪。桂江一曰府江，自陽朔緣界南流，會修江。屈東，經府治西南，平樂江自北來會，又東南流入昭平。平樂江亦曰樂川。」桂林，爲省治所。巡撫、布政、提學、提法，皆駐此。

回鎮安經貴縣途次，奉特旨調守廣州，未及與鎮安士民告別，便由桂林赴廣州任。遣人往鎮安接取眷屬，千百家百姓設香案跪送。

《舊譜》：「三月，以事赴省，途次得旨調守廣東之廣州府。先是總督李公之至南寧也，語左江道宋淇源曰：『廣州府缺出，廣東知府內無可調者，欲向廣西選調。而廣西各府亦少能事者，惟鎮安趙守可勝任。』使宋公道意。宋出語先生曰：『李公意已欲調君，但須君進見一面懇耳。』先生曰：『鎮安，天子所授也。廣州雖善地，而由制府奏調，則出制府之力。吾輩作吏，受上司特奏恩，將何以自行其志乎？』李公以其無私請也，另奏調梧州守吳九齡。會吳已升糧道，而李公之奏至，上乃以先生特調廣州。是時先生赴桂林，適宋公亦在省，歎曰：『君命中合守廣州，然求而得與不求而得何啻霄壤！』乃益服先生之自立爲不可及也。先生即由桂林赴廣州任，遣人往鎮安接取眷屬。蔣氏妾肩輿出城，街民千百家無不設香案於門跪送，以不得再見先生爲恨，有泣下者。留族孫鶴沖交代倉庫畢，出鎮安，街民跪送亦如之。」

《貴縣途次奉旨調守廣州，感恩志遇，兼寄別鎮安士民》：「詔除劇郡到番禺，嶺外雄繁第一區。萬里尚蒙恩記憶，頻年敢說蹟馳驅。定償凤願羅浮月，好續清聲合浦珠。莫笑頭銜仍未換，官叨特簡此榮殊。」「到任三年五出疆，在官曾未一年長。地偏恰似仇池穴，俗厚難忘畏壘鄉。本擬成圍看老柳，愧無遺陰托甘棠。最憐途次聞新命，不及公堂飲餞觴。」「鎮安雖僻自堪豪，最喜蕭閒似馬曹。片檄下時諸部肅，萬山深處一官高。草亭置酒留賓醉，花閣抄詩課吏勞。此福難消應準折，從今判牘夜焚膏。」「繁華聞說五羊城，人物嬉恬見太平。鮫妾輕綃珠瑟瑟，蜑人畫舫水盈盈。地當都會多盤錯，身處脂膏要潔清。卻喜移官鄉路近，迎親較少二千程。」（《甌北集》卷一六）

【按】據《貴縣途次奉旨調守廣州，感恩志遇，兼寄別鎮安士民》一詩來看，甌北是由桂林返回途中，至貴縣始接調守特旨，而後折回桂林，赴

廣州任。可補《舊譜》之未備。貴縣，南瀕鬱江，在桂平與橫縣之間，是返鎮安之必經之路。

由潯江入西江，經桂平、蒼梧、德慶、肇慶至三水，泊舟稍憩。

《舟次三水縣》：「羚羊峽口放船輕，沖邑先經管內城。眾水彙來江愈闊，萬山盡處地初平。津亭日麗朱旗影，堠館風高畫角聲。漸覺海邦繁庶象，豈宜領袖一書生。」（《甌北集》卷一六）

【按】三水縣，明置縣。西江為一水，北江為一水，合流而達省城又為一水，故名。屬廣東廣州府，清因之。在廣州西，距佛山較近，為水上交通之要衝。

拜會總督李侍堯、巡撫德保等官員畢，遊覽鎮海樓、光孝寺等名勝。

《舊譜》：「既至廣州，李公以先生奉特旨調守，特重之。巡撫德公保，故京師熟識，亦傾心委任。」

《光孝寺南漢烏金塔》：「寶幢屹立空王宅，舟稜矗天廿四尺。烏金為質黃金塗，的爍迥向目光射。竹根節節拔地高，蕉葉盤盤摩空窄。千佛迴翔百龍繞，髠氏槀氏妙刻劃。銘書大寶歲丁卯，南漢紀年傳自昔。想見偏霸氣力雄，豪侈傳家恣揮斥。煉汞無取董山銅，熔汁直煮昆吾石。榑桑為炭祝融冶，成此莊嚴供帝釋。或疑亡王喜酷刑，劍樹刀山血狼籍。得母一朝自悔禍，佞佛欲懺宿孽積。或疑嶺表割據久，忽聞真主握符赤，彈丸疆土當戒心，冀使梵力保宗祏。噫嘻乎！歌舞岡頭正酣適，棙人延登忠讜謫。戲波斯女如蝶蜂，奉樊髯子若著笑。魚英托子立椰壺，荔枝轟宴紅雲席。處堂方同乳燕嬉，依禪肯效怖鴿擇。巍峨窣堵裝祇洹，詎為祝延寓深策。我聞五季諸僭偽，皆朘民膏漁竭澤。漢去中土地最遠，累世驕淫尤富溢。疊石于番洞室啓，蓻香于禺臺樹闢。盤珠鞍勒誇南珍，編玉殿庭炫北客。昌華苑作銷金窩，媚川都定貢琲額。窮汰極侈不可殫，要使觀者舌盡咋。茲特餘力作佛事，亦復巨麗見標格。至今相輪映日鐸語風，作鎮山門逾拱璧。豈知當時出遊戲，彈指矜現化城蹟。七級浮圖妙合尖，直與鏤金作床同一役。可憐羊頭二四天雨到，山牛兔絲運已絕。稻田湧入魚藻門，全家北徙朝市易。離宮別館千百所，但剩寒煙一片白。天慶觀中範銅像，亦已銷毀流為液。獨此刹竿尚巋然，劫灰飛盡不崩拆。應是托根四禪地，寂光能避兵火厄。沈鎖雖看豎降幡，鑄鐵尚未成錯畫。人天龍象長護持，突兀訶林耀金碧。」（《甌北集》卷一六）

另有《登鎮海樓》（《甌北集》卷一六）詩。

【按】李侍堯，見本譜乾隆三十二年考述。德保，《欽定八旗通志》所收人物，「德保」凡三見：一爲滿洲正藍旗人，姓伊爾根覺羅氏，任藍翎長，隨定北將軍駐守新疆伊犁，戰死於叛亂中。一爲滿洲正黃旗人，姓烏察拉氏，任護軍參領。乾隆三十六年，隨征金川。三十八年，於木果木陣亡。一爲寧古塔正紅旗人，姓喀勒佳士。隨征金川，陣亡於四十年五月。

《清代七百名人傳》「政事類」所收「德保傳」，係另一德保，字仲容，號定圃，又號龐村，滿洲正白旗人士。《清史稿》無傳。時德保任廣東巡撫。甌北詩中所述，即其人。其事績見本譜乾隆四十三年考述。

《八旗通志》所收三名德保，俱非甌北結交之人。

「光孝寺」，「在府城內西北一里，本漢南粵王弟建德故宅，三國吳虞翻居此爲圃，多植蘋婆訶子樹，名曰虞苑。晉隆和中，僧罽賓始創爲王園寺。劉宋永初間，缺羅三藏飛錫至此，指訶子樹曰：『此西番訶梨勒果之林，宜曰訶林。』遂創戒壇，預識曰：『後當有肉身菩薩於此受戒。』梁天監元年，智藥三藏自西竺國持菩提一株航海而來，植於壇前曰：『吾過後一百七十年，有肉身菩薩於此樹下開演上乘。』唐儀鳳元年，僧慧能祝髮樹下，因論風幡，建風幡堂。神龍元年，三藏於此譯《楞嚴經》，相國房融筆授。宋經略蔣之奇建軒曰筆授軒，太祖改爲乾明禪院。高宗紹興二十年，改爲報恩廣孝寺，後易爲光孝。咸淳五年重修。元至元十二年，重修兜率閣。大定延祐間，修鐵塔，鑄飯僧大釜。明洪武十五年，設僧綱司，頒印，置正副僧官二員。凡遇慶賀，先期有司於此習儀。成化二年，御定光孝寺名弘治。七年，僧定俊建四廊。萬曆十九年，修敕經樓。天啓六年，僧通岸建禪堂、伽藍五祖等堂。崇禎九年，給事盧兆龍增石欄杆。十四年，李象蒙建亭於殿左。國朝順治六年，僧今盌修睡佛閣。十二年，因兵燹頹廢，東莞人蔡元眞請平靖兩藩重建，有僧今釋碑記」（《廣東通志》卷五四《壇祠志寺觀附・廣州府》）。

「鎭海樓」，「在城北。明洪武初，永嘉侯朱亮祖建樓五層，高八丈許，矗立雲漢，俯極四陲，嶺南奇觀，此爲最焉。國朝康熙二十二年，巡撫李士正重建」（《廣東通志》卷五三《古蹟志・廣州府》）。

母丁氏、妻高氏及弟汝霖、弟婦杭氏等，俱來廣州官舍，舉家二十口終得團聚。甌北喜不自勝，演劇以慶賀。

《太恭人同舍弟夫婦及內子輩到官舍》：「燈花連夕報深紅，眞覺今朝樂

也融。廿口遂無虧缺處，十年多在別離中。洗塵酒滿頻添燭，順水船來不藉風。莫笑寒官作豪舉，梨園兩部畫欄東。」「滇南回憶舊從征，敢望重聯骨肉情。蘇軾有人傳浪死，王陵愁母欲捐生。玉關竟得全軀入，蘭棹翻堪盡室迎。此段團圓總君賜，感深轉使淚縱橫。」（《甌北集》卷一六）

【按】《簷曝雜記》卷四《仕途豐嗇頓異》謂：「既回鎮安，忽調廣州，乃大豪富。署中食米日費二石，廚屋七間，有三大鐵鑊，煮水數百斛供浴，猶不給也。另設水夫六名，專赴龍泉山擔烹茶之水，常以足跰告。演戲召客，月必數開筵，蠟淚成堆，履舄交錯，古所謂鐘鳴鼎食殆無以過。」時而出行，或巡視城內市坊，或出城勸農，或訪察江邊，盡心職守。

《舊譜》：「巡撫德公保，故京師熟識，亦傾心委任。而省會事繁，酬應冗遝，先生日必坐堂訊獄，以八案爲率，雖夜深弗輟也。」

《南珍》：「維粵宅南位離火，陽明所耀開菁英。凡百瑰璋負奇質，咸不脛走來羊城。天寶既微孕毓厚，人巧亦見功力精。不惟其產惟其聚，奇彩耀市目欲瞠。南烹食貨且勿述，試數服玩僕屢更。氍紋吉貝貢入篚，繭絲蝴蝶纙滿籯。盤金繡毯龍鳳舞，蹴花文錦荇藻縈。不知鮫人在何處，方空織出涼綃輕。禽羽爲毳獸毛罽，豔殺血染紅猩猩。雕鏤肖形推象齒，圓爲牟尼方觚棱。蕉葉翦裁掩紈扇，椰瓢裝相抵卼觓。奩具斑浮磈瑠層，屏風眼活孔雀翎。蟬翼燈清冐霧縠，龍鬚席軟輕桃笙。檀欒斲器訏笏滑，玻璃懸鏡涵水明。復有絕技出海外，能運天巧規機衡。機括測景針自指，橐籥按刻鐘輒鳴。其他珍異難殫述，碑碟瑪瑙猶嫌儓。蜜蠟淨無雀腦白，琥珀瑩有虬松賴。蒸栗膚腴黃蠟石，落茄花映紫水晶。就中更貴珊瑚樹，鐵網絞得逾球璜，丹幹磊砢枝鬱律，光賤絳燭高朱櫻。瓊州沈香亦佳品，黎母峒洞最擅名。伽㑆生結鴨頭綠，掐之指爪微痕生。是皆貴重不易得，市牙尚有價可評。賞鑒家且置勿道，別購骨董追姬嬴。土花斑考古彝鬲，水銀皴辨舊玉珩。晉唐名畫丹碧絹，柴汝祕瓷翡翠罌。其晚出者寶益異，金剛鑽及狸貓睛。組母璙射彩華透，松兒紋裂鐵線橫。青金石取烏斯藏，碧霞璽采猛密坑。更有珍珠似明月，月華入蚌胚胎成。合浦六池產有幾？販自番舶來重瀛。重或數銖大徑寸，形體圓滿光晶熒。蘭檀雅宜玫瑰飾，玉盤肯逐琵琶傾。一握便可百千索，賈胡居奇恣取盈。計直不數金三品，誇富何論貝百朋。地大物信繁盛，匹夫懷璧徒硜硜。噫嘻乎！連城照乘古所豔，要只一得難兼營。豈若此邦備眾美，始信奧區用物宏。從來物聚於有力，惟購者眾始畢呈。爲問粵中各官吏，其家豈必皆鄭

程。朝廷制祿有定額,何以宦橐多奇贏?伊余一雙書生眼,乍睹不覺適適驚。腸饑未踏羊蹄菜,指動忍染黿鼎羹。竭民脂膏飽嗜好,不有人禍將天刑。吳隱酌泉表素節,包老投硯垂徽聲。雲煙過眼付一笑,蕭然氣味含孤清。」(《甌北集》卷一六)

《雨後出城看耕》:「珠江彌望雨連畦,最喜郊原競把犁。太守來隨青箬笠,小兒爭唱白銅鞮。人沖溽暑多泅浪,禾耐寒潮不築堤。俗殺素馨斜畔路,賣花擔滿踏香泥。」(《甌北集》卷一六)

另寫有《蜑船曲》(《甌北集》卷一六)等詩。

【按】其《南珍》詩有言:「吳隱酌泉表素節,包老投硯垂徽聲。」吳隱,即吳隱之省稱。《晉書》卷九〇《列傳第六十・良吏・吳隱之》謂:「冬月無被,嘗浣衣,乃披絮,勤苦同於貧庶。廣州包帶山海,珍異所出,一篋之寶,可資數世,然多瘴疫,人情憚焉。唯貧窶不能自立者,求補長史,故前後刺史皆多黷貨。朝廷欲革嶺南之弊,隆安中,以隱之為龍驤將軍、廣州刺史,假節領平越中郎將。未至州二十里,地名石門,有水曰貪泉,飲者懷無厭之欲。隱之既至,語其親人曰:『不見可欲,使心不亂。越嶺喪清,吾知之矣。』乃至泉所,酌而飲之,因賦詩曰:『古人云此水,一歃懷千金。試使夷齊飲,終當不易心。』及在州,清操逾厲,常食不過菜及乾魚而已,帷帳器服皆付外庫,時人頗謂其矯,然亦終始不易。帳下人進魚,每剔去骨存肉,隱之覺其用意,罰而黜焉。」

包公事,據孔繁敏《包公年譜》所述,包拯於宋仁宗康定元年(1040)至慶曆二年(1042)知端州。並引包恢《敝帚稿略》卷三《肇慶府學二先生祠堂記》謂:「獨聞孝肅時,州歲貢硯,前守緣貢率數十倍,以遺權貴。公命制者才足,歲滿不持一硯歸。此其律己之義凜乎嚴凝。」又引《肇慶府志》卷二《輿地》曰:「東沙洲,一名中心洲,在城東四十里羚羊峽口外江中,即包拯擲硯處。」《欽定大清一統志》卷三四五《肇慶府》中記載約同於此。其言:「中心洲,一名東洲沙,在高要縣東四十里,羚羊河大江中,即宋包拯擲硯處,有居民千餘家。按《輿地紀勝》,縣西江中有金雞洲,或即此。」甌北詩之用典,本於此。可見其為官對人品節操之追求,故錄以附之。

《簷曝雜記》卷四《廣東珠價》:「廣東珠價初未嘗貴,自某巡撫收買,於是價日增。而珠之來自外洋者,亦無所不有。有蠔、蚌二種:蠔

珠有底稍平，狀如饅頭，而色微赤；蚌珠則有極圓者，光潔白可愛，然圓者亦不易得也。品珠先論形體，稍有欹側及皺紋，弗貴也。珠又多疵。體或圓矣，而有一二點黃暈，又珠之累也。圓而無疵矣，又須有精光，乃爲上品。或因有微疵，而稍加磨治，則光閃爍不定矣。余嘗見一顆重三錢，大如龍眼果，惜有黃暈如豆許，然已索價萬金，若無疵，雖二萬金不得也。數珠亦用此莊嚴。數珠一百八粒，或用碧霞洗，或用珊瑚及青金石、伽俯香之類，價不過三四千金。其旁有記念三掛，掛各十顆，以珠爲之，每顆重四、五分，欲取其形體光彩一樣相同者，須於數百顆中選配始成。大約重四分者，以四五千金爲率；重五分者，以六七千金爲率。此記念也。記念之末，又有小垂角，須體長而上銳下圓者。每顆重六七分，則價七八百金；重八分以上，則千金矣。三垂角又以三千金爲率。而數珠之後，又有一絲繼懸於背者，中爲背雲，下爲大垂角。背雲徑二寸，非一珠可滿也，則中嵌一大珠，重六七分者，價率二千金；旁嵌四珠，重五六分者，價亦如之。大垂角亦珠也，其形亦上銳下圓，而重須二錢以外始相稱，則索價不貲，率五六千金矣。又有佛頭四顆，間於百八珠之間，則以碧霞洗及珊瑚之類爲之，大者亦須二千金。總計數珠一掛，必三萬餘金始完善。而珠之形，又有天然奇巧者：或爲葫蘆形，或如膽瓶狀。此又偶然一遇，欲求成對，雖數年不得。余在廣一年，所見珠頗多，然置之暗中絕無光。不知古所謂夜明珠者，又何物也。」

又，同書卷四《粵東沙田》謂：「粵東沿海地，往往有漲沙。居民見水中隱隱有沙距水數寸，則先報升科。俟其沙出水面，先種草數年，然後築堤分畎，試種禾秫，又數年始成良田。然報墾者率以多報少，如報一百畝，其所規度必數百畝。而粵東又有例，所墾田浮於報額，而爲人首告，即以所浮田賞之。於是先報墾者方種草築堤，覘者已睨其旁，知其有所浮，輒首而得之。而報墾家雖有欺匿，實已費數年貲力，一旦爲旁觀奪去，其何能甘？於是每至收穫輒相鬥，動至斃命。余謂宜改例，量以十之一賞告者，而所浮之田仍令原墾者升科，庶免爭奪。方欲請於大吏，會遷官去，遂不及竟其事。」

《廣東蜑船》謂：「廣州珠江蜑船不下七八千，皆以脂粉爲生計，猝難禁也。蜑戶本海邊捕魚爲業，能入海挺槍殺巨魚，其人例不陸處。脂粉爲生者，亦以船爲家，故冒其名，實非眞蜑也。珠江甚闊，蜑船所聚

長七八里，列十數層，皆植木以架船，雖大風浪不動。中空水街，小船數百往來其間。客之上蜑船者，皆由小船渡。蜑女率老妓買爲己女，年十三四即令侍客，實罕有佳者。晨起面多黃色，傅粉後飲卯酒作微紅。七八千船，每日皆有客。小船之繞行水街者，賣果食香品，竟夜不絕也。余守廣州時，制府嘗命余禁之。余謂：『此風由來已久。每船十餘人恃以衣食，一旦絕其生計，令此七八萬人何處得食？且纏頭皆出富人，亦哀多益寡之一道也。』事遂已。聞潮州之綠篷船較有佳者。女郎未笄，多扮作僮奴侍側，官吏亦無不爲所染也。有『狀元夫人』者尤絕出。某修撰視學粵東，試潮畢，以夏日回廣州，所坐船不知其爲綠篷也。夜就寢，忽篷頂有雨滲及枕邊，急呼群奴，奴已各就妓船去，莫有應者。忽艙後一麗人裸而執燭至，紅綃抹胸，膚潔如玉，褰帷來視漏處，修撰不覺心動，遂昵焉。船日行二三十里，十餘日至惠州，又隨至廣州。將別矣，而麗人誓欲相從，謂：『久墮風塵中，今得侍貴人，正如蛻骨得仙。若復淪下賤，有死而已。請隨入署，爲夫人作婢以歿世。』淚如雨不止。百計遣之不去，贈以五百金始歸。而不知正其巧於索貲也。及歸，而聲價益高，非厚幣不得見，人皆稱『狀元夫人』云。」

九月，同年黃罜望以喑疾去官，來主韶州書院講席。張吟薌塤得官中書舍人，以事來廣州，甌北有所餽贈。與陸耳山錫熊、簡玉亭昌璘兩主考泛舟曲江，並赴海幢寺賞菊。翁覃溪方綱視學廣東，題林侗所藏甘泉瓦。原寶和班伶人李桂官販玉玩至此。甌北均有詩酬贈。

《接同年黃罜望書，知其以喑疾去官，來主韶州講席，賦答》：「省垣風雅最，何事去官歸？畫筆崔青蚓，詩名杜紫薇。喑非河渚疾，和本郡人稀。守默原前訓，摩兜省是非。」「山水韶陽好，門生共异籃。傳經多筆授，對客有棋談。詩豈吟方就，禪原默可參。無言桃李樹，已遍嶺梅南。」（《甌北集》卷一六）

《喜吟薌至，時已得官中書舍人》：「閶門別後各相思，喜爾簪毫入鳳池。俗吏已無紅藥句，故人來及荔支時。離懷頻問兵間事，行卷新添嶺外詩。獨愧簿書堆案冗，難如京邸論心期。」「松陵結社語空堅，荏苒分飛又幾年。我似狂奔夸父杖，君方快著祖生鞭。市沽且醉錢三百，官俸慚支石二千。卻憶平生對床友，等身著述已堪傳。」（《甌北集》卷一六）

《侯官林侗所藏甘泉瓦，王阮亭、朱竹垞、查初白皆有詩，翁覃溪學士

視學粵東，伺子某復攜來乞詩，覃溪既爲作歌，又摹入素冊，書前人詩於左方，而囑餘續貂於後，爰題長句就正〉、《李郎曲》、《花田》、《尉佗朝漢臺故址》、《邀陸耳山、簡玉亭兩主試泛舟珠江，兼赴海幢寺賞菊》（《甌北集》卷一六）等詩，亦寫於此前後。

【按】《四哀詩・張瘦銅舍人》「歸裝薄陸生」句下注曰：「君訪余廣州，饋贐愧未能厚。」（《甌北集》卷四〇）

黃睪望，生平不詳。

簡玉亭，即簡昌璘（1723～？），字玉亭，號理菴，湖南邵陽人，見《乾隆二十二年丁丑會試同年齒錄》。（《清代人物生卒年表》）《清秘述聞》卷一六：「戶部主事簡昌璘，字玉亭，湖南邵陽人，丁丑進士。」與李調元、翁方綱有交，見《童山集》詩集卷一二、《復初齋詩集》卷八。

李桂官，《簷曝雜記》卷二《梨園色藝》謂：「京師梨園中有色藝者，士大夫往往與相狎。庚午、辛未間，慶成班有方俊官，頗韶靚，爲吾鄉莊本淳舍人所昵。本淳旋得大魁。後寶和班有李桂官者，亦波峭可喜。畢秋帆舍人狎之，亦得修撰。故方、李皆有狀元夫人之目，余皆識之。二人故不俗，亦不徒以色藝稱也。本淳歿後，方爲之服期年之喪。而秋帆未第時頗窘，李且時周其乏。以是二人皆有聲縉紳間。後李來謁余廣州，已半老矣。余嘗作《李郎曲》贈之。」

與張吟薌之詩，寫於本年九月。張塤《竹葉菴文集》卷二一收有相應詩作，謂「君經兵備貴西去，卷裏新詩我未看。熟過荔支風雨思，老尋常棣弟兄寒。要能滴粉搓酥淨，原覺團花簇葉難。少有才名成大集，今如相對並衰殘」。並於詩題中糾正了甌北記憶之誤，稱：「趙雲松觀察刻詩廿五卷成，予至廣州，是九月。今卷中喜吟薌至詩云『故人來及荔支時』，當是刻詩時補作，故記憶不眞。予別雲松十四年，題此卷後寄懷。」據明屠本畯《閩中荔枝譜》、鄧慶寀《閩中荔枝通譜》以及清陳鼎《荔枝譜》等書記載，荔枝的成熟期，廣東大致在四月下旬至七月，福建大致在六月下旬到八月，都以七月爲盛期。明陳輝《荔枝》詩有句「南州六月荔枝丹」，指的正是陽歷七月。而張塤至廣州時爲當年農曆九月。據此，甌北事後追憶所云「故人來及荔支時」，自是誤記。尉佗朝漢臺、花田，《水經注》：尉佗因岡作臺，北面朝漢，朔望升拜，名曰朝堂。《元和志》：在縣東北二十里。尉佗初遇陸賈處。《廣東通志》卷五三《古蹟志》於廣

州府南海縣下謂：「朝漢臺，在城西硬步，五代南漢郊天於此，亦名郊臺。」《舊志》謂在郡北席帽山者，非。花田，「在城西十里，三角市，平田彌望，悉種素馨，五代南漢時美人皆葬此，至今花香於他處。」追索甌北行蹤，可考知其供職勤苦之狀。

本月，子廷俊生。

《舊譜》：「九月，子廷俊生，蔣氏所出也。」

【按】《西蓋趙氏宗譜》：「廷俊，行六，字海珊，廩貢生，候選通判，乾隆三十五年庚寅九月初十日丑時生，道光十三年癸巳七月初七日未時卒，壽六十四，葬德安橋下華家村，巽山乾向，有行述，著有《侍遊草》一卷，以外孫沈保靖貴，貤贈通議大夫，按察使銜，江西廣饒九南兵備道。配湯氏，候選郎中紹業女，乾隆三十九年甲午六月初九日丑時生，嘉慶四年己未五月十五日辰時卒，年二十六，葬金壇遊仙鄉夏宵村中，丑山未向，貤贈淑人，繼配黃氏，堂女，乾隆五十年乙巳五月初二日丑時生，道光十四年甲午正月二十二日子時卒，年五十，合葬，貤贈淑人。」

番禺縣茭塘海盜為官兵所捕，得一百八人。按律海盜不分首從皆斬。甌北條分輕重，酌情而斷，殺三十八人，餘皆遣戍。

《舊譜》：「會有海盜拒官兵而竄，盡捕獲之，共一百八人。按律，江洋大盜不分首從皆斬。先生念諸盜無殺人，案情尚稍輕，乃條別其輕重，殺三十八人，餘皆遣戍。其他平情折獄，無枉無濫多類此。」

《決囚歎》：「噫嘻乎！伶仃洋，渺無際，昔文丞相過師地。至今風浪聲撼天，彷彿尚帶英雄氣。胡為化作群盜藪，剽掠公行肆無忌。快篷急槳使若飛，出沒波濤賭輕利。相逢肯放估客過，囊橐劫歸屍暗棄。時清已聚萑苻雄，日久將釀蔓延勢。新來太守書生弱，下令空嚴編保甲。動聞覆舟人葬魚，枉遣齋文官祭鱷。一朝事敗懸賞捕，瓜蔓相連盡就縛。鈎距那許復壁藏，況敢嘯入雞公泊？到此波吒始乞命，命已頃刻懸鼎鑊。可憐三十八少年，慘似雞豚受刲膊。其餘遣戍敦煌西，魂魄萬古委沙漠。從此行旅酌酒賀，揚帆不唱風波惡。嗟爾醜徒孽自作，太守殺爾本不錯。三尺具在誰敢弛？一網打盡正足樂。獨慚古昔有循吏，使民賣刀務耕鑿。我今但快駢戮多，毋乃不教而殺謂之虐！」（《甌北集》卷一六）

【按】《簷曝雜記》卷四《茭塘海盜》謂：「番禺縣茭塘十數村，世以海盜為業。其船曰『多槳船』，蓋海船皆趁風使帆，此獨用槳，故不論風之順

逆皆可行，其檣有至三十六枝者。行劫皆以白晝，遙望他船如黑豆許，則不能追及；或大如鴨，則無有不追及者矣。至則兩頭用鐵鉤拽其船，而群盜持刀仗往劫，亦有盜船仍被盜劫者，此船一二十人方劫得貲貨，又遇盜船三四十人者，輒復爲所劫。此類甚多，幾莫能詰也。其出海口，有水汛兵譏察，則例有私稅。以出海一度爲一水，率不過月餘。乾隆三十五年，盜魁陳詳勝者率其徒出海，久不歸。汛兵計其期已過，會出哨遇之，遂索補稅焉。盜乞緩期，俟厚獲當倍償。兵不許，則相爭。兵以鳥槍斃四盜，盜亦以壓船石擲傷兵。於是兵以拒捕告，而制府入奏，責有司速緝。購得同爲盜之黃姓者，許發覺後免其罪，始得陳詳勝等，而無佐證，入其家，搜得分贓單一張，不書姓名而有暗記，由是訊出二十餘人。又從二十餘人訊出他案八九十人，共一百八人。《律》載江洋大盜不分首從皆斬，則俱鬼籙中數也。余念法不可逭，而諸盜未有殺人案，則情稍輕。因略爲條別：有懼而未敢從者；有患病伏於艙者；有被誘作火夫炊飯者；甚至年二十以下則指爲盜首之孌童，初不肯服，尋知爲生路也，亦忍恥認之。案既定，立決者三十八人，駢戮於教場，地爲之赭。其餘皆遣戍絕徼，自是海盜稍清。然不數年盜又熾，巡撫李公湖乃殺至三百餘人云。」

鎮安歸順州老民陳恂等五十餘人，感念甌北任職鎮安時恤民之情，不遠三、四千里，送萬民傘到到廣州府署。

《舊譜》：「是年九月，歸順州陳恂等不遠四千里，又送萬民衣傘至廣，亦可以見此邦民情之厚云。先生每數平日宦途，輒念鎮安不置也。」

《移守廣州，在途次聞命即赴新任，未得與鎮安士民一別也。今到廣已五閱月，鎮安老民陳恂等五十餘人，不遠三千里送萬民衣傘到署，爲感其意而作此詩》：「數千里外野人芹，殊愧依依眾士民。黃傘豈多遺蔭在，緇衣偏荷改爲新。及身樂布祠齊社，他日廉頗憶趙人。僂指平生宦遊蹟，此邦風俗最稱淳。」（《甌北集》卷一六）

【按】《簷曝雜記》卷三《鎮安倉穀、田照二事》亦載其事，曰：「是歲九月，陳恂等七十餘人又送萬民衣傘至廣，計程四千餘里，距余出鎮安已六七月矣。亦可見此邦民情之厚也。」

十月中旬，赴南海祭祀海神。夜，於廟前行歌舞及魚龍曼延之戲。禮畢，登浴日亭。

《祭南海廟禮成二十韻》：「秩祀南溟重，時維月孟冬。扶胥襟粵會，廣利紀唐封。地在九州盡，王爲百谷宗。周廊簷四角，復殿陛三重。環循威嚴勢，垂旒肅穆容。介鱗森拱衛，褘翟配印顒。巋爵穹碑壯，波羅古樹穠。玉書無蹟考，銅鼓有聲舂。是夕宵氛淨，中天月色濃。蕭蘌升鶴焰，炬火似鼇峰。濤戢冰夷怒，風收颶母凶。星河垂角絡，劍佩集璁瑢。蜺節悠揚動，金支颯還從。群靈朝貝闕，萬派彙珠濚。腥氣蜿蜓隊，陰光彷彿蹤。工歌翔鸛鵒，人立舞魚龍。宴娛神應喜，歆居禮益恭。不揚占浪靜，善下豈堤衝。水線安估客，潮田阜澤農。永昭清晏德，於廓助時雍。」（《甌北集》卷一七）

又寫有《登浴日亭》（《甌北集》卷一七）詩。

【按】詩稱「秩祀南溟重，時維月孟冬」，知此次祭神活動，是在孟冬十月。又謂：「是夕宵氛淨，中天月色濃」，知祭神之確切時間，當在十月中旬。還稱「扶胥襟粵會」，扶胥，古鎮名，在廣東番禺縣東南三江口。《欽定大清一統志》卷三四○《廣州府二》謂：「扶胥鎮，在番禺縣東南三江口。王存《九域志》：縣有瑞石、平石、獵德、大水、石田、白石、扶胥七鎮。」《廣東通志》卷一○《山川志》記廣州府番禺縣之「波羅江」曰：「在城東八十里，（《舊志》東南三十里，誤）其水來自韶之湞水，合湟、武二水，至三水境，鬱水微會之，下石門而東，過瀝滘東衢，分流於西朗，達於蜆江，由珠江而會於扶胥之口，黃木之灣，是謂波羅。江合諸水，入於南海。江在南海神廟前，廟西有小丘屹立，上建浴日亭。」

「浴日亭」，歷代詩家多有題詠。宋祝穆《方輿勝覽》卷三四《廣東路》謂：「浴日亭，在扶胥鎮南，海王廟之右，小丘屹立，亭冠其巔，前瞰大海，茫然無際。蘇子瞻詩：『劍氣崢嶸夜插天，瑞光明滅到黃灣。坐看暘谷浮金暈，遙想錢塘湧雪山。』楊廷秀詩：『南海水爲四海魁，扶胥絕境信奇哉。日從若水梢頭轉，潮到占城國裏回。最愛五更紅浪沸，忽吹萬里紫霞開。天公管領詩人眼，銀漢星槎借一來。』」《欽定大清一統志》卷三四○《廣州府二》謂：「浴日亭，在番禺縣東南。《輿地紀勝》：在扶胥鎮，南海王廟之右，小邱屹立，亭冠其巔，前瞰大海，茫然無際。《通志》：在南海神廟前，雞鳴見日，若凌倒景。明平章廖永忠易名拱日。」

《廣東通志》卷五三《古蹟志》曰：「浴日亭，在南海神廟西小峰，山巔前瞰大海，雞鳴見日，故名。明洪武二年，平章廖永忠易曰出日。」

祭南海神，並至虎門，順便查勘西洋船舶，告誡其奉守條約，合法貿遷。

《番舶》:「峨峨百丈船,橫潮若山嶂。一載千婆蘭,其巨不可量。前繪鷁首獰,旁點魚目眹。器大資材多,製造費萬匠。山芳水杪欂,取其耐鹹浪。兼防磁石觸,鑲鐵非所仗。錮以石腦油,釘之桄榔杖。其艙分數層,一一橫板擋。閟實列銃炮,庋閣實貨藏。水櫃百斛泉,米囷千石餉。入則縋而下,出則縆以上。閉成墨穴昏,開有線天亮。後樓為明窗,主者居頗暢。玻璃嵌綺疏,辟支裁錦帳。架土有菜畦,列盆作花當。瑣屑無不備,益見褻且廣。當其泛海來,澎湃乘溟漲。柁師視羅經,芒芴辨厥向。張帆三桅竿,卷舒出意創。頹若垂天雲,足使紅日障。瞬息千百里,凌虛快奔放。操舟不以力,役使罡風壯。混茫一氣中,孤行空所傍。星斗互出沒,日月相摩蕩。雨每陰火騰,晦或赤光煬。時遇難陀龍,掉尾濤激宕。亦有摩竭魚,欲吞輒引吭。奇險出頃刻,奮死起相抗。百門佛郎機,轟迸毒霧瘴。激射礮弩矢,拋擲到缶盎。號咷呼天妃,哀慘籲神將。力憊幸得脫,魂魄數日喪。嗟爾海外人,豈愛魚腹葬。不惜九死行,為冀三倍償。重利而輕生,舉世固同恙。伊余過虎門,適遇碇五兩。梯登試一觀,心目得超曠。賈胡碧眼睛,魋曷迥殊狀。窄衣緊裹身,文■不袚繡。腰帶金錯刀,手斟玉色釀。免冠挾入腋,鞠躬作謙讓。云以敬貴客,其俗禮所尚。噢咿語舌人,此舶縱高閎,若在重洋中,只如豆子樣。其理固有然,斯言信非妄。因思九州大,稗海環滰瀁。天實間隔之,誰能使內向?惟中國有聖,休氣遠乃望。睹茲重譯通,足徵景運旺。陋彼漢張騫,區區考蒟醬。儒臣忝守土,行邊細諮訪。時清梯航集,洵屬和會盎。亦貴撫馭宜,俾奉條約諒。逐末犯風濤,其氣頗飛揚。奸民暗勾通,市僧諛供養。懷柔固在綏,瑕釁亦須防。作詩諗久遠,不同小海唱。」(《甌北集》卷一七)

《虎門望海》:「目力將窮境更賒,望洋今日得雄誇。信知地外皆為水,應到天邊始是涯。蛟蜃噓還成幻市,神仙過或馭飛車。蒼茫何處蓬壺路,我欲揚帆採石華。」(《甌北集》卷一七)

此時,尚寫有《席散偶作》、《劉王郊基》、《海珠寺》、《署園漫興》(《甌北集》卷一十)諸詩。

【按】《簷曝雜記》卷四《斷水禦海寇》謂:「余在廣,因祭南海神廟,適有西洋船泊獅子洋,遂登焉。其高七八丈,入艙深亦如之。」又同書《諸番》曰:「廣東為海外諸番所聚。有白番、黑番,粵人呼為「白鬼子」、「黑鬼子」。白者面微紅而眉髮皆白,雖少年亦皓如霜雪。黑者眉髮既黑,面

亦黔，但比眉髮稍淺，如淡墨色耳。白爲主，黑爲奴，生而貴賤自判。黑奴性最愨，且有力，能入水取物，其主使之下海，雖蛟蛇弗避也。古所謂『摩訶』及『黑崑崙』，蓋即此種。某家買一黑奴，配以粵婢，生子矣，或戲之曰：『爾黑鬼，生兒當黑。今兒白，非爾生也。』黑奴果疑，以刀斫兒脛死，而脛骨乃純黑，於是大慟。始知骨屬父，而肌肉則母體也。又有紅夷一種，面白而眉髮皆赤，故謂之『紅毛夷』，其國乃荷蘭云。香山縣之澳門，久爲番夷所僦居，我朝設一同知鎮之。諸番家於澳，而以船販海爲業。女工最精，然不肯出嫁人，惟許作贅婿。香山人類能番語，有貪其利者，往往入贅焉。」又，同書卷四《西洋船》曰：「西洋船之長深廣，見余所詠《番舶詩》，而其帆尤異。桅竿高數十丈，大十餘抱，一桅之費數千金。船三桅，中桅其最大者也。中國之帆上下同濶，西洋帆則上濶下窄，如摺扇展開之狀，遠而望之幾如垂天之雲，蓋濶處幾及百丈云。中國之帆曳而上祇一大繩著力，其旁每幅一小繩，不過攬之使受風而已。西洋帆則每繩皆著力，一帆無慮千百繩，紛如亂麻，番人一一有緒，畧不紊。又能以逆風作順風，以前兩帆開門，使風自前入觸於後帆，則風折而前，轉爲順風矣，其奇巧非可意測也。紅毛番舶，每一船有數十帆，更能使橫風、逆風皆作順風云。」

　　虎門，又名虎頭門，在廣東東莞縣西南珠江之口，有大虎、小虎二山，對列如門，故名。虎山內外重洋，而門當其最深處。蕃舶及內郡巨艚，必由以入，絕獅子洋達廣州。

　　海珠寺，清藍鼎元《遊珠江閣記》曰：「五羊城南大江中，小渚拳然，昔人謂之海珠，此珠江所由名也。宋前哲李忠、簡昴英讀書其上，鄉人肖像祀之。國初砌墉堞爲炮臺，用資守禦，城南恃以爲固，然世俗通稱曰『海珠寺』，則粵人崇佛尚釋，而李祠有僧主掃除，因以寺名歸之耳。」（《鹿洲初集》卷一〇）明蘇志乾《海珠寺賦》曰：「咨嶺表之奧衍，結藂霴於五羊。控交桂而制閩越，接吳楚而扼荊襄。盤峙趙佗之屏障，紆回陸賈之雲裝。枕九疑而帶衡嶽，負重溟而瞰扶桑。」（《御定歷代賦彙》補遺卷一三）可知其地理位置比較重要。明清詩人多有題詠，如明烏斯道《遊海珠寺》（《春草齋集》卷四）、明程本立《賦海珠寺送史倅之肇慶》（《巽隱集》卷一）、明王偁《遊海珠寺示同遊文憲使周僉憲》（《虛舟集》卷四）、明梁儲《遊海珠寺》（《鬱洲遺稿》卷八）、明鄒智《海珠寺燕張

克修吳獻臣》（《立齋遺文》卷五）、明祝允明《海珠寺送黃提刑》（《懷星堂集》卷七）、明潘希曾《廣州海珠寺》（《竹澗集》卷二）、明孫永思《海珠寺燕同鄉李崔二鴻臚二首》（《明詩綜》卷四八）、清彭孫遹《題海珠寺》（《松桂堂全集》卷四二）等。

同年沈倬其送其子景滄，前來就婚，贅於府署。

《倬其送子景滄來就婚》：「送子爲齊贅，間關路幾千。官憐需次後，交在議婚前。賣犬營奩具，牽牛貰聘錢。依然兩措大，不侈禮文全。」「正值門楣喜，何因轉惘如。頭顱行漸老，婚嫁此才初。往事懷鸞鏡，新妝勉鹿車。相期守儒素，不遺佩瓊琚。」（《甌北集》卷一七）

此時尚寫有《石蟹》、《崖山》、《慈元殿》、《永福陵》、《大忠祠》（《甌北集》卷一七）諸詩。

【按】《崖山》、《慈元殿》、《永福陵》、《大忠祠》諸詩，很可能是陪同沈倬其遊覽廣州名勝時所作。

石蟹，《廣東通志》卷五二《物產志》：「石蟹，生海南，形真是蟹，云是海味所化，理不可詰，又有石蝦，亦其類也。《虞衡志》按：石蟹，生於崖之榆林港內半里許，土極細膩，最寒，蟹入則不能運動，片時即成石矣。置之几案，能明目。在海南。」宋周去非《嶺外代答》卷七《金石門》曰：「石蟹、石蝦，海南州軍海濱之地生石蟹，軀殼頭足與夫巨螯宛然，蟛蜞之形也。又有石蝦，小宛然蝦形，皆藥物之所滇也。云是海沫所化，理不可詰。《本草》：石蟹能療目，而石蝦治療未詳。」

崖山，《欽定大清一統志》卷三三九《廣州府》謂：「厓山，《寰宇記》在新會縣南八十里，臨大海。《宋史》：祥興初，帝昺立於碙州，張世傑以厓州爲天險，可扼以自固，乃奉帝移駐於此。未幾，元將張宏範來攻，宋軍潰，陸秀夫負帝昺沈於海，宋遂亡。《通志》：厓山延袤八十餘里，高四十餘丈，與湯瓶嘴對峙，如兩扉然，亦曰厓門山。宋紹興中，置寨以控扼烏豬大洋之險。」《廣東通志》卷一〇《山川志》：「厓門山，在城南八十一里，高四十二丈，海中延袤八十餘里，上有慈元殿、大忠祠。」

慈元殿，「在行宮後，宋帝昺建以奉皇太后楊氏，後毀於兵，遺址今建全節廟」（《廣東通志》卷五三《古蹟志·新會縣》）。

永福陵，《廣東通志》卷五五《塋墓誌》曰：「宋端宗永福陵，在廣州新會縣崖山。祥興元年九月，葬端宗於崖山。陵曰永福，載在《行朝

錄》。」《欽定大清一統志》卷三四〇《廣州府二》謂：「陵墓：宋永福陵，在新會縣南厓山。《舊志》：張世傑葬端宗於此。」

大忠祠，《廣東通志》卷六《編年志一》謂：「（孝宗弘治）四年辛亥冬十月，建大忠祠、全節廟於厓山。」「（十三年）秋八月，以全節廟、大忠祠入祀典。」同書卷五四《壇祠志》謂：「大忠祠，在舊山川壇左，今文明門外東南隅。明嘉靖間，御史吳麟建。祀宋忠臣丞相文天祥、樞密使陸秀夫、樞密副使張世傑。有司春、秋二仲上旬致祭，後圮。國朝康熙十年，番禺知縣彭勷重建，顏曰『正氣堂』，右為『臣範堂』，左為『遠風堂』，前池後濠，輝映儼翼。」《欽定大清一統志》卷三四〇《廣州府二》載曰：「大忠祠，在番禺縣治。明嘉靖年御史吳麟建，祠宋信國公文天祥、丞相陸秀夫、越國公張世傑。又新會縣亦有大忠祠，明成化中僉事陶魯建。」

宴總兵劉某、副總兵福某等於府署後園，觀「新翻焰段」以侑觴。

《宴劉總戎、福副戎於署園即事》：「高館張燈夕月涼，梨園小部奏清商。深杯莫負將軍腹，豔曲難為刺史腸。老去閒情惟散誕，戲中故事本荒唐。新翻焰段須聽遍，笑口能開得幾場？」（《甌北集》卷一七）

甌北知執友蔣士銓生計艱難，寄雙南金以接濟之。士銓賦詩答謝，甌北亦以詩相酬。

《次韻答心餘見寄》：「白鶴翔雲端，青松鬱澗底。當代數人物，吾友江右士。瘦骨不勝衣，恂恂文弱子。逸才乃曠代，豪氣更蓋世。中歲早循陔，樊籠驚決起。身是罷官初，業方著書始。磊落五千首，新詩絕倫比。白傅愁壓倒，劉楨敢平視？聲光映江介，目已無緋紫。憶昨初定交，中書制草擬。暇輒相過從，流連日移晷。尋春同隊魚，罵座觸邪鷹。先後入詞苑，揮毫進絲几。詩歌大宛馬，賦奏越裳雉。最是京兆闉，秋清風日美。劇談聲轟然，雅謔笑莞爾。論文頻翦燭，角句時擁被。我方豎降旗，君復起摩壘。世間無此樂，直從太白死。爰及兩山妻，情好亦如此。饋遺若親串，婉孌儼娣姒。年家來往頻，熟識到僕婢。一朝君買舟，攜家竟南徙。擺落爭千秋，不計目睫咫。已甘菜肚淡，詎厭肉食鄙。目中本無人，足中任有鬼。載酒江湖間，讀書巖壑裏。盤谷是耶非，捷徑其然豈？而我出作郡，萬里操鞭箠。大官壓滿頭，閩漢養千指。滇南況從軍，戰鼓聲咽耳。草檄腐毫禿，擺邊哨騎駛。役滿賦歸歟，力薄愧憊矣。內移得善地，除書出尚璽。至尊憫微臣，俯憫到

肌理。所慚迂鈍質，難副繁劇委。三木曉呼囚，一燈夜判紙。師丹每善忘，陽膚但勿喜。由來吏才少，時命當坎止。自笑鳥棲泉，人嗤鼠窮技。卻憶君歸田，已閱歲華幾。未愁子蓬頭，何嫌婢無齒。蕺山主講席，距家亦甚邇。結社多唱酬，掩關無拜跪。遊戲初平羊，汗漫琴高鯉。何當來從遊，就正一編是。久別念友朋，多病懷桑梓。緘詩報來章，夢逐鑒湖水。」（《甌北集》卷一七）

【按】蔣士銓詩曰：「皇帝甲戌春，識君矮屋底。岩電橫雙眸，共稱天下士。雲出松泉門，捉刀冠餘子。搖毫湧詞源，睥睨無一世。春官俄報罷，蹶者旋復起。同時簉薇省，兩人訂交始。君俄入樞密，才望絕倫比。一手揮七製，省吏竊驚視。直氣抗令僕，狂名壓金紫。堂堂燕許文，君作多進擬。辛巳對大廷，萬言移寸晷。換筆改波磔，恐有坡識鷹。遂迷五色目，第一陳絺几。注：廷試時，君以讀卷官多素識，恐其避嫌見抑，遂變易字跡，竟莫有識別者，是以第一進呈。神山風引回，得盧乃成雉。癡哉探花郎，不若徐公美。京兆壬午闈，偕君相汝爾。坐對論文燈，眠共吟詩被。談玄交箭鋒，說鬼驅魍魎。洋洋同隊魚，斯樂可忘死。平生匝月中，萬事無過此。可憐兩孟光，亦復如娣姒。布荊儷伯仲，勞苦兼童婢。我病奉母歸，浮家數遷徙。謂君翔雲霄，不啻尺與咫。詎擁一麾出，遠落蠻夷鄙。瘴癘叢花苗，岧嶤布奇鬼。況復奉軍書，馳驛兵戈裏。子厚謫居非，王粲從軍豈。轉運驅馬牛，秣飼操鞭箠。邊塵染雙鬢，彩筆辭十指。當時金閨彥，不死幾希耳。班師奏凱歌，放君去如駛。重開太守衙，眷屬久歸矣。徐徐展勞筋，細細拭前璽。孳孳用拊循，井井立條理。誰知清獻孫，琴鶴盡捐委。寄我雙南金，附以書一紙。十詩話行藏，兩什訴悲喜。誦之歡解頤，旋復痛不止。君本著作才，鳳擅班揚技。木蘭發高唱，弓衣繡凡幾。想君滇南篇，傳唱到金齒。歸裝帶風雲，邊人歌孔邇。諸蠻賣佩刀，馴習知拜跪。惠聲河渡虎，清節閣懸鯉。政成膺上秩，賢者當如是。故人日頹唐，行且還桑梓。待君買山資，誓約休如水。」此係《甌北集》卷一七附詩，原無題，《忠雅堂集校箋》不載。

《簷曝雜記》卷四《仕途豐嗇頓異》：至廣州，「演戲召客，月必數開筵，蠟淚成堆，履舄交錯，古所謂鐘鳴鼎食殆無以過」，然「刻無寧晷，未嘗一日享華腴也。召梨園宴客，亦多命僚友代作主，而自向訟堂訊囚。每食仍不過鮭菜三碟、羹一碗而已。」可知甌北在廣州府署生活之一斑。

廣州衙署原有梨園紅雪班一部。冬，為節省開支，遣之去。

《戲書》：「舞衣星散向天涯，紅雪真憐似落花。官閣竊聞鈴卒笑，冷如隔巷教官衙。」自注曰：「府衙舊有梨園一部，名紅雪班，今皆散去。」「熱鬧場中另一家，書生自笑太槎牙。銷金帳底羊羔酒，未必輸君雪水茶。」（《甌北集》卷一七）

此時尚寫有《三君祠》、《題陳望之太守長林遠望圖》（《甌北集》卷一七）諸詩。

【按】陳望之，即陳淮（1731～1810），字望之，號藥洲，河南商丘人，官江西巡撫。《國朝耆獻類徵初編》有記載。袁枚《隨園詩話》卷一一：「湖北陳望之方伯，為其年檢討之後人，詩才清妙，綽有家風。官楚時，適與畢、惠兩公共事，可謂天與詩人作合也。第方伯詩，余只錄見贈佳句入三卷中，此外未窺全豹。忽有松江廖某持《養鶴圖》見題，中有方伯一絕云：『美人自結歲寒盟，入座雲山照眼明。料理鶴糧門盡掩，松花如雨撲簾旌。』清脆絕塵。嘗鼎一臠，亦可知味矣。」同書補遺卷一謂：「余嘗求陳望之先生詩而不得，《詩話》中所載甚少。近日王夢樓從楚中歸，誦其《月夜登黃鶴樓》云：『丹樓天外峙，皓月空中行。銀濤與玉魄，相進出光明。樹暗漢陽渡，雲低鄂渚城。不知何處笛，解作落梅聲。』《泛舟登伯牙臺》云：『伯牙臺畔曉鷥飛，梅子山前綠漸肥。舟共鳧鷺聊泛泛，柳遮樓閣似依依。人琴千古知誰在？江漢殘春照鬢稀。我欲臨風彈一曲，落紅成陣亂斜暉。』」昭槤《嘯亭雜錄》卷一〇《湖北謠》謂：「畢公任制府時，滿洲王公福寧為巡撫，陳望之淮為布政，三人朋比為奸。畢性迂緩，不以公事為務；福天資陰刻，廣納苞苴；陳則摘人瑕疵，務使下屬傾囊解橐以贈，然後得免。時人謠曰『畢不管，福死要，陳倒包』之語。又言畢如蝙蝠，身不動搖，惟吸所過蟲蟻；福如狼虎，雖人不免；陳如鼠蠹，鑽穴蝕物，人不知之，故激成教匪之變，良有以也。今畢公死後，籍沒其產，陳為初頤園所劾罷，惟福寧尚列仕版，人皆恨之。」陳淮與蔣士銓、王文治有交，見《忠雅堂文集》卷二五、卷二八，《夢樓詩集》卷六、卷八、卷一二、卷一四、卷一七、卷二〇。

傅恒卒於本年七月。甌北聞之，甚為悲慟。歲杪，賦詩以追念之。

《太保傅文忠公挽詞》：「柱石身尊鎮廟堂，驚傳紫府下迎將。問牛相業三臺地，汗馬勳名兩戰場。推轂任隆增白髮，飾巾恩厚賜黃腸。應知此痛關

朝野，不獨私情我暗傷。」「廿年宰相黑頭公，一德堂廉帝眷隆。劍履雲臺身
入畫，河山鐵券策論功。勛親人地關休戚，恩禮君臣見始終。從此日斜溫室
樹，更無宣召到廷中。」「身任戎行釋主憂，駸駸倍道赴星郵。濛濛零雨泥方
滑，跕跕飛鳶瘴未收。葛相征蠻勤五月，豫州伐敵擊中流。憶曾勸改金江柁，
腸斷炎風渡戛鳩。」「地望尊崇總百臺，敢期寒畯受栽培。我無私謁偏投契，
公不談文乃愛才。去定仙官班上列，生原佛地位中來。敬容今日餘殘客，樗
散憑何倚不材。」（《甌北集》卷一七）

《斷腸草》：「滿把青蔥是何孽，一枝三葉戾氣結。見人輒作無風搖，意
似相親工媚悅。豈知毒過笑裏刀，殺人不用持寸鐵。粵俗好逞一朝忿，往往
服之腸斷裂。療法雖傳伏卵雞，醫經更瀝牡羊血。事起倉猝那及購，購來或
已搞於舌。我翻案牘何其多，大呼空勞戒諭切。曾聞汀州王太守，懸價秤收
榜高揭。前史又記劉興寧，援作贖刑廣搜抉。今病何嫌用古方，後車自可師
前轍。爰向訟庭立條約，輕罰聽輸草準折。一笤五斤未爲苛，草必連根勿留
蘖。彙徵義取拔茅連，炎昺寧容死灰熱。邇來輕生獄漸少，或亦借資此例設。
圖蔓雖覺立法周，拔本終慚爲政拙。獨不見古時循吏治行高，甘雨和風澤流
泄。麥秀兩岐禾九穗，不祥者除祥者茁。徒誇非種能誅鋤，猶是區區一末節。
堪笑眾僚偏善諛：境內惡萌已消滅。」（《甌北集》卷一七）亦似在借題發揮，
多弦外之音。

乾隆三十六年辛卯（1771）　四十五歲

【時事】　正月，乾隆帝就年邁侍衛休致之事，諭略謂：「曾經出兵打仗得功牌，
著賞給全俸。阿彌達雖經出兵並未打仗得功牌，著賞給半俸。嗣後侍衛內果有
出力行走年久，又因年老患病不能當差具呈告退者，著仍戴頂翎。若年老未邁
患病革退，或緣懶惰規避等故革退者，即逕行革退。著爲令。」（《欽定八旗通
志》卷首之十二《勅論六》）二月，「命劉綸爲大學士，兼管工部。于敏中協辦
大學士。調程景伊爲吏部尚書，范時綬爲刑部尚書，以裘曰修爲工部尚書」（《清
史稿》卷一三《高宗紀四》）。三月，帝奉皇太后巡幸山東，至曲阜，謁先師孔
子廟，行釋奠禮，謁孔林，祭少昊陵、玄聖周公廟。（《清史稿》卷一三《高宗
紀四》）四月，以李侍堯爲內大臣，大學士尹繼善卒。辛卯恩科，江南休寧黃
軒、浙江會稽王增、江西湖口周厚轅、徽州歙縣程晉芳、浙江餘姚邵晉涵、山

東曲阜孔繼涵等一百五十餘人進士及第，出身有差。本月末，帝就派往新疆辦事之官員任滿回京如何任用之事，諭曰：「向來各衙門派往新疆辦事人員，三年期滿，由該處大臣出具考語保送引見，以應升之缺即用，原所以示鼓勵。但新疆自底定以來，久隸版圖，與內地郡縣無異，且各給與養廉。而新疆事務又極清簡，該司員等出差三年，不過循分奉公，與在京各衙門辦事亦無差別。乃因期滿遽行保奏，該管大臣率以與例相符，不復問其才具短長輒注上考。是該員等一經派出即可藉此計日超遷足開躐等者，除升捷徑殊非核實課績之道。嗣後新疆辦事人員期滿時，袛令該處大臣給咨赴部引見。其間果有出色之員，朕自當隨時量加擢用。若照常供職者，概令仍回本衙門辦事，照伊等原官補用，於事理方爲允協。所有該管大臣出具考語保奏即升之例，著停止。」（《欽定八旗通志》卷首之十二《勅諭六》）五月，副將軍阿桂以處理涉緬軍務不力，褫職，降兵丁效力。命溫福馳赴雲南，署副將軍事。（《清史稿》卷一三《高宗紀四》）起初，帝意以偏師襲緬，阿桂則奏請大舉進兵，爲帝嚴譴。未幾，阿桂又上言：「緬人村落在蠻暮、木邦、猛密三土司外，偏師不可深入，宜休息數年，爲大計舉。」（《碑傳集》卷二八《太子太保武英殿大學士一等誠謀英勇公諡文成公阿桂行狀》）。帝以爲其論反覆荒誕，下部嚴議，被革職。六月，致仕大學士陳宏謀卒。七月，帝奉皇太后巡幸木蘭。此次巡幸，沿途武職懈忽，楊廷璋、王進泰等均下部嚴議。至十月上旬，始回京。八月，召大學士、兩江總督高晉來京，查勘永定河工。命薩載兼署兩江總督。九月，命理蕃院侍郎慶桂（尹繼善第四子）在軍機處行走。梁國治爲湖南巡撫，陳輝祖爲湖北巡撫。（《清史稿》卷一三《高宗紀四》）十月，「金川復叛，褫四川總督阿爾泰職，以侍郎桂林代之。命大學士溫福率師進討。自大金川平定後，會伊犁變起，朝廷方專力西北，未暇他顧，遂復有兩金川之亂。先是大金川酋莎羅奔既降，兄子郎卡掌大金川事。郎卡性桀驁，因中國有事伊犁，遂乘機侵擾鄰境。四川總督阿爾泰，雖傳檄諭旨，而抗不受命。帝以大金川勢漸猖獗，諭阿爾泰檄九土司環攻之。時九土司中地，與大金川相偪，而兵力相等者，東則小金川，西則綽斯甲布，餘皆小弱，非大金川敵。阿爾泰不能利用小金川等，以制郎卡之跋扈，惟以苟且息事爲得策，於是郎卡遂與小金川、綽斯甲布結和親之約，三部聯合，他土司益不敢抗。會郎卡死，小金川酋澤旺亦老病，子僧格桑用事，與郎卡子索諾木，締好益固。至是，索諾木遂誘殺革布希咱土官，而僧格桑亦屢攻沃日，遂與官兵戰。事聞，帝以前此出師，本以救小金川，今小金川反悖逆，罪不赦。

總督阿爾泰歷載養癰，事既發，又按兵打箭爐，半載不進，褫其職，尋賜死，以侍郎桂林代為總督。詔大學士溫福，自雲南馳往四川，與桂林率兵分路進討」（《清鑒綱目》卷八）。本月，湖北京山縣民陳倫盛等，從嚴金龍學習拳勇，私製衣帽，姓名簿內開有千總、副總字樣，空白印信有「匡復中原」字樣，欲搶劫京山倉庫。事發，除嚴金龍逃脫，其餘被虜獲者有八十餘人。（《康雍乾時期城鄉人民反抗鬥爭資料》下冊）十一月，以溫福為武英殿大學士，兼兵部尚書，桂林為四川總督。十二月，緣董天弼進攻小金川達木巴宗失利，牛廠得而復失。遂褫董天弼四川提督職，以阿桂署之。

　　本年，江都汪中作《哀鹽船文》。

　　蘇州石琰刻所著《錦香亭》、《酒家傭》二傳奇。

　　江西蔣士銓在紹興著《桂林霜》傳奇。

　　安徽方成培（仰松）客揚州，據舊本改定《雷峰塔》傳奇成。

　　山陽阮葵生著《茶餘客話》二十二卷，此年有成稿。

　　高郵沈業富任太平府知府，黃景仁此年往與會。

　　陽湖洪亮吉、武進黃景仁、江都汪中、浙江高文照、章學誠等同客當塗，在安徽學使朱筠幕中。

　　丹徒王文治掌杭州崇文書院，輯此期詩為《西湖長集》。

　　浙江沈廷芳解樂儀書院職還，瀕行，與書院諸生會飲揚州平山堂春水廳。

　　直隸翁方綱解粵聘，刻所輯《粵東金石記》十二卷。

　　常熟蘇去疾解貴州都勻府同知職還。

【本事】春初，從巡撫德保往南海神廟祭祀。

　　《春祭再至南海神廟》：「廣利宮高俯巨溟，重來秩祀炳蕭馨。魚龍作禮春潮白，神鬼居歆夜火青。重器尚留林靄鼓，穹碑群讓退之銘。愧無才比登州守，敢望親看海市形。」（《甌北集》卷一七）

　　【按】甌北《中丞德公枉詩贈行，敬次原韻志別》（《甌北集》卷一七）詩「趨塵鈴閣聽衙鼓，陪祀珠宮泛海霞」句下小注曰：「春祭南海神，余從公往」，知此次祭南海神，乃隨德保前往。

巡海至伶仃洋，賦詩弔文天祥。

　　《伶仃洋弔古》：「重溟極目浩無邊，信國當年此播遷。登岸已無干淨土，乘桴猶冀挽迴天。力窮衛木難填海，眼見栽桑欲變田。千載怒濤森噴薄，丹心豈獨汗青傳。」「戰敗空坑落日陰，殘兵尚撼暮潮音。橫身滄海瀾方倒，回

首神州陸已沈。止水自投猶易事，占城可遁獨何心。間關百死還匡濟，始覺孤臣殉國深。」（《甌北集》卷一七）

【按】伶仃洋，亦作零丁洋。《廣東通志》卷一〇《山川志》於廣州府香山縣下謂：「零丁洋，在城東一百七十里，零丁山下，隸新安縣。」明李賢等撰《明一統志》卷七九謂：「零丁洋，在香山縣東一百七十里，宋文天祥詩『零丁洋裏歎零丁』，即此。」

四月，擢授貴州貴西兵備道。以黔路遼遠，老親不能偕行，乞總督李侍堯代奏終養，李以甌北為新擢官，止之。

《舊譜》：「四月，奉旨升貴州分巡貴西兵備道」，「先生以太恭人年高不能赴黔，欲解官歸養，乞李公代奏。李公不許。」

《擢授貴西兵備道紀恩述懷六首》：「珠江典郡一年多，又指郵程大渡河。官職漸高唐觀察，山川新訪漢牂牁。長途但擬單車赴，遺愛慚無五袴歌。在遠尚蒙親簡擢，微軀何以答恩波。」「薦賢故是大臣為，薄劣殊慚泰谷吹。臣本布衣無遠志，士如畫餅豈充饑？殷勤夾袋親題日，慚愧囊錐漸禿時。私室拜恩吾豈敢，只應砥節報深知。」「擢官何事乞歸田？別有離懷黯自牽。天上除書恩主眷，風前殘燭老親年。白雲飛處憐孤影，黃紙宣來是特遷。直恐君親成兩負，一燈危坐轉悠然。」「也是塵根未斷芽，一年宦蹟落繁華。蜃樓欄楯番人宅，鮫室珠璣海客艖。冰雪沁心無幻火，雲煙過眼總空花。輕裝收拾黔西去，添得端溪硯頗誇。」「萬里黔陽信壯遊，江山楚蜀綰襟喉。好從巴峽通巫峽，何用連州易播州？橡燭治書重幕夜，星符馳檄百蠻秋。書生此福慚非分，準折惟應惠績留。」「羅甸家家住碧蘿，頻年忙為大軍過。征徭已罷人思靜，苗倮雖愚令忍苛。拙政尚憂更事少，好官豈在得錢多。蜿蜒熊軾非虛寵，要有循聲入詠歌。」（《甌北集》卷一七）

【按】據甌北所稱，貴西道駐威寧。威寧在省城貴陽西三百八十三里。「康熙三年以烏撒置府。雍正七年，降州來隸。威寧鎮總兵駐。東：飛鳳山。東北：翠屏。西：火龍、麻窩。北：三臺、烏門。南：石龍、千丈崖。七星河為烏江上源，出州南，合八仙海、泚處海諸水，東北流，過清水塘，入畢節，再入州境菩薩海，南注之黑章河，北注之，又東，復入畢節。北：盤江，出州西山，二源合南流，經瓦渣汛西，為瓦渣河，又南，錯入雲南宣威，為可渡河。牛欄江，自雲南會澤入合膩書河，又北流，入雲南恩安。洛澤河出州西北，合數小水東北流，亦入恩安。東：石駝

關、梅子關。南：雲關。北：可渡關。西北：分水嶺關。得勝坡巡司一，
有汛，與江半坡二。水西宣慰使一，裁」（《清史稿》卷七五《地理志二
十二》）。《欽定大清一統志》卷四○一《大定府》謂：「威寧州，在府城
西二百九十里，東西距二百四十五里，南北距四百六十五里。東至黔西
州界三百三十里，西至雲南東川府界五百一十五里，南至平遠州界三百
七十里，北至畢節縣界九十五里，東南至本府界一百九十里，西南至雲
南宣威州界一百里，東北至雲南鎮雄州界二百六十里，西北至雲南昭通
府界二百四十里。古巴凡兀姑之地，世為烏蠻所居，漢時蠻名巴的甸，
宋為烏撒部，元時內附。至元十五年，置烏撒路軍民總管府。二十一年，
改軍民宣撫司。二十四年，升為烏撒烏蒙宣慰司。明洪武十四年，改烏
撒府，隸雲南布政司。十五年，增置烏撒衛，隸雲南都司。十六年，升
府為軍民府，改隸四川布政司。永樂十二年，以烏撒衛改隸貴州都司。
本朝康熙三年，改置威寧府，隸貴州省。二十六年，省烏撒衛入焉。雍
正七年，降為州，隸大定府。」

五月，卸廣州府事。巡撫德保，賦詩贈別。

《中丞德公枉詩贈行，敬次原韻誌別》：「曾隨鎖院校詞華，出守仍依蓮
幕花。科第公真推老輩，刑名我本愧專家。趨塵鈴閣聽衙鼓，陪祀珠宮泛海
霞。正喜履綦隨侍慣，那堪離思又無涯。」「安昌門下舊登堂，本是公家弟子
行。余曾試出總憲觀公之門。酒後談詩揮玉麈，花間按樂炙銀簧。腐儒文字原芻
狗，薄俗師生漸餼羊。回首絳紗知遇在，敢忘一顧自孫陽。」「一載趨承幕府
間，早衙入謁午衙還。曾憐詞客才非吏，不笑參軍語帶蠻。每向公庭寬禮數，
幾時使節重追攀。只應心逐牂牁水，流到珠江第幾灣？」「別淚無端濕袖邊，
為官難得上司賢。簿書吾敢居人後，器識公能相士先。下瀨人遙書數寄，上
瀧船險客孤遷。所欣攜得佳章去，常有清光照四筵。」（《甌北集》卷一七）

《光孝寺貫休畫羅漢歌》（《甌北集》卷一七）亦寫於此時。

七月上、中旬間，交代任內事畢，偕沈鳳翥秀才，畫工吳澐遊羅浮諸山，
登臨華首臺，已入夜，博羅令康基田遣人送酒至，喜甚。歸遇大風，舟
幾傾覆。

《舊譜》：「七月交代事畢，挾畫士吳澐遊羅浮，歷梅花村、華首臺、黃
龍洞、沖虛觀諸勝，凡三日。」

《廣州候代同沈秀才鳳翥、吳畫士澐遊羅浮》：「得暇羅浮去，扁舟發夜

分。月華涼在水，山影淡於雲。詩思遙相入，秋聲寂不聞。出門才數里，已
覺囂塵氛。」「梅花村畔路，廿載想躋攀。仙佛俱留蹟，東南大好山。地欣百
里近，官恰暫時閒。二客從遊好，吾誇赤壁間。」（《甌北集》卷一七）

《華首臺》、《題華首寺》、《宿沖虛觀》、《沖虛觀前有東坡亭，傳是公遺
蹟也，即用公遊羅浮山示子過韻》、《羅浮紀遊十首》、《羅浮歸途遇大風，舟
幾覆口占》（《甌北集》卷一七）諸詩，均寫於此時。

【按】沈鳳翥，許登逢有《題鳳翥晴巒圖壽沈邑侯》二首，謂：「碧樹芳
洲引眺長，高空晴色正初暘。軒然勢欲排雲上，人識清時有鳳凰。」「千
仞嵳嵳紫翠橫，雲間節足恍傳聲。狂來擬附雙飛翼，十二樓臺望五城。」
（《青笠山房詩文鈔》詩鈔卷三）未知與此人有關聯否？

吳澐，《（嘉慶）山陰縣志》卷一八謂：「吳澐，號水雲，居鑑湖南岸
之芳草渡，少孤力學，工詩畫，在直隸總督方觀承幕為繪棉花圖冊進呈，
每幅賜御題，勒石蓮花書院。」

康基田，後官江蘇巡撫、河道總督等職，頗有政聲。清馮桂芬《（同
治）蘇州府志》卷七一謂：「康基田，字仲耕，山西興縣人。乾隆丁丑進
士，三十三年知新陽縣。性英敏，勤於政事，尤加意士習。創建玉山書
院，擇山長，定課程，日與諸生往復，講論如師弟。表明太僕丞歸有光
墓。在任二年，興利除害，稱循良第一。調昭文，設六書院以課士，修
元和塘，濬鹽鐵塘，民賴其利，其餘惠政甚多。以擢任去，士民遮道攀
轅。官至河道總督，左遷太倉知州。」《（同治）徐州府志》卷二一下謂：
「康基田，山西興縣人。乾隆間任徐道，捐修府城，疏通溝瀆，改建雲
龍書院，增齋舍，作《勸學箴》，親為講授，士民感澤，立祠書院祀之。」
《（道光）廣東通志》卷二五六《宦績錄二十六》謂：「康基田，號茂園，
山西興縣人。乾隆丁丑進士，三十七年以候升同知，署欽州事。治崇大
體、嚴保障、重學校，任事甫一載，政簡刑清，民樂安堵。尋升廉州守，
卓有政聲。去粵二十餘年，復官廣東布政使。省城有渠六道，宣泄潦水，
以達於江，曰『六脈』。渠歲久淤塞，每積雨，城北山漲陡發，輒漫民居。
基田周視渠之故道，親督工疏濬之。既而淫雨不止，閭閻無潦患。又修
葺穗城羊石西湖、禺山珠江諸鄉校，擇師講授，以作士風。宦蹟所臨，
士民咸深思慕。」

羅浮山，《廣東通志》卷一〇《山川志》於「廣州府增城縣」下曰：

「在增城、博羅二縣之界，舊傳蓬萊一峰，浮海而來，與羅山合，故名。高三千六百丈，周圍三百二十七里。」同書卷一一於「博羅縣」下謂：「在城西北五十里，即道書十八洞天之一。昔有山浮海而來博，於羅山合而爲一，故曰羅浮。又曰博羅山。高三千六百丈，周圍三百二十七里，嶺十五，峰四百三十二。」同書卷一二於「電白縣」下謂：「羅浮山，在城西北一百里，高一百餘丈，白石嶙峋，相傳爲僊人牧羊所化。」

華首臺、華首寺，《廣東通志》卷四七《人物志·隱逸》曰：「張二果，字稱復，東莞人。喜參究性命之學，天啓丁卯舉鄉薦，見巨璫魏忠賢搏噬正人，不求仕達，師事黃岩僧，創建羅浮華首臺、水簾洞山諸寺而棲托焉。崇禎丙子詔舉賢才，不就。戊辰，修邑志，後卒於江西廬山，以浮屠法葬，所著皆佛書。」

沖虛觀，《欽定大清一統志》卷三四三《惠州府》謂：「沖虛觀，在博羅縣羅浮山朱明洞南。明《一統志》：宋建有朝斗壇，人於其上，嘗獲銅龍六、銅象一。《通志》：即都虛觀，故址內有葛洪丹竈。」《廣東通志》卷五四《壇祠志寺觀附》謂：「在城東，即都虛觀故址。晉咸和中，葛洪至此煉丹，從觀者眾，乃於此置菴。山南曰都虛，又曰元虛，又改名沖虛。唐天寶初，置葛洪守祠十家，仍度道士，賜額。內有葛洪祠、葛洪丹竈，蘇軾書額。明永樂中，賜以玉簡，作玉簡亭覆之。」沖虛觀等，俱羅浮山名勝。

臨別之際，學使翁方綱爲之餞行。時翁之《嶺南金石考》將成。廣州守舒某、韶州守陳某、肇慶守高某設宴於府署，梨園兩部歌吹以助興。

《用德中丞韻奉別制府李公》：「別緒催人鬢欲華，況堪節候近黃花。官眞踏雪鴻留爪，人比辭巢燕憶家。絕棧關心山路雨，孤舟回首海天霞。那禁灑淚門牆外，待我情深未有涯。」「入覲推賢政事堂，賤名書在最先行。感公心自空如鏡，愛我才寧巧有簧。三木刑輕清狴犴，五紽絲儉衣羔羊。所慚薄劣非開濟，恐負吹噓泰谷陽。」「才得除書匝月間，又從公欲乞身還。自因親舍皤雙鬢，敢爲官程落百蠻。寒士襟期無遠大，老人骨肉要追攀。此情雖未蒙憐許，也識離懷滿海灣。」「初出承明爲守邊，量移幸得近名賢。不嫌論事千回瀆，每見當幾一著先。揮麈豈殊師弟對，書紳忍逐歲時遷。難忘更是臨分日，清誨惓惓絮別筵。」（《甌北集》卷一七）

《翁覃溪學使用德中丞韻贈行，即次奉答》：「炎徼同看若木華，離筵忽

漫剔缸花。樽前別路動千里，海內詞壇今幾家。吾老秋風生白髮，公名曉日麗朱霞。臨分不惜重攜手，後會迢然未有涯。」「只手輪扶大雅堂，七年槐柳已成行。使艖寂寂無歌扇，鄉校侁侁有鼓簧。經義湛深堪折鹿，俸錢清穩似修羊。聲名官職真兼擅，還與諸生闡紫陽。」「衙齋清閟兩三間，舊雨偏容數往還。金石遺文搜鳥篆，虞衡小志譜魚蠻。公著《嶺南金石攷》將成。賞奇不覺花陰轉，略分何嫌履蹟攀。此樂固知非易得，秋風吹我去江灣。」「經年同宦粵江邊，敢附名流說兩賢。我政人將書考下，公文世已睹爭先。履聲停曳星辰去，髀肉私悲歲月遷。此意只應知己識，不禁枨觸對離筵。」翁方綱原詩有四首，謂：「囊雲兩袖款天華，及訪黃龍洞裏花。五嶺五羊今踏遍，一琴一鶴本君家。新詞記驛懷莊蹻，舊夢題名共少霞。倚篋魚珠聽夜雨，恍移鄰屋漲江涯。君官京師日與余比鄰，今君將赴滇，先作羅浮之遊，故詩及之。」「蒲蓮葭葦詠溪堂，選遍詵詵弟子行。十郡首豐魚稻麥，二湖歌載瑟笙簧。行開百峒分銅虎，更上三峰叱石羊。青羊石，羅浮峰名。欠爾羅浮圖一幅，合離風雨點斜陽。」「銅鼓山高瘴霧間，詩情莽共粵江還。城陰嵐氣迴千里，石綠丹砂繞百蠻。睒賦農商逾萃聚，榕根士女記追攀。泉流百磴盤雲細，渾照冰條碧一灣。」「十載南宮列宿邊，山公清鑒不遺賢。合併舊雨燈窗憶，又閱春風嶺樹先。氣凜蛟龍靜魚鮪，種羅椒桂到君邊。更深長養旬宣術，不是區區為別筵。癸未春與君同與分校禮闈。」（《甌北集》卷一七附）

《舒廣州、陳韶州、高肇慶三太守餞我於署園，梨園兩部，追歡惜別，即席有作》：「祖帳深叨酒滿尊，梨園兩部簇歌塵。經年屨烏同遊隊，千里關河獨去人。南國花前紅豆曲，西風江上綠楊津。平時愛作逢場戲，淒斷今宵月似銀。」（《甌北集》卷一七）

甌北從軍滇南所騎黑騾，曾晨夕相從，歸鎮安、移廣州，均隨往。將赴貴西，因水路遙遠，不便載往，遂贈番禺張令。不料，甫去一夕死。甌北為詩以記其事。

《哭鐵騾》詩前小序謂：「騾為余從軍時晨夕所騎，雖有副馬不用也。上下岡阪，曾無一失。色純黑，軍中呼為鐵騾。事訖歸鎮安，移廣州皆從。今將赴黔，水程遠，不能載往，爰贈番禺張令，甫去一夕死，詩以哭之。」詩謂：「作吏未惠民，遑敢說愛物。何哉一騾死，翻為淚痕溢。憶昨從滇軍，市駿備馳突。汝忽應募來，黑光潤如漆。昂藏五尺高，氣壓馬萬匹。試之知其良，不煩駕馭術。我慕驄馬工，汝步何俊逸。我羨駃騠駛，汝走何迅疾。但

口不能言，意向早洞悉。雄姿況瘦勁，色鐵骨亦鐵。出門二十里，毛竅汗未濕。按轡方緩行，從騎奔始及。巨炮轟一聲，驪黃盡股慄。屹立獨不動，四蹄儼卓筆。爰作我的盧，不許童僕叱。相倚互為命，汝足即我膝。下鞍與汝兩，上鞍與汝一。滇南多巉巖，登頓弗自恤。深恐汝力盡，勒銜每暫歇。鼻息喘向天，沸成雲滃勃。憫勞摩汝頸，汝亦若就昵。但有依依情，絕無悻悻色。此段可憐意，至今耿難沒。兩年無刻停，萬里未一蹶。事訖歸官銜，策勳償以佚。相隨粵西東，日飼青芻苾。無何又移官，難共載水驛。忍換名姬姿，肯賣市僧直。為擇同官贈，吾願庶廱畢。胡為甫出閒，一夕遽告卒。嗟豈前生債，只許供我役。否則義烈心，離主甘就歿。所悲艱難際，用汝力幾竭。及夫身就閒，棄擲命不活。追維子方語，此事痛至骨。」（《甌北集》卷一七）

【按】《簷曝雜記》卷四《騾馬與人性相通》亦載此事。謂：「騾馬不能言，然性靈者能與人心相通。余在滇從軍，得一騾，色純黑，高五尺，甚瘦，雖加菽豆飼之不肥也。然力甚堅勁，日行百餘里，雖竟月不疲。性極靈，上下岡阪，宜左宜右，不待攬以轡，真如四體之不言而喻也。上峻嶺時，每數里輒勒住聽其稍喘，余或下而藉草坐，則騾侍立於旁，以頸相就，若相勞苦者。時有騾馬三十餘，歸粵時盡以贈同人，獨此騾不忍棄，隨至鎮安，青芻香秣，稍酬其勞。調守廣州，亦隨往。後余赴黔，上水四千里，不能載往，遂送番禺張令，甫一夕死矣。豈此騾宿世有所負於余，而使之償宿逋耶？抑其性貞烈，不肯易主而自斃耶？」

八月初，命弟汝霖夫婦奉母還鄉，置辦房舍，預為己退隱地。至三水，始與親人依依相別。

《舊譜》：「命汝霖夫婦奉太恭人歸，先生是時已有歸志。以家中老屋七間不能容眷屬，檢歷年宦橐稍有餘貲，付汝霖歸買村後地，築室以待。」

《三水送舍弟奉太恭人北歸》：「畫舸行還泊，依依送別情。江流將判路，宦蹟亦分程。南國梅難寄，西風桂正榮。古人親在日，息意事躬耕。」「廣州稱善地，未敢為身謀。漫有雙輪鹿，惟堪十具牛。養親須洗腆，教子莫聞咻。不用規知足，將歸奉白頭。」（《甌北集》卷一八）

此時尚寫有《珠江用東坡發廣州韻》（《甌北集》卷一八）詩。

由三水而上，泊舟羚羊峽口，遊端溪。尋訪古硯坑，賦《端溪》詩。又沿西江，經德安、鬱南入廣西梧州境。至桂平，為子廷俊治病，求神拜

佛，延擱數日。後，繼續沿江北上，經努灘，至柳州。再經懷遠雞翼灘。溯牂牁河而上，入貴州境，經苗寨至古州。

《舊譜》：「八月，先生由廣西溯流至貴州之古州，陸行赴省。」

《努灘》：「疊疊危磯矗，江心截急渦。千尋鍊交鎖，十萬劍橫磨。篙逆濤頭刺，舟穿石罅過。灘名應記取，努力慎風波。」（《甌北集》卷一八）

《懷遠縣雞翼灘》：「我行粵西灘河亦已多，最險努灘與伏波。伏波灘長三十里，滿江怪石紛相摩。努灘雖短石橫列，攔江排連截怒渦。殺機在途勇夫駭，過者一夕頭欲皤。揭來懷遠城，逆流溯牂牁，大艑行不得，換取舴艋輕於梭，謂當駛若鳧鶩鵝。誰知雞翼大灘更惡劣，建瓴雪浪高嵯峨。急如萬鈞之弩發勁羽，曲如九層之殼旋文螺。路既迂迴復偪窄，一線河身兩邊石。東張齒牙西礪角，間不容髮只一隙。孤舟入此鼠穴鬪，要與水石爭咫尺。前沖洶湧百沸湯，旁避槎枒萬枝戟。掀簸如箕薄如紙，魂魄動搖心膽裂。長年力盡叫欲死，一條竹篙刺水碧。移時出險神少安，回視妻孥尚餘嚇。噫嘻乎！天下乃有如此險，人生乃有如此阨。不知瞿塘灩澦更何如，若論伏努兩灘已袵席。我聞此路昔未通，唐蒙兵後仍雲封。猿猱下飲瑤憧汲，不與人世同華風。自從古州平苗後，始比蜀道開蠶叢。今來過此堪想像，河不成河江非江。其初應本是山麓，地勢稍下為水沖。年深泥沙盡刷去，獨存石骨梗浪中。安得五丁椎鑿利征客，轉思楊焉鐫削非愚公。獨慚書生功業能多少，偏狎風波催鬢老。豈有王尊叱馭才，也誇九折邛徠道。（《甌北集》卷一八）

《端溪》、《柳州》、《牂江道中》、《苗樓》、《古州諸葛營》（《甌北集》卷一八）諸詩，亦寫於此時。

【按】《端溪》詩曰：「扁舟晚泊羚峽口，閒訪端溪古石藪」，知甌北自三水與親人話別後，行至高要，乃泊舟羚羊峽口。羚峽口，即零羊峽，一名高要峽。宋樂史《太平寰宇記》卷一五九《嶺南道三》謂：「高要峽，《南越志》云：郡東有零羊峽，一日高要峽。山高百丈，江廣一里，華翠之樹，四時菁蒨。」《廣東通志》卷一二《山川志三》於「肇慶府高要縣」下曰：「羚羊峽，在城東三十里，高百餘丈，延袤二十里，夾束江流，為郡之鎖鑰，相傳山有羊化石，因名。又名靈羊，一名高峽山，古有峽山寺，今名靈山寺。峽東對岸山有石硯坑，即唐宋采硯坑也。」

端溪，據清吳綺《嶺南風物記》記載：「端溪，在肇慶羚羊峽。硯石

產老坑，有三洞，曰西，曰東，曰中。西勝於中，中勝於東。大抵坑之上層爲天花板，燥而不佳；最低者爲沙板，雖細亦不佳；惟中層水岩細軟純滑，斯爲佳品。」此正可與甌北《端溪》詩「是山到處有硯材，文殊宣德皆凡胎。屛風背下穴三尺，乃是水岩宋所開。其中東洞勝西洞，洞內又分三層縫。上層麤燥下層腐，尤以中層爲貴重」諸句相互印證。

努灘，《簷曝雜記》卷三《粵西灘峽》曰：「粵西灘與峽皆極險。府江之昭平峽，橫州之大灘，右江之努灘、雞翼灘，左江之歸德峽、果化峽，余皆身經其地，而昭平峽最險。」知努灘在右江道中。鬱江爲左江，黔江爲右江。甌北由梧州往柳州，恰是由潯江入黔江。懷遠，故治在今廣西三江縣北，距貴州較近。在柳州北三百多里處。潯江經龍勝縣至三江縣北與榕江合，水流湍急。雞翼灘或在二水交彙處。

牂牁河，古水名，究竟爲何水，說法不一。或謂今濛江，或以爲盤江，或以爲乃都江。據甌北詩意，或指後者。《欽定大清一統志》卷三三九《廣州府》謂：「牂牁江，亦即鬱水東支，自三水縣南流經南海縣，東入番禺縣界，又東南入海。」是卷又引《番禺縣志》曰：「牂牁江，一名珠江，即西北二江下流也。……又東合蜆江，至縣東南八十里南海廟前，與東江會，亦謂之三江口。又南六十里至虎頭門入海。」

古州，清設古州廳，屬黎平府，故址在今貴州省榕江縣。據甌北詩中所敘，當是由梧州，經南平、桂平、武宜、象州，達柳州。然後溯融江北上，經懷遠，入貴州境，達古州。

《簷曝雜記》卷四《三界廟》謂：「後余自廣東赴貴西任，途次三兒廷俊甫周，忽患異證，連日昏憒，不乳不哭，醫莫能愈也。過潯州，以羊豕祭三界廟，是日五更即能哭出聲，數日大愈」，該目又謂：「粵西之梧、潯、南寧三府，有三界廟最靈。」潯州，故治在今廣西桂平縣。清時設府，下轄桂平、平南、貴、武宜四縣，據此，知甌北爲子治病，曾在桂平逗留。

由水路改陸行。十月初，自古州抵省城貴陽，謁見巡撫李湖後，即星夜馳赴威寧，辦理平定金川之過境將士所需事宜。

《舊譜》：「十月，抵貴陽。時蜀省方有進剿金川之役，上命將軍溫公福、故將軍阿文成公自滇赴蜀，路經貴西之威寧、畢節等處，皆先生所轄也。先生謁巡撫李公瑚出，即星夜馳赴威寧，辦集夫馬，過兵得無誤。」

《十月朔日抵貴陽，聞官兵自滇入蜀路經威寧，余未及受代，即赴寧料理過兵，途次雜詠》：「天許遊蹤遍八荒，一年輒易一殊方。滇雲粵嶠都行遍，又記郵簽到夜郎。」「才卸征鞍貴築城，正逢驛送入川兵。赴官並不攜琴鶴，只駕單車叱犢行。」「羅甸羅施鬼國貧，當初都是處流人。誰知今日蕃昌象，藤酒蘆笙別樣春。」「三兩茅棚嵌碧螺，城邊蕎麥水邊禾。萬山深處都耕遍，始覺承平日已多。」「風緊霜乾脫葉翩，空林如洗少棲煙。客途久不逢搖落，重感婆娑枯樹篇。」「白氈纏身倮面黧，來迎刺史過山蹊。依人不分馴如犬，此是安家古水西。」「洪爐煉汞出鉛華，斛土論錢帶雨耙。怪底山童無樹木，五金殺氣在泥沙。」「由來高處最寒多，官舍層椒似鳥窠。冰雪滿空居絕頂，教人呼作鐵頭陀。」（《甌北集》卷一八）

【按】上引甌北詩稱：「才卸征鞍貴築城，正逢驛送入川兵」，說明當時旅途勞頓之狀。貴築，即今之貴陽。《貴州通志》卷四《地理》謂：「貴築縣，附郭，東至龍里縣界四十里，西至安順府清鎮縣界三十里，南至龍里縣界六十里，北至清鎮縣界六十里，東南至龍里縣界八十里，西南至定番州界五十里，東北至開州界八十里，西北至修文縣界七十里。」

李湖（1713～1781），字又川，號恕齋，江西南昌人。「乾隆己未進士，歷任至廣東巡撫，守己清約，綜練政務，知無不爲。在巡撫任，整飭吏治，規條肅然，粵東積弊爲之一清。卒贈尚書，諡恭毅，入祀賢良祠」（《欽定大清一統志》卷二三九《南昌府二》）。《清史稿》卷三二四《周元理傳附》曰：「湖，字又川，江西南昌人。乾隆四年進士。初授山東武城知縣，調郯城。累遷直隸通永道，調清河道。遷直隸按察使，再遷江蘇布政使。三十六年，擢貴州巡撫，三十七年，調雲南。四十年，總督彰寶以貪婪得罪，責湖隱忍緘默不先劾奏，奪官，予布政使銜，往四川軍營會辦軍需奏銷。四十三年，授湖南巡撫，四十五年，調廣東。湖敏於當官，在貴州規畫鉛運，在雲南釐剔銅政，均如議行。所至以清嚴爲政。其蒞廣東，以廣東夙多盜，番禺沙灣、茭塘近海爲盜藪，密詗姓名、居址及出入徑途，知群盜以七月望歸設祀，飭文武吏圍捕。旬日間誅爲首者二百有奇，而釋其脅從，盜風以息。旋條奏申明員弁，責成編船移汛，設施甚備，令行法立，民咸頌之。卒，贈尚書銜，諡恭毅，祀賢良祠。」《國朝耆獻類徵初編》亦有記載。

十月，王述菴昶、趙璞函文哲從軍入川，路經威寧，甌北與之握手話別，

並寄詩存問查儉堂禮。

《述菴、璞函亦從軍入川，余至威寧得一握手，燭未跋即別去。璞函有詩見寄，依韻奉答》：「兼程到及夜分遲，又是征人入蜀期。作賦豈尋巫峽女，從軍猶逐羽林兒。傾囊不暇翻詩卷，翦燭先催酹酒巵。三載離懷半更話，那禁執手淚如絲。」「家在吳淞徑就荒，遙憐清夢繞江鄉。失官遷客將還職，殺賊書生豈擅場。羅鬼瘴添胸塊悶，蓬婆雪耀鬢絲光。臨分但祝加餐飯，不爲千金陸賈裝。」「幕府群推借箸優，也須熟慮發奇獻。狂生曾唱公無渡，勁旅終資將在謀。邛竹杖輕行作伴，郫筒酒美醉堪侯。兼將井絡天彭勝，增詠新詩入選樓。」（《甌北集》卷一八）

《用璞函韻寄述菴，兼柬松茂觀察查儉堂》：「故人得見未嫌遲，萬里相逢本不期。官罷杜陵猶作客，才高文舉直呼兒。來經鐵索滇橋路，去酹郫筒蜀酒巵。玉帳術中需贊畫，喜君猶未鬢如絲。」「膈膊霜雞午夜荒，燈前一握又他鄉。那堪好友頻歧路，不分書生老戰場。國險魚鳧稀日影，陣懸蛇鳥入秋光。期君早上平戎策，旦晚還朝卸客裝。」「遙識西行禮遇優，榕巢刺史擅新獻。論文應有聯床話，料敵全非築室謀。貴客傾人邛邑令，新詩懷古武鄉侯。送君轉憶長安舊，曾共消寒雪滿樓。」（《甌北集》卷一八）

此時尚寫有《七星橋題武侯祠，相傳昔南征過兵處》（《甌北集》卷一八）詩。

【按】趙文哲詩爲《家雲松聞予將過威寧，遂不及受代而來。握手黯然。稍述己丑夏別後事，燭未跋而僕夫促駕矣，馬上成三詩寄之》三首，曰：「簫函天末望遲遲，一宿郵亭忽有期。直爲陟岡嗟予季，故教騎竹慰群兒。吏知適館牽籃舉，僕解移燈拭酒巵。草草難成對床話，西窗眞負雨如絲。」「夢裏田園日就荒，暫相逢處總他鄉。三年心事雙吟鬢，萬里遊蹤兩戰場。少作詩篇更世故，勉加餐飯惜年光。廣南太守貧難得，喜見衙齋似葉裝。」「丞相軍諮禮最優，危言曾遣駭溝猶。萊公竟得觀書力，郭令終成折敵謀。君已致身酬聖主，吾猶作客托諸侯。他時相憶知何處，倚遍籌邊萬里樓。」（《娵隅集》卷一〇），《甌北集》未附，今補之。

秦瀛《刑部侍郎蘭泉王公墓誌銘》謂：「會緬酋不靖，阿公桂總督雲貴，來往永昌、騰越間，軍書旁午，贊畫機宜，公之力爲多。無何，阿公罷，溫公福代之，留公戎幕如故。屬四川小金川土司僧格桑構亂，上命溫公移師討之，請以公行。會上復起阿公會剿，公又參阿公軍，除吏

部主事，擢員外郎、郎中。」（《碑傳集》卷三七）

　　江藩《國朝漢學師承記》（卷四）記王昶事稍詳，曰：「三十六年，文成罷，用理藩院尙書溫福代之，奏留先生佐籌善後事。會四川小金川土司澤旺之子僧格桑指沃日咒詛，發兵占其地，又侵據明正土司濃等寨；而金川應襲土司索諾木亦並革什咱，殺其土司。上命溫福移師赴四川，奏請以先生行，奉旨賞給主事，隨往四川軍營辦事，旋授吏部考功司主事。」另據王昶《恤贈光祿寺少卿戶部主事趙君墓誌銘》：「君始與余依阿公幕府，居二年辛卯五月，上以理藩院尙書溫公福代阿公，會四川金川土舍索諾木襲革布什咱土司戕之，嗾小金川土舍僧格桑攻鄂克什，勢甚張，總督弗能制。九月，命溫公偕阿公赴蜀討之，奏以余與君行。十月，至成都，復以君爲中書舍人。」（《碑傳集》卷一二一）。

　　程晉芳《四死事傳》「趙文哲」謂：「既而阿公由滇之蜀，大學士溫公方督師剿金川，見君與語，大悅之，乃留幕府贊戎事。時方與阿尙書分兵，王郎中遂從阿尙書去。溫公重君甚，一飯一飲必與偕，片時不見，輒令人覘君何作，無所苦否？已而連克金川地。」（《碑傳集》卷一二一）
所述與《清史稿》稍異，王昶爲親歷者，所言當可信。此姑依王昶之說。
十一月，原將軍阿桂從溫福進討小金川，自滇入蜀經威寧境，甌北前往謁見。

　　《謁故將軍阿公，時亦自滇入蜀，從剿金川》：「一肩曾荷擔千鈞，官罷仍資掃賊氛。邊事又添新戰壘，威名終屬故將軍。洗兵雨淨三巴水，揮扇風馳八陣雲。看取功成還絳闕，轉圜天意重酬勳。」（《甌北集》卷一八）

　　【按】據甌北《皇朝武功紀盛》卷四《平定兩金川述略》：「三十六年，索諾木計殺革布什咱土官並擄其妻，僧格桑再攻鄂克什，侵及明正土司。阿爾泰遣兵護鄂克什，僧格桑遂與官兵戰。事聞，上以此前出師本以救小金川，今小金川反肆逆，罪不可赦，乃命大學士溫福赴蜀，尙書桂林代阿爾泰爲總督，共討賊。溫福由汶川出，爲西路；桂林由打箭爐出，爲南路。」「先是故將軍阿桂以緬事罷官，在溫福軍從征，尋授提督。」
《清史稿》卷三一八《阿桂傳》謂：「（乾隆）三十六年，疏請大舉征緬，入覲陳機密。上手詔詰責，命奪官留軍效力。是時金川酋郎卡已死，其子索諾木及小金川酋澤旺子僧格桑擾邊，四川總督阿爾泰征之無功，上命阿桂隨副將軍、尙書溫福進討。十二月，署四川提督，克巴朗拉、達

木巴宗各寨。」知阿桂經威寧境，當在本年十一月。上引詩謂「一肩曾荷擔千鈞，官罷仍資掃賊氛」，稱事在阿桂罷官之後，與史書所載相合。貴西兵備道衙署，建在威寧近郊山上，寒簡至極，甚為艱苦。

《官齋》：「形勝西南控制遙，孤城百雉倚山椒。一條路綰滇黔蜀，諸種人分倮仡苗。納土久看遵約束，急公爭自赴征徭。下車撫字應先務，未暇威行吏六條。」「浹月冥冥雨線懸，始知吠日未虛傳。地連西蜀淋鈴棧，景是南宮潑墨天。雉羽當花翹插髻，羊皮帶血冷披肩。殊方風物眞堪笑，惜少新詩細碎編。」（《甌北集》卷一八）

《凌》：「侵曉望寒空，瑤華滿遙甸。傳是下凌天，奇景驚創見。初疑霜色皚，旋訝雪光眩。霜應碎如粉，雪亦飄爲片。玆獨若霧雺，稀微當空濺。麤豈同霰珠，纖不及雨線。方其濛濛下，曾弗濕衣緣。著物乃作冰，其白忽如練。是知即嵐氣，爲寒所凝煉。霽時色似無，觸處光始現。遂令彈指間，晃朗素彩遍。山河水晶界，屋宇琉璃殿。枯枝銀粟垂，老樹瓊花絢。一笑威寧州，鉛華產本擅，胡爲不愛寶，盡出鋪地面。妄語聊解頤，清暉足流眄。居非雪窖窮，識豈木介變。緊余老儒生，瘦骨故寒健。曾踏塞上冰，喉卷朔風咽。年來宦炎荒，漸與溫暖便。驟焉入嚴冷，那禁齒牙戰。所喜景奇絕，幽賞在庭院。淡素稱官清，寥蕭宜歲晏。因之記節物，紙窗炙凍硯。」（《甌北集》卷一八）

【按】《簷曝雜記》卷四《仕途豐嗇頓異》：「遷貴西，署在威寧萬山巔。冬月極寒，下凌經月不止，彌望皆冰雪。自書吏、差役、門子、轎傘夫，皆仰食於官，否則無人執役矣。書吏行文書，每日紙幾番、封幾函，俱列單向官請給，天下無此貧署也。」

臘月，金川戰事吃緊，續調黔兵入川。至畢節料理兵士過境之事。事畢，回威寧，途遇冰凌。

《續調黔兵赴川，余至畢節料理過境》：「手催勁旅赴西川，點驛簽夫夜不眠。莫訝書生鞍馬熟，從戎曾踏萬山巔。」「穴中鼠子敢縱橫，儜看軍功掃蕩成。傳語健兒須努力，至尊曾贊貴州兵。」「千里山程入蜀高，送他隊隊過旌旄。歸來埭館殘燈下，重看征南舊佩刀。」（《甌北集》卷一八）

《回威寧途次遇凌》：「槎枒老樹映晶瑩，玉蕊琪花夜不暝。戲傍馬邊連凍拗，折枝聲碎玉泠泠。」「山高直在太清端，嵐氣朝凝作凌乾。萬樹冰花似梅蕾，道人消受此清寒。」（《甌北集》卷一八）

【按】畢節，《欽定大清一統志》卷四○一《大定府》謂：「畢節縣，在府城北六十里，東西距二百七十五里，南北距一百二十五里。……本西南夷地，漢置鼈縣，屬牂牁郡，後漢因之。晉永嘉中，改屬平夷郡。唐宋爲羅甸國地。元屬順元路宣慰司。明初爲貴州宣慰司地。洪武十六年，置畢節衛，屬貴州都司。二十二年，分置赤水衛。本朝康熙二十六年改爲畢節縣，以赤水衛附入，屬威寧府。雍正七年，改屬大定府。」

閱邸報得知，璞函、述菴均已復官，喜不自勝，賦詩志賀。

《閱邸抄喜述菴、璞函復官卻寄》：「十年朋好劇關心，喜見除書復舊簪。磨盾共知臣力瘁，賜環眞荷主恩深。官從歷井捫參得，詩向黎風雅雨吟。不失朝衫添篋草，殊遭應倍感難任。」（《甌北集》卷一八）

【按】王昶、趙文哲二人復官之時間，各家記載有出入。前引江藩《國朝漢學師承記》卷四謂：乾隆三十六年，「上命溫福移師赴四川，奏請以先生行。奉旨賞給主事，隨往四川軍營辦事，旋授吏部考功司主事。」而溫福何時受命赴川，史載有歧義。《清史稿》卷一三《高宗紀四》曰：「阿桂以畏葸褫職，降兵丁效力。命溫福馳赴雲南署副將軍事。」八月，「命副將軍溫福、參贊大臣伍岱赴四川軍營，會商進剿。」而《欽定八旗通志》卷一七四《人物志五十四‧溫福》則徑稱：「三十六年八月，奉旨授副將軍，統兵剿金川。」《清史稿‧溫福傳》則籠統言及，未注明確切時間。以上史料於王昶復官時間，均未明確注出。然據《甌北集》所收寫於本年十月的《述菴、璞函亦從軍入川，余至威寧得一握手，燭未跋即別去。璞函有詩見寄，依韻奉答》一詩，卻未敘及此事。而事後近一月，甌北始由邸報得知，則證明王昶之復官不會早於本年十月經威寧與甌北相見之時。而趙文哲復官事亦然。程晉芳《四死事傳》「趙文哲」一文中，於敘文哲乾隆三十六年事，一字未及復官。至三十七年十月，「遂剿平美諾，以功復中書，又授戶部主事，隨營治事」（《碑傳集》卷一二一）。據此，文哲之復官，似又推遲一年。而前引王昶《恤贈光祿寺少卿戶部主事趙君墓誌銘》則謂：三十六年，「九月，命溫公偕阿公赴蜀討之，奏以余與君行。十月，至成都，復以君爲中書舍人」。次年，冬，「晉君戶部主事。」（《碑傳集》卷一二一）王昶與趙文哲乃好友，罷官原因相同，又一同赴滇從軍，再參贊剿金川軍務，且主要是跟從阿桂，所載當可信。二人之復官時間，也當在同時，即大致在本年十月末。錄以備考。

總兵王協和進剿金川經此，甌北賦詩相贈，激勵其橫矛退敵，捷報早傳。

《送王協和總戎進剿金川》：「勃律天遙久勒功，又提勁旅剿番戎。威名共仰關西將，韜略曾傳圯上公。川隔蜻蜓憑筏度，路過箭筈有門通。停看轉戰平羌速，歸及山桃二月紅。」「喬松落落見長身，聲也英雄果絕倫。拔戟自當軍一隊，橫矛能退敵千人。勳名到日成功速，文武同年別誼眞。君至邛關相憶處，捷音好屢寄郵塵。」（《甌北集》卷一八）

【按】《清秘述聞》卷六謂：「貴州考官戶部郎中王協和，字印川，江南天長人，乙丑進士。」同書卷一五又謂：「戶部員外郎王協和，字監唐，江南天長人，乙丑進士。」此王協和爲文官，與甌北詩中所述，殆非一人。

乾隆三十七年壬辰（1772）　四十六歲

【時事】　正月，乾隆帝就搜訪古今圖書之事，諭曰：「朕稽古右文，聿資治理，幾餘典學，日有孜孜。因思策府縹緗，載籍極博。其鉅者羽翼經訓，垂範方來，固足稱千秋法鑒。即在識小之徒，專門撰述，細及名物象數，兼綜條貫，各自成家，亦莫不有所發明，可爲遊藝養心之一助。是以御極之初，即詔中外搜訪遺書。並令儒臣校勘十三經、二十一史，遍佈黌宮，嘉惠後學。復開館纂修《綱目》三編、《通鑒輯覽》及《三通》諸書。凡藝林承學之士，所當戶誦家弦者，既已薈萃略備，第念讀書固在得其要領，而多識前言往行以蓄其德，惟搜羅益廣，則研討愈精。如康熙年間所修《圖書集成》，全部兼收並錄，極方策之大觀。引用諸編，率屬因類取裁，勢不能悉載全文，使閱者沿流溯源，一一徵其來處。今內府藏書，插架不爲不富。然古今來著作之手無慮數千百家，或逸在名山，未登柱史，正宜及時采集，彙送京師，以彰千古同文之盛。其令直省督撫學政等通飭所屬，加意購訪。除坊肆所售舉業時文及民間無用之族譜尺牘屏幛壽言等類，又其人本無實學，不過嫁名馳騖，編刻酬倡詩文，瑣屑無當者，均無庸採取外，其歷代流傳舊書，內有闡明性學治法、關係世道人心者，自當首先購覓。至若發揮傳注，考覈典章，旁暨九流百家之言、有裨實用者，亦應備爲甄擇。又如歷代名人泊本朝士林宿望，向有詩文專集，及近時沈潛經史，原本風雅，如顧棟高、陳祖範、任啓運、沈德潛輩，亦各著成編，並非剿說卮言可比，均應概行查明。在坊肆者或量爲給價，家藏者或官爲裝印。其有未經鐫刊，只係抄本存留者，不妨繕錄副本，仍將原書給還。」（《四庫全書總目》

卷首）二月，督軍「克資哩山，進克阿喀木雅。松潘總兵宋元俊亦復革布什咱。兩金川勢日蹙」（《清史稿》卷三一八《阿桂傳》）。三月，河南羅山縣在籍知縣查世樥以藏匿《明史輯要》論斬。又，就內外各衙門題奏事狀對蒙古、滿洲人、地名翻譯訛謬，帝諭曰：「向來內外各衙門題奏咨行事件，凡遇滿洲、蒙古人地名應譯對漢字者，往往任意書寫，並不合清文、蒙古文本音，因而舛誤俚鄙之字不一而足。甚至以字義之優劣，彊爲分別軒輊，尤屬可笑。方今海宇車書大同，《清文鑒》一書屢經釐定頒示，且曾編輯《同文韻統本三合切音》，詳加辨訂合之字音，無銖黍之差，第篇帙較繁，行文或未暇校閱。昨因評纂《通鑒輯覽》，於金、遼、元人地名之訛謬者，悉爲改正。復命廷臣重訂《金遼元國語解》，將三史內訛誤字樣另爲刊定，以示傳信。而現在疏章案牘清漢對音轉未畫一，於體制殊爲未協。著交軍機大臣依國書十二字頭酌定對音，兼寫清漢字樣，即行刊成簡明篇目，頒行中外大小衙門。嗣後遇有滿洲、蒙古人地名對音，俱查照譯寫，俾各知所遵守。將此通諭知之。」（《欽定八旗通志》卷首之十二《勅諭六》）四月，李湖調雲南巡撫，圖思德任貴州巡撫。賜徽州歙縣金榜、紹興山陰縣李堯棟、常州陽湖縣莊通敏等一百六十二人進士及第，出身有差。五月，就烏魯木齊官員揀選之事，帝諭曰：「據舒赫德奏稱：『今烏嚕木齊築城駐箚滿兵，其應補放官員缺，若調取至伊犂選擬似覺繁擾，可否令烏嚕木齊大臣等照伊犂辦理之處請旨』等語。舒赫德所奏，雖因應行補放人員由烏嚕木齊至伊犂其往返行走繁擾起見，但以驍騎校、防禦等微員尚可，至佐領、協領俱係大員，由烏嚕木齊參贊大臣等自行揀選補放不合體制。且由烏嚕木齊至伊犂究與來京較近，嗣後烏嚕木齊滿營驍騎校、防禦缺出，毋庸送往伊犂將軍，該處參贊大臣等秉公揀選，擬定正陪，繕寫各員勞績、履歷，具奏補放，免其引見。若佐領、參領缺出，由烏嚕木齊參贊大臣於應升人員內，視其勞績秉公揀選，咨送伊犂將軍，復行詳加揀選，擬定正陪，繕寫履歷勞績具奏。補放亦照伊犂一體，遇便由驛來京，該部帶領引見。」（《欽定八旗通志》卷首之十二《勅諭六》）「以舒赫德爲領侍衛內大臣。命福隆安赴四川查辦阿爾泰劾桂林乖張捏飾一案。命託庸暫兼管兵部尚書，索爾訥署工部尚書」。「命戶部侍郎福康安在軍機處行走」。「命海蘭察等赴四川西路軍營，鄂蘭等赴四川南路軍營。調容保爲綏遠城將軍。桂林以隱匿挫衂，褫職逮問」。（《清史稿》卷一三《高宗紀四》）六月，授文綬爲四川總督，海明爲陝甘總督，鄂爾泰署湖廣總督。七月，原雲南布政使錢度貪婪勒屬吏市金玉論斬。錢度，字希裴，江南武進人。

乾隆三十七年，度以雲南布政使監銅廠，「宜良知縣朱一深揭戶部，告度貪婪，勒屬吏市金玉，上命刑部侍郎袁守侗如雲南會總督彰寶、巡撫李湖按治。貴州巡撫圖思德奏獲度僕持金玉諸器，自京師將往雲南，值銀五千以上；江西巡撫海明奏獲度僕攜銀二萬九千有奇，自雲南將往江南，並得度寄子酆書，令爲複壁藏金，爲永久計；兩江總督高晉籍度家，得窖藏銀二萬七千，又寄頓金二千。守侗等訊得度刻扣銅本平餘，及勒屬吏市金玉得值，具服，逮送京師。命軍機大臣會刑部覆讞，以度侵欺勒索贓私具實，罪當斬，命即行法。子酆亦論絞」（《清史稿》三三九《錢度傳》）。九月，乾隆帝就旗下家奴借酒生事，諭曰：「向來旗下家奴有酗酒行兇者，一經本主報明該旗，即行送部發遣。其妻室有年老殘廢及不願隨帶者，俱不同發。定例未爲周密。如近日秦璜所有發遣家奴之妻留占爲妻之事，不可不另定章程，以防流弊。蓋家奴犯法，其妻亦屬有罪之人，自當一體發遣。但此等犯罪旗奴妻室自不值官爲資送，若其中果有不能隨帶者，或令於親屬依棲，或聽本婦另嫁，自不便仍留服役，以杜嫌疑。嗣後該部旗遇有發遣家奴之案，俱照此辦理。著爲例。」（《欽定八旗通志》卷首之十二《勅諭六》）十月末，奉諭旨：「國史館進呈新纂明珠列傳，內所列郭琇糾參各款，臚采不全，於核實紀載之義未合。明珠在康熙年間身爲大學士，柄用有年，乃竟不克自終，漸至植黨營私，市恩通賄，勢焰熏灼，物議沸騰。皇祖疊申誡諭，期得以恩禮保全，而明珠不知省改，致爲郭琇參奏，復念其於平定三藩時曾有贊理軍務微勞，不即暴示罪狀，然亦立予罷斥，並未嘗廢法姑容。後雖量爲錄用，僅授內大臣之職，距其身沒二十餘年，不復再加委任。此實皇祖恩威並用，權衡纖毫不爽，迥非三代以後所可幾及。而確核明珠罪案，只在徇利太深，結交太廣，不能恪守官箴，要不致如前代之嚴嵩、溫體仁輩竊弄威福，竟敢陰排異己，潛害忠良，舉朝側目而莫可誰何也。即如明珠以現任閣臣，而郭琇即以露章臚款，抨擊甚力，使明珠果能如明季諸奸箝制言路，則郭琇矢口之間，早已禍不旋踵，即或深謀修隙，亦必多方狙伺，假手擠排。乃郭琇因此一疏，遂以鯁直受知，不及二年，即由僉都御史洊擢都御史，不聞明珠之黨有能爲之抑沮者。雖其間亦曾因事論黜，而我皇祖鑒其政績風力，由閒廢中擢爲湖廣總督，後因紅苗搶奪，隱匿不報，削籍歸里，其罪實由自致，亦非明珠之黨藉事以爲報復。今郭琇列傳具在，可考而知也。至於明珠生平，是非功過原不相掩，我皇祖慎持予奪之柄，至公至明，因物付物，恭繹聖諭，仁至義盡，一一適如其人之所自取，即此可以窺見萬一。茲館臣裒輯明珠事蹟，因檢閣庫，

未獲郭琇劾章，似由當日留中不下，遂據館中所存郭琇疏稿刊本，撮載大凡。但其間刪削過多，恐傳之既久，或疑修史者有意曲為隱諱，於據事直書之旨無當也。因命於明珠傳中全列郭琇參本，俾天下後世得喻此事本末，共知我國家立綱陳紀，朝寧肅清，從無有宵小僉壬，如前代之得以怙權干政。而我皇祖聖明英斷，刑賞持平，實為執兩用中之極則。朕稟承祖訓，凡一切用人行政，無不本此意為折衷。用是剖悉原委，宣諭中外，仍命錄載傳後，使定論昭然，永以示傳信而垂法戒焉。」（《國朝宮史續編》卷八八）十一月，廣州將軍秦璜，以納僕婦為妾褫職逮訊。至下月，以婪贓論斬。十二月，四川總督文綬被奪職。據史載，文綬調四川總督，「前政阿爾泰坐誤軍興，又縱其子明德布婪索，得罪，上命文綬察明德布婪索狀。文綬言：『明德布侍阿爾泰日久，與屬吏往還，尚無婪索事。』而明德佈在京師，上命軍機大臣按鞫，具服，乃責文綬祖護，奪官，往伊犁效力。三十八年，木果木師潰，總督富勒渾奏報金川酋攻明郭宗河口，上授文綬頭等侍衛，佐富勒渾治軍。未幾，授湖廣總督，仍署四川總督。偕富勒渾奏言：『增兵需餉，請令商民原自湖廣運糧入四川者，視乾隆十三年范毓馪助餉加銜例，穀一石當銀九錢，授以貢監職銜。』並議行。四十一年，實授。四十四年，入覲。子國泰，官山東巡撫，召詣京師相見。四十五年，疏言：『雲南昭通、東川諸屬改食川鹽，應於川、滇交界隘口設稽察。』上可其奏，並諭雲貴總督福康安一律嚴防。四十六年，詔停打箭爐收稅部員，由總督委員管理，因條奏裁改諸事，從之。四川多盜，民間號啯嚕子，闌入鄰近諸省。湖廣總督舒常、湖南巡撫劉墉、貴州巡撫李本先後疏言盜自四川入境，遣將吏捕治。文綬奏後入，上責其玩縱，降三品頂帶。尚書周煌復陳盜為民害，將吏置不問，甚或州縣吏胥身為盜擾民，上以文綬因循貽患，奪官，往伊犁效力」（《清史稿》卷三三二《文綬傳》）。

　　本年，山陽吳進此際作《驅驢》詩，寫貧家小兒日日驅驢為人運米，備受困苦，自身卻不能得一粒療饑。

　　江都汪中作《當塗行》，記當塗江漲成災，民食草不留根事，此年辭幕職還。

　　蘇州書坊刻《新編宋調全本白蛇傳》五十集。

　　如皋黃振刻所著《石榴記》傳奇四卷。

　　高郵夏之蓉刻所著《讀史提要錄》十二卷。

　　高郵王念孫以避禍居天長，此年至當塗依朱筠。

武進黃景仁、陽湖洪亮吉與朱筠、邵晉涵等遊黃山，亮吉登蓮花絕頂乃還，景仁作黃山《白猿》詩。

嘉定錢大昕在京與修《一統志》，羅聘以所得竹葉碑拓本與大昕及翁方綱共審訂。

吳縣潘奕雋在京觀演火判，紀以詩。

鎮洋畢沅改官陝，以宋蘇軾曾任鳳翔通判，此年在西安爲作生辰會。

直隸翁方綱經江淮北還，作渡淮詩。

金匱楊潮觀始纂《左鑒》。

江西謝啓昆（蘊山）赴鎮江府知府任，翁方綱以詩囑訪金壇王步青遺書。

青浦王昶作《雅州道中小記》。

武進莊忻在安徽寧國，此際輯宋王應麟遺文，得數卷。

浙江章學誠開始著作《文史通義》。

安徽戴震所纂《汾州府志》三十四卷、《汾陽縣志》十四卷先後刻成。

浙江盧文弨主講南京鍾山書院。

武進劉星煒死，年五十五。

武進錢維城死，年五十三。

陽湖陸繼輅（祁生）生。

安徽方東樹（植之）生。

顧光旭駐蘭州，入經費局辦事，通省疑難案件，皆歸焉。六月，文綬奉調四川總督，督辦軍需糧餉，薦光旭隨往。（《響泉年譜》）

揚州運使鄭大進延蔣士銓主安定書院。士銓辭戢山書院職至維揚。（《清容居士行年錄》）

洪亮吉在安徽學使朱筠署，隨歷徽州、寧國、池州、安慶、瀘州、鳳陽七府，六安一州，遍遊採石、青山、敬亭、黃山、齊雲、齊山諸名勝。冬，訪蔣士銓、汪端光於揚州。蔣士銓解橐金助之，乃得歸。（《洪北江先生年譜》）

【本事】春初，以事赴省城，經水西，至貴陽。

《水西道中》：「曙色催人馬首東，荒雞不住叫霜空。雪殘枯樹尚餘白，日出亂山相映紅。親老宦程宜早退，官高民隱益難通。巡春露輈慚何補，虛擁驄前畫戟雄。」（《甌北集》卷一八）

【按】由詩中「雪殘枯樹尚餘白」而論，似是初春，很可能是春節剛過，即去貴陽。「巡春露輈」云云，亦與之相合。時令當在春初。

　　水西，「《黔記》：蜀漢時，蠻火濟從諸葛武侯南征有功，封羅甸王，凡數十世，保有水西之地。明時土司安氏，即其後也。清康熙三年，安氏叛，討平之，置黔西府，後改爲州，屬貴州大定府，即今黔西縣」（《中國古今地名大辭典》）。《欽定大清一統志》卷四〇一《大定府》謂：「黔西州，在府城東南一百四十里，東西距一百三十里，南北距二百一十里。……漢牂牁郡地。三國漢建興中，爲羅甸國地。唐開成初內附，會昌中又封羅甸王。宋開寶八年，析置大萬谷落總管府。元至元十七年，置順元路宣慰使司，隸四川行省，尋改隸湖廣。二十八年，復隸四川。二十九年，置順元宣慰司，都元帥府，隸雲南。明洪武四年，罷爲宣撫司，隸四川。六年，升爲宣慰使司。永樂十一年，改隸貴州布政司。崇禎九年建水西城，本朝仍屬宣慰司。康熙三年，安氏叛，討平之，以水西爲黔西府，隸貴州省。二十二年，降爲州，屬威寧府。雍正七年，改屬大定府。」

同年孫補山士毅視學貴州，故交相聚，追話兵塵，感慨良多。

　　《晤同年孫補山學使話舊》：「故人重見鬢添皤，追話兵塵感慨多。絕徼秋聲諸葛鼓，戰場夕照魯陽戈。衝車力盡猶攻壘，擊楫心雄竟渡河。同是征南戎幕客，那禁思舊淚滂沱。」「堂前初見捧盤匜，得就西階樂可知。卻憶少年登第日，也成新婦作姿時。光陰過客雙丸速，婚嫁牽人五嶽遲。翦韭寒窗話疇昔，一尊同感鬢如絲。」（《甌北集》卷一八）

【按】孫士毅（1720～1796），「字智冶，號補山，浙江仁和縣人。乾隆二十六年進士，歸班候選。二十七年，上南巡，召試第一，授內閣中書，洊升侍讀。三十四年春，緬匪不靖，隨大學士傅恒督師雲南，主奏章。師還敍勞，遷戶部郎中。四十年，擢大理寺少卿，旋授廣西布政使，調雲南。四十四年，授雲南巡撫。時總督李侍堯，以贓獲罪，士毅坐不先舉劾落職，發軍臺效力。臨行，上念其學問優長，命纂校《四庫全書》，特授翰林院編修。四十七年書成，擢太常寺少卿，復出爲山東布政使。次年，遷廣西巡撫。又次年，調廣東，尋署兩廣總督」。「五十二年，總督富勒渾縱僕婪索事聞，嚴詢士毅。士毅訊之有據，以實奏。富勒渾時已解任，奏上申飭。上嘉其不避嫌怨，所言皆屬公正，授兩廣總督」。「六十年春，湖南苗反，延及四川秀山境。士毅即馳赴秀山，以遏其沖。督辦糧餉及藥丸營帳之屬，無不周備，敕部優敍者再。多十一月，賊爲福

康安、和琳所懾，潛窺秀山，士毅率兵擊之，斬首二百餘級，擒賊目二，防禦愈嚴」。嘉慶元年六月，「於軍中得疾，遽卒。事聞，加贈公爵，諡文靖」。(《清代七百名人傳·孫士毅》)著有《百一山房文集》等。《清史稿》「本傳」及《清代七百名人傳》，均未敘及其視學貴州事。而袁枚《太子太保文淵閣大學士封一等公孫公神道碑》，則稱其幼即聰儁，神明湛然。其父「玉亭公爲治生計，教之貿鬻。公所致輒有奇贏，然非所好也。溺苦於學，窮晝夜。頟頟有『有子惡臥，自焠其掌』之風，遂博通經史。入泮，舉於鄉，辛巳中進士。皇帝南巡，公獻詩。召試一等第一，授內閣中書，軍機處行走。遷侍讀，充戊子科四川正主考。是年冬，王師征緬甸。大學士傅忠勇公素悉公才，奏請同往，駐軍騰越州。一切羽書奏章，公指揮於矢石間，動合機宜。忠勇公歎曰：『古所稱上馬能擊賊，下馬作露布者，其孫某之謂乎！』亡何，大軍奏凱，授戶部廣西司郎中；庚寅鄉試充湖南正考官；督學貴州，遷大理寺卿；出爲廣西布政使，調雲南」。又載其征緬事曰：「從忠勇公征緬甸時，賊氛甚惡。公自防一利刃，朝夕摩挲。天雨，糧斷，公靴中藏筍甫五，以其三奉忠勇公，而留二以自給。餓三日而糧始通。過天生橋，馬駭墜山澗中。澗深數十丈，公昏絕良久。馬忽蹶起，負公掀淖以出，曲折數十里，竟達大軍。」(《小倉山房(續)文集》卷三二)所敘可補正史之不足。祝德麟《補山罷雲南巡撫任，充四庫書總纂，特授編修，小詩稱賀二首》謂：「早從臺閣耀朝簪，敭歷封疆望更深。解組職猶兼史局，換銜恩許入詞林。預基作相旁求地，國朝拜大學士者率由翰林起家。恰稱登科未遂心。從此日華開五色，花磚添個李程吟。」「一周花甲再逢庚，君生於庚子，時年六十二。重到儒冠隊裏行。文簡詩才應辟易，王新城亦由他官改翰林。元成經學共修明。時章約軒亦罷貴州巡撫，重授編修，約軒善談《易》。未酬四海黔黎望，先占千秋著述名。通謁莫援前輩例，後生誰不畏先生。君爲辛巳進士，辛丑始入館，輩行轉居後也。」(《悅親樓詩集》卷一一)

上元之夜，逗留於貴陽，應蔡崧霞應彪廉使之邀，同龔醇齋學海觀察聚飲，酒後，出街觀燈。

《壬辰元夕蔡崧霞廉使招同龔醇齋觀察讌集，酒後又出街看燈》：「清商小部侑賓筵，正是良宵璧月圓。老去共貪竿木戲，少時我本柘枝顛。分杯數恰符三雅，下箸餐應費萬錢。自是使君多逸興，要添佳話入新年。」「彩棚簫

鼓晚來多，似迓籃輿緩緩過。萬里夜郎寧覺遠，滿城春女亦能歌。魚龍曼衍成銀海，星斗闌干徹絳河。簿領餘閒須作達，莫嗤市也共婆娑。」（《甌北集》卷一八）

此時尚寫有《種竹詩，爲崧霞作》（《甌北集》卷一八）詩。

【按】蔡崧霞，即蔡應彪。《兩浙輶軒錄補遺》卷五：「蔡應彪，字炳侯，一字嵩霞，仁和人。乾隆丁巳進士，官至貴州布政使。俞寶華曰：『乾隆丙辰，嵩霞方伯與先大父同出安溪李少宗伯之門，後又同官山左，交最契。其工詩善書，華幼時習見之，惜全集以哲嗣遠宦未得見，惟題先大父《聽簫圖》詩猶藏余家，亟錄之。《題俞燮齋同年聽簫圖》：『身在眾香國裏，神遊姑射山頭。妒煞披圖永日，居然常住羅浮。』『座上聞思俱徹，花前喉舌皆香。不顧閒庭俏立，雙雙耳語雌黃。』」

《（道光）新修濟南府志》卷三八謂：「蔡應彪，浙江仁和人，進士。乾隆十三年知章邱縣，理煩治劇，政簡刑清，邑人士皆心折焉。後二十二年，再任；二十七年，三任云。」又謂：「蔡應彪，浙江仁和人，進士。乾隆二十年知臨邑縣，敏練有爲，上猶契重。兩經南巡大差，以才猷充擋子房，悉心經畫，未嘗擾及民間。後累升至貴州布政使。」

廉使，按察使之別稱。據甌北詩，知蔡崧霞曾任按察使，爲史志所未逮。

《鄉園憶舊錄》卷二謂：「父子兩世爲濟南太守者，仁和蔡崧霞先生應彪，乾隆丁巳進士，所刻制義，才宏肆而法律精嚴，久膾炙人口，吏治尤著。宰巨野，時有孝廉繼室與惡僕通，爲同伴窺知，懼發其奸，誘之途，致死滅口。按問時惡僕牽及主母，公置不問，以他事置惡僕以謀死罪。守沂州時，沂水縣鹽梟聚眾滋事，緝獲多人，擇首、從分別置法。其被脅入夥者，悉從輕典，所活無算。蘭山、郯城多窪田，公開河道七十餘處，窪地盡成膏腴。嘗云：『作官三十餘年，家無半隴，惟有清白以貽子孫。』每寓家書，訓迪綦篤，後官至布政。子廷衡，乾隆戊戌榜眼，亦守濟南，後官甘肅布政。孫振武，號礐洲，道光丙申會魁，由翰林轉御史，甲辰督學四川。元孫念慈，辛丑會元，丙午福建主考。皆一人陰德之所貽也。」

蔡應彪與韋謙恒、陳兆崙有交，見《傳經堂詩鈔》卷六、卷七、卷八，《紫竹山房詩文集》詩集卷一二。

《新齊諧》卷一《蔡書生》謂：「杭州北關門外，有一屋，鬼屢見。人不敢居，扃鎖甚固。書生蔡姓者將買其宅，人危之，蔡不聽。券成，家人不肯入。蔡親自啓屋，秉燭坐至夜半，有女子冉冉來，頸拖紅帛，向蔡俠拜，結繩於梁，伸頸就之。蔡無怖色，女子再掛一繩，招蔡，蔡曳一足就之。女子曰：『君誤矣。』蔡笑曰：『汝誤才有今日，我勿誤也？』鬼大哭，伏地再拜去。自此怪遂絕，蔡亦登第。或云即蔡炳侯方伯也。」

龔醇齋，即龔學海。與金甡、彭啓豐、阮葵生、周煌有交，見《靜廉齋詩集》卷五、卷二三，《芝庭詩文稿》詩稿卷一三，《七錄齋詩鈔》卷一〇，《海山存稿》卷一一、卷一二、卷一三。《清秘述聞》卷一五謂：「編修龔學海，字務來，湖北天門人，丁巳進士。」《（嘉慶）大清一統志》卷三四二謂：「龔學海，字醇齋，天門人。乾隆丁巳進士，由編修歷官侍讀學士，出爲兖沂曹道，以病歸，起補岳常澧道，以星誤降補貴州同知。時逆苗香要等聚眾攻丹江，土城卑薄，恃江水爲限。學海先期盡收江船，苗不得渡。會大雨暴漲，逆苗始星散。官兵設計剿擒之。總督吳達善上其狀，擢貴東道。不數年，卒於官。」《（光緒）湖南通志》卷一〇五《名宦志十四》謂：「龔學海，天門人，乾隆中任岳常澧道。公清率屬，常微服行鄉曲，咨訪民間疾苦，一時利興弊除，宵小斂蹟。」

正月十八日，風清日朗，偕孫補山、蔡崧霞遊雪崖洞、甲秀樓諸名勝。

《偕補山、崧霞遊雪崖洞、甲秀樓諸勝》：「人生衣不過帛一束，食不能粟一斗，何苦出亦愁，入亦愁，身比鼠穴衡簨簴。不如逢場且作戲，得錢便沽酒。今朝風日佳，發興自良友。提刑司，清枷杻；衡文堂，掃秕垢。相邀出城遊，屏卻騶從吼。或疑陌上逢三叟，或疑中散出街走。俄到雪崖洞，石竇嵌空誰所剖。穹窿笠覆箬，透漏孔穿藕。鐫鑱古佛好身手，迦葉應眞相左右。斜通一罅開窗牖，瘦而入坎似納牖。生平傲不肯折腰，屈使由寳也俯首。獨思單椒秀澤遍天下，何限玲瓏洞壑仙靈守，茲崖奚啻一培塿，特以近都會，名轉噪人口，足悟遇合偶不偶。一笑下山去，門前水清瀏，暑月應有紅芙蕖，春風猶未綠楊柳。沿溪堤，度林藪，又見危樓高，歸然靈光壽。其旁長橋如飲虹，其下淺水不沒狗。傑構突兀中流中，欄楯詰曲百尺陡。堊者白，漆者黝，金碧莊嚴勢雄厚。蠻荒本無秀可甲，不得不推此巨拇。前有鐵柱丈八九，紀平苗功筆如帚。可憐幕府開疆印懸肘，至今祁連塚中骨已朽。何況壁間題名人，波磔橫斜類蝌蚪，妄冀翰墨垂永久。噫嘻乎！浮生若夢，區區榮名亦

何有！事功莫移愚公山，著述姑付楊子瓻。君看壺頭鼓噪病足曳，囊中錦繡苦心嘔。窮老盡氣煩惱徒自取，豈若朝彈絲，暮擊缶，看雲杖藜，賞雨蒻韮，縱浪大化間，清福且消受。山僧頗解事，邀我香積具齏滌。盧全七踠餘，淳于二參後，耳熱歌呼到日酉。歸來滿城燈火猶熒煌，灞陵醉尉不敢呵誰某。眞成樂上樂，脫盡官場俗窠臼。試問仡鳥蠻花天，千年以來曾有此舉否？明朝狂名應傳遍，準備甘蕉入彈糾。」（《甌北集》卷一八）

【按】雪崖洞，《貴州通志》卷一〇《營建》：「雪厓洞，俗名薛家洞，在府城西南里許。洞上舊建玉皇殿，有純陽呂眞人題匾，其前爲三官殿。左有一亭，奉眞人像，名來仙亭，歲久傾圮。乾隆五年，布政使陳悳榮攬其形勢有關郡城風水，盡撤而新之，復於洞右累石爲臺，建來仙閣，又增建靈官閣，改山門東向，並設廊廡，遂成名勝。其中題詠，出自仙鸞皆甚多。」清杜詮有《題來仙閣四首並序》詩，序曰：「雪厓洞，溪山秀朗，稱黔中勝地。洞左舊建呂眞人神宇三楹，昔年降鸞處也。歲久傾圮，方伯陳公因其址以修殿，又於洞右甃石爲臺建來仙閣，辛酉夏落成，挹山光、吞石瀨，巍然鉅觀，其前後經營，俱盡地勢，又增植竹樹，蔽翳菁蔥，遊人宛在閬風之苑，爰賦詩以紀之。」（《貴州通志》卷四五《藝文》）

甲秀樓，《貴州通志》卷七《地理》於貴陽府下謂：「甲秀樓，在府城南鼇頭磯上，巍然卓立，爲中流砥柱。明萬曆時，巡撫江東之建，以培風水，後圮。康熙二十八年，巡撫田雯捐資重修，有碑記。雍正十年，巡撫張廣泗、布政使常安增修。」田雯有《甲秀樓》一文，謂：「甲秀樓建於貴陽城南，江公東之之所從事也，越今日（按：原文誤，「日」當作「百」）餘年矣。波濤洶湧之沖激，風雨雷霆之動搖，烏得有完樓哉？蓋江公而後無復喜從事者，何今人之不逮前人也！江公當日知樓之有關於黔，而皇皇爲之，且有關於黔之人才風氣，而以甲秀名之，其用意深矣。假使江公之後，或數年而一人焉，或三五十年而又一人焉，而不聽乎波濤洶湧、風雨雷霆之交於樓也，樓雖不完，亦不若今日之甚矣。無如江公而後，遂成絕響，落落百餘年間，無復喜從事者，斯亦樓之不幸也。使人而皆喜從事，則天下何足治，不獨一樓然矣。後之君子，常有所不屑，則躁，否則惰，躁則妄，惰則廢，既妄且廢，則天下之所以不治者，常出於此而不足怪。嗚呼！此蘇子瞻之所以致歎於驛館歟？夫事之始

也。」（《古歡堂集》卷三八）

聞知阿桂得授四川提督，喜而賦詩。

《聞故將軍阿公授四川提督卻寄》：「故侯威望肅霜寒，恩命重聞錫帶鞶。至竟登壇須大將，莫嫌專閫尚麤官。馬蹄裹鐵盤危磴，牛革縫船渡急湍。計日掃犂馳露布，更看勳爵冠朝端。」「征南幕府半凋零，碩果天留一將星。百戰勳名身未老，五丁開鑿路重經。功成飲馬仇池穴，事定磨崖劍閣銘。蜀徼黔疆鄰近在，捷音早晚得先聽。」（《甌北集》卷一八）

賞蔡菘霞署園暖房中牡丹。蔡連日招飲，賓主盤桓，其樂融融。

《菘霞署園牡丹盛開，連日招飲，賦謝》：「春色無煩羯鼓催，使君官閣牡丹開。明朝要請看花客，預洗雙舺藥玉杯。」「名花性愛主人賢，頭白園丁記憶專。自種此花三十載，不曾繁豔似今年。」「黔土常愁膩雨長，已張繡幕護名香。天公也似憐人意，連日春晴作豔陽。」「好花從古比傾城，何許穠華照眼明。特與扶頭澆美酒，老鰥毋乃尚多情。」「露華濃壓畫欄東，碧落高高夜不風。高下明燈三百盞，要儂更看晚妝紅。」「朝朝掃徑累園官，衙鼓才收便倚闌。定合被他嗔惡客，未開直看到將殘。」（《甌北集》卷一八）

《菘霞於署園分二十四景，景各繫詩，出以索和，戲為長歌答之》（《甌北集》卷一八），亦寫於此時。

【按】貴陽地處雲貴高原。冬、春之際，氣溫仍較低。而牡丹之所以得開放，是緣有暖房護持之故。上引詩稱，「黔土常愁膩雨長，已張繡幕護名香」，「高下明燈三百盞，要儂更看晚妝紅」，足以證明。此詩繫於二月末，蓋有以也。

曉赴龍場驛，騎馬東南行，將至貴定，冒雷雨夜行，上牛皮嶺，沿都江道前行，或乘肩輿沿山道，由人夫牽挽而行，或乘苗家小舟破浪繞礁石行進。三月初，抵古州。

《于役古州途次雜詠》：「曉赴龍場驛路遙，試燈風裏雪微飄。蠻荒瘴旅當時事，二百年來瘴已消。」「生長江南苦少山，每逢岩岫愛躋攀。年來踏盡千峰險，又想平疇一片閒。」「插鬖雞毛當翠翹，短裙及膝襖齊腰。天南風物無堪記，來賦睢咶九股苗。」「夜持炬火入空嵌，月黑途危勒馬銜。驚起蟄雷眠不得，亂掀風雨灑征衫。」「依山高下闢畦町，塍棱層層帶草青。最喜梯田名字好，方言吾欲補圖經。」「忽行深坎忽層巔，俯似懸空仰似眠。笑比鴻都楊道士，上窮碧落下黃泉。」「邪許聲中著力咸，諸苗縋我上巉岩。笑看南俗

轎牽纜，好對北方車掛帆。曩在山左，途次見輓小車者順風則張布帆。今來南中，肩輿上山必用人夫牽纜，可作一對也。」「石磴摩雲往復還，青山隨我馬蹄間。一鞭徑過山應笑，這個官人不愛山。」（《甌北集》卷一八）

此時尚寫有《苗人》、《過三腳屯上牛皮嶺》、《都江道中》（《甌北集》卷一一）、《古州》（《甌北集》卷一九）諸詩。

【按】甌北於元宵節後，似一直在貴陽一帶活動。

龍場驛，《欽定大清一統志》卷三九一《貴陽府》謂：「龍場驛，在修文縣治。明正德初，王守仁嘗謫龍場驛丞，今廢。」《于役古州途次雜詠》詩稱：「曉赴龍場驛路遙」，似由貴陽赴龍場驛，又折而至貴定。

貴定，在貴陽東，隸屬貴陽府。《欽定大清一統志》卷三九一《貴陽府》謂：「貴定縣，在府城東一百十里，東西距四十八里，南北距一百七十里。……漢故且蘭縣地。宋爲麥新地，改曰新添。元至元中，置新添葛蠻安撫司，屬湖廣行省，後改屬雲南行省。明洪武四年，置新添長官司。二十二年，增置新添千戶，所屬貴州衛，尋改所爲衛。二十九年，復升爲軍民指揮使司。永樂中，改屬貴州都司。萬曆三十六年，又置貴定縣，屬貴陽府。本朝康熙二十六年，省新添衛，入貴定縣。」

都勻，《欽定大清一統志》卷三九四《都勻府》謂：「在貴州省治東南三百里，東西距三百二十里，南北距四百五十里。……自府治至京師七千五百六十里。」同書謂「都勻縣」曰：「附郭，東西距五十里，南北距一百里。……本漢牂柯郡地。元置都雲縣，隸都雲軍民府。明改置都勻衛。本朝康熙十一年，省都勻衛，置都勻縣，爲都勻府治。」

三腳屯，又作三腳壆，在今貴州三合縣治。「壆」，疑即「屯」。

牛皮嶺，《清史稿》卷七五《地理志二十二》於「貴州‧都勻府‧丹江廳」下謂：丹江「西南：九門山。東南：牛皮箐，迤邐數百里，亙八寨、都江、古州界。」牛皮嶺，或即牛皮箐。古州，屬古州黎平府，即今榕江縣。將上述地名加以梳理，或可得甌北之行蹤。又，《古州》詩曰：「古州吾昨到，黔粵一通津。驏騎重來路，鶯花欲暮春」，知甌北於三月抵古州。既言「重來」，則回應由廣西赴貴州上任，途經古州並吟《古州諸葛營》（《甌北集》卷一八）一詩之事。

又至黎平，王太守設宴於五榕山，熱情款待，席間演雜劇侑觴。龔郡丞、李明府亦在座。

《黎平王太守招同龔郡丞、李明府讌集五榕山即事》：「投轄深叨雅意留，賓筵高占碧山幽。鳴騶太守開公讌，打鵑參軍進主謳。喜蔭五株垂十畝，清江一曲彙雙流。醉歸燈火西湖似，何意蠻荒得此遊。」（《甌北集》卷一九）

《贈龔梧生郡丞》：「苕生老友貽我詩，有為龔侯題幀句。吾不知侯何如人，意必婠雅擅高趣。豈期相見黔陽天，問里況共江南路。乍晤已驚骨格清，深談彌識腹笥裕。官無長物俸分鶴，家有古書身作蠹。稱詩評畫一一精，下語輒比郭象注。使我不覺恨見晚，醉後心期盡披露。胡為我來君將去，蹟似參商避朝暮。七千里外百蠻中，如此勝友寧易遇？秋風落葉洞庭波，春柳長條白門樹。知君卜築近秦淮，苕生亦在彼中住。預擬他年互來往。三老風流桃葉渡。」（《甌北集》卷一九）

【按】黎平，清代設黎平府，隸貴東道，在今貴州東南部，距湖南較近。據《清史稿·地理志》，城內有五龍山，或即詩所稱五榕山。

龔郡丞，即《贈龔梧生郡丞》一詩所說龔梧生，與蔣士銓有交。《忠雅堂集校箋》於《龔侯刀劍歌》詩後箋曰：「龔枝孫，字梧生。據《山東通志》卷五九《職官表》，乾隆二十九年任滕縣令。又：阮元《小滄浪筆談》卷二：『江寧龔梧生司馬枝孫，年二十成進士，為東昌太守。以失察盜案鐫級，起復河工，任兗州迦河司馬。詩文詞曲，並稱擅長，袁簡齋、蔣心餘兩太史最稱賞之。精於鑒別，所蓄書畫最富。作畫喜用燥筆，渾厚獨絕。生平尤喜擊劍騎馬，學萬人敵。畜寶刀一，每於宴客酒酣，出以傳觀。袁、蔣集中皆有寶刀歌，為梧生作也。……後以老病去官，寓曹州，益貧，日鬻所藏以度日。歿後詩文集尤多散失，殊可惜也。』」（第1254～1255頁）則言其為江寧人，與甌北詩所稱「問里況共江南路」相符。汪師韓撰《柬妹夫龔梧生》：「宴罷櫻桃謁殿前，負奇應得領三銓。科名所重非浮藻，治行相期在小鮮。龔遂要為循吏冠，郗超深愧右軍賢。尚留兩月餘情話，一巷東西步屧便。」（《上湖詩文編》紀歲詩編卷三）董元度撰《題龔梧生司馬曲譜》：「水木清華曲檻通，雪泥指爪記飛鴻。西園雅集遊仙夢，收入龍眠粉本中。」「綠莎廳上最清歡，醉墨淋漓蘸素紈。乞得品題均四美，不湏半臂耐春寒。」「蠻鄉容易感華年，樂府春心托杜鵑。莫訝青衫留別淚，潯陽南去又三千。」「魏博黃沙白日曛，卻投不律更行軍。短衣匹馬人誰識，按拍紅牙是使君。」（《舊雨草堂詩》卷七）錢大昕《寶刀行送龔梧生同年之官黔中梧生藏一刀甚奇古》詩謂：「寶

刀千金淬鸊鵜，丈夫出門萬里攜。四更月黑白虹出，眼中貝玉眞如泥。三刀佐郡才小試，百煉平生成利器。生苗買犢相勸耕，循吏於今見龔遂。」
（《潛研堂集》詩集卷一○）

由黎平回返，陸行谷岡道中，至馬場，再至南籠，馳馬關索嶺下，復往海龍囤，又經鴨池河，達黔西。戴春台州牧邀遊東山寺名勝。

《谷岡道中》：「陸行日日遇岩阿，此地尤稱錦繡窠。嶺樹身長枝葉少，溪流性急浪濤多。野禽五色仙裙蝶，山黛千盤佛髻螺。可惜輕抛蠻徼內，幾人來此寄清哦。」（《甌北集》卷一九）

《鴨池河》：「鴨池兩岸陡如門，千仞懸崖斧劈痕。絕似巨靈高掌力，分開太華放河奔。」「危途如線入屛顏，側嶺橫峰紫翠斑。細碎石紋嵌短草，皴成一幅廣西山。」（《甌北集》卷一九）

《路經黔西，戴春台州牧邀遊東山寺，即事》：「曲徑通幽喜乍經，風塵中有此禪扄。兩山臂抱三重屋，十栢肩排一字屛。蠻國當年誰所植？僧寮此日客堪停。山名雅稱人高臥，慚愧吾猶出戴星。」「野性惟貪景色幽，每逢佳處愛停驂。壺觴竟踐看山約，猿鶴偏嘲喝道遊。地主開筵當軟腳，使君出郭作遨頭。壁間名句殊難和，小憩聊爲訪戴留。」（《甌北集》卷一九）

《南籠》、《馬場》、《海龍囤》（《甌北集》卷一九）諸詩，寫於此時。

【按】谷岡，疑爲今之谷隴，在凱里東北部，馬場之東。

南籠，在今貴州西南，距雲南較近。《欽定大清一統志》卷四○二《南籠府》謂：「（南籠府）在貴州省治西南五百四十里，東西距七百四十里，南北五百五里。……自府治至京師八千二百二十里。」《貴州通志》卷二《地理志》曰：「南籠，西控滇，南聯粵，雖從安順分置，然所轄二州、二縣，東西廣七百餘里，南北袤五百餘里，固上游重地也。郡舊爲南籠廳，治綠海、東瀠，九峰西峙，形勢開敞，雄於西南。」

關索嶺，明李賢等撰《明一統志》卷八八《貴州布政司》謂：「在頂營長官司治東，勢極高峻，周回百餘里，上有關索廟，因名。」明孫璽有《關索嶺》一詩，謂：「萬里雲南路，三年始得歸。野梅渾破蕚，官柳半垂絲。嶺峻盤空險，城尖疊石危。邊江據形勝，天畔控諸夷。」（《貴州通志》卷四五《藝文》）明何景明《關索嶺》曰：「噫嘻吁！嶮巇，何天設之危艱？下有奔雷歊雪之飛壑，上有懸崖石棧百折而造天。嶔崟兮巉巇，回復兮盤盤，行人雁陣而魚貫，計分寸兮躋攀，飛鳥兮折翼，猴

猱兮無援，苟失足殞岩而落箐兮，曾不足以充虎蛇之餐。朝不見日，夕不見月，雲煙慘慘兮晝夜寒。噫嘻乎！何天設之危艱。我來倚絕壁而長望，蓋不知蜀道之為難。」（《大復集》卷一一《七言歌行》）可見地勢之險要及地理位置之重要。

海龍囤，在遵義境內。《明史》卷三一二《四川土司二》載楊應龍自焚於海龍囤事甚詳。《欽定大清一統志》卷四○三《遵義府》謂：「海龍囤，在府城北三十里。《名勝志》：為楊酋穴壘，四面斗絕，後有側徑，僅通一線許。」鴨池河，《欽定大清一統志》卷三九一《貴陽府》謂：「鴨池河，在府城西一百五十里，下流入陸廣河。」同書卷三九二《安順府》謂：「鴨池河，在清鎮縣西北一百里。《府志》：與水西為界。明天啟初，王三善解會城之圍，乘勝而前，一軍屯陸廣向大方，一軍屯鴨池向安邦彥巢穴。賊糾其黨攻陷陸廣，乘勝赴鴨池，王師退屯威清，既而官軍復振，賊塹鴨池以自守，即此。」同書卷四○一《大定府》曰：「鴨池河，在黔西州西南五十里，一名鴉池河。東北流經城東九十里，其流始盛，謂之陸廣河。《府志》：境內之河最大者曰陸廣，下流東注曰黃沙渡，會於清水江。又東會於涪江。《州志》：其上源曰簸朵河，自平遠州流經此，與安順府清鎮縣接界，又東入貴陽府修文縣境。」

至畢節，攝威寧牧崇士錦於梓潼閣置酒，宴請甌北，並邀總戎福興、觀察冀公、都閫蔣成章、畢節令邱堂諸人。

《抵畢節，攝威寧牧崇君士錦置酒梓潼閣，邀同總戎福公與觀察冀公、都閫蔣君成章、畢節令邱君堂燕集，即事》：「邂逅朋簪集，留髡地主嘉。行廚攜蜀酒，小閣對蠻花。詞豈當黃絹，籠應有碧紗。清遊聊紀勝，林影夕陽斜。」（《甌北集》卷一九）

此時尚寫有《詠史》（《甌北集》卷一九）詩。

【按】崇士錦，直隸天長人，乾隆庚辰進士，三十三年任正安州知州。（《清通志》卷九《氏族略》、《（道光）遵義府志》卷二八）著《滇吟》、《黔吟》、《燕吟》、《豫吟》、《白下吟》。（《（光緒）重修安徽通志》卷二三○）。

福興，《偕福總戎湧珠亭燕集》（《甌北集》卷一九）詩中小注曰：「余守廣州時，君為都標副將，晨夕相見。余至威寧，君又擢南籠總戎，來攝威寧鎮事。」事蹟略見一斑。

回威寧貴西兵備道官署，嘗與福總戎興讌集於城北湧珠亭，亦與入蜀進

剿金川路經威寧之總戎哈敬齋國興敘舊。時出撫慰各族百姓，暇則手不釋卷，挑燈夜讀。

《偕福總戎湧珠亭燕集》：「借得林亭宴客來，羊城曾記日追陪。豈期好友還重聚，況值繁花正豔開。地出醴泉應作記，人逢舊雨要銜杯。湧珠亭畔添佳話，驄騎清遊盡日回。」（《甌北集》卷一九）

《哈敬齋總戎自滇入蜀進剿金川，路過威寧話舊》：「太乙旗開井絡春，手提虎旅上峨岷。十年戎馬無遺策，一代封疆有數人。石堡漫憑堅似鐵，碉門行見碎為塵。璽書豈是輕移鎮？蕩洗兵氛要重臣。」「回首滇雲絕塞長，建牙威望聾遐荒。將門世佩三邊印，蠻徼身經百戰場。孟獲曾來申誓乞，吐番未敢劫盟疆。天南歷歷成勞在，驗取秋風兩鬢蒼。」「曾共論兵幕府秋，何期重此話軍郵。英雄未老難辭擔，戰伐頻經益善謀。九折危途驅笮馬，七擒餘力縛羌酋。虎頭食肉平生志，萬里終看定遠侯。」（《甌北集》卷一九）

《讀書》：「炳燭餘光漸可知，一編聊與伴幽期。短檠忍便拋牆角，修綆終慚汲井眉。掩卷即忘神已耗，讀書有益老徒悲。古人輩輩成行列，我向誰邊去立錐？」（《甌北集》卷一九）

《即景》：「慚愧車前尚八騶，略無可稱俸錢優。半間屋小聊名舫，六月山深早著裘。才思漸如彊弩末，歸心已折大刀頭。閒來細數經年事，何一堪為惠績留？」「忽忽新霜上鬢絲，少年一瞥渺難追。厭聽俗吏趨時術，漸喜名流晚歲詩。牘判兩燈猶眩目，餐加一臠輒傷脾。闌單自笑疲牛力，那更能爭駿足馳。」（《甌北集》卷一九）

此時尚寫有《題署中桃樹》、《為胡守闇題其尊人衛卿遺照》、《倮羅》、《水城》（《甌北集》卷一九）諸詩。

【按】福總戎，當謂福興，其事蹟於《偕福總戎湧珠亭燕集》詩中小注略見。

哈敬齋，據甌北詩中所述，當為哈國興，敬齋或是其字。據《清史稿》卷三一一《哈國興傳》，國興乃提督哈攀龍之子。傳謂：「乾隆十七年武進士，授三等侍衛。出為雲南督標右營游擊，遷東川營參將。緬甸頭人召散據孟艮為亂。總督楊應琚檄國興佐軍，戰楞木，進克猛卯，督戰被槍，創右輔及臂。應琚以聞，賜孔雀翎。尋署騰越營副將。時副將趙宏榜以偏師深入，與緬人戰於新街，師敗績。國興師至蠻暮，訶新街無備，督兵潛入，緬人乃引退。從將軍明瑞進克木邦，戰於蠻暮，大破

之。復偕侍衛莽克察擊斬守隘賊六十餘。擢楚姚鎮總兵。入陛見，命在乾清門行走，賚銀幣。還軍，移普洱鎮總兵，遷貴州提督。經略傅恆議用水師，令國興赴銅壁關外野人山督造船。移雲南提督，加太子少保。船成，從傅恆出猛拱、孟養、南豐、猛烈、猛壩，次老官屯。緬人水陸備甚固，攻之不時下。頭人諾爾塔以其酋懵駁命，遣使得魯蘊詣軍乞解兵。傅恆令國興出見，曉以利害，令具約十年一貢，毋更擾邊，歸所掠內地人。緬人誓奉約。時傅恆方病，將軍阿桂召從征諸大臣議，皆言許之便，遂與定約解兵。既而貢弗至，總督彰寶遣都司蘇爾相諭意，留不遣，揚言國興許以木邦、猛拱、蠻暮三土司予緬人，請如議。彰寶劾國興與緬人議具約不以實，上召國興至京師，詰國興，國興自陳未嘗有此議。上責國興遷就畢事，奪太子少保，左授貴州古州鎮總兵。移雲南臨元鎮。後二年，得魯蘊復至老官屯，請如前誓三事。時師征金川，上命國興從將軍溫福進討。三十七年，遷西安提督，命盡護陝西、甘肅從征諸軍。尋令偕總兵董天弼自曾頭溝取底木達、布朗郭宗。溫福以國興能軍，令自策卜丹徑取美諾當一面。」由上文所述哈國興由古州鎮總兵，移雲南臨元鎮，師征西川，又奉命從溫福進討來看，與甌北詩所載相合，哈敬齋當即其人。

湧珠亭，《偕福總戎湧珠亭燕集》（《甌北集》卷一九）題下注曰：「亭在威寧城北，山下有池，泉從池底噴出，大如葡萄，俗又名葡萄泉。」《簷曝雜記》卷三《永昌府珍珠泉》謂：「黔之威寧城外有葡萄泉，亦從池底湧出，其顆大如葡萄，色嫩綠，亦如之，惜無廊檻映其旁，但一破亭而已。余方欲經始，適去官，遂不果。」

另，《簷曝雜記》對滇、貴、粵三地土著民俗，亦多所敘及。卷四《黔粵人民》：「黔、粵土司地苗、傮、瑤、獞之類，前朝叛亂無寧歲，非必法令不善，實其勢盛也。黔東為羅施鬼國，率苗人所居。黔西為羅甸鬼國，率傮人所居。客民僑其間，不及十之一二，故無以鈐制，而易於跳梁。然客民多黠，在其地貿易，稍以子母錢質其產蠶食之，久之，膏腴地皆為所占。苗、傮漸移入深山，而凡附城郭、通驛路之處，變為客民世業，今皆成土著，故民勢盛而苗、傮勢弱，不復敢蠢動云。惟粵西土民故瑤、獞種，今皆訓習畏法，蓋粵西土俗本柔懦也。」《黔中傮俗》亦曰：「凡土官之於土民，其主僕之分最嚴，蓋自祖宗千百年以來，官常為

主，民常為僕，故其視土官，休戚相關，直如發乎天性而無可解免者。粵西田州土官岑宜棟，即岑猛之後，其虐使土民非常法所有。土民雖讀書，不許應試，恐其出仕而脫籍也。田州與鎮安之奉議州一江相對，每奉議州試日，田民聞炮聲但遙望太息而已。生女有姿色，本官輒喚入，不聽嫁，不敢字人也。有事控於本官，本官或判不公，負冤者惟私向老土官墓上痛哭，雖有流官轄土司，不敢上訴也。貴州之水西保人更甚，本朝初年已改流矣，而其四十八支子孫為頭目如故。凡有徵徭，必使頭目簽派，輒頃刻集事。流官號令，不如頭目之傳呼也。保人見頭目，答語必跪，進食必跪，甚至捧盥水亦跪。頭目或有事，但殺一雞，瀝血於酒，使各飲之，則生死惟命。余在貴西，嘗訊安氏頭目爭田事。佐證皆其所屬保人，群奉頭目所約，雖加以三木，無改語。至刑訊頭目已吐實，諸保猶目相視不敢言，轉令頭目諭之，乃定讞。」《滇黔民俗》謂：「至黔中苗人應徭役，一家出夫，則數家助之，故夫役尤多。第不肯與漢民同辦，必分日應差，恐漢民不公，或被虐使云。」《苗保陋俗》：「苗、保俗，惟男女之事少所禁忌。兄死則妻其嫂，弟死則妻其婦，比比而然。水西安氏雖已改流，而其四十八支子孫仍為頭目。頭目死，妻欲改嫁，而貲產不得將去，則於諸叔中擇而贅焉，叔亦利其產而樂為婚也。故往往有妻年四十餘，而夫僅二十者。至家中婢女，率皆無夫，聽其與人苟合，生子則又為奴僕，是以苗、保家奴僕皆無父也。余嘗在畢節籍一馬戶，家有老婢名大娃者，問其夫，則曰：『未嫁。』及點奴子，有二童，皆其子也，可為一笑。然其俗大概如此，不為異也。仲家苗已有讀書發科第者，而婦女猶不著褲。某君已作吏矣，致書其妻，謂到任作夫人須褲而入，其妻以素所未服，寧不赴任。滇之永昌城中，雖縉紳家亦聽婢女出外野合，每日納錢數十文於其主而已，俗名『青菜湯』，謂不能肉食，僅可買菜作湯也。嘉禾沈百門又言，湖南苗俗亦相同，惟為女時無所禁，既嫁，則其夫防察甚嚴，不許有所私云。」供職於貴西時間不長，即對當地風俗瞭解頗多，足見為官之勤謹。

因媽姑、福集二鉛廠，由糧道經理，改由貴西巡道專管。五月間，甌北遂前往巡視。

《舊譜》：「威寧、水程兩鉛廠，向由糧道經理，大小官吏漁利其中。州牧劉標虧空事發，正法者巡撫二人，臬司一人，糧道二人，州牧一人。至是

改歸貴西道就近管理。先生以立法方始，凡給發廠丁工價、馬戶運腳，舊時剋扣短發諸弊，盡刷除之。」

《出巡媽姑、福集二鉛廠》：「物產稱連璞，功參九府圜。地眞不愛寶，政固有官山。質比銀差賤，光如錫稍驔。並隨三品貢，終亞五金班。礦亦披沙揀，爐疑煉石段。炒丹供繪畫，化粉上容顏。未許爲刀用，能陪握槧閒。參同方取汞，鼓鑄價論鍰。舊紀生青岱，新看出白蠻。官來實賥裹，職隸貨泉間。石炭燒紅焰，礦砂劃碧屏。椎埋紛惡少，淵藪集諸奸。地大勾稽密，途長轉運艱。挽輸招竿馬，負背雇花鬟。期恐頭綱誤，程催足繭瘢。猶傳金穴富，共覘枕囊慳。風自盈雙袖，功寧煉九還。稍欣諸客產，安堵已成闤。」（《甌北集》卷一九）《水城》：「百里蠻叢盡，孤城帶碧川。地偏無古蹟，山豁見平田。莊叟無何境，仇池小有天。如何此佳處，拋落倮人邊。」（《甌北集》卷一九）

【按】《甌北集》卷一九所收詩，「起壬辰三月，至是年十月」。而編排於《出巡媽姑、福集二鉛廠》一詩之後的《途中雜詩》，嘗謂：「說與人間定笑休，黔西三伏冷於秋。使君不是談天衍，親著深山六月裘」，則明言再渡鴨池河，乃六月間事。於此可知，其出巡鉛廠，當在五月間。又，官吏借督運鉛銅，上下其手，從中牟利，由來已久。早在乾隆二十一年，就曾發生雲南解銅官吳興遠等虧缺銅觔一案，上諭：「雲貴運送銅鉛一事，辦理日久，諸弊叢生。經朕於營私虧缺之委員嚴加懲處，並令該部詳議定例，沿途督撫自當實力遵辦。但向來銅鉛運京，原有定例，委員往往逾違。及至抵京交部，又復掛欠累累，總由委員捏報事故，所至停滯，以便作弊。而各該省督撫，以事不關己，雖有催趲之例，不過行文查報了事，遂至委員任意朦混、肆無忌憚，不思銅鉛有資鼓鑄，本屬公事。凡運送船隻由該省起程於何日，出境之處，已傳諭雲貴督撫奏報。其沿途經過各省分，督撫大吏均有地方之責。雲貴督撫既鞭長莫及，而各該督撫復視同膜外，殊非急公之道。嗣後，銅鉛船隻過境、出境日期，及委員到境有無事故並守風守凍緣由，俱應詳查明確，隨時具折奏聞，一面飭屬督催，毋令仍蹈前轍。至運送官物其小者，仍照常辦埋。他省餉鞘木植之類，悉宜留心查催，不得任其遲滯，致滋弊端，著一併傳諭各督撫知之。」（《清朝文獻通考》卷一七《錢幣考五》）然仍愈演愈烈，屢禁不止，終於又發生州牧劉標虧空之事。《清史稿》卷三三九《良卿傳》

謂：良卿以布政使署巡撫，移守廣東，「以募兵事未竟，仍留貴州。貴州產鉛，歲采運供鑄錢，以糧道主其事。三十四年，良卿疏劾威寧知州劉標運鉛不如額，並虧工本運值，奪標職，令良卿詳讞。良卿疏陳標虧項，並劾糧道永泰，請簡大臣會鞫，上爲遣內閣學士富察善如貴州會良卿按治。永泰揭戶部陳標虧項由長官婪索，因及良卿及按察使高積貪黷狀，上解良卿職，復命刑部侍郎錢維城、湖廣總督吳達善即訊。故事，奏摺置黃木匣，外護以黃綾袱，至御前始啓。上發副將軍阿桂軍中奏，於袱內得普安民吳典訴官吏、土目私派累民狀，命吳達善密勘；而劉標亦遣人詣戶部訴上官婪索，呈簿記，上申命吳達善嚴鞫。吳達善先後疏言標積年虧帑至二十四萬有奇。良卿意在彌補掩覆，見事不可掩，乃以訪聞奏劾；及追繳銀六千有奇，令留抵私壋公項，不入查封，始終隱飾。又及高積齎儲庫水銀，良卿有袒庇狀。良卿長支養廉，爲前布政使張逢堯及積署布政使時支放。普安州民吳國治訴知州陳昶籍軍興私派累民，良卿即令昶會鞫，不竟其事，乃致典賄驛吏附奏事達御前。上乃責良卿負恩欺罔，罪不止於骫法婪贓，命即貴州省城處斬，銷旗籍，以其子富多、富永發伊犂，畀厄魯特爲奴。積、逢堯、標皆坐譴。」可與舊譜所載，互爲參看。又《清史稿》卷三三二《覺羅圖思德傳》謂：「乾隆三十七年，擢巡撫。疏言：『貴州威寧瑪姑柞子廠，水城福集廠產黑、白鉛，歲供京局及各省鼓鑄。廠員營私滯運，請立條款，嚴處分。』並下部議行。」（亦可參看拙著《趙翼評傳》，江蘇人民出版社 2008 年版，第 43～44 頁）

水城，清爲銀、鉛礦區，在今貴州水城縣。清時屬大定府，爲水城廳，在威寧東南一百三四十里。

蔡崧霞以廉使遷藩司。京師故人韋約軒謙恒臨滇，隔旬即來黔，接替崧霞之職。甫抵任，即召甌北前往，於省城一聚。適值思念蔣士銓等朋舊不已，有此聚飲，聊慰別懷。

《韋約軒按察招飲即事》：「使節臨滇僅隔旬，旋移露輖慰黔民。一科愧我稱前輩，萬里逢君是故人。法律端資儒者用，冰霜不改冷官貧。最欣翦韭西窗話，還似京華雅集晨。」「衙齋十畝碧漣漪，亞字欄邊柳影垂。無事好看鷗鷺浴，有人恨奪鳳凰池。文章舊本推黃絹，簿領開堪表素絲。勝地自應名士占，可容老友數趨隨。」（《甌北集》卷一九）

《懷心餘》：「散髮江湖理釣絲，高雲舒卷見風期。三千載牘才還在，四

十懸車躓太奇。閉戶著書黃絹字，閒居奉母白華詩。故人萬里遙相望，漢上題襟定幾時。」(《甌北集》卷一九)

《白雲山羅永菴相傳爲明惠帝遯蹟之所》、《渡鴨池河西上大坡》(《甌北集》卷一九)，亦當寫於往返貴陽途中。

【按】白雲山，在貴州廣順縣東三十里。相傳明建文帝嘗遯蹟於此，上有羅永菴，建文帝題詩於壁。《貴州通志》卷五《地理‧山川》於「貴陽府廣順縣」下謂：「白雲山，在城東四十里。層峰疊嶂，如奔馬渴虹，至此而止。兩水界其左右，山頂白雲常覆，陰晴皆見，相傳明建文帝嘗遯蹟於此。上有羅永菴，前有杉二株，長數十尺，其一經帝手所摩，至杪絕無附枝。」田雯有《白雲山論》(《貴州通志》卷三七《藝文》)亦可參看。廣順屬貴陽府，在府西南百十里。北爲平壩，南爲長順，在二地之間。甌北遊覽白雲山，當與應招往見韋謙恒有關。

六月間，氣溫仍很低，出巡時，早晚須著裘衣。重遊葡萄泉，登覽白雲山，渡鴨池河、落折河，夜宿平山哨。來往水西地，見此處「漸有讀書人」，喜不自勝。

《途中雜詩》：「梯田高下滿坡坨，都是新泉浸綠禾。最喜道旁聽好語，秋成今歲十分多。」「一線斜坡上碧穹，眞看去地幾千弓。誰知到頂才爲地，雞犬桑麻在半空。」「說與人間定笑休，黔西三伏冷於秋。使君不是談天衍，親著深山六月裘。」「路入蒼深日色稀，陰森空翠滴征衣。遙山片片荍花白，疑是朝來薄雪霏。」「夕陽晴映數峰間，樹石都成紫綠斑。疲馬漸遲鞭不進，錯疑他也愛看山。」「日暮途長趣夜行，誰言官不累民生？郵亭松炬沿途送，絕似東華聚火城。」(《甌北集》卷一九)

此時尚寫有《再遊葡萄泉作》、《先輩查初白詩謂：「亂山中有豺狼穴，曲突何人議水西。」蓋其時雖已擒安坤，改郡縣，而儸鬼猶懷反側也。余所轄大定、黔西、平遠、威寧，即水西地，百年以來皆成編戶矣。經臨途次，雜紀以詩》、《落折河》(《甌北集》卷一九)諸詩。

【按】落折河，在大定府(即今貴州省大方縣)境之東。《清史稿》卷七五《地理志二十二》曰：大定府，「烏江目畢節入，暑仲河、通德河皆北流注之，又東，落折河合打雞關諸水，折南來注之。烏西河合石溪河自北來，俣龍河自南來，皆注之，又東分入平遠。」《貴州通志》卷五《地理‧山川》於「貴陽府大定府」下曰：「落折河，界在城西北二十里，當

兩山間，夏秋之交，尤爲湍疾。」同書又於「貴陽府畢節縣」下謂：「落折河，在城東南八十里。」清晏斯盛《黔中水道考》謂：「東流至大定府，西南有落折河，自府城西北二十里，當兩山間破地吼出，南流來注之。」（《貴州通志》卷三七《藝文》）

秋八月，外出巡行，夜宿平山哨。遇連天陰雨，見苃麥寒枯，又為百姓生計擔憂。

《夜宿平山哨》：「行盡千峰路未窮，晚投堠館一燈紅。秋生風露寒諸嶺，人共星河在半空。夢可還家防易醒，詩能送老苦難工。聽他童僕垂頭睡，獨對寥天月似弓。」（《甌北集》卷一九）

《苦雨》：「經旬積雨暗林扃，黯黯秋容畫亦暝。天是漏天誰補石，路非棧路亦淋鈴。歲收漸恐呼庚癸，方法空傳寫丙丁。可惜山家好苃麥，寒枯已改舊時青。」（《甌北集》卷一九）

另寫有《平山塘頂處處皆水》（《甌北集》卷一九）詩。

【按】據《夜宿平山哨》「秋生風露寒諸嶺，人共星河在半空」詩意，甌北此次出行，當在秋季八月間。苃麥，即蕎麥。《欽定續通志》卷一七五《昆蟲草木略二》謂：「蕎麥，一名苃麥，一名烏麥。」《陝西通志》卷四三《物產一》曰：「蕎麥，一名苃麥，一名烏麥。立秋前後下種，密種則實多，稀則少。八九月熟，性最畏霜。中伏種者最上，立秋後種者次之。」蘇軾《中秋月》之三曰：「但見古河東，苃麥如鋪雪。」可知其至中秋尚未完全成熟。甌北詩既稱經雨之蕎麥，「寒枯已改舊時青」，知當在八月初。平山塘，或在平山堡（今屬赫章縣）一帶。此處距媽姑柞子廠較近。

國笠民梁觀察以事過威寧，雙方詩歌唱酬。

《國笠民觀察過威後枉贈佳章，次韻奉答》：「經猷群仰濟時英，烏撒城邊蓋暫傾。星駕肯容三宿戀，冰銜敢附一條清。泠然甚善將風到，能者多勞叱馭行。早喜旌麾開瘴癘，重陰頓爲轉秋晴。」「水西不到不知勞，風景君今入彩毫。亂石橫生山少肉，嘉禾不產地無毛。陋邦欲附慚邾小，法曲難賡畏郢高。別後旅懷誰與豁，只應日飲釀葡萄。」（《甌北集》卷一九）

【按】據《清代人物生卒年表》等書，國梁（1717～？），字丹中，一字隆吉，號粒民，滿洲正黃旗人。乾隆二年進士，改庶吉士，授吏部主事，歷官貴州糧驛道。有《澄懷堂詩集》。《欽定八旗通志》卷一二○《藝文

志》謂：「《澄悅堂詩集》，國梁撰。國梁，滿洲人，姓納拉氏，乾隆丁巳進士，官至貴州糧驛道。遺稿甚富，尚未付梓，其兄國棟，字天峰，官總兵，亦能詩，稿多散失不傳。」當即此人。《舊譜》謂：「糧道國公棟」，誤。任貴州糧驛道者，乃國梁也。又，《八旗詩話》謂：「國梁，字丹中，號笠民。榜名納國棟，奉勅改今名。滿洲人，乾隆丁巳進士，改庶吉士，散館，改主事，官貴州糧驛道。有《澄悅堂集》。胎息少陵，五七古尤得蘇氏家風。孫祭酒玉麟謀刻以傳。」另，楊鍾羲《雪橋詩話》卷六曰：「乾隆初，國雲浦與國笠民同名國棟，雲浦擢廬鳳道，時廷臣以吏部同名，二人請高宗親指出，與韓翃事略同。後笠民奉敕更名國梁。笠民，字丹中，那拉氏，丁巳庶常，改官吏部，歷階宮庶，充日講起居注官，外授郡丞，擢守昭潭，遷貴州糧驛道，生平宦迹所至，踰皋蘭，涉秦州，西極烏魯木齊，歷百越，泛牂牁，皆地當邊徼。有《澄悅堂集》十四卷。」由此來看，起初雖說二人同名，但步入仕途後，其弟已奉敕更名國梁，下距《舊譜》編竣已跨越很多年頭，故不當標其名曰「國棟」。

弟汝霖有書來，稱已於宅北購得空地，將營建房舍。甌北歸隱之心愈切。

《舍弟書來，於舊居之北買地將營草堂，喜歸計漸可成，作詩誌意》：「丘壑胸中久未酬，喜聞小築俯明流。徙仍不出鄉同井，歸免權牽岸一舟。往事猶憐茅屋捲，新居終仗俸錢謀。舍旁可尚留餘地？略要栽花作近遊。」（《甌北集》卷一九）

九月，蔡崧霞方遷藩司，突然病故，令甌北悲慟異常，倍感寥落孤淒。

《哭崧霞之訃》：「靈耗驚傳賦鵬徵，寢門遙哭淚填膺。一官先後來行部，萬里西南正得朋。共我春遊多唱詠，看君暮景尚飛騰。那禁腹痛黔城路，處處相隨履蹟曾。」「于役匆匆一款扉，榻前絮語兩依依。豈知便作摶沙散，曾擬重聽屑玉霏。異地倍添寥落感，中年漸怕死喪威。還悲丹旐東歸速，不及生芻弔繐帷。」（《甌北集》卷一九）

《即事》：「古井波濤了不興，蕭齋長日坐懜騰。俗無可避將書洗，老不能辭覺病增。韓筆杜詩尹世友，周妻何肉在家僧。眼前除卻鄉思外，何物能清覺觀澄。」（《甌北集》卷一九）

《即景》：「不枉圖經號龜方，陰森終歲少晴光。地難種秫無秧馬，市有懸枲是火羊。瘠土人勞頭易白，寒山樹老葉先黃。秋風秋雨冥濛裏，閒聽兒童話故鄉。」（《甌北集》卷一九）

　　此時尚寫有《奉賀福總戎姬人到署之喜》、《再遊葡萄泉，道士玉宣乞詩，書以付之》、《碧雲觀》（《甌北集》卷一九）諸詩。

十月，仲冬，方力除鉛廠之弊，以廣州讞獄舊案牽累，部議降級調用，送部引見。甌北以衰親待養，欲辭官歸里，遂呈乞開府圖思德，給假旋里，擬即為終養計。時貴州巡撫圖思德、學政孫士毅、廉使韋謙恒、糧道國梁等，皆一力挽留。然甌北去意已決，一一婉謝。由貴陽歸。

　　《舊譜》：「先生督州牧崇士錦等沿途勾稽催趲，以是年十月全運四川之永寧水次。圖公方以是為先生功，而先生以廣州讞獄舊案，部議降一級調用，奉旨送部引見。圖公欲奏留於貴州，囑學使孫公士毅、藩司韋公謙恒、糧道國公棟咸來道意，圖公又親至省寓勸留。先生以太恭人年高，乘此解任正可便道歸省，遂力辭歸。」

　　《壬辰冬仲，以廣州讞獄舊事，吏議左遷，特蒙溫旨，送部引見，聖恩高厚，蓋猶不忍廢棄。而衰親年已七十有五，書來望子甚殷。諭令早歸，一慰倚閭望，因呈乞開府圖公給假旋里，擬即為終養計。途中無事，感恩述懷，得詩十首》：「一重公案律條訛，鑴秩非關吏議苛。迂拙自慚更事少，聖明猶慮棄才多。恰從順水乘歸棹，擬乞閒身著釣蓑。不是敢辜恩命重，高堂衰鬢已全皤。」「曾將烏鳥訴私情，大吏堅留計未成。今日適酬將母願，清時敢尚去官名？循陔已愧歸期晚，當寧方修孝治明。補報聖恩猶有日，鬢毛故未雪花生。」「忝竊朝班近廿年，闔家飽暖荷生全。即今去奉高堂飯，猶仗慳留舊俸錢。犢鼻褌堪當院曝，豬肝愧免受人憐。絲毫何者非恩賜，歸亦還遊浩蕩天。」「新官將到舊官涼，又見兒童竹馬忙。一輩袈裟先退院，滿堂袍笏遞登場。刊碑政績胥徒演，臥轍人情里老妝。莫便據為儒吏蹟，妄希青史傳循良。」「多謝諸公苦挽行，實無才可濟蒼生。勤將政補猶形拙，清愛人知已近名。坎坎伐檀歸客思，依依折柳故人情。翻教不忍輕言別，窨酒更番為治舲。」「衙齋無事可消磨，一載閒情付詠歌。老去賀公吳語慣，病來莊舄越吟多。滄江秋晚衣裁荔，空谷天寒屋補蘿。不覺詩成真作讖，篇篇都是憶岩阿。」「官罷君恩忍遽忘？尚餘禿管寫枯腸。好編潁上歸田錄，敢效忠州集古方。舊學還期傳黨塾，新詩間與詠羲皇。生平報國堪憑處，終覺文章技稍長。」「數日才經畢節城，退閒何用急裝行。八騶已少車前列，五馬猶煩道左迎。按部聲名歸物論，去官風味見人情。山楓知我無旌旆，也染新紅綴驛程。」「有客還求贈別篇，似悲失庇泣離筵。迂疏身豈中流柱，老鈍詩如上水船。走索倀童行

最險，書紳瀧史記須堅。他時風雨懷人夕，應在蒼葭白露邊。」「頻歲思歸計
尚懸，及歸敢便傲林泉。板輿潘岳閒居賦，茶竈天隨甫里船。爲母寫經祈上
壽，隨人賽社報豐年。譜成華黍南陔什，或入熙朝二雅篇。」（《甌北集》卷
二〇）

【按】孫星衍《趙甌北府君墓誌銘》謂：「威寧、水程兩鉛廠，舊由糧道
管轄，大小官吏漁利虧空。案發，巡撫、司、道以下多罹重辟，因改令
貴西道經理。先生以立法方始，凡短發公價運費諸弊盡別除之。又催在
途未運銅斤速抵蜀省。上司方以是爲先生功，旋以廣州讞獄舊案，奉部
議降級，奉旨送部引見。當路欲奏留先生，先生以母老力辭。」《清史列
傳》等，亦詳載其事。國梁，《舊譜》作國棟，誤。《晚晴簃詩彙・詩話》、
《清詩紀事》、《清代人物生卒年表》等，均作國梁。甌北《壬辰冬仲，
以廣州讞獄舊事，吏議左遷，特蒙溫旨，送部引見，聖恩高厚，蓋猶不
忍廢棄。而衰親年已七十有五，書來望子甚殷。諭令早歸，一慰倚閭望，
因呈乞開府圖公給假旋里，擬即爲終養計。途中無事，感恩述懷，得詩
十首》之五「多謝諸公苦挽行」句下注曰：「圖公堅欲奏留，補山、約軒、
笠民諸公亦多敦勸。」笠民，又作粒民，國梁號，時任貴州糧驛道，與
《舊譜》所載相符。而國棟乃國梁之兄，字天峰，官總兵，故《舊譜》
所載有誤。

　　圖思德（1716～1780），滿洲鑲黃旗人，姓覺羅。乾隆三十七年由貴
州布政使擢巡撫。「二十九年，署雲貴總督。上令出駐永昌，並諭以防邊
事重，視前政彰寶舊日章程益加奮勉。抵任後，疏言：『清釐彰寶移交文
牘，永昌軍需造銷牽混，應請各歸各款，以清眉目。造解京箭，各鎮協
稱現多損壞，與彰寶原奏不符；又有批准保山等廳縣添買倉穀，亦滋疑
義。』尋劾保山知縣王錫、永平知縣沈文亨侵虧倉穀，請奪官鞫治。上
命侍郎袁守侗馳驛往按，錫言彰寶勒索供應四萬餘，致虧短兵糧，上震
怒，逮彰寶治罪。圖思德以箭二十萬解四川軍營，上嘉之。十一月，兼
署雲南巡撫。自傅恒征緬甸還師，緬甸貢使久不至，閉關絕市年久。圖
思德奏言：『偵知緬民覬盼開關，緬酋亦窘迫有投誠意。惟風聞難信，但
當簡練軍實，使聞風生畏。』上韙之。及兼署巡撫，自永昌還會城，令
提督錦山等董理邊防，疏報，怫上意，嚴旨促仍赴永昌督辦邊防。四十
一年，復奏：『偵知緬酋懵駁已死，子贅角牙嗣立，方幼，頭人得魯蘊將

遣使叩關納貢。』上以緬甸初無悔罪輸誠之意，諭勿輕聽。尋奏：『得魯
蘊遣使投稟，願送還內地官人、貢象，乞開關。已飭龍州將吏與以迴文。』
上以圖思德示緬甸，有遷就結案之意，斥為大謬。四十二年，又奏得魯
蘊欲將所留楊重英、蘇爾相、多朝相等送還，並叩關納貢。上念受降事
重，圖思德不能勝其任，命大學士阿桂赴雲南主持。調李侍堯雲貴總督，
圖思德回貴州巡撫任。四十四年，擢湖廣總督。卒，賜祭葬，諡恭愨」（《清
史稿》卷三三二《覺羅圖思德傳》）。

甌北由威寧至畢節途次，接趙璞函文哲自軍營來書，並附《滇中詩》八
卷，讀之，感慨良久，亦以詩相答。至畢節，安順守戴某、遵義守于某，
俱在此恭迎。

《畢節途次，接璞函軍營來書，兼寄滇中詩八卷。內有自朗州至貴陽諸
作，則皆余今日所必經地也。擬盡和之，先此馳寄並柬述菴》：「書來剛及罷
官晨，千里相關出處身。拙政我慚留敗筆，屢驅君尚轉勞薪。冰霜寒信催歸
路，書記才名老戰塵。太息江鄉無好友，對床風雨共誰親？」「黔山煙霧楚江
波，曾記勞人屐齒過。殘雪已無鴻爪在，退風今傍鷁飛多。將君來路為歸路，
引我長歌又短歌。獨惜孤征少同調，聯吟輸爾有羊何。」「西南萬里兩書生，
參佐滇兵又蜀兵。蹤蹟漸歸流寓傳，詩篇多帶鼓鼙聲。身為客久悲金盡，天
要人傳費玉成。莫歎江關最蕭瑟，一時徐庾共知名。」（《甌北集》卷二〇）

抵貴陽，圖思德、韋約軒、國笠民等朋舊，設宴祖餞，令昆班搬演《岳
陽樓》（演呂仙洞庭故事）、《琵琶記》以助興。

《將發貴陽，開府圖公暨約軒、笠民諸公張樂祖餞，即席留別》：「離人
將上洞庭舟，餞別深叨喚主謳。為我紅塵留不住，開場先唱岳陽樓。」「罷官
敢復戀華珂，何事臨分淚轉沱。老子婆娑為君等，生平此地故人多。」「當筵
忽漫意悲涼，依舊紅燈綠酒旁。一曲琵琶哀調急，虎賁重感蔡中郎。」「解唱
陽關勸別筵，吳趨樂府最堪憐。一班子弟俱頭白，流落天涯賣戲錢。」（《甌
北集》卷二〇）

發貴陽，行陸路，經黃平，遊覽飛雲岩。至平越，觀看張三豐禮斗亭，
達施秉縣。改由水路乘船，沿潕水東行。

《施秉縣》：「數家邑小雉樓崇，舊設中丞幕府雄。衝要尚供郵騎飯，承
平久靖戍旗風。石多山骨出皮外，洞矮水頭鑽胯中。劇喜陸程今日盡，扁舟
行泛碧波空。」（《甌北集》卷二〇）

《舟發漵陽》：「漵陽五溪源，淺碧俯見底。客行陸程盡，水程自兹始。小舟麻陽來，高僅尺有咫。欠伸輒打頭，趺坐不得起。生平負傲兀，罰受折腰恥。妻孥有怨言，僮僕竊愁視。倦客顧弗聞，但覺舟行駛。步步是歸程，程程是下水。」「溪河本非河，其始蓋山麓。爲水所沖蕩，泥去石骨矗。石多遂成灘，節節駭機伏。急流方奔騰，一束起怒瀑。狹或尺二三，高或丈五六。可憐上灘者，力盡一篙竹。波吒命欲拚，邪許聲似哭。苦恨天設險，創此扼隘酷。嗟哉一何愚，不見睫者目。危灘雖多阻，迅水實藉蓄。設無此隔閡，留水作洄洑。將愁一瀉盡，又歎舟行陸。」「上灘遲如牛，下灘疾於鳥。上灘恨灘多，下灘恨灘少。逆風橈伐牢，順風駕帆嬝。逆風恨風大，順風恨風小。人情務貪得，孰肯平心較。試與下灘人，回看灘水倒。嗟彼上灘者，求魚緣木杪。試與順風人，回看風力矯。嗟彼阻風者，待兔守株老。凡事作此觀，百念可以了。」（《甌北集》卷二〇）

【按】飛雲岩，《欽定大清一統志》卷三九三《平越府》謂：「飛雲岩，在黃平州東二十里，一名東坡山，又名月潭。明王守仁《記興隆飛雲岩》：壁立千仞，簹垂數百尺，其上漰洞玲瓏，浮者若雲霞，亙者若虹霓，豁若樓殿門闕，懸若鐘鼓編磬，不可具狀。其下澄潭邃谷，不測之洞，環密回伏。吳維岳《記興隆》：東行三十里，有月潭寺。寺左爲岩，距地百餘尺，中虛而下嵌，乳液融結，豎者柱矗，懸者絡綴，揚者鳥屬，突者獸蹲，邃洞谺谽而窅際，清渠激注而前繞。」《貴州通志》卷二《地理志‧平越府圖說》曰：「州東有飛雲岩，玲瓏詭異，爲黔中第一奇境。」同書卷五《地理‧山川》於「貴陽府黃平州」下謂：「飛雲岩，在城東二十里大路旁。岩倚山麓，勢如垂天之雲。岩下頗軒敞，中有小洞，深黑不可究極。左有瀑布，淙淙作佩玉聲。前一小峰特起，上構聖果亭，有明王守仁碑記。又有古柏十數株，千餘年遺植也。又有月潭古寺，爲黔中第一奇境，天下名勝記載具有圖。」明章潢《圖書編》卷六七謂「飛雲岩」曰：「貴州省城之東有興隆衛。去興隆二十里有月潭寺。寺左爲岩，牓曰『飛雲』。旁通一徑，有石級可陟而上，岩內石壁陡立，高約幾二十丈，廣半之，上覆如屋。中虛而下嵌，其質純白如粉，間有紋埋，望之若白雲堆積，然上有尖石下垂，若懸筆者三；下有圓石峙立，若石柱者四。岩之前，松杉蔭翳，若不知有洞者。」明清詩人多有題詠，如明鍾惺《飛雲岩》、明江盈科《再憩飛雲岩》（《貴州通志》卷四四《藝文》）、明郭子

章《飛雲岩》、明萬士和《飛雲岩》（《貴州通志》卷四五《藝文》）、清田
雯《飛雲岩》（《古歡堂集》卷一二）、清湯右曾《飛雲岩》（《懷清堂集》
卷六）、清查慎行《飛雲岩》（《敬業堂詩集》卷二）等。

張三豐，即張君寶。據傳，「張君寶，字全一，一字玄玄，別號保和、
容忍、三豐子，人目爲邋遢張。遼東懿州人。金時修煉寶雞縣之金臺觀，
元時學道鹿邑太清宮。洪武初，復來寶雞。太祖聞其名，四求不得。成
祖靖難後，至京師。天順末，或隱或見，英宗聞之，封爲通微顯化眞人」
（《御定佩文齋書畫譜》卷四四《書家傳二十三・明五》）。

禮斗亭，甌北於詩題下自注：「在平越高眞觀後，有古桂一株，大數
抱。」《欽定大清一統志》卷三九三《平越府》謂：「禮斗亭，在府城南
高眞觀內。世傳明初僊人張三豐禮斗於此。」清查慎行有《黎我山城北
福泉山張三豐禮斗亭尙存》，詩謂：「清池照影樹扶疎（注：亭前有浴仙
池、長生桂），晝靜廊空想步虛。閱世人來棋散後，出山雲澹雨晴初。窮
塵滾滾孤亭在，浩劫茫茫百戰餘。華表鶴歸應有淚，舊時城郭半丘墟。」
（《敬業堂詩集》卷四）

黃平州，清屬鎮遠府。《清史稿》卷七五《地理志二十二》謂：「順
治初，因明屬平越。康熙二十六年徙州治於舊興隆衛。嘉慶三年來隸。
東：飛雲岩。南：鼓臺山。西：斗岩山。北：北辰、岑舟、石林山。清
水江上源二，並自清平入，逕城南，合東流，入施秉。潕水出州南金鳳
山，北流，合西來二小水，東北入施秉。東：冷水河、秀水溪、高溪，
下流合秀水入重安江。」

施秉，屬鎮遠府。「清水江自黃平東流入，納一小水，又東流入臺拱。
潕水自黃平東北流入，受瓦窯河、杉木河諸水，小江南自黃平來會，謂
之兩江河，東流入鎮遠」（《清史稿》卷七五《地理志二十二》）。其地理
形勢清晰可見。《施秉縣》謂「劇喜陸程今日盡，扁舟行泛碧波空」，《舟
發潕陽》亦稱「客行陸程盡，水程自茲始」，知甌北至此改乘舟回鄉。
臘月，入湖南境。經沅州（今湖南芷江），漸入沅江，至辰溪，天降大
雪，奇寒。行經瀘溪道中，兩岸峭壁千仞，舟行其間，險甚。

《沅洲道中》：「言入湖南路，初開眼界空。江山漸平遠，城市乍繁雄。
芳芷涵波碧，丹砂透石紅。黔天重回首，煙霧正冥蒙。」（《甌北集》卷二○）

《辰溪道中大雪》：「舟行連日好天氣，今朝奇寒出不意。發怒灘爭急浪

雄，作威風挾凍雪屬。篙師寒瘃不得施，叩頭乞泊河之湄。歸人一笑聽艤棹，不比赴官有限期。」（《甌北集》卷二〇）

《瀘溪道中，沿江峭壁千仞，其陡絕處多架木爲橡，上下皆無路可入，俗以爲「僮人屋」，其說無稽。徐季方〈見聞錄〉謂：「舟行沅江，見萬仞壁立，猿猱不能到，而懸崖之上有小舟一隻，望之約丈許云云，以爲奇幻。及閱王新城尚書〈隴蜀餘聞〉及許纘曾〈滇行紀程〉，乃知爲當時避兵者所居也。」查初白集亦稱：「初入黔境，土人皆居懸崖峭壁間。緣梯上下，與猿猱無異。」又有詩謂：「忽憶少年日，南走五溪窮百蠻。蠻人寄命岩洞裏，多構柴柵臨崢潺。」此亦一證。璞函〈白沙灘〉詩中疑爲山鬼之類，似未爲得實。爰用其韻紀之》（《甌北集》卷二〇）亦寫於此時。

【按】《欽定大清一統志》卷二四五《建昌府》謂：「瀘溪水，在瀘溪縣東，源出福建崇安縣之五鳳山黃石口，其水深黑，故名。又北流，入貴溪縣界爲上清溪。《縣志》：水自黃石口流入，徑縣東入雙港口，抵三溪，折東北，至縣北二十里高埠，入貴溪縣界三洪砦口。自高埠以上，俱有石灘，止通浮簰。至三洪口，石硤洶激，自上投下，極稱險阻。自此達富樹嶺，方通小舟，入小岩渡，乃安流矣。」查慎行詩《初入黔境，土人皆居懸崖峭壁間，緣梯上下，與猿猱無異。睹之心惻，而作是詩》見《敬業堂詩集》卷二。「忽憶少年日」諸句出查氏《虹橋板歌》，見《敬業堂詩集》卷二四。由此亦可見甌北對初白詩的熟悉和喜愛程度，正可與《甌北詩話》觀點相佐証。

至辰州，思及故交諸桐嶼嘗爲官於此，已故去，無限傷情。

《辰州弔諸桐嶼》：「腸斷辰陽放棹行，故人曾此擁專城。我來東道誰爲主，君在西清最有聲。傲骨竟成招謗具，高才未就必傳名。沅江水駛流如箭，何限人間歎逝情。」（《甌北集》卷二〇）

【按】辰州，《欽定大清一統志》卷二八四謂：「辰州府，在湖南省治西四百里，東西距四百二十五里，南北距四百三十里。……自府治至京師，四千三百四十里。」《湖廣通志》卷四《沿革志》曰：「辰州府，禹貢荊州之域。六國時，其地爲楚巫中。秦昭襄土拔巫中，置黔中郡。漢高帝改黔中爲武陵郡，屬荊州。東漢因之。三國吳、蜀分荊州，武陵以西爲蜀，後並於吳。至晉，屬荊州。如故宋孝武分屬郢州，南齊因之。陳置沅陵郡，隋平陳改置辰州。大業初，復置沅陵郡。唐天寶元年，改爲辰

州、盧溪郡，屬江南黔中道。宋屬荊湖北路。元改辰州路，屬江南湖北道。明爲辰州府，隸湖廣承宣布政使司。皇清因之。康熙三年分隸湖廣湖南承宣布政使司。領州一、縣六。鳳凰營，康熙四十六年，改五寨土司，增。《新唐書》云：古荊、梁二州之域，置編苗一百十五寨。乾州，康熙三十九年，改乾州哨，增置編苗一百五寨。雍正九年，改六里爲永綏協，編苗二百二十八寨，俱附隸辰州府。」

諸桐嶼，見本譜乾隆二十七年考述。

歲杪，將至朗州（今湖南常德），走出群山，眼界頓開。除夕，始抵朗州。

《舊譜》：「除夕至常德府。」

《將至朗州作》：「滇黔天爲山所械，萬山圍在青天外。今朝眼界豁然開，出得山來天始大。經年坐守深山幽，豈知山乃盡朗州。萬山送我卻私笑，此人去竟不回頭。獨嫌山盡水復壯，前途又狎稽天浪。洞庭湖闊漢江深，一葉扁舟兩枝槳。已遍天南萬里行，歸途翻更切心旌。山平水軟江南路，屈指還須一月程。」（《甌北集》卷二〇）

《朗州除夕和馬沅亭秀才韻》：「除夕連更六異鄉，今朝遊蹟又瀟湘。一官恰似殘年盡，舉世猶爭此日忙。老去敢辭杯最後，春來漸喜線添長，素心聞與江干涉，早有寒梅破臘芳。」（《甌北集》卷二〇）

乾隆三十八年癸巳（1773）　四十七歲

【時事】　正月初，阿桂冒大雪進剿大金川功噶爾拉諸碉。溫福師至功噶爾拉，叛軍所踞險阻，不得進，別取道攻黃嶺，駐軍木果木。二月，軍機大臣奉旨議覆朱筠所奏開局校輯古書諸事。《清史稿》卷四八五《文苑傳・朱筠》謂：「辛卯，督安徽學政。詔求遺書，奏言翰林院藏《永樂大典》內多古書，請開局校輯。旋奉上諭：『軍機大臣議復朱筠條奏校核《永樂大典》一節，已派軍機大臣爲總裁。又朱筠所奏將永樂大典擇取繕寫，各自爲書，及每書校其得失，撮舉大旨，敍於本書卷首之處，即令承辦各員，將各原書詳細檢閱，並書中要旨總敍崖略，呈候裁定；又將來書成著，名《四庫全書》。』《四庫全書》自此始。」姚鼐《朱竹君先生筠別傳》謂：「初，先生爲諸城劉文正（統勳）公所知，以爲疏儁奇士。及在安徽，會上下詔求遺書，先生奏言翰林院貯有《永樂大典》，

內多有古書世不見者，請開局使尋閱，且陳搜緝之道甚備。時劉文正在軍機處，顧不喜，謂非政之要，而徒謂煩，欲議寢之。而金壇于文襄公獨善先生奏，與文正固爭執，卒用先生說上之，四庫全書館自是啓矣。」（《碑傳集》卷四九）李威《從遊記》亦曾記載朱筠倡議校理古書之事，曰：「（筠）在江南日，有詔求遺書，先生悉心搜訪以獻。因上言：『中祕所貯《永樂大典》，裒集至富，但分析篇次，以四聲韻字爲部居，割裂破碎，與散佚無異。請旨敕下儒臣采輯討論，以還舊觀，可得人間未見書數百種。』上覽奏嘉許，特開四庫全書館，校理遺書及大典，嘉惠藝林，御製宸章紀其事。於是徵通雅之士休寧戴震等五人爲纂修官。天下學者歡欣鼓舞，復知稽古之榮。」（《碑傳集》卷四九）閏三月，命劉統勳、劉綸等爲《四庫全書》編纂正總裁。又經劉統勳奏請，由翰林編修紀昀、軍機處郎中陸錫熊爲總辦。後該書提要，則成於紀、陸之手。四月，「加大學士溫福、戶部尚書舒赫德、工部尚書福隆安太子太保，禮部尚書王際華、工部尚書裘曰修太子少傅，禮部尚書阿桂、署兵部尚書豐升額、直隸總督周元理、閩浙總督鍾音、四川總督劉秉恬太子少保」（《清史稿》卷一三《高宗本紀四》）。五月，乾隆帝就征集圖書之事，諭曰：「前經降旨博采遺編，彙爲四庫全書，用昭石渠美備，並以嘉惠藝林。旋據浙江、江南督撫及兩淮鹽政等奏到購求呈送之書，已不下四五千種。並有稱藏書家願將所有舊書呈獻者，固屬踴躍奉公，尚未能深喻朕意。方今文治光昭，典籍大備，恐名山石室，儲蓄尚多，用是廣爲搜羅，俾無遺佚，冀以闡微補闕。所有進到各遺書，並交總裁等同《永樂大典》內現有各種詳加核勘，分別刊抄。擇其中罕見之書，有益於世道人心者，壽之梨棗，以廣流傳。餘則選派謄錄，彙繕成編，陳之冊府。其中有俚淺訛謬者，止存書名，彙爲總目，以彰右文之盛。此采擇四庫全書本指也。今外省進到之書，大小長短，參差不一，既無當於編列縹緗，而業已或刻或抄，其原書又何必復留內府。且伊等將珍藏善本應詔彙交，深可嘉尚。若因此收藏不發，轉使耽書明理之人，不得保其世守，於理未爲公允。朕豈肯爲之？所有各家進到之書，俟校辦完竣日，仍行給還原獻之家。但現在各省所進書籍，已屬不少，嗣後自必陸續加多。其如何分別標記，俾還本人，不致淆混遺失之處，著該總裁等妥議具奏。仍將此通諭知之。」（《四庫全書總目》卷首）本月，尚書裘曰修卒。又，帝奉皇太后仍往木蘭秋獮。至八月下旬始回京。六月，定邊將軍、大學士溫福身亡。進剿大金川官兵潰敗。《嘯亭雜錄》卷七《木果木之敗》引同時出戰之將領明亮語曰：「往昔溫將軍木果木之敗，可爲殷鑒。昔宋

總兵元俊（事見本卷），乘勝直搗美諾，若當時厚集兵力，一鼓殲滅，金川可以早定。乃溫公狃於易勝，不復調檄各路兵馬，惟日與董提督天弼輩置酒高宴。額駙色布騰巴爾珠爾屢次勸阻，溫公反以其煽惑軍心，致登白簡，上召還額附。護軍統領伍岱者，遼東驍士也。見溫公所爲，浩歎曰：『吾聞速拙，未聞遲巧，焉有屯兵賊境，而日以宴會爲務者？吾固遼海健兒，未審兵法有若此而能致勝者也。』溫公大怒，羅織伍以他罪致戍，以至人心不服。溫公性復卞急，遣綠營兵三五十人共取碉卡，有致傷者，溫反督責之，人心益爲忿懈。海超勇公蘭察至，扣刀誚溫公曰：『身爲大將而惟閉寨高臥，苟安旦夕，非夫也。今師雖疲老，使某督之，猶可致勝。若公終不肯出戰，不若飲刃自盡，使某等各竭其力可也。』溫公拂袖起，亦無有所指揮也。又遷延月餘，賊人偵知我兵疲弱，乃整勁旅數千，直攻營寨，我兵不戰自潰。海公初對敵，即詫曰：『雲氣已頹散，不可與戰，余馬首欲東，可與諸公期會於美諾寨也。』因馳馬破圍去。溫公方雅服督戰，爲賊所擒，董公天弼、牛公天畀、張公大經等皆死之，師遂大潰。我兵自相踐踏，終夜有聲。渡鐵鎖橋，人相擁擠，鎖崩橋斷，落水死者以千計。」本月，大學士劉綸卒。七月，因木果木戰事失利，諭令阿桂、豐升額暫退兵。對木果木陣亡文武員弁予以卹典。以溫福乖方償事，革一等伯爵，仍予卹典。八月，廣西上林縣陸李能聚眾稱王，糾集數百人抗官拒捕，致傷兵丁。於本月被官府鎮壓。九月，降海蘭察爲領隊大臣。吏部尚書託庸致仕，調官保充任。以英廉爲刑部尚書，仍兼管戶部侍郎事。十一月，大學士劉統勳卒。

本年，上海曹錫寶、南匯吳省蘭、鎮洋汪學金、山陽程晉芳、興化任大椿、武進莊通敏、趙懷玉，無錫鄒炳泰、鄒奕孝、秦瀛，吳縣張塤、潘奕雋、吳俊，元和顧宗泰、長洲程際盛、昭文吳蔚光、常熟席世臣（鄰哉）、溧陽周炳中、泰州侍朝、吳江金學詩、金山王嘉曾、丹徒鮑之鍾以及儀徵吳紹浣（杜村）、浙江邵晉涵、江西曾燠、安徽戴震、姚鼐、金兆燕、直隸翁方綱等入四庫全書館，分任編校工作。

陽湖錢伯坰應四庫全書館謄錄考試，落選。

長洲褚廷璋以學使按試辰沅，作《沅陵道中》、《郴州道中》諸詩，記其地民俗。

南匯吳省欽按試邛州，與楊潮觀會，爲題所著《吟風閣雜劇》。

吳縣張塤爲褚廷璋所作《西域詩》撰題辭。

丹徒王文治以詩題蔣士銓《四弦秋》。

安徽汪啓淑輯歷代婦女作品爲《擷芳集》八十卷刊行。

直隸翁方綱得宋槧蘇詩施顧注三十一冊，因撰《蘇詩補注》八卷。

武進黃景仁隨朱筠校文過淮泗，作《望泗州舊城》詩。

武進程景傅自宣城縣訓導職還。

江寧嚴長明脫去京職，攜嚴觀（子進）自京南還，觀始得明盛時泰《牛首山志》。

袁枚於本年五月，在揚州江春秋聲館觀賞伶人上演蔣士銓新編《秋江》及女優幻術表演。《揚州秋聲館即事寄江鶴亭方伯，兼簡汪獻西》之二謂：「梨園人喚大排當，流管清絲韻最長。剛試翰林新製曲，依稀商女唱潯陽。苕生太史新製《秋江》一闋，演白司馬故事。」之五謂：「後堂雜戲影橫陳，覆鼠籠鵝伎更新。記得空空傳妙手，幻人原是女兒身。」（《小倉山房詩集》卷二三）

蔣士銓本年寫有《江孝子詩》、《韓烈婦》、《鮑節母詩》、《天長江烈女歌》、《沈節母詩》、《爲李晴山道南進士母胡氏作》、《述德詩爲甘孺人作》等多首表彰忠孝節義之作。（《忠雅堂詩集》卷二一）

張塤寫有《分校四庫全書二首》：「字從玉笥羽陵來，大力能趨並異才。詞句既興三篋廢，碑文偏盛六書災。聖人治世秦灰活，天子傳經漢殿開。衮衮諸公叨祿俸，范頭邊腹合淹該。」「積書岩下幾叢殘，太乙青藜湧異觀。一字關心常不放，肯生經眼再來看。天留世外消閒事，我樂平生本分官。半歲邅名休沐暇，也教灼灼著長安。」（《竹葉菴文集》卷六）《校書戲作》：「校書如掃葉，揩眼欲生花。難正千金誤，能無匹練差。客喧門外鳳，我樂睡中蛇。載酒偏寥寂，奇文近不誇。」（《竹葉菴文集》卷六）

顧光旭在四川臬司任，元旦出衙門，見道路皆設桌聚賭，四面填塞，罔知顧忌。問衙役，云每年日以爲常，乃訪拿懲治，以端民風。六月，溫福將軍兵潰於木果木，成都民情洶洶，多逃入川避難。光旭撫慰之。（《響泉年譜》）

四庫館開，江浙搜采遺書，安徽省設局太平，聘洪亮吉總司其事，沈太守業富並延兼管書記。學使朱筠以閱卷乏人，復延亮吉偕試徽寧二府。九月，自徽州偕汪孝廉端光歸里，由新安江遍遊嚴陵、富春及錢唐山水諸勝，唱和幾及百首。（《洪北江先生年譜》）

【本事】正月初一，由朗州（常德）啓行。入洞庭湖，經岳陽樓。沿長江東北往，至蒲圻赤壁，夜泊漢口，陳輝祖（玉亭）留飲，略加逗留，

遊覽黃鶴樓、鸚鵡洲諸名勝。又由漢口，至黃岡，登覽臨皋亭，往富池口，漸入江西境。

《舊譜》：「以正月朔日自常德啟行，經洞庭湖、岳陽樓、黃鶴樓諸勝，皆生平所未到也。」

《順風歌》：「掛帆曉唱榜人歌，知是南風轉綠波。寒戀重衾人未起，已聞船底水聲多。」「連朝艤棹洞庭邊，一日開帆路半千。此理眼前誰悟得，順風船即阻風船。」「破浪雄心久淡忘，無端又起意飛揚。蔽江百道風帆下，想見龍驤指建康。」「深心最是老舵公，勸客休為顧盼雄。正飽帆時江一曲，順風又作打頭風。」（《甌北集》卷二○）

《江行》：「風細江行緩，中流日暮時。遠帆如不動，寒月故相隨。巴水來三折，湘雲望九疑。從來騷客地，遺蹟令人思。」（《甌北集》卷二○）

《漢口發舟》：「一鎮塵囂湧市闤，倦遊人愧獨蕭閒。舟車北接長安道，風雨西來大別山。尚有知交留酒醴，陳玉亭中丞留飲。已無詞賦動江關。只餘歸思如春水，先到家門綠柳灣。」（《甌北集》卷二○）

此時尚寫有《洞庭阻風用查初白韻》、《題岳陽樓》、《晚泊》、《古來詠明妃、楊妃者多失其平，戲作二絕》、《客興》、《甘將軍廟神鴉歌》、《赤壁》、《晚眺》、《夜泊漢口》、《題黃鶴樓十六韻》、《鸚鵡洲弔禰正平》（《甌北集》卷二○）等詩作。

【按】岳陽樓，在湖南岳陽城西之堞樓，正對洞庭湖。《欽定大清一統志》卷二七九《岳州府》：「岳陽樓，在巴陵縣城西門上。范仲淹《岳陽樓記》：慶曆四年春，滕子京謫守巴陵郡。越明年，重修岳陽樓，增其舊制。《岳陽風土記》：岳陽樓，城西門樓也。下瞰洞庭，景物寬闊。唐開元四年，中書令張說除守此州，每與才士登樓賦詩，自爾名著。其後太守於樓北百步復創樓，名曰『燕公樓』。《三才圖會》：岳陽樓，其制三層，四面突軒，狀如十字，面各二溜水。《方輿勝覽》：岳陽樓，宋滕宗諒作而新之，范希文為之記。蘇子美書丹、邵竦篆額，時稱四絕。《府志》：岳陽樓，自明成化以後屢圮，本朝康熙二十二年重建，復舊觀。」《湖廣通志》卷七九《古蹟志》謂：「岳陽樓，《風上記》：城西門樓也。莫詳創始。唐開元四年，中書令張說除守是州，每與才士登樓賦詩，自爾名著。宋郡守滕宗諒取古今詩賦，刻石其上，並求范仲淹撰記，樓名益重天下。呂岩遊廬山，遇異人得道，多遊湘潭鄂岳間，嘗留題云：『朝遊北海暮蒼梧，

袖有青蛇膽氣麤。三醉岳陽人不識，朗吟飛過洞庭湖。』」

赤壁，在湖北蒲圻縣長江南岸。其地石山高聳如長垣，突入江濱，上刻「赤壁」。漢末曹操追劉備至巴丘（巴陵），遂至赤壁，爲周瑜所破，取華容道歸。即此。

黃鶴樓，在湖北武昌西漢陽門內黃鶴山上。《欽定大清一統志》二五九《武昌府二》謂：「黃鶴樓，在江夏縣西。《元和志》：江夏城西南角，因磯爲樓，名黃鶴。《寰宇記》：昔樓費文禕登仙，每乘黃鶴，於此樓憩駕，故名。」

鸚鵡洲，《欽定大清一統志》卷二五八《武昌府》：「鸚鵡洲，在江夏縣西南二里。《水經注》：江之右岸當鸚鵡洲。南有江水右迤，謂之驛渚。三月以末，水下通樊口水。《寰宇記》：鸚鵡洲，在大江中，與漢陽縣分界。後漢黃祖爲江夏太守，祖長子射，大會賓客，有獻鸚鵡於此洲，故名。」《湖廣通志》卷七《山川志》謂：「鸚鵡洲，城西大江中，黃祖殺禰衡處。嘗作《鸚鵡賦》，故遇害之地得名。上有禰處士墓。按陸游《入蜀記》，洲上有茂林神祠，遠望如小山，則宋時洲形頗高。後雖淪沒，每秋冬水落，猶有洲形。今不可復識矣。」

臨皋亭，《湖廣通志》卷七七《古蹟志》於「黃州府黃岡縣」下曰：「臨皋館，在縣南，原名亭，後改爲館。」《（弘治）黃州府志》卷四《宮室》：「臨皋館，在府城南，即古臨皋亭。宋蘇軾初謫黃，寓居此亭，有詩曰：『臨皋亭中一危坐，三月清明改新火。』後秦檜父官於黃，生檜於亭，改亭爲館，後爲臨皋驛，今改赤壁巡司。」

富池口，《湖廣通志》卷七《山川志》謂：「富池，源出故永興縣，至富池口入江州，故多水。然皆彙於長河，而泄於富池。」唐王周有《富池口》（《全唐詩》卷七六五）、宋劉摯亦有同名詩作，見《忠肅集》卷一五。

甘將軍廟，即富池廟。《湖廣通志》卷一一九《雜紀二》曰：「富池廟，吳將軍甘寧祠也。建炎間，巨寇馬進自蘄黃渡江，至廟求杯珓，欲攻興國，神不許，至於再三。進怒口：『不問何珓必屠城。』乃自取，擲墜地，不見。珓附著門頰上，去地數尺。進驚懼，不敢屠城。」宋曾敏行《獨醒雜誌》卷三謂：「興國富池廟碑神，乃三國吳將甘寧也。紹興初，巨盜李成既渡江，破江州，欲入豫章，大掠江西諸郡。來禱於廟，以決

所向，持環玦擲之，幾及地，忽躍起高丈餘，墜神所坐之後。賊驚曰：『神不我與矣。』遂轉戰而之湖南，江西不被李成之虐者，皆神之賜也。後郡守以聞於朝，加封王爵，敞大祠宇，龕藏環玦，而表之曰『靈玦』。」宋洪邁《夷堅丁志》卷二《富池廟》，亦可參看。清厲鶚《宋詩紀事》卷五六曰：「大江富池縣有甘寧將軍廟，殿宇雄偉，行舟過之者必具牲醴祇謁。李子永嘗自西下，舟次散花洲，有神鴉飛立檣竿，即遇便風，晡時抵岸，青蛇箭激而來，至舟尾不見。」宋陳造《富池廟》（《江湖長翁集》卷四）詩謂：「買香馬頭西，跂望富池口」，知甘將軍廟即在富池口。明俞安期有《神鴉行》，詩曰：「甘將軍廟富池口，廟前群鴉何太馴。商艑經過浪索食，撲剌雙翅飛近人。上投餅餌或片臠，高摰低攫疾若神。競言此鴉莫彈射，將軍精靈所變化。中之不斃亦不傷，風波恐使神明吒。籲嗟乎！將軍氣槩籠古今，彊吳捍魏人所欽。精靈縱化亦貔虎，安得瑣瑣為微禽。神鴉，神鴉，汝曹憑藉將軍力！不加彈射還投食，何殊僕隸在權門，安然請索無不得。」（《明詩綜》卷六八）可與甌北詩《甘將軍廟神鴉歌》對讀。

陳輝祖為官於湖北，《清史稿》卷三三九《王亶望附陳輝祖》載述不詳，初謂「外授河南陳州知府。累遷閩浙總督，兼領浙江巡撫」，後又以「賜自裁」下稱，「五十三年，又以湖北吏治闒茸，弊始輝祖為巡撫時」。知陳輝祖曾任湖北巡撫。然任職之具體時間，尚不甚了了。據甌北《漢口發舟》詩小注，知陳於乾隆三十八年尚在湖北巡撫任，可補正史記載所不足。

至九江，泊舟琵琶亭，因風急浪高，船不得行，篙工以博錢為戲。甌北時而江畔漫步以遣懷。又經鄱陽湖北，至湖口，入彭澤境。經黃石磯，至安慶，風浪大作，乃退入小港以避風。至皖口，憑弔余闕（諡號忠宣）墓。仍沿江而行。大通港再避風，經荻港前行。至蟂磯，遊靈澤夫人廟，賦詩感懷。

《江行》：「帆影依依帶落暉，江平如鏡浪痕微。舟憑野鶩為前導，人與春鴻共北歸。才薄敢期宣室召，心閒早息漢陰機。居然已似漁翁長，只未身披獨速衣。」（《甌北集》卷二〇）

《江岸守風》：「歸路行將近，荒江又泊船。大風聲拔木，高浪氣吞天。悶藉提壺遣，危呼榱杙堅。篙工爾何樂，白晝正攤錢。」（《甌北集》卷二〇）

《遣悶》:「琵琶亭畔雨如絲,津吏攔江一纜維。牆轉相烏關未啓,好風偏在空閒時。」「奴僕聲聲怨石尤,先生一笑付浮漚。有風未必連朝逆,且向江干暫泊舟。」(《甌北集》卷二〇)

《閒步江岸,有村翁築屋數間,蒔花籠鳥,頗有閒適之趣。戲題二絕》:「溪流曲曲柳絲斜,中有幽棲處士家。好個丹青行看子,黃筌禽鳥趙昌花。」「門前無數阻風舟,相對荒灘歎石尤。不抵此翁閒一笑,看他江水日東流。」(《甌北集》卷二〇)

此時尚寫有《泊舟琵琶亭作》、《廬山在望,不及一遊,詩以解嘲》、《遣興》、《槵三舍人歌》、《黃石磯》、《小孤山》、《將至安慶,望皖公山不及十里,忽風浪大作不能進,急收入小港》、《皖口謁余忠宣公墓》、《大通港守風遣悶》、《荻港道中》、《守風日久,盤餐不給,詩以遣悶》、《蠑磯靈澤夫人廟》(《甌北集》卷二〇)諸詩。

【按】琵琶亭,《欽定大清一統志》卷二四四《九江府》謂:「琵琶亭,在德化縣西大江濱。唐白居易送客溢浦口,夜聞鄰舟琵琶聲,作《琵琶行》,後人因以名亭。」《江西通志》卷四二《古蹟·九江府》曰:「琵琶亭,《林誌》:在府城西江濱。唐司馬白居易送客溢浦口,夜聞鄰舟琵琶聲,問之,乃長安娼女嫁於商人,乃爲作《琵琶行》,後人因以名亭。蘇轍有《琵琶亭》詩,明萬曆間兵道葛寅亮別創潯陽驛西,尋毀。」

湖口,在鄱陽湖之口,故名。爲長江之要塞。《江西通志》卷三《沿革》:「湖口縣,漢鄡陽鎮,地屬彭澤縣,劉宋之湖口戍也。(《名勝志》)本湖口戍,是南朝舊鎮,上據大鐘石,旁臨大江。唐武德五年,安撫使李大亮以爲要衝,遂置鎮。(《太平寰宇記》)南唐保大中以彭澤二鄉析置湖口縣,屬江州。(《寰宇通志》)宋元明仍舊。皇清因之,編戶一十七里。(《安志》)」

小孤山,《欽定大清一統志》卷二四四《九江府》謂:「小孤山,在彭澤縣北,屹立江中,俗名髻山。《寰宇記》:山高三十丈,周回一里,在古城西北九十里,孤峰聳峻,半入大江。歐陽修《歸田錄》:江西有大、小孤山,在江水中嶷然獨立,而世俗轉孤爲姑,江側有一石磯,謂之澎浪磯,遂轉爲彭郎磯云。彭郎者,小姑壻也。嘗過小姑廟,像乃一婦人,而額勒爲『聖母廟』,豈止俚俗之謬哉!陸游《入蜀記》:澎浪磯、小孤二山,東西相望。小孤屬舒州宿松縣,峭拔秀麗,非他山可擬。按歐陽

修以小孤山屬江西，陸游以小孤山屬江南。今查大孤山、小孤山、澎浪磯，皆在大江中，兩省分界，於江西爲近。今依《舊志》，仍載入九江府中，以志核實。」

彭澤，故城在今江西湖口縣東三十里。《欽定大清一統志》卷二四四《九江府》謂：「彭澤縣，在府東少北一百四十里，東西距一百二十里，南北距九十里。……漢彭澤縣地。晉陽和城屬豫章郡。隋平陳，廢彭澤縣，改置龍城縣於此，屬江州。開皇十八年，復曰彭澤。大業初，屬九江郡。唐武德五年，屬浩州。八年，還屬江州。宋因之。元屬江州路。明屬九江府。本朝因之。」

安慶，《欽定大清一統志》卷七六謂「安慶府」：「安徽省治，東西距四百五十里，南北距二百七十里。」《江南通志》卷七《輿地志·沿革表三》：「安慶府，《禹貢》：揚州之域。古皖伯國。……明初，改寧江府，尋復爲安慶府，直隸南京，領縣六。國朝因之，隸江南布政使司。康熙六年，隸江南安徽布政使司，領縣六。」

皖口，《欽定大清一統志》卷七六《安慶府》謂：「皖口鎮，在懷寧縣西十五里，皖水入江之口也，亦名山口鎮。孫吳嘉禾六年，使諸葛恪屯於廬江皖口。」

黃石磯，《欽定大清一統志》卷八二《池州府》謂：「黃石磯，在東流縣東北五十里，亦濱大江。明正德十四年，宸濠犯安慶，泊舟於此，問磯名，左右以對，聲近王失機。濠大惡之，未幾果敗。」《江南通志》卷一六《輿池志》：「黃石磯，在東流縣東北五十里，濱大江，旁有黃石港，多黃土巨石相綿亙。」

大通港，《江南通志》卷二七《輿地志》謂：「大通鎮，銅陵縣西南四十里，枕山面江，商旅鱗集。有荷葉洲以殺洶濤，有羊山磯以障下臂，最便泊舟。重載巨艦，多聚於此。有巡司，舊有大通驛遞及運河泊所。」當即此地。

荻港，《欽定大清一統志》卷八四《太平府》曰：「荻港，在繁昌縣西五十里，自池州府銅陵縣流入，北入大江，東與楮圻城相屬，西對無爲州。」

蟂磯，《欽定大清一統志》卷八四《太平府》謂：「蟂磯，在蕪湖縣西七里江中。高十丈，周九畝，有奇磯，上有靈澤夫人祠，俗傳以爲昭

烈夫人孫權妹云。磯西，即無爲州界，今漲沙連西岸。磯屬蕪湖，而地
濱無爲矣。《舊志》：西南有一石穴，廣一丈，深不可測。」《江南通志》
卷一七《輿地志》：「蟂磯山，在蕪湖縣西南七里大江中。蟂，老蛟也。
磯有石穴，廣一丈，深不可測。《圖經》云：「寧淵廟舊在其上，明建靈
澤夫人祠，世傳蜀先主妃即孫權妹，歸吳，聞先主崩，哀殞，葬此。磯
在北岸，原隸濡須，登磯止見蕪湖，故明高啓有『蟂磯煙鎖在蕪湖』之
句。」《江南通志》卷二〇〇《雜類志》謂：「蟂磯，蕪湖縣西南七里大江
中。蟂磯，相傳昭烈孫夫人自沈於此，有廟在焉。」清姚之駰《元明事
類鈔》卷二〇《神鬼門》：「樱三舍人者，樱纜也。太祖御舟師敗陳友諒於
鄱陽湖，死者數十萬，返還擲樱纜於湖，冤魂憑之能溺人舟。」正可與
甌北詩小注對讀。

二月上旬入蕪湖，稍逗留，觀賞當地鐵畫。經牛渚磯，至金陵，遊覽金
川門諸名勝，守風燕子磯，又遊永濟寺。方啟行至黃天蕩，東北風大作，
再回至燕子磯泊舟守風，連住九日，始雨止風息。再啟行，經儀真，未
幾，馬沅亭歸里。甌北偕家人往金陵，游賞金川門等古蹟，然後沿運河
回返。

《蕪湖鐵畫歌》：「畫家寫生尚沒骨，專以柔媚矜技絕。是誰巧匠能翻新，
不用胭脂轉用鐵。堅鑌入煅無礳砂，鉗出爐焰紅於鰕。陰陽之炭文武火，恍
疑地窖烘唐花。梅根崛奇松節硬，故宜鎌鍔摹槎枒。其餘或拗風枝颭，或抽
露葉垂橫斜。或魚魚遊燕燕舞，當空鱗爪紛盤挐。襯以素縠影浮動，映以絳
蠟光交加。燈之屏之掛虛室，使我四壁生妍華。何哉頑鐵本麤醜，乃令作繪
替丹黝。得非點鐵指嚼鐵口，否則卷舒鐵鉤手。煉得錚錚一寸剛，化爲繞指
軟如柳。廣平不以勁直稱，魏徵轉因嫵媚取。揉堅接銳出麗藻，笑他磨杵爲
針硯成臼。鑄鼎象物古所珍，未有此法傳後人。我聞畫竹須用玉鉤鎖，畫山
最要丁頭皴。想是良工於此得妙悟，遂以鐵筆來傳神。丹青無光卷軸掩，論
價貴值雙烏銀。從來一技精能名可擅，沈錫張銅李昭扇。以鐵作畫尤未聞，
特爲藝苑開生面。何不鑴取工姓名，流傳應過千年絹。」（《甌北集》卷二〇）

《金川門懷古》：「前史曾傳靖難兵，麾戈從此據神京。削藩禍起書生計，
負扆慚叔父名。一領袈裟宵出竇，九江紈綺曉翻城。興師若不論成敗，高
煦宸濠豈異情？」「千屯火照雉樓紅，想見當年勢內訌。折矢不臣黃鵠子，打
鐘竟帝白毫翁。從亡苦屬千山險，駢戮歐刀十族空。養士甫經三十載，何因

義烈滿寰中。」（《甌北集》卷二○）

《曉過儀眞》：「九日江干住，今辭燕子磯。浪隨殘雨盡，船趁退潮歸。孤月寒相照，閒雲澹不飛。到家堪計日，猶及試春衣。」「經旬歎留滯，喜見片帆開。天塹終難限，風輪也有回。波痕皺細縠，曉色淨纖埃。隱隱金山寺，遙迎鷁首來。」（《甌北集》卷二○）

此時尚寫有《牛渚磯》、《金陵》、《守風登燕子磯》、《題永濟寺》、《舟至黃天蕩，北風大作，回泊燕子磯》、《江干晚步》、《送馬沅亭歸里兼寄邵耐亭》、《薄灣曉發》（《甌北集》卷二○）諸詩。

【按】蕪湖鐵工湯鵬之鐵畫，負盛名於當時。錢塘梁同書（號山舟）《鐵畫》詩曰：「石炭千年鬼斧截，陽爐夜煅飛星裂。誰教化作繞指柔，巧奪江南鉤鎖筆。花枝婀娜花瓏瓏，并州快翦生春風。茭叢蓼穗各有態，絡絲細卷金須重。雲匡扣束垂虛壁，繭紙新糊爛銀白。裝成面面光青熒，樺盡蘭煙鏽不得。豪家一笑傾金貲，曲屛十二珊網奇。前身定是郭鐵子，近代那數緱冶師。采繪易書丹青改，此畫錚錚長不毀。可惜揚錘柳下人，不見模山與範水」自序：「蕪湖鐵工湯鵬，字天池，鍛鐵作草蟲花竹及山水屛障，精妙不減圖畫。山水大幅非積歲月不能成，其流傳者不過徑尺小景，以木範之，若琉璃屛狀。或合四面以成一燈，亦名鐵燈。每幅數金，一時爭購之。爐錘之巧，前代所未有也。湯亡十餘年，其法不傳。今間有倣之者，已如張銅黃錫之失其眞矣。」（《清詩紀事》第九冊）

《郎潛紀聞三筆》卷一一《湯鵬鐵畫》曰：「蕪湖鐵工湯鵬，字天池，煅鐵作草蟲花竹及山水屛幢，精妙不減名家圖畫。山水大幅，非積歲月不能成，其流傳者，多徑尺小景，以木範之，若琉璃屛狀，名曰鐵畫。或合四面，以成一燈，曰鐵燈。每幅數金，一時爭購之。爐錘之功，前代未有也。相傳鵬家煅竈與畫家鄰，畫師自高其技，每相傲睨。鵬意頗不平，閉門構思，鏗錚屈曲，遂成絕藝。鵬亡，竟無繼者。世咸稱鵬所作畫，當與張銅、黃錫，並爲藝術傳人。康祺獨謂，以彼其人運鏤肝怵腎之沈思，創鬼斧神錐之妙製，盍不移而鑽研理窟，藻繪學林，爲可惜也。然以視世之寬衣博袤，醉飽嬉娛，百歲如馳，一長莫述者，則又鵬所唾棄不屑道也。」

《冷廬雜識》卷七《鐵畫》謂：「蕪湖鐵工湯鵬，能揉鐵作畫，花竹

蟲鳥，曲盡生致，又能作山水屏障。好事者以木範之，懸於壁，或合四面成一燈，錘鑄之巧，前此未有。湯歿後，其法不傳，或有仿爲之者，工拙懸殊矣。仁和朱茂才文藻賦此有句云：『乍看似墨潑絹素，山水人物皆空嵌。風飄秀色動蘭竹，雪摧老幹撐松杉。華軒逼人有寒氣，盛暑亦欲添衣衫。最宜樺燭曉春夜，千枝萬蕊發翠岩。元明舊蹟共諦視，轉覺暗淡精神含。』摹寫絕妙。」

徐澂《卓觀齋脞錄》、頤道居士《畫林新詠》等，亦可以參看。

牛渚磯，《晉書》卷六七《溫嶠傳》曰：「（溫嶠）至牛渚磯，水深不可測，世云其下多怪物，嶠遂毀犀角而照之，須臾見水族覆火，奇形異狀，或乘馬車著赤衣者。嶠其夜夢人謂己曰：『與君幽明道別，何意相照也。』意甚惡之。嶠先有齒疾，至是拔之，因中風。至鎮，未旬而卒，時年四十二。」宋李昉等《太平御覽》卷四六《地部十一》謂：「牛渚山，《宣城圖經》曰：牛渚山，突出江中謂爲牛渚圻，古津渡處也。」清顧祖禹《讀史方輿紀要》卷一九《封域山川險要‧南直一》謂：「採石山，亦曰採石圻，在太平府西北二十五里。渡橫江，西至和州二十五里，東北至江寧府八十五里，亦謂之牛渚圻。《輿地志》（陳顧野王撰）：牛渚山北，謂之採石。蓋大江東北流，牛渚、採石俱列江東岸。採石去牛渚不過里許，故牛渚圻通謂之採石。」

金川門，在應天府城西北面。清姚之駰《元明事類鈔》卷二九《宮室門》謂：「金川門，《名山藏》：成祖兵入金川門，諸王群臣請即天子位。謝肇淛詩：『燕山日黑黃塵起，金川門外鼓聲死。』」

燕子磯，在今南京城東北部。《江南通志》卷一一《輿地志》謂：「燕子磯，在上元界觀音門外。磴道盤曲而上，丹崖翠壁，凌江欲飛。絕頂有亭，能攬江天之勝。」《欽定南巡盛典》卷八七《名勝》：「燕子磯，在觀音門外，即觀音山餘支也。一峰特起，三面陡絕，江中望之，形如飛燕。峰頂有俯江亭，曠覽長江，極目千里，檣帆樓櫓，出沒煙濤雲浪間。西爲永濟寺。明洪武初建觀音閣，傑構緣崖，半出空際，繫以鐵絙，登之如憑虛御風。正統間，復因閣建寺。乾隆辛未，御書磯前關帝額曰『氣攝怒濤』。丁丑復書額曰『燕子磯』。」

永濟寺，在燕子磯附近。《欽定大清一統志》卷五二《江寧府三》曰：「在上元縣北燕子磯。本名宏濟，明正統中建。緣崖結構，俯臨大

江。」

　　黃天蕩，明張內蘊、周大韶《三吳水考》卷三謂：「朝天湖、黃天蕩，俱在縣東南。二湖連綴，西受太湖及城濠水，東行由葑門、徐公橋河出南馬路橋者爲朝天湖，由瓦礫涇而出者爲黃天蕩。」《讀史方輿紀要》卷一九《封域山川險要·南直六》謂「黃天蕩」：「在府東葑門外六里。上接澹臺諸湖之流，東彙爲瀆墅諸湖，又東接於尹山湖。亦曰皇天蕩。唐乾寧三年，楊行密救董昌，遣兵與錢鏐兵戰於皇天蕩，敗之，進圍蘇州。又朱梁開平三年，淮南兵圍蘇州，爲吳越將孫琰等所敗，又追敗之於皇天蕩。淮南將鍾泰章多樹旗幟於菰蒲中，追兵不敢進而還。《水利考》：黃天蕩，東連瀆墅、王墓、朝天三湖，實一水而微分界域云。」上述黃天蕩，在江蘇吳縣東，非甌北返鄉經行處。另據《欽定大清一統志》卷五○《江寧府》謂：「黃天蕩，在上元縣東北八十里。宋建炎四年，韓世忠與烏珠相持於此。胡三省《通鑑》注：大江過昇州界，漫以深廣。自老鸛嘴度白沙，橫闊三十餘里，俗呼黃天蕩。」甌北詩中所述，即此地。

　　儀眞，即儀徵，今屬揚州。

　　簰灣，宋岳珂有《排灣遇風對岸即彭澤舊縣二首》、《發排灣過小孤彭郎祠下遂宿馬當》詩，見《玉楮集》卷七。未知所寫爲同一地否？

二月二十日，抵家，與親人團聚。

　　《舊譜》：「二月二十日抵里。」

　　《歸田即事》之二曰：「先遣奴星報里門，高堂連日笑言溫。預催爨婢忙中饋，尚恐歸人又北轅。開甕正逢家釀熟，看囊猶有俸錢存。從今著就閒居賦，長采陔蘭奉籃飧。」（《甌北集》卷二一）

離家廿五載，初歸故里，如入異域。舊時朋輩，多不相識。兒輩未慣農家生活，甌北「閒與諸雛話舊風」，並決計以書卷相伴，「與熙朝寫太平」。

　　《歸田即事》之一：「柴扉近俯綠楊灣，回首風塵此倦還。老境逼來將白髮，宦途盡處是青山。署門客散無投刺，退院僧高自掩關。只有夢魂難忍處，君恩猶未削朝班。」之三：「豚柵雞棲一畝宮，呼來兒女脫青紅。憐他未慣蓬茅宅，笑我原來田舍翁。麈尾可揮非祖物，菜根須咬趁童蒙。短檠燈火長鑱柄，閒與諸雛話舊風。」之四：「少日曾貪面百城，而今萬卷送浮生。一身去

職如花落，兩眼觀書尚月明。鴻爪春泥思往蹟，馬蹄秋水得閒情。天留老筆非無用，要與熙朝寫太平。」之五：「新葺茅廬在水南，擬栽修竹翠毿毿。持齋怕入遠公社，習靜便同彌勒龕。詩就多兼唐小說，客來與作晉清淡。所慚懶廢無才思，輸與山陰老學菴。」之六：「幽棲敢便托鴻冥，閒裏工夫也不停。官罷已無分鶴俸，村居須講相牛經。荷鋤老圃耘瓜蔓，采藥深山劚茯苓。程課忙來翻一笑，何如案牘舊勞形？」（《甌北集》卷二一）

【按】《歸田即事》詩稱，「詩就多兼唐小說，客來與作晉清淡。所慚懶廢無才思，輸與山陰老學菴」，知其初歸故里之時，或即打算於詩歌創作之餘，著手《陔餘叢考》的編纂。因《陔餘叢考》，既有史料之採擷、辨正，亦兼采歷代故實、小說家語，故以之與放翁《老學菴筆記》作比。

三月初，同莊似撰炘往蘇州，遊虎丘、天平山，謁范仲淹祠，弔韓世忠墓，覽館娃宮。

《虎丘絕句》：「山塘春早水微波，日日香風送綺羅。不是遊人看山到，此山最是閒人多。」「犄角闔門地必爭，淮張曾此別屯兵。眼前一片鶯花路，蒸土誰知舊築城？」「捨宅王珣築梵宮，千年變作綺羅叢。笑他佛也風流甚，身在煙花不斷中。」「花到寒梅第一流，絕無顏色自清幽。而今也帶胭脂氣，綠萼紅苞滿虎丘。」「欲訪芳祠蹟已消，小姑賢曲久寥寥。棠梨花下眞娘墓，多少游人把酒澆。」「信是銷金別有窩，千人石畔酒樓多。四更才滅紅燈火，曉鳥啼時客又過。」「舊曲翻新菊部頭，動人焰段出蘇州。近來新曲仍嫌舊，又把元人曲子謳。」「暮鳥啼處客歸遲，畫舫前頭月似眉。殘醉倚舷簾半卷，家家水閣上燈時。」「綺閣珠簾裏四邊，盡將人巧襯天然。老夫腳底山千萬，不信莊嚴在一卷。」（《甌北集》卷二一）

《天平山謁范文正公祠》、《虎丘寺玉蘭樹歌》、《韓蘄王墓》、《館娃宮》（《甌北集》卷二一）諸詩，均寫於此時。

【按】《虎丘絕句》詩有「綠萼紅苞滿虎丘」、「暮鳥啼處客歸遲，畫舫前頭月似眉」諸句，春梅開放在二、三月之間，故知其此次來虎丘，當在三月初。甌北《莊似撰枉過草堂，有詩投贈，依韻奉答三首》（《甌北集》卷二一）詩「別緒忍辭連夕話，聯吟已屬隔年游」句下注曰：「去春，同作姑蘇之遊。」知甌北此次去蘇州是偕莊炘同往。

虎丘，蘇州名勝。甌北所寫虎丘寺玉蘭樹，據稱是北宋時所植。顧祿《桐橋倚棹錄》卷九引顧湄《志》謂：「相傳朱勔從閩移植，未及進御

而汴梁已失，遂棄擲於此。明天啟初為大風所摧，今孫枝復高三尋矣，花時爛熳如雪。」（《蘇州文獻叢鈔初編》下冊）

天平山，《欽定大清一統志》卷五四《蘇州府》謂：「天平山，在吳縣西。宋蘇舜欽詩：『吳會括眾山，戢戢不可數。其間號天平，突兀為之主。』《續圖經》：在縣西二十里，巍然特高，群峰拱揖，郡之鎮也。盧熊《府志》：有卓筆峰、飛來峰、大小石屋，皆山中奇蹟。山頂正平，有望湖臺，即遠公菴遺址。山半有亭，乃白雲泉所出。王鏊《姑蘇志》：天平山，在支硎南五里，群石林立，名萬笏林。其東為雞籠山，西為秦臺山，南有羊腸嶺，西南為赤山。洪武初，楊基家其下。南址為白雲寺，宋范文正仲淹祖墓在焉，旁即范氏義莊。後闢為園，國朝乾隆十六年翠華南巡，賜額曰『高義園』。御製吳山十六景，有萬笏朝天詩。二十二年、二十七年、三十年、四十五年、四十九年，六幸江南，皆有御製《遊天平山》詩、《題高義園》詩、《題高義園》、《藏范仲淹書伯夷頌疊韻》詩、《白雲泉用白居易詩韻》。」宋范成大《吳郡志》卷三九《塚墓》曰：「范文正公祖墓在天平山三讓原。曾祖夢齡，舊名徽夢，避皇朝諱，改今名。事吳越，終蘇州糧料判官。祖贊，時童子出身，終秘書監。父墉，從錢俶歸朝，終武寧節度掌書記。天平，吳巨鎮，周遭十里，石山而土穴，人以為范氏慶源云。」范文正公祠，《欽定大清一統志》卷五五《蘇州府二》謂：「范文正公祠，《姑蘇志》：在義宅之東。《續文獻通考》：咸淳中，蘇州郡守潛說友建范氏祠堂，祀仲淹及其四子純祐、純仁、純禮、純粹。乾隆十六年，頒賜匾額，一併御製范文正祠詩。」

韓蘄王墓，即韓世忠墓。《欽定大清一統志》卷五五《蘇州府二》謂：「韓世忠墓，在吳縣靈岩山西。《吳中勝紀》：韓蘄王墓旁立石，鵝數仞石如之，御書『中興定國，佐命元勳』之碑。」歷代多有題詠，如元王逢《韓蘄王墓》（《梧溪集》卷一）、明高啟《韓蘄王墓》（《大全集》卷一三）、明吳寬《謁韓蘄王墓》（《家藏集》卷五）、清吳偉業《過韓蘄王墓》（《梅村集》卷一〇）、清朱彝尊《謁韓蘄王墓》（《曝書亭集》卷二一）、清朱鶴齡《韓蘄王墓碑》（《愚菴小集》卷四）等。

館娃宮，宋祝穆《方輿勝覽》卷二謂：「館娃宮，在硯石山上，蓋以西施得名。劉禹錫詩云：『宮館貯嬌娃，當時意太誇。豔傾吳國盡，笑入楚王家。月殿餘椒壁，天花代舜華。惟餘采香徑，一帶繞山斜。』」明李

賢等《明一統志》卷八《蘇州府》謂:「館娃宮,在靈岩山上,前臨姑蘇臺。吳人謂美女為娃,蓋以西施得名。《吳都賦》:幸乎吳娃之館,張女樂而娛群臣。」《欽定大清一統志》卷五四《蘇州府》曰:「館娃宮,在吳縣西南。《越絕書》:吳人於硯石山作館娃宮。《吳都賦》:幸乎館娃之宮,張女樂而娛群臣。《吳郡志》:靈岩山頂舊有秀峰寺,即吳館娃宮也。《吳地記》:闔閭城西有硯石山,上有館娃宮,今靈岩寺即其地。」

親鄰故舊紛紛來訪,友情重敘,倍覺情殷。

《晤杏川老友》:「少小相隨共論文,歸田重見倍情殷。人添白髮身還健,業在青箱課益勤。再世傳薪期後輩,幾家宿草感同群。只應老友如園竹,一日平安一報聞。」(《甌北集》卷二一)

《偶得九首》之二:「才士矜聰明,動稱過古人。古人去渺矣,豈今可等倫。試觀六籍垂,解者何紛綸。一字千萬言,猶未得其真。當時無注腳,即以詔愚民。家喻而戶曉,毋煩訓諄諄。可知古鈍質,已勝今慧因。如何偶一得,輒誇創獲新。」之六:「杜陵廈萬間,白傅裘萬丈。後人讀其詩,肅然起敬仰。謂雖一身窮,不忘天下想。吾觀拾遺老,身世困搶攘。固無藉手處,為民籌教養。香山歷官多,所至文酒賞。未聞康濟略,政績著天壤。區區濬六井,小惠亦未廣。詩人好大言,考行或多爽。士須儲實用,乃為世所仗。不可無此志,隔膜視痛癢。不可徒此言,虛名竊標榜。」(《甌北集》卷二一)

此時尚寫有《題偉其亡室盛孺人遺照》、《喜莊位乾明經過訪》、《庭前雜詠》、《過史翼宸明經故居》(《甌北集》卷二一)諸詩。

四月初,子廷彥生,乃蔣氏所出。

【按】《西蓋趙氏宗譜》:「廷彥,行九,字西亭,號笏山,廩貢生,歷署常熟崇明縣教諭、長蘆候補鹽運司經歷,署滄州批驗所大使。乾隆三十八年癸巳四月初一日亥時生,道光十年庚寅七月初七日亥時卒於天津,年五十八,有傳。著有《笏山詩稿》一卷。配徐氏,福建福州府通判熊占女。乾隆三十八年癸巳十二月二十一日辰時生,嘉慶七年壬戌三月初七日未時卒,年三十。」

歸里後,以所營新居未就,乃僦屋於城中。端午,於常州城觀看競渡。

《舊譜》:「初歸里,以所營新居未就,暫僦屋於城中。」

《五日郡城觀競渡》:「蒲酒觴初泛,榴花火欲燃。歲華當夏五,戲事到

秋韆。珠翠中流舫，笙歌徹夜筵。歸田吾過分，正及屢豐年。」（《甌北集》卷二一）

《爲錢曙川孝廉題所藏令兄茶山司寇畫卷，係臨王麓臺筆，麓臺則仿元季四大家者也》（《甌北集》卷二一）一詩，亦寫於本月。

【按】錢維城書法、繪畫均馳名於世。「書法效蘇文忠公，畫出入於元黃子久、王叔明諸家。奉敕進禦之作，上親爲題詠者多至數十卷軸，蓋世得其書畫如圭璧」（王昶《資政大夫刑部左侍郎贈尚書錢文敏公維城神道碑銘》，《碑傳集》卷三三）。陸萼庭《錢維喬年譜》於乾隆三十七年壬辰引《竹初文鈔》卷六所收《先兄文敏公墓誌銘》：「公之病革也，不能言，手語索筆，左握予臂，右遲回，顫顫而書曰：上下皆喬；少止，復書曰：理吾書畫。凡八字，猶可識。既彌留，則瞪視余，予泣而撫之曰：兄而有所不忘者，弟爲之。如是三，乃瞑。」（《清代戲曲家叢考》）知維喬請甌北題茶山畫卷，當是了其兄之遺願。甌北與茶山亦相交甚洽，故《爲錢曙川孝廉題所藏令兄茶山司寇畫卷，係臨王麓臺筆，麓臺則仿元季四大家者也》詩中有「我亦當年辱素知，論文樽酒開心期。每當意得筌蹄外，超詣不減無聲詩。即今一別淚如雨，其人與畫俱成古」諸句。

六月，趙文哲歿於木果木軍中，甌北賦詩哭悼。

《哭璞函之訃》：「幕府曾推借箸長，驚傳復矢蜀山蒼。纔欣薄宦遷華省，何意書生死戰場。劍閣更誰文勒石？玉門只有夢還鄉。可憐前夜相思處，猶擬他年話對床。」「磨盾滇南墨未乾，岷峨西上又千盤。空懸望眼長安近，欲返遺骸蜀道難。灑血隻身沖矢石，招魂萬里葬衣冠。傷心馬革都無分，留與烏鳶啄肉殘。」「烏撒城邊惜別晨，鄰疆頻喜接音塵。偶翻書箚猶前日，忽憶鬚眉已古人。迢遞何年尋宿草，馳驅到死作勞薪。遊魂血污空山裏，知化猿身化鶴身？」「恤典還聞慰九泉，懸崖撒手好超然。死因殉國名逾烈，詩已成家世共傳。地近者闍堪證佛，身經兵解或登仙。達觀何限全軀者，等在人間數十年。」（《甌北集》卷二一）

【按】王昶《恤贈光祿寺少卿戶部主事趙君墓誌銘》記載：「明年壬辰五月，余從阿公由章谷攻達烏，君留溫公所。是冬，克美諾，小金川平，晉君戶部主事。又從溫公由空喀進討金川。又明年癸巳，兵至木果木，攻五閱月弗克。六月，小金川降者叛，與金川合鈔後路。初十日，師潰，

賊邀於險，溫公歿，君與其難，時年四十有九。」（《碑傳集》卷一二一）

又據王昶《慰忠祠碑》：「乾隆癸巳，大學士定邊將軍溫公福帥師討金川，二月次木果木，六月朔己丑，越九日戊戌，師潰，旋美諾。又越十日己酉，再潰，歿於軍」，知趙文哲當歿於本年六月中下旬。

鄉居無事，刻苦攻讀，且購新書以擴充視野，時而吟詩，鄉野生活見諸詩章，亦買通俗讀物訓教兒輩。閒暇之餘，漫步野外，與村老閒話。

《消夏絕句》：「草笠棕鞋白葛裙，漁樵席上每同群。勞他里老誇相識，猶自來呼舊使君。」「兩板衡門暇日多，虛窗閒製小詩哦。唐音宋調俱無用，自有田家擊壤歌。」「蔬筍常慚踏菜羊，村居奉母少嘉嘗。擊鮮忽漫設家宴，釣得鯉魚尺半長。」「消磨長日仗丹鉛，常苦巾箱少逸篇。解事童奴傳好語，門前新到賣書船。」「飽食真無所用心，自嚴程課惜分陰。百錢買得芝麻鑒，閒與兒曹說古今。」「曉拖竹杖看田禾，極目平疇似綠莎。為愛稻香凝立久，草蟲跳上葛衫多。」「艓子彎彎去采蓮，柳陰深處恣回沿。蜻蜓忽集矮篷上，大似倦飛來趁船。」「浴罷東皋看月明，夜涼風露寂無聲。豆棚花下流螢滿，自笑歸田尚火城。」（《甌北集》卷二一）

【按】《舊譜》稱，「初歸里，以所營新居未就，暫僦屋於城中」。乃籠統言之。其實，本年夏，甌北是在鄉間度過的。《消夏絕句》中所描述的「漁樵同群」、「里老誇相識」、「村居奉母」、「看田禾」、「愛稻香」、「豆棚流螢」等，均是鄉間風情。由此可知，當時甌北雖僦房於城中，但更多則居住於鄉下。本詩足可證明。

八月十三日，乾隆帝壽誕，甌北在常州城，同在籍官紳前往艤舟亭行祝壽大禮。

《萬壽節同在籍官艤舟亭行禮》：「又把簪裾裹釣翁，鳧趨仍似禁廷中。朝班恰隸三元會，祠祿思兼萬壽宮。駐蹕天留咫尺，懸車人倦路西東。獨慚廿載承恩久，報答惟餘祝華嵩。」（《甌北集》卷二一）

【按】《清史稿》卷一〇《高宗紀一》：「（高宗）諱弘曆，世宗第四子，母孝聖憲皇后，康熙五十年八月十三日生於雍親王府邸。隆準頎身，聖祖見而鍾愛，令讀書宮中。」艤舟亭，《欽定大清一統志》卷六〇《常州府》謂：「艤舟亭，在府治東南三里。宋蘇軾常繫舟於此，後人因以名亭。亭前有池如偃月，相傳蘇軾洗硯處。本朝乾隆二十二年、二十七年、三十年，翠華南巡，御製跋。馬過常州，至艤舟亭，進舟詩兩疊原韻，又頒

玉局風流御匾一。」時爲仕紳接駕之處。

於陽湖之濱購得魚塘三十畝，為營建宅舍藉以養老計。

《買得魚塘三十畝，在陽湖之旁，將營草堂爲終老計，詩以張之》：「措大誇豪舉，傾囊買碧流。地堪營蟹舍，吾欲老菟裘。補屋牽蘿密，爲樊折柳柔。連漪三十畝，氣已壓滄洲。」（《甌北集》卷二一）

【按】《西蓋趙氏宗譜·故蹟志》收有《魚塘》一文，曰：「魚塘（即魚池），在安尚鄉干圻村東南二里許，四面環水，中有小洲，甌北公歸田後嘗爲釣遊之所。集載買得魚塘三十畝，在陽湖之旁，將營草堂爲終老計，詩以張之」云云。

與徐秋園培、劉敬輿欽時相往來，亦與顧北墅雲有書信應酬。

《同徐秋園、劉敬輿諸人再遊艤舟亭》：「坐隱渾忘節物移，秋光又到木樨時。閒隨謝客登山屐，來訪蘇公洗硯池。不佛不儒人漸老，無花無酒我何之。此間頗有林泉勝，買醉何辭倒接䍠。」「楚楚林亭倚水灣，近遊頻此叩禪關。坐來丈室思初地，踏盡千峰愛假山。人喜阮生青眼對，天教江令黑頭還。茶瓜不覺流連久，夕照斜烘槲葉斑。」（《甌北集》卷二一）

《接顧北墅書卻寄》：「握別京華十載餘，忽承芳訊到吾廬。閒身俱作歸林鳥，往蹟曾爲逐隊魚。素壁雲煙供潑墨，名山風雨護藏書。江南江北無多路，何日相遇慰索居？」「射雉城東別業偏，一編晏坐正超然。門高處士談經座，家有先人負郭田。載酒生徒揚子宅，焚香書畫米家船。從知水繪園荒後，又續名流韻事傳。」（《甌北集》卷二一）

此時尚寫有《聞王協和總戎之訃》、《郡城好事者於陳司徒忠祐廟旁隙地構都城隍行廟一區，甚壯麗，相傳神即于忠肅公也，詩以落成》、《題陳某籠鵝小照》（《甌北集》卷二一）諸詩。

【按】徐秋園，應即徐培。《（民國）台州府志》卷一三《職官表五》：「徐培，字秋園，武進人，舉人，留心學校。」乾隆二十二年任台州府太平知縣。

劉敬輿，即甌北內弟劉欽，見本譜乾隆十七年考述。

顧北墅，即顧雲，見本譜乾隆二十二年考述。

王協和，見本譜乾隆三十六年考述。

冬十月，回鄉，遷入新居。

《舊譜》：「十月，始至鄉，入新居，與弟汝霖仍同爨奉母，昕夕無間。

自是里居不出者數年。」

《冬夜不寐偶作》：「村鼓聲中夜獨醒，短檠殘穗尚青熒。閒參白足禪三昧，靜養丹田火一星。梅蕊香初浮紙帳，菊花寒未凍銅瓶。此時清味誰窺得？剩有寥天月滿庭。」（《甌北集》卷二一）

《漁塘即事》之四：「羨魚始濬池，思筍方種竹。用力良已勞，毋乃慚拙速。然而未失計，吾鬢尚不禿。及此勤所儲，日至會皆熟。君看三年後，樂事紛滿目。梢雲竹森森，跳波魚育育。匪特快遊覽，兼以供口腹。種漆憶樊侯，閒翻漢書讀。」之六：「成都葛武侯，曾植八百桑。畏吾廉孟子，亦築萬柳堂。我生二公後，何一可較長。乃於老圃中，也復羅青蒼。種桑四百株，栽柳三千樁。物是人則非，毋乃不自量。伊余豈慕古，妄冀附末光？維桑可禦寒，維柳可納涼。暑坐綠陰下，踠地垂絲繮。及冬已挾纊，不愁凍欲僵。寒燠各有資，此亦經濟方。濟物則已矣，聊保身其康。」（《甌北集》卷二一）

乾隆三十九年甲午（1774）　四十八歲

【時事】　正月，錢陳群卒。《郎潛紀聞初筆》卷四記其軼事兩條，一為《錢文端公有知人鑒》：「秀水錢文端公陳群，有知人鑒。諸城劉文正初釋褐時，以所業就正。公謂文正房師王樓山云：吾賀子及門得偉器，他日令僕才也。金壇于文襄方為孝廉，來謁，公即大賞異之。劉文正及錢唐梁文莊，俱以筆法自詡。公曰：『二君毋高自位置，會看賢郎跨竈耳。』後文正子文清相國、文莊子山舟學士，果濡染家學，八法冠時，碑版大書，照耀四裔，不必如大令自譽，而書名突出二公上。」一為《錢文端公少時之貧》：「錢文端公幼貧甚，隆冬早起讀書，竈無宿薪，汲井水盥手，膚為之坼。未弱冠，依人京師，傭書糊口。冬無裘，入市以三百錢買皮袖，自綴於袍，鈔纂益力。逾數年旋里，課兩弟，讀書於南樓，去梯級，縋繩送飲食，歲除始一下樓。如是者二年，學大進，遂以文字邀異遇。高官大年，席寵累代。高廟南巡，公扶杖迎鑾，御製詩至有『江浙大老』之目，可謂榮已。回憶童牙孤露，饑寒逼人，雖痯痳中當無此冀望。士之匿影蓬蓽，憔悴謀生者，觀於公無自戚戚也。」又，本年初，官兵繼續進剿大小金川。阿桂率兵「抵布朗郭宗，人裹十日糧，分三隊進，轉戰以前，克喇穆左右二山，贊巴拉克山、色依谷山」（《清史稿》卷三一八《阿桂傳》）。「二

月，克羅博瓦山，勒烏圍門戶也。賊退守喇穆山。部將海蘭察從間道破色淜普寨，繞出山後，賊退守薩甲山嶺。海蘭察奪其峭壁大碉，諸寨奪氣，同時下，乘勝臨遜克爾宗」（《清史稿》卷三一八《阿桂傳》）。三月，阿桂以功加太子太保，海蘭察爲內大臣。未久，阿桂又克得斯東寨，明亮等克喀咱普等處。四月，御史李漱芳劾已故大學士傅恒次子、和碩額附、工部尚書福隆安（尙高宗女和嘉公主）家人藍大在金陵酒樓借酒生事。帝嘉之，後擢爲給事中。五月，以圖思德署雲貴總督。又，帝奉皇太后巡幸木蘭，至九月下旬始回。七月，諸將分路攻打旁近各碉寨數十處。海蘭察乘夜率敢死隊六百人登最高峰，至其碉。比明，一湧而入，盡殲敵酋。眾將勇氣百倍，乘勝又剋日則丫口，據之。八月，富德等克穆當噶爾羊圈等處碉卡。九月，山東壽張縣民王倫等造反，命山東巡撫徐績剿捕之。十一月，官軍攻日爾巴當噶碉寨，下之。並克凱立葉、穆爾津岡、作固山等險。十二月，又克榮噶爾博各碉寨。此時，大金川東北部叛亂，大致掃盡。

　　本年，浙江吳錫麒過淮陰北上，作《騾車謠》。

　　華亭夏秉衡寓吳門秋水堂，著《詩中盛》傳奇成。

　　金匱楊潮觀編定所著《吟風閣雜劇》四卷，包含三十二個故事。

　　江西謝啓昆改官揚州府知府，作史可法祠記，追記史裔所述可法死狀。

　　蘇州錢德蒼輯刊劇曲選集《綴白裘》，陸續得十二集四十八卷。

　　直隸朱筠內調入四庫全書館供職，並總纂《日下舊聞考》。

　　吳縣范來宗入四庫全書館任分校。

　　陽湖孫星衍入南京鍾山書院，從盧文弨學。

　　旗籍朱孝純此際在官宴中觀演唐伯虎娶秋香崑劇，紀以詩。

　　安徽姚鼐卸四庫館職南還，過泰山訪朱孝純，除夜同登泰山觀日峰，鼐作紀事長歌，孝純作觀日圖。

　　蔣士銓得史可法畫像，恰本年彭雲楣元瑞視學江蘇，士銓示之以畫像，託其入奏。彭差滿入覲，遂具以呈。乾隆帝大喜，爲七律一首題之。即發原卷，交兩淮鹽政泑石，大興工作，建史祠及御書樓。（《清容居士行年錄》）蔣士銓所著《四弦秋》雜劇在揚州秋聲館演出。蔣士銓在揚州著《香祖樓》、《臨川夢》二傳奇。

　　顧光旭在成都，楊笠湖潮觀以鄂西林爾泰《中堂詩稿》商定，爲之刪而次第之。退食之暇，時與學使吳白華省欽、松茂道查儉堂禮、潼州守沈莘田、

農部曹秋漁、刺史楊笠湖爲詩酒之會，時有上舍陸赤南刻《蜀遊草》，以光旭冠其首。（《響泉年譜》）

吳玉松上舍爲張塤所作劇題詩。張塤即以《玉松疊韻題予〈督亢圖〉、〈中郎女〉二種院本，愛其工雅，作詩報謝》，詩謂：「廿年籖橐積生埃，相伴床琴紙帳梅。劍客何曾愁不中，孝娥別有淚如堆。此言荊軻、蔡琰之不能爲劍客孝娥也。」「憐他額爛頭焦盡，寫有天荒地老來。多謝延陵題好句，雙鬢拍版合浮梧。」（《竹葉菴文集》卷八）本年，張塤有《校書稍倦述懷十韻》詩，曰：「中年奇氣漫崚嶒，山積殘書校未能。心血耗多如撞鹿，目光枯少若飛蠅。逢時懶逐朝華茂，見道難言夜氣凝。一枕羲皇身外夢，滿庭風月歲寒朋。看花不愛臨茶劫，對酒何妨食肉僧。遊北溟魚天地樂，出東門犬古今懲。甘爲浮瓠沈香咲，贏得黃金白髮增。墜地茫茫全苦境，登樓岌岌最高層。半帆風送仍沿岸，小炷油添不爇燈。如此生涯非落拓，是非恩怨我何曾。」（《竹葉菴文集》卷七）其生活境況，由此可知。

洪亮吉肄業於揚州安定書院，與同里孫星衍、黃景仁、趙懷玉、楊倫、呂星垣、徐書受，唱酬無間，里中號爲七子。（《洪北江先生年譜》）

【本事】春，閒居讀書，專心著述，以詩酒相伴，疎於酬應。

《漫興》：「一歸荏苒兩經春，彌識田園氣味眞。詩酒漸爲終老計，江湖高臥太平人。編籬棘護貓頭筍，抱甕泉澆雉尾蓴。也有閒中晨夕課，此身原是一勞薪。」「村居酬應少鳴珂，長日閉門雀可羅。座有漁樵爭席地，家傳孝弟力田科。老來甘作冬烘客，醒後何煩春夢婆。猶有壯心無處耗，付他萬卷去消磨。」（《甌北集》卷二一）

此時尚寫有《書齋即事》、《漁塘即事》（《甌北集》卷二一）諸詩。

【按】《漁塘即事》詩之末一首，謂：「春從何處來，頃刻動土脈。勾者忽已萌，甲者忽已拆。一夜一改觀，昨寸今則尺。生機怒長處，速於馬馳驛。或葉而尖圓，或花而紅白。雕鏤誰施功，渲染誰著色。乃知化工妙，一氣所旁魄。卻憶數十年，枉爲塵事役。日在天地內，不識造化蹟。今始得靜觀，一一矜創獲。人老俗緣謝，心閒物理格。茅齋小窗明，晏坐將讀易。」所寫乃春天景色，知本詩當作於本年二、三月間。

沈倬其辛巳恩科進士及第以需次歸里，至今始得任萬安令。甌北賦詩相送，多所激勵。

《送倬其之官萬安》：「十年通籍未專城，今日才看綰綬行。書卷味深知

政美，江山景好稱官清。三千牘尚懸才望，十八灘初記宦程。會見下車儒術展，獨將經濟重科名。」「黑頭兄弟兩華顛，我已收繮爾著鞭。老漸關心兒女計，貧難撒手簿書緣。路長惟祝能彊飯，官好無如不愛錢。勉效循良書上考，歸來同泛釣魚船。」（《甌北集》卷二一）

【按】沈倬其，見本譜乾隆十九年考述。

萬安，在江西境內。《欽定大清一統志》卷二四九《吉安府》謂：「萬安縣，在府南一百八十里，東西距一百十里，南北距一百七十里。……漢廬陵縣地。……明屬吉安府，本朝因之。」

時而田間閒行，時而出訪故交，尋芳探勝，優游林下。

《行園》：「卅畝池中廿畝田，雅宜安放一華顛。英雄晚節惟鋤菜，道學閒情亦愛蓮。談藝不妨門外漢，尋芳或比地行仙。得消清福談何易，慚愧天公厚我偏。」（《甌北集》卷二一）

《幽尋》：「幽尋不知疲，意行度遙陌。昔遊所未經，數折地愈僻。忽至野水岸，路斷行蹟絕。欲問空無人，一鷺草邊白。」（《甌北集》卷二一）

《過故友村居》、《戲為疊字體寄邵耐亭》、《晨起》（《甌北集》卷二一）諸詩，均寫於此時。

【按】邵耐亭，即邵齊熊。見本譜乾隆二十年考述。

夏，暴雨驟至，茅舍漏雨。

《茅舍為大雨所漏》：「結廬貪賤蓋茅稀，驟雨都從罅處飛。倉猝一層添不及，屋中翻著綠簑衣。」（《甌北集》卷二一）

《種筍》（《甌北集》卷二一）詩亦寫於此時。

秋，與黃月山、莊似撰炘時相過從。

《柬黃月山文學》：「里社交知半存亡，歸然獨見魯靈光。詩文確有先民法，遊射能言大父行。老眼燈昏猶作字，饑腸廚冷欲休糧。晨星吾敢輕前輩，莫惜頻煩過草堂。」（《甌北集》卷二一）

《莊似撰枉過草堂，有詩投贈，依韻奉答三首》：「可是山陰訪戴舟，足音驚破草堂幽。客來涼露蒹葭水，家住寒煙橘柚秋。別緒忍辭連夕話，聯吟已屬隔年遊。卻將出處頻商確，又向尊前動暮愁。君秋試報罷，將就丞尉職。」「浪蹟真如未泊舟，那能高臥北窗幽。嫁衣待字知何日，團扇承恩及未秋。空負翶翔千仞志，漸收汗漫九垓遊。衒官屈宋終非據，君或空言我已愁。」「道人心久似虛舟，貪住江村景物幽。退鷁力難搏萬里，雕蟲技敢望千秋。前身漫

比王摩詰，晚節惟思馬少游。安得辦裝錢百萬，招君偕隱慰離愁。」（《甌北集》卷二一）

【按】黃月山，甌北詩既言「遊射能言大父行」，必是年高不遇之人。

莊似撰，見本譜乾隆三十年考述。趙懷玉《故奉政大夫陝西邠州直隸州知州莊君炘墓誌銘》載曰：「三十三年戊子，中順天鄉試副榜貢生，出大興朱學士筠之門。時年雖三十餘，已屢擯場屋，且母年高，亟謀祿養，乃就職直隸州州判。初，君為諸生時，見賞於晉寧李侍郎因培，所至聲籍甚。至是，畢撫部沅奏留陝西。四十年，逆回蘇四十三亂，君司奏節署。事平，歷攝宜君、富平、鄠縣事，以母憂歸。免喪，借補渭南縣丞，復攝朝邑、郿縣、盩厔事。」（《碑傳集》卷一一〇）然本年事未述及。據甌北詩，莊炘今年仍「秋試報罷」，或許因畢沅之力，有望「就丞尉職」，可補懷玉所記不足。

冬，學政彭芸楣元瑞視學江南，甌北往訪。芸楣特留其就飲澄江書院。

《彭芸楣閣學留飲澄江使院，即席奉呈》：「握別京華近十年，音塵南北兩迢然。故人曳履星辰上，老友摳衣犖戟前。詩社舊慚非敵手，朝班敢更想隨肩。感公意氣還如昨，為我差排軟腳筵。」「特達知深秩屢加，崇資歊歷總清華。禁中詩句稱才子，江左文章奉大家。刊出曹碑絲有色，織成唐帖錦如霞。時以所撰《曹竹盧南昌試院增學舍碑》及進呈《萬福集成讚》見贈，讚則取右軍《聖教序》中字集成者也。天生韜斂鴻猷手，共仰榮光炳斗車。」「使院重來揖講堂，依然古桂鬱蒼蒼。少曾選佛初禪地，老覺驚心舊戰場。退筆無花開藝苑，緯蕭有屋傍漁莊。夔龍事業諸公在，剩許江湖放我狂。」（《甌北集》卷二一）

《寒夜有懷》：「聯床樽酒記論文，存歿關心感夜分。風雨雞聲餘斷夢，江湖雁影惜離群。故人名已歸青史，退士蹤多住白雲。俯仰此身何所托，一燈寒照二毛紛。」（《甌北集》卷二一）

【按】《清史稿》卷三二〇《彭元瑞傳》，記載其「乾隆二十二年進士，改庶吉士。散館授編修，直懋勤殿。大考，以內直不與，遷侍講，擢詹事府少詹事，直南書房。遷侍郎，歷工、戶、兵、吏諸部」，未敘及其視學江蘇之事。《洪北江先生年譜》記載，本年，洪亮吉「赴江陰補壬辰年歲試」，緣錢維城之薦，得為彭元瑞所知，與甌北詩恰可互證，知彭氏在江陰逗留時間較長。閣學，內閣學士之謂也。視學江南，或是在其「直懋勤殿」之時。

乾隆四十年乙未（1775） 四十九歲

【時事】　正月，征伐金川之叛亂，阿桂等克康爾薩山梁。二月，阿桂等克甲爾納等處碉寨。未幾，又克斯莫達斯碉寨。三月，廣西巡撫熊學鵬，就收繳書籍內有違礙字句，不應存留，意欲銷毀一事上奏。乾隆帝閱後，略曰：「高熊徵鈔本文集，其《平滇三策》」，「並無關礙」，「諸篇雖間有激烈過甚之詞，並非謬妄，不在應毀之列。至陸顯仁《格物廣義》一部，多係剿竊前人講學塵言，雜以一己拘墟之見，所論多踳駁不純，留之恐貽誤後學，其書板、書本自應銷毀，並書名亦不必存，至其書內所簽各處，均非訕詆之語，不能謂之悖逆」。「如查書之家其子孫有拘繫者即行釋放寧家，但諭以向後勿拾唾餘妄有著述，致干不遵教令之咎。熊學鵬即速妥協辦理毋致稍涉滋擾。」（《清代文字獄檔》下冊）四月，河南鹿邑縣混元教首樊明德等，因所抄經文有「換乾坤，換世界」、「末劫年，刀兵現」諸悖逆字句，與山東壽張王倫所云相近，乾隆帝諭河南巡撫徐績「上緊查拿」、「從重問擬，窮力窮究，務絕根株」，「不可輕縱」。一時陷入此案之鄉民達八九十人之多。又，本科會試，吳錫齡、王念孫、吳錫麒、范來宗、汪輝祖、覺羅長麟等一百五十餘人進士及第，出身有差。五月，阿桂軍克噶朗噶，距勒烏圍僅數里。遜克爾宗有頑敵拒守。阿桂遂遣豐昇額擊以炮，成德等越崖礮而上，盡得上下各碉，終奪得遜克爾宗。本月下旬，帝又奉皇太后巡幸木蘭，至九月二十二日始還京師。六月，敵退守昆色爾喇嘛寺。阿桂軍由舍圖枉卡紆道入。敵伏於岩洞，突出犯，成德等以短兵接。泰斐英阿即直趨拉枯寺之上，額爾特又直上昆色爾山巔，海蘭察復奪果多克山，悉據勝勢。而拉枯寺敵尚多，泰斐英阿、額爾特等自上攻下，成德等自下攻上，入寺搜群敵，盡殲之。常保祿又攻萹則大海，頹其垣。（《皇朝武功紀盛》卷四《平定兩金川述略》）七月，阿桂軍克泠角寺，以十三日抵勒烏圍。官寨之南，木城石碉鱗次櫛比，南有轉經樓與官寨相犄角，可彼此相救。阿桂催促諸將於勒烏圍、轉經樓之間，先破其碉寨數十區，即立柵駐兵，以斷敵互援路。穴地炮轟以滅其壕溝之敵，令善泅者縛綆於柱以毀其木柵。八月，官軍四面合圍，奪得官寨，攻克轉經樓。莎羅奔兄弟先期逃遁。（《皇朝武功紀盛》卷四《平定兩金川述略》）九月，以總督圖思德劾鎮遠知府蘇塏浮收稅銀、濫索船戶，命刑部侍郎袁守侗等前往貴州查辦。護理貴州巡撫印務事韋謙恒以處理不力，被革職，發往軍臺效力。至閏十月，圖思德被調往雲南。蘇塏以侵稅誣訐處斬。十二月，官兵分四路近擊科布曲山，克之。又進擊更險之索隆古山，仍克之。叛敵大小頭目紛

紛出降。

本年，弘曆列江寧清笑生舊所著《喜逢年》傳奇爲不法書籍，嚴敕地方官追板銷毀。

吳江陸燿刻所輯《切問齋文鈔》三十卷。

嘉定錢大昕以父喪解廣東學使職還家。

安徽姚鼐還桐城，作《遊雙溪記》、《觀披雪瀑記》。

浙江邵晉涵編校《舊五代史》成，南歸過常州訪洪亮吉不值。

陽湖孫星衍居句容學舍，與洪亮吉同遊茅山，入華陽洞燃燭行數里乃返。

通州方汝謙死。

袁枚編定《全集》六十卷，高麗使臣樸齊爾等曾以重價購之。（《隨園先生年譜》）

蔣士銓母鍾氏歿於揚州安定書院。六月，扶櫬溯江歸。（《清容居士行年錄》）

顧光旭以處分通判冀國勳侵冒錢糧案受牽累，被革職，竣差竣，送部引見。（《響泉年譜》）

洪亮吉客句容縣署三月，時孫君星衍尊人孝廉勳，官句容教諭，而訓導全椒朱君沛、縣丞錢唐汪君蒼霖，皆工詩愛客。他們文宴殆無虛日，又遍遊茅山、棲霞，作有紀遊詩數十篇。（《洪北江先生年譜》）

【本事】正月初一，賦詩以賀新春。

《乙未新春試筆》：「江天高臥太平時，又見東風試柳絲。病酒漸稀無事飲，惜花還作有情癡。交遊久絕公卿信，講貫重爲子弟師。早有奚僮來報喜，魚塘新漲碧漣漪。」（《甌北集》卷二二）

二、三月間，欲邀同好往蘇州鄧尉觀梅，然無有應者，乃就賣花船購梅數枝，植於園中。

《欲往鄧尉看梅，向郡城結伴，莫有應者。適有賣花船到，遂以遊資買梅十餘本，歸而自賞焉》：「擬邀伴侶探梅花，百里爭嫌道路賒。幽事故應同調少，誰甘作此冷生涯。」「風味空山縱寂寥，何妨淡泊一相遭。並無人訪南枝夫，驕得梅花分外高。」「幽尋無伴欲回舟，忽買寒香載兩頭。梅蕾滿船跌坐處，人言此老太風流。」「省卻遊資買樹栽，栽成又得每年開。此情應被梅花笑，酸在東君不在梅。」「鴉嘴金鋤手自操，頻翻新土護根牢。笑同白木長

鑲柄，雪劚黃精一樣勞。」「揀取橫斜種水旁，愛他疎影映回塘。莊嚴那有紅羅幛，付與明流爲洗妝。」「分種南枝與北枝，向陽開早背陰遲。居然妙奪化工手，暗展看花半月期。」「曉謁高堂趁露華，一枝爲插膽瓶斜。寒家奉母無佳物，便當南陔潔白花。」（《甌北集》卷二二）

【按】鄧尉山，《欽定大清一統志》卷五四《蘇州府》謂：「鄧尉山，在吳縣西南七十里，一名袁墓山，亦名袁墓，又名萬峰山。康熙二十八年聖祖仁皇帝南巡，臨幸萬峰寺，御製鄧尉山詩。乾隆十六年、二十二年、二十七年、三十年、四十五年、四十九年，翠華南巡，俱有御製遊鄧尉山詩。《明統志》：鄧尉山，一名元墓山，山峰四立，林木蔥蒨。前一石屹立太湖中，若畫屛然。山上有萬峰寺，樓閣翬飛，湖光掩映，亦湖中佳處。其山之陰，名至理山，山勢蜿蜒，前瞰太湖，對峙陽山、光福諸山，左右夾拱，山雖北向，隆冬入山，其氣盎然。《府志》：漢有鄧尉者隱此，故名。山多樹梅，花時一望如雪，行數十里，香風不絕。」

時而竹杖芒鞋漫步野外，尋訪當年陳迹，領略田園風味。

《同秋園步郊外》：「滿野青蕪軟似茵，芒鞋竹杖兩閒身。天因久雨開新霽，我與繁花共好春。半郭半村行樂地，一觴一詠太平人。古來空說田園味，不到田園味豈眞。」「出郭尋春記昔年，重來陳蹟故依然。本無紗護題名壁，聊復囊傾買酒錢。爲樂每防兒輩覺，稱詩難必後人傳。及時不負風光好，此意尋思也可憐。」（《甌北集》卷二二）

《樗散》：「樗散寧高隱士名，幽居心蹟喜雙清。靜依花氣香邊坐，閒向林陰綠處行。雀雜雞群工竊食，鴉騎牛背似催耕。眼前何物非新景，不是幽人寫不成。」（《甌北集》卷二二）

此時尚寫有《采石太白樓和韻》、《曉仙謠》（《甌北集》卷二二）諸詩。

【按】秋園，即徐秋園，見本譜乾隆三十八年考述。就甌北本卷編年詩而論，無絲毫曾出遊採石磯之蹟象，因此，《采石太白樓和韻》詩爲和人之作，所寫景物多出自懸擬。

四月初，偕同徐秋園入常州城，得湯蓉溪、徐肇璜、談恬深、趙緘齋諸親友輪番熱情款待。因花事正盛，遂爲看花之會，並覽東坡洗硯池，十餘日始歸。

《偶入郡城，湯蓉溪、徐肇璜、談恬深、家緘齋招同徐秋園爲看花之會，排日轟飲，漫紀以詩》：「經年足不入城市，今日偶乘天氣嘉。黃昏發舟擁衾

臥，夢回城鼓已五撾。城中親知喜我至，更番治具邀看花。談家芍藥吐爛熳，徐家薔薇開橫斜。湯家杜鵑亦佳品，況有曲部箏琵琶。阿咸雖無花事賞，鯉庭麗藻紛天葩。排日開筵鬥盤格，鰣魚正到江頭槎。老饕饞口欣大嚼，轟醉十日忘還家。自笑生平負奇氣，曾以脫粟礪齒牙。如何忽作餔啜計，征逐酒食爲生涯。始知壯志已消落，前途無復願望賒。林間總是閒歲月，作達且趁鬢未華。」（《甌北集》卷二二）

此時尚寫有《後東坡洗硯池歌》、《歸舟口號》、《和友人落花詩》（《甌北集》卷二二）諸詩。

【按】就《偶入郡城，湯蓉溪、徐肇璜、談恬深、家緘齋招同徐秋園爲看花之會，排日轟飲，漫紀以詩》一詩所寫「談家芍藥吐爛熳，徐家薔薇開橫斜」而論，甌北出遊郡城，當在三月末、四月初，薔薇、芍藥，一般在這一時段開放，故繫於此。

湯蓉溪，湯大賓（1714～1796），字名書，號蓉溪，江蘇武進人。五應鄉試不售，遂入貲以同知需次選浙江之紹興。「旋攝玉環同知，會亢旱，米騰貴，玉環孤懸海外，商販罕至。君亟發倉平糶，以官錢三百萬，令販戶轉輸，並請撥溫州倉穀濟之，全活甚眾」。再攝山陰縣事，「會海塘沖決，勢甚危，不待申報，立出倉帑，令民自具薪葦築之，而酬其直。凡五晝夜，築工百四十餘丈。上官聞報馳至，堤已巋然成矣」。擢雲南澂江知府，多有惠政。後任廣西潯州知府，「首清潯關榷稅。平南、貴縣舊皆煮穀曝之以納倉，謂之熟穀，往往蒸腐。君患之，慮難驟易，乃集士民於庭，取生熟穀各半礱之，得米相等，炊作飯多寡亦同，曰：『是可以省煮曝之勞矣。』其習遂革」。此地人士科名不振，大賓爲之「葺講院，延名師，厚膏火以勸之。乙酉、丙戌捷鄉、會者相繼，兼攝梧州府事」。又鑿井數十，方便於民。歸里後，仍廣行善事，爲鄉鄰所推服。（趙懷玉《朝議大夫廣西潯州府知府例封通奉大夫湯府君墓誌銘》，《亦有生齋集》文卷一七）

趙緘齋，即趙繩男（1723～1803），字來武，武進人。生平愼於言語，慕金人三緘之義，自號緘齋。佣斆之季子（長俊男，國子監生；次覲男，候選翰林院待詔）。因門祚衰弱，不得已入貲爲郎。乾隆二十七年，赴都謁選。次年，補戶部雲南司員外。三十一年，遷刑部福建郎中，時有爭煉窯構訟不決，同官互有偏徇，其獨謂宜舉窯地入官，諸城劉文正公統

勵深題之。福建有叛案脅從頗眾，滿尚書欲連坐妻子，其以「向例所無」，力爭得免。慎於庶獄，每讞牘必比附其輕者上之，同人嫌過厚，弗顧也」。「居京師八年，戚黨來依者座常滿。凡所交契，後皆爲名公卿。三十四年，截取當以知府用」。其本淡宦情，「又不耐繁劇，遂移疾歸」。居林下三十多年，未嘗以私干守令。爲人尤和易，無少長皆樂親之。事見其子趙懷玉所撰《奉政大夫刑部福建清吏司郎中先考趙府君事狀》（《亦有生齋集》文卷一二）。李調元《雨村詩話》卷五謂：「武進趙繩男，恭毅公申喬之孫也，官戶部郎中。辦事小心特甚，每對中堂議稿畢，輒汗流滿面，謂人曰：『我尚有魂否。』人皆稱爲『趙有魂』。」詩中所稱「映川姪孫」，即繩男之子趙懷玉。懷玉，字憶孫，號映川。

閒居無事，對人生遭際、世情物理多所回思，若有所悟，繫之以詩。

《偶成》：「午窗一枕夢回時，藥酒微醺一兩卮。閒向綠陰凝立處，人言此老要吟詩。」「煙霧深林叫子規，輕陰幾點雨如絲。笑他牧子騎牛背，身在畫中不自知。」（《甌北集》卷二二）

《感事》：「邛峽關西賊負固，征討連年鬬山路。春來聽說將凱旋，何以至今遲露布。野老心殷望捷旗，呫呫空庭夜獨步。憶昔滇徼從征蠻，寶刀帶血紅斑斑。高黎貢山一萬丈，短衣匹馬夜往還。如今謝病伏田里，暗生髀肉成堅頑。挑燈雄心忽飛動，廿年身受君恩重。邊疆有事早抽身，國家要此人何用。亟賣黃牛買長劍，去斫賊頭大如甕。」（《甌北集》卷二二）

《漫興》之五：「歷宦俄經二十秋，文章事業兩悠悠。我慚沒世無青史，人羨歸田未白頭。安樂窩消閒富貴，率眞會占老風流。如何平昔飛揚氣，今日甘爲馬少游。」（《甌北集》卷二二）

《放言九首》之八：「讀書易爲功，莫如西漢年。適當秦火後，世上少簡編。讀之既易盡，盡之復易傳。無論治經家，白首一經專。當時號博洽，相如太史遷。究其腹中書，能有幾許篇？迄今二千載，著述日紛然。賾如恒河沙，浩如大海煙。目縱十行下，誰能攬其全？一笑聊自慰，今猶日中天。我後千百世，卷帙將益填。儒生欲津逮，愈愁茫無邊。回視我今日，又覺厚幸焉。」（《甌北集》卷二二）

此時尚寫有《村居》、《自歎》（《甌北集》卷二二）詩。

五月，黃梅時節，常州大旱，河水枯竭，或謂先生將旱魃帶回鄉井。先生不予置辯，望雨情殷，見農夫勞作田間，踏車戽水，心爲之碎。

《苦旱》：「黃梅天，常年大雨水沒田。記得兒時赤腳走，漁船直泊柴門前。胡爲自我歸田後，三年已遭旱兩年。人言此老是旱魃，帶得災沴來相煎。定知在官少惠澤，詎有甘澍隨車濺。先生聞之不敢怒，但憂地坼龜兆堅。村農踏車遠舁水，修蛇蛻骨斷復連。層層築壩似梯級，欲卷水從梯上天。可憐長河亦成線，早晚枯盡蝸牛涎。綠秧如針插不得，安望顆粒登場圓。少時雖貧食指少，升斗便可數命延。如今家累且十倍，謀生更比貧時艱。豈天嗔我去官早，將饑來驅使著鞭。中夜撫膺起歎息，繁星磊落方高懸。」（《甌北集》卷二二）

《池荷盛開而天旱殊甚，感歎作詩》、《五月廿八日，河水將竭，忽得大雨，歡聲遍野，而作是詩》（《甌北集》卷二二），均寫於此時。

至六月初，始降小雨，略解旱情。

《六月二日之夜，復得小雨，而陰雲四布，其勢似猶未止，口占待之》：「一雨群情散鬱陶，尚愁河淺不容刀。人如賣菜每求益，天肯發棠寧憚勞。三百禾囷殷望歲，十千耕耦待分曹。癡翁卻被山妻笑，一夕看雲起幾遭。」（《甌北集》卷二二）

《漁塘閒眺》：「一帶垂楊映綠蕪，平池拍拍浴群鳧。地分北苑雲煙畫，身入東坡笠屐圖。叩戶不辭人間字，開尊偶約客投壺。此生已在羲皇上，豈屑高陽號酒徒。」（《甌北集》卷二二）

內弟劉可型，年五十餘始得授沛縣教諭任，甌北賦詩相勉。

《送內弟劉可型赴沛縣教諭任》：「未赴公車召，俄聞列選單。人原多道氣，仕恰稱儒官。尚可燃藜杖，寧嗤上竹竿。一氈兼宦學，定勿厭清寒。」「五十未爲晚，看君鬢始華。官閒堪課子，路近便攜家。問字酬玄草，傳經隔絳紗。諸生欣鼓篋，學海得津涯。」「此邦多古蹟，千載仰歌風。王霸英靈遠，山河表裏雄。詩收芒碭氣，文湧呂梁洪。毋令彭城上，黃樓賦獨工。」（《甌北集》卷二二）

【按】據《江蘇藝文志・常州卷》，劉芳（字可型）乃乾隆十八年（1753）舉人，然未注出其生卒年。可型乃甌北原配劉氏之堂弟。劉氏生於康熙六十年（1721），若劉芳任職沛縣教諭，其年爲五十，生年當爲雍正五年（1727），至乾隆四十一年（1776），虛齡恰爲五十。然據甌北寫於嘉慶九年（1804）的《壽劉可行舅兄八十》（《甌北集》卷四六）詩，其生年又當爲雍正三年（1725），由此知，本詩所稱「五十未爲晚」並非確指，

劉可型上任時已五十二歲。另，《沛縣志》卷一○《秩官表》「教諭」中
無劉芳其人。而於「訓導」中，載有「劉芳，四十六年任」簡短數字，
並注出鄉貫、履歷，未知係此人否？若是，蒞任時間當誤記。

秋，池荷花開，邀虞萬峰、莊茂良賞荷飲酒。黃月山以事爽約，後二日
過訪，詩歌唱酬。亦與莊奕九有交。

《池荷之飲，約月山翁，失期不至。後二日枉過，有詩見投，依韻奉答》：
「紅蕖百本綠池攢，曾擬高人盡日歡。失約酒應依例罰，耐交花未背盟殘。
詩家飲或爲簫吸，佛法香宜用鼻觀。卻愧主人寒儉甚，略無絲竹暢吹彈。」（《甌
北集》卷二二）

《與虞萬峰、莊茂良小飲荷池上》、《戲詠庭前花草》（《甌北集》卷二二）
亦寫於此時。

【按】虞萬峰，莊茂良，莊奕九，以上三人《江蘇藝文志·常州卷》均未
　　見收錄。

搜剔史料，編纂《陔餘叢考》，並時而吟詩。推託不過，亦為諛墓文，
然非其所願為。

《夜坐》：「小庭坐到月痕斜，顧影心驚赴壑蛇。故舊漸如頻剝筍，兒童
還似未開花。陳編引我求傳世，華髮羞人說杖家。挑盡寒燈翻一笑，幾人能
滿志無涯。」（《甌北集》卷二二）

《爲人作墓誌後戲題》：「屏蹟渾如避債臺，尚嫌酬應拒還來。碑無裴相
酬縑數，畫豈文同要襪材。老去恥供諛墓作，賤時多愧嫁衣裁。只應結習耽
文字，官罷仍爲老秀才。」（《甌北集》卷二二）

【按】《夜坐》一詩既稱「陳編引我求傳世，華髮羞人說杖家」，知其仍繼
　　續編纂《陔餘叢考》。《爲人作墓誌後戲題》中「老去恥供諛墓作，賤
　　時多愧嫁衣裁。只應結習耽文字，官罷仍爲老秀才」，亦可見其情趣之
　　所在。

應蔣蓉龕之約，與徐肇璜、徐秋園、蔣秀筠、趙緘齋諸人，同為消暑之
飲。

《蔣蓉龕前輩招同肇璜、秋園、秀筠、緘齋爲消暑之飲，即席口占》：「門
開蔣徑爲留賓，砥室香凝絕點塵。酣飲恰宜三伏日，清談難得六閒人。地非
河朔仍名士，座少山王爲俗賓。問字只應吾載酒，豈宜翻荷柬招頻。」「京國
朋簪樂事多，流連文酒每顏酡。豈知故里停雲會，還似長安舊雨過。君已人

推窮塞主，我如僧食眾檀那。夜深踏月懵騰散，此段風流也可歌。」（《甌北集》卷二二）

【按】蓉龕，蔣和寧之號。蔣和寧（1709～1786），字耕叔，一字用安，號蓉龕，又作榕菴，江蘇武進人。「（乾隆）壬申（1752）鄉、會試，入詞林，改官湖廣道監察御史，充貴州主考。隨丁內艱，服闋，過揚州，謁權使某，某以上聞，遂掛吏議放歸。丁亥（1767），兩江制府高公聘修《南巡盛典》，寓金陵一年，……君清標奕奕，目有青光。年雖高，善自修飾，雖戚里不覺其衰。每製衣，召縫人親爲指示，茶前屈後，必合內裁，分寸不苟。治味如治文，精潔詣微」。「不多作詩，而洞悉甘苦源流，發一難必中款奧。遇才人後學，孜孜汲引，力雖盡心猶未已」（袁枚《誥授奉政大夫湖廣道監察御史蔣公墓誌銘》，《小倉山房（續）文集》卷三一）。

洪亮吉《湖廣道監察御史蔣先生別傳》亦謂：「先生以強仕之日策名，杖鄉之年去職。其在朝也，官不越五品；其家居也，遊不出千里。而許與氣類，導迎善氣，以是抱人倫之鑒，負海內之望者三十年。」「家無一頃之田，百金之產，而九族之親，來而共食；一面之識，貧而解衣。重門洞開，雖疏逖而可入；城府坦白，即鄙吝而必言。不移床遠客，故人樂其寬；或破產酬酢，故世稱其達。」「亮吉少以孤童，育於外氏。執畚挈檛，偶影於僮奴；食淡衣䙰，視同於傭保。先生識之於糞壤之內，拔之於群從之中。同舍改觀，里閭致敬，憫康伯之陋，則齎書以貽之；傷羊曇之貧，則賒墅以乞之。嗟乎！士感知己，無時可忘！我送舅氏，啜焉而泣。」（《卷施閣文》乙集卷五）可見蔣氏之爲人。

《炙硯瑣談》卷中：「舅氏蔣蓉龕和寧先生，由翰林改官侍御，詩才傾動館閣，過《伏波廟》云：『薏苡讒誰界豺虎，丹青畫不到麒麟。』《荊州》云：『空灘何處陶公艦，芳草當年庾信袍。』《湯陰岳鄂王廟》云：『九廟傷心人出塞，中原失色帥班師。』《春柳》云：『端明堤有鉛華累，靖節門無車馬音。暢好雲山唯送別，不寒天氣卻傷春。』《方竹》云：『春風似篰頻教削，秋露如珠不敢零。』《白桃花》云：『屳息最愁紅粉豔，避秦眞覺白衣尊。』此例甚多，盡毀於火，先生亦不復省記舊作矣。生平工填詞，未遇時，有【蘇幕遮】〈泳客燕〉云：『尾涎涎，身踽踽，獨自飛來，覓個天涯侶。幾陣瀟瀟梅子雨，春色無聊，任爾銜將去。　　　抱

孤情，垂弱羽，青瑣珠簾，可也留伊住。一樣飄零吾與汝，便不逢秋，客緒渾如許。』尤膾炙人口。」

　　蔣秀筠，《江蘇藝文志·常州卷》未收。

時年，趙懷玉二十九歲。《雲溪樂府》兩卷已編竣，投獻甌北。甌北閱後，喜不自勝，以吾家千里駒譽之。

　　《閱映川族孫雲溪樂府，題贈二首》：「兩卷新詞喜見投，清芬細嗅露蘭幽。吾家眞有駒千里，時輩徒喧貉一丘。麗句丁年無敵手，新聲子夜付歌喉。我歸正少聯吟侶，何幸潘張不外求。」「清德尚書澤故長，韋經累葉續青箱。百年門第存喬木，一甲科名有瓣香。射策文看傾武庫，倚樓句早壓詞場。家聲望汝光蘭錡，吾老惟耽杞菊莊。」（《甌北集》卷二二）

　　此時尚寫有《閱武陽邑志，是門人董東亭庶常所修者》、《蔣秀筠取其叔祖弱六君勸學詩「瘠土正須勤力補，及時自有好花開」之句，繪爲學圃圖，索題，爲書長句於後》、《溪邊》諸詩。（《甌北集》卷二二）

　　【按】趙懷玉（1747～1823），字憶孫，號味辛，又號映川，陽湖人。陸繼輅《山東青州同知趙君懷玉墓誌銘》述其事曰：「君諱懷玉，字憶孫，太子太保戶部尙書恭毅公四世孫，於翰林侍讀熊詔爲曾孫，於兩浙鹽驛副使侗敎爲孫，於刑部福建司郎中繩曾（按：《清文彙》所收此文作「繩男」，與甌北詩所述相同，當以後者爲是。）爲子。母葉宜人。君之以所業質先君也，齒最後，先君既好劇談豪飲，一日無客即悵然不自得，又愛偉君，每君至輒喜，促置酒，夜過半始別去，以爲常。逮乾隆四十五年純廟南巡，君獻賦行在，蒙召試賜官，先君猶及見之，而君年已三十有四矣。君既得官，嘗一入都候補，旋以葉宜人喪歸。歸十年復出，應禮部試下第，留內閣行走。又一年，實授中書舍人。當是時，誠謀英勇公與襄勤伯同爲大學士，而君爲英勇公所知，薦充軍機章京，不果，擢侍讀又不果。嘉慶五年，俸滿改外。六年，至官。七年，署登州知府，再署兗州。八年，刑部君棄養，遂不仕。凡里居二十一年，年七十有七。」（《碑傳集》卷一一〇）

　　弱六，即蔣金式（？～1722），字玉度，號弱六，陽湖人。康熙二十三年（1684）舉人，授內閣中書。五十七年就懷寧教諭，年已六十餘。工詩古文，好著書，凡數十種。如《翠樓居說騷》、《菰米山房詩集》、《杜詩編次》、《批杜詩輯注》等。（《江蘇藝文志·常州卷》）

漫步綠蔭，頻來花前，「收叢碎作清哦」。乘餘暇較多，亦著手編訂詩集。

《編詩》：「閒居靜無事，編閱生平詩。常苦少作多，老去漸見疵。割愛心不忍，改爲力已疲。其有得意處，時復一哦之。搬薑鼠何味，食蓼蟲偏怡。或誤吞釣餌，或走觸甕醯。贏得妻孥輩，私相笑其癡。歐陽昔作文，喜共師魯披。伸紙一疾讀，其樂不可支。坡云七分讀，劣句生妍姿。我今無此友，將欲索解誰？名山傳其人，斯語亦自欺。人亦未必讀，讀亦吾弗知。不如還自賞，我我相娛嬉。昔我即伯牙，今我即鍾期。本從性情出，仍來養心脾。魂尋舊遊夢，緒引不斷絲。生平辛苦報，消受惟此時。」（《甌北集》卷二二）

《題畫》：「翠閣俯江開，晴波遠棹來。船頭一鶴起，先報主人回。」（《甌北集》卷二二）

因大旱，歲收極歉，雖官府賑濟，然仍難救郡民饑荒。甌北偕同在籍紳士勸分賑恤，使百姓暫度饑寒，終免逃亡。

《秋旱被災，歲收極歉，皇仁加賑，戶慶更生。而人多米貴，猶恐不支。桑梓誼難坐視，敬偕在籍紳士，勸分賑恤，得錢二萬六千餘緡，約可濟十五萬人。將竣事，呈同事諸公》：「救荒何策活黔婁？桑梓聊爲代匱謀。爲政久曾慚小惠，去官敢尚說先憂。一毛可愛誰甘拔，眾口難防已共咻。人事終輸天事好，所期新麥滿車篝。」「慳囊破盡僅壺飧，難滿田家老瓦盆。爲巧婦炊誰有術，慷他人慨我何恩。尚愁餓死塡溝壑，敢說陰功到子孫？所喜素心俱似水，此中或可對人言。」（《甌北集》卷二二）

【按】本年「偕在籍紳士，勸分賑恤」事，爲《舊譜》所不載。

《甌北集》卷二二編年，爲乾隆四十年（1775），曰：「起乙未正月，盡一年。」而上引詩編於本年歲末，故勸賑事當發生於本年冬季。

趙懷玉《奉贈家觀察翼》詩註曰：「丙申春，先生營里中賑事甚力。」

（《亦有生齋集》詩卷六），或爲誤記，或賑恤事由歲末持續至次年春初。錄以俟考。

邑侯周中峰辦捐賑事最力，以病去官，詩以送之。

《送邑侯周中峰病假旋里》：「撫字循聲一載餘，何堪旅病憶鄉閭。救荒力盡勞誰恤？濟物功成讓不居。計日故園堪倚杖，有人前路欲攀輿。君知父老歌思切，忍便幽棲戀草廬。」（《甌北集》卷二二）

《即景》：「發帑頻聞至再三，歲功雖歉國恩覃。賑多錢可青黃接，俗厚丸無赤白探。幾見宵人驚吠犬，早聞春女喚分蠶。饑嬴終免流亡去，始信朝家德澤涵。」（《甌北集》卷二二）

乾隆四十一年丙申（1776） 五十歲

【時事】 正月，阿桂率兵「克瑪爾古當噶碉寨五百餘，遂圍噶拉依。索諾木母先赴河西集餘眾，大兵合圍，與其子絕，遂降。阿桂令作書招索諾木，而其頭目降者相繼，索諾木乃率眾降。金川平，安置降番，設副將、同知分駐其地」（《清史稿》卷三一八《阿桂傳》）。二月，帝命議予明季殉節諸臣謚典，諭曰：「崇獎忠貞，所以風勵臣節。然自昔累朝嬗代，凡勝國死事之臣，罕有錄予易名者，惟我世祖章皇帝定鼎之初，於崇禎末殉難之大學士范景文等二十人，特恩賜謚。仰見聖度如天，軫恤遺忠，實為亙古曠典。第當時僅徵據傳聞，未暇遍為搜訪，故得邀表章者止有此數。迨久而遺事漸彰，復經論定，今《明史》所載，可按而知也。至若史可法之支撐殘局，力矢孤忠，終蹈一死以殉。又如劉宗周、黃道周等之立朝謇諤，牴觸僉壬，及遭際時艱，臨危授命，均足稱一代完人，為褒揚所當及。其他或死守城池，或身殞行陣，與夫俘擒駢僇、視死如歸者，爾時王旅徂征，自不得不申法令以明順逆。而事後平情而論，若而人者，皆無愧於疾風勁草。即自盡以全名節，其心亦並可矜憐。雖福王不過倉猝偏安，唐、桂二王並且流離竄蹟，已不復成其為國。而諸人茹苦相從，舍生取義，各能忠於所事，亦豈可令其湮沒不彰？」「自萬曆以至崇禎，權奸接踵，閹豎橫行，遂至黑白混淆，忠良泯滅，每為之切齒不平。福王時雖間有追謚之人，而去取未公，亦無足為重。予惟以大公至正為衡，凡明季盡節諸臣，既能為國抒忠，優獎實同一視。至錢謙益之自詡清流，靦顏降附，及金堡、屈大均輩之幸生畏死，詭托緇流，均屬喪心無恥。若輩果能死節，則今日亦當在予旌之列。乃既不能捨命，而猶假語言文字，以圖自飾其偷生，是必當明斥其進退無據之非，以隱殛其冥漠不靈之魄。一褒一貶，袞鉞昭然，使天下萬世，共知朕準情理而公好惡，以是植綱常，即以是示彰癉。」（《國朝宮史續編》卷九〇）本月，授文綬四川總督。調富勒渾為湖廣總督。命圖平定金川五十功臣像於紫光閣。三月，戶部侍郎和珅入直軍機處。據載，「和珅字致齋，鈕鈷應作祜祿氏，為正紅旗滿洲人，於乾隆四十一年響用之。初入正黃旗，及

得罪，遙隸正紅旗焉。父長保，官福建副都統，以其高祖尼牙哈那巴圖魯有輕車都尉世職，於乾隆三十四年得承襲。清制：輕車都尉可挑入侍衛，然於供職數年後始授此職也。家貧而行不潔，同列多輕之。至四十年之冬，補入乾清門侍衛，初僅隨扈從供奔走而已。一日，清高宗因事有觸，忽慨然曰：『虎兕出於柙，龜玉毀於櫝中，是誰之過歟？』珅時正在側，遽對曰：『典守者不得辭其責。』同列皆駭然，疑珅必得罪，高宗獨怡顏詢其家族仕履，不數日擢御前侍衛矣。繼授以正藍旗滿洲副都統。四十一年正月遷戶部右侍郎，三月，軍機大臣上行走，四月，授總管內務府，蓋去官侍衛止數月也。迨四十七年，則以吏部尙書，兼管戶部，並任協辦大學士。以平回功，封一等男。旋於五十三年封三等忠襄伯。嘉慶初，晉公爵。其時議正用兵，所有規劃，無不與，權勢赫赫，誠所謂炙手可熱矣。雖高宗自爲太上皇，使睿宗即政，怙寵黷權，仍自若也。先是，珅在軍機時，慮人舉發其過惡，定制：凡有奏摺，令其副本關會軍機處。又令各部，將老年平庸之司員，保送御史，俾其緘默不言，免於糾劾。至珅得罪後，始將前二例革除，且令嗣後保送御史，年無得六十五歲以上者。吾聞之，珅軀幹如中人，面白皙而事修飾，行止輕儇，不矜威儀，言語便給，喜詼諧，故高宗畜之如弄兒，雖在宮闈不加以拘束。其所以驟躋顯要者，因由於應對合高宗旨。然性敏，過目輒能記誦，每有所言，能悉舉其事之本末，故終高宗之世，倚用不稍替也。至睿宗即位，首除珅者，蓋由於積忿。當珅出入宮中時，伺高宗喜怒，所言必聽，雖諸皇子亦憚畏之。珅益驕縱，嘗晚出，以手旋轉其所佩剔牙杖，且行且語曰：『今日上震怒某阿哥，當杖幾十。』睿宗爲皇子，必屢受其侮辱，故在諒暗中即憤，而出此不能再容忍矣。」（佚名《秦饌樓談錄》）四月，帝奉皇太后巡幸山東，登舟至分水龍王廟、關帝廟、禹王廟，祭畢，諭曰：「此次巡蹕所經直隸、山東兩省，每日俱有戲臺承應，甚或間以排當，殊屬無謂。朕啓鑾前，再三申諭勿務繁文，而地方官總不能實心仰體。朕於道旁老幼扶攜瞻觀，嘉其情殷愛戴，每顧而樂之。至於沿途點綴，飾爲巷舞衢歌之象，從未嘗攬轡停輿，一爲聽覽，亦何必爲此無益繁費乎？前次恭奉皇太后巡幸江浙，臚歡祝釐，所至或綴陳燈彩、音樂以奉慈娛。因兩淮、蘇杭，地本殷阜，且俗尚如斯，遂爾不加斥禁，然亦初不以爲觀美。若北方風氣淳樸，豈可效其所爲，又從而踵事增華乎？況今年巡涖山東，原因臨清地方，前歲經逆匪王倫滋擾閭閻，不免凋敝，故欲親臨閱視，以慰廑懷。適當平定兩金川，告功闕里，登堂展禮，藉申五年疏闊之忱。」（《清朝文獻通

考》卷一三八《王禮考十四》）協辦大學士、尚書阿桂仍在軍機處行走。五月，帝奉皇太后巡幸木蘭，至九月下旬始回京。六月，原部院大臣觀保卒。（此據《欽定八旗通志》「本傳」）七月，都察院役滿書辦嚴譜，私擬奏摺，議立正宮，事發，以大逆律凌遲處死。山西高平人嚴譜，於乾隆二十五年役滿回籍。三十七年妻室及兩子相繼病亡，境遇不堪，亦時而聞知縣令貪贓、敲詐百姓之事。於去京途中，撰對聯曰：「忠孝節義果能行，雖然貧賤理宜起敬；姦淫邪盜若有犯，即使富貴法難寬容」，「臣道維艱，利祿條條，焉能事事行公正；乾綱不易，將相濟濟，那能個個別賢愚。」來京後，寓崇文門外萬春雜貨號內代人寫帳營生，意圖做些有名聲的事，以做進身之階，遂將貪官作福謀利害民諸事寫就奏摺，投入大學士舒赫德門上，請其轉呈。又於其寓所搜得自著《瓦石集》以及投與四阿哥的「議立正宮」一折。乾隆帝聞奏，大為震怒，稱：「將各件密封進呈。朕詳加披閱，其中有議立正宮並納皇后，以皇上年過五旬，國事紛繁，若仍前寵倖恐非善養聖體，是以故加挺撞輕生等語，種種悖誕不法，敢於肆行污蔑，實屬可惡。嚴譜乃微賤莠民，何由知宮闈之事，妄生議論，必有向其傳說之人，且欲向四阿哥投遞，其居心尤不可問。因交舒赫德、阿桂、英廉嚴密審訊。昨據舒赫德等覆奏，研訊嚴譜，其於貪官仍無指實，而於議立正宮一事則以為在途遇人傳說，及詰訊其人姓名堅不吐實，尤為狡詭，因思嚴譜敢於逞造逆詞，俯張為幻，不可不令廷臣公同確訊，明正其罪。」「至其請立正宮妄言宮闈之事，且欲啓告四阿哥，並思離間父子，實為亂民之尤，罪大惡極，必當審訊明確，典刑肆市，以示與眾棄之之義。」（《清代文字獄檔》上冊）經九卿法司嚴加審究，以大逆律凌遲處死。十月，以德保署福建巡撫。命豐紳額為步軍統領。福隆安仍兼管。崔應階為左都御使，鄂寶為漕運總督。十一月，就四庫編纂蒐檢明人文集事，諭曰：「第其中有明季諸人書集，詞意牴觸本朝者，自當在銷毀之列，節經各督撫呈進並飭館臣詳細檢閱。朕復於進到時親加披覽，覺有不可不為區別甄核者。如錢謙益，在明已居大位，又復身事本朝；而金堡、屈大均，則又遁蹟緇流，均以不能死節，靦顏苟活，乃託名勝國，妄肆狂猖，其人實不足齒，其書豈可復存？自應逐細查明，概行毀棄，以勵臣節而正人心。若劉宗周、黃道周，立朝守正，風節凜然，其奏議慷慨極言，忠藎溢於簡牘，卒之以身殉國，不愧一代完人。又如熊廷弼受任疆場，材優幹濟，所上封事，語多剴切，乃為朝議所撓，致使身陷大辟。嘗閱其疏內，有『灑一腔之血於朝廷，付七尺之軀於邊塞』二語，親為批識云：『至此為之動心欲

淚，而彼之君若不聞，明欲不亡得乎？』可見朕大公至正之心矣。又如王允成《南臺奏稿》，彈劾權奸，指陳利弊，亦爲無慚骨鯁。又如葉向高爲當時正人，頗負重望，及再入內閣，值逆閹弄權，調停委曲，雖不能免責賢之備，然視其綸扉奏草，請補閣臣疏至七十上，幾於痛哭流涕，一概付之不答，其朝綱叢脞，可不問而知也。以上諸人所言，若當時能采而用之，敗亡未必若彼其速。是其書爲明季喪亂所關，足資考鏡，惟當改易違礙字句，無庸銷毀。又彼時直臣，如楊漣、左光斗、李應升、周宗建、繆昌期、趙南星、倪元璐等，所有書籍，並當以此類推，即有一二語傷觸本朝，本屬各爲其主，亦止須酌改一二語，實不忍並從焚棄，致令湮沒不彰。至黃道周另有《博物典彙》一書，不過當時經生家策料之類，然其中紀本朝事蹟一篇，於李成梁後設謀甚害，具載本末，尤足徵我朝祖宗行事，正大光明，實大有造於明人。而彼轉逞狡謀陰計，以怨報德。伏讀實錄，我太祖高皇帝以『七大恨』告天，師直爲壯，神戈所指，肇建鴻基，實自古創業者所莫及。雖彼之臣子，亦不能變亂黑白，曲爲隱諱，存其言，並可補當年紀載所未備。因命館臣酌加節改，附載開國方略後，以昭徵信。近復閱江蘇所進應毀書籍內，有朱東觀編輯崇禎年間諸臣奏疏一卷，其中多指言明季秕政，漸至瓦解而不可救，亦足取爲殷鑒。雖諸疏中多有乖觸字句，彼皆忠於所事，實不足罪，惟當酌改數字，存其原書，使天下後世，曉然於明之所以亡與本朝之所以興，俾我子孫永念祖宗締造之艱難，益思兢兢業業，以祈天而永命。其所裨益，豈不更大，又何必急毀其書乎？又若彙選各家詩文內有錢謙益、屈大均所作，自當削去，其餘原可留存，不必因一二匪人致累及眾。或明人所刻類書，其邊塞兵防等門，所有觸礙字樣，固不可存，然祇須削去數卷，或削去數篇，或改定字句，亦不必因一二卷帙遂廢全部。他如南宋人書之斥金，明初人書之斥元，其悖於義理者，自當從改，其書均不必毀。使無礙之書，原聽其照舊流行；而應禁之書，自不致仍前藏匿，方爲盡善。著四庫全書總裁等妥協查辦，粘簽呈覽，候朕定奪。並將此通諭中外知之。」（《國朝宮史續編》卷八三）十二月，帝命國史館修纂史書應將明末諸臣如洪承疇、祖大壽、馮銓、金之俊身事兩朝者，列入《貳臣傳》，以昭褒貶之意。並催促各省查繳禁書。

本年，海州稈枚始作《一斛珠》傳奇，凌廷堪與共商榷。

山陽程晉芳纂《春秋左傳翼疏》三十二卷。

武進黃景仁充四庫全書館校錄。

安徽姚鼐旅揚州，與朱篔定交。

武進劉逢祿（申受）生。

武進臧禮堂（和貴）生。

張塤於京師，吟詠新年諸伎藝，寫下《雜詠京師新年諸戲，效浙中六家新年詩體，邀同人和之，郵寄吳穀人庶常，令連寫卷後十首》組詩。其中《太平鼓》謂：「院落根根處，渾疑月扇叢。花鐙催子夜，翠袖共丁冬。祇恐郎情薄，環將妾意同。新年圖識好，福壽字當中。」《鐙戲》：「軟繡前門路，梨園半夜開。一聲導絲竹，千火上樓臺。霞吐妖童面，珠明神女腮。花瓶共蓮座，戲歇總成灰。」（《竹葉菴文集》卷一一）

顧光旭自雅州回成都，蜀人攀轅臥轍，焚香滿路，送萬民傘、萬民衣，獻酒脫鞋。自雙流至成都制府衙門，沿門結彩，鼓吹喧闐，男女雜遝，約三萬餘人。三月間，因四肢麻木，告假回籍調理。至十月中旬，始抵家。（《響泉年譜》）

洪亮吉爲浙江學使王杰邀往校文。聞知母病，亟歸。近鄉度橋時，知母已逝，悲慟欲絕，失足墜水，幸爲人所救，久之方蘇。（《洪北江先生年譜》）

【本事】正月，原常州知府甌北門生費淳，服闋，赴京補官，枉道來常拜訪甌北，並以名茶龍井相饋贈。

《門人費芸浦，舊爲吾郡守，余自黔歸，君已丁外艱，將去，僅一握手而別。今赴京補官，枉道過訪，留連信宿，詩以贈行》：「薄俗師生久路塵，感君枉過最情親。桑麻滿郡思賢守，軒騎臨門艷里人。佳茗淡存君子味，舊醅慚諒腐儒貧。赴銓倘再來茲土，忍累豬肝饋部民。」「出處殊途酒一尊，直廬重感舊巢痕。久衰親鬢宜歸里，未報君恩望及門。五袴已聞歌父老，一莊敢便托兒孫。京華故友如相問，歌詠昇平補素飧。」（《甌北集》卷二三）

【按】據《清史稿》卷三四三《費淳傳》，淳「乾隆二十八年進士，授刑部主事。歷郎中，充軍機章京。出爲江蘇常州知府，父憂去。服闋，補山西太原，擢冀寧道」。又據《（光緒）武進陽湖縣志》卷一八，「費淳，錢塘人，進士，乾隆三十六年知府，嚴明寬厚。奉旨通行查燬禁書，淳親至書肆查閱，不假手吏胥，並諭藏書家自行呈繳，遂無懼法者。」可補正史之未逮。

《兩浙輶軒續錄》卷九謂：「費淳，字筠浦，錢塘人。乾隆癸未進士，官至體仁閣大學士，諡文恪，祀名宦鄉賢。《府志》：淳由刑部主事升郎

中，充軍機章京。京察一等，補江蘇常州知府。丁父憂，服除，補山西太原知府。有爭水利者訟久不決，令遵故道開渠，以資分溉。渠成，民建橋其上曰『費公橋』。旋由冀寧道累擢安徽巡撫，尋調江蘇，兼署江督、河督。會豐工漫口，賑災民，蠲逋賦，挑濬劉河九千五百十二丈。嘉慶丁巳，調閩撫。未幾，復撫江蘇。戊午夏、秋亢旱，率屬步禱，長跽赤日中，三日天大雨，郡人士繪圖賦詩以頌之。淮徐水患，疏請以徐屬徵存漕米，就近散賑，公私交便。已未，擢兩江總督。疏請整頓漕政積弊，條舉四事：曰加惠疲丁，曰嚴禁浮收，曰痛懲紳棍，曰停止巡漕。得旨議行。與河督吳璥區畫河務，復混江龍鐵箆船之制，先後興修堤堰。工竣，賞太子少保銜。癸亥內遷兵部尚書。會河南衡家樓黃水溢，礙漕運，命往山東查勘。疏請培堤築壩，挑南旺河各斗門及牛頭河身洩汶歸河以濟重運。又於兗、泰、濟各郡濬名泉四百八十四，挑挖袁口閘及運河漫口對岸灘面，改挑引河，以利運行，由是漕船挽運無失事者。丙寅，以吏部尚書協辦大學士。丁卯，授體仁閣大學士。戊辰，年七十，御書『贊綸錫祉』以賜。己巳，以失察三庫事革職留任，尋降補兵部侍郎。庚午，補工部尚書。辛未二月卒，賞還大學士，諡文恪。」

春夏之交，枕上得詩，唯恐稍忘，燃燈鋪紙，一瀉無餘。飽諳世事後，對人生之意義似若有所悟，即所謂「書有一卷傳，亦抵公卿貴」。

《枕上》：「枕上得詩愁健忘，披衣起寫殘燈光。山妻竊笑老何苦，兒輩讀書無此忙。」（《甌北集》卷二三）

《偶書》之一：「文人致青雲，初以文為媒。才名日暴著，積漸登三臺。及夫官既崇，又須談幹濟。幹濟乃空談，何能立一事。其文亦遂隳，久作敝屣棄。一朝夜漏盡，論定始可憐。欲入文苑內，既無文可傳。編之列傳中，敷演不成篇。所以明眼人，見幾斷於內。不能立勳業，及早奉身退。書有一卷傳，亦抵公卿貴。」（《甌北集》卷二三）

《園中即事》：「天地有至文，花鳥與山水。當其生機妙，巧畫弗能擬。亦必有解人，乃不虛此美。譬如得佳句，孤吟空自喜。偶逢賞音讀，清芬益滿紙。化工日眼前，觸處無非是。可憐蠢蠢氓，熟視不覩此。其有才智流，又為名利使。倘無我輩在，蕭閒味其旨。大塊亦寂寞，歎此無知己。」（《甌北集》卷二三）

《納涼》（《甌北集》卷二三）亦寫於此時。

知蔣士銓任教揚州，本欲一往，以敘別情，然以事淹擱，未得成行。六月，又聞其銜恤歸里，寄詩存問。

《聞心餘銜恤歸里，悵然有作，卻寄》：「閒居數交遊，蔣詡我好友。京華一錄別，君歸我出守。蹤同鴻爪散，書但魚腹剖。前年返江村，寂寞歎寡偶。聞君客邗上，竊幸得聚首。君亦遣僕來，開函筆如帚。約我平山堂，一握開笑口。是時宜乘興，屢及皇皇走。無端意因循，謂近在腋肘。早晚舟一葉，可到隋堤柳。因之遂蹉跎，忽忽兩年後。今朝郵書至，知君慘喪母。煢煢銜恤歸，計日到江右。籲嗟君遂遠，不得更執手。相距兩驛餘，相思十年久。良會竟坐失，此事實吾咎。回憶作吏時，奔馳氣何赳。動足有萬里，橐裏宿春穤。庸知歸田來，懶過雞窠叟。遂令一面慳，論交亦太苟。君蹤況無定，詎便臥林藪。剡溪訪恐虛，飯穎逢安有？此身未死日，得復相見否。淒涼聽雨床，蕭索論文酒。因風寄遙訊，回遍寸腸九。」（《甌北集》卷二三）

【按】據《清容居士行年錄》：四十年正月二十四日，其母以疾終於揚州安定書院。六月，扶櫬溯江歸。至本年，爲母卜地鉛山，得之於天開塘。六月，卜葬成禮。

秋，書帷校勘之餘，或乘舟訪客，或閒步村外。

《晚步村落》：「鎮日書帷校勘勞，出門不覺已秋高。水枯寒瀨膠魚艇，木落空林露鳥巢。逝者如斯吾亦老，喟然何歎物相遭。山妻頗解消憂法，新釀鵝雛有濁醪。」（《甌北集》卷二三）

此時尚寫有《舟夜》、《戲詠老少年》、《題秋帆開府高秋陟華圖》（《甌北集》卷二三）諸詩。

冬，十月二十二日，五十壽辰，回首前塵，頗多身世之感。

《五十初度》：「里居荏苒四經春，忽作平頭五十人。去日已多行歎老，罷官未久敢言貧？味餘書卷消磨慣，恩在朝衫檢點頻。卻愧半生辛苦力，只供成就一閒身。」「菰蒲戢影守湖干，爲便親闈問煥寒。漫笑梟眠常傍母，尚防蛙鬧或疑官。抱孫繡褓娛春永，禮佛香燈炳夜闌。一徑綠雲慈竹好，晚風時與報平安。」「中外班聯廿載叨，濫竽曾未報分毫。文慚力弱難扛鼎，政喜民淳早賣刀。屛蹟自因經濟短，虛名敢托隱淪高。獨憐瓠落成何用，搔首徒驚逼二毛。」「朋酒茅簷話雨晴，朝衫脫後一蒼生。漫勞海內誇高尚，要向田間味太平。犬足有鏊忘夜吠，牛胡無喘健春耕。老農見慣渾閒事，誰識都從帝力成？」「束髮攻書志決科，奔馳榮利鬢將皤。徒誇謝事歸能早，回數當官

愧已多。唱第五雲籠蕋榜，從軍千騎擁珊戈。而今總作浮漚看，付與人間春夢婆。」「買得漁莊一畝宮，閒攜竹杖掛詩筒。十圍有樹參雲表，四面無鄰在水中。藤架青開錦步幛，槿籬紅作畫屏風。莫嗤老圃殊寒儉，綠野平泉遜此工。」「羅雀門庭冷似冰，卻便老懶坐懵騰。饑來驅我行焉往？詩可窮人去未能。笑笑先生同調友，閒閒居士在家僧。故交尚勉期功業，慚愧疎慵已不勝。」「閒翻青史覽窮塵，歷歷前聞觸緒頻。一代文章誰作者，古來出處幾完人？雕蟲只與蟬供鮑，畫虎多爲狗寫眞。不覺又增身世感，摩挲髀肉暗傷神。」「除卻親闈侍藥醫，更餘何事足縈思。輸官租稅完常早，祭社牲牢宰不私。妻妾無爭兒互乳，弟兄垂老爨同炊。家風豈敢誇顏柳，或可垂爲子姓規。」「學佛求仙枉費功，年來漸覺總成空。歐陽但有詩三上，徐邈時於酒一中。材不材間身可老，味無味處句難工。海山兜率俱安在，只合頭銜號長翁。」（《甌北集》卷二三）

乾隆四十二年丁酉（1777）　五十一歲

【時事】　正月，以「圖思德奏緬番內附，命阿桂往雲南籌辦。調李侍堯爲雲貴總督，以楊景素爲兩廣總督，郝碩爲山東巡撫，圖思德回貴州巡撫」（《清史稿》卷一四《高宗紀五》）。二十三日，皇太后崩，年八十有六。其乃弘曆之生母。帝爲上尊諡曰孝聖憲皇后。二月，高晉會同阿揚阿赴安徽查案。三月，命德保署江南河道總督。四月，以高晉審理霍邱知縣琨玉冒領庫銀案不力，帝令福康安密諭兩江總督高晉：「高晉係屢經革任註冊之員，吏部照例辦理，亦不過議以革任。朕念其平日辦事尙屬實心，斷不肯因此一節即將高晉罷斥，仍當加恩從寬留任。是雖名爲議處，與不處何異？即令伊撫心自問，亦當深致不安，且此次過愆更非尋常公罪可比，著傳諭高晉令其自行議罪，具折密奏。」（《清史編年》第六卷）高晉以「情願捐銀二萬兩」覆奏。本月，舒赫德卒。五月，命阿桂爲武英殿大學士，兼管吏部事，富勒渾爲吏部尙書，王亶望爲浙江巡撫。本月二十七日，戴震（1724～1777）卒。八月，就各省藏書家所呈書籍發還之事，乾隆帝諭曰：「各省藏書家所呈書籍，於辦畢後即行發還。至督撫等自購呈進者，俱經奏請，留供石渠之藏。其在京大臣官員等所進之書，亦俱請備儲中秘。昨歲大學士等議定文淵閣藏書章程云：『俟全書告竣後，各藏其副於翰林院署，立架分貯』等語。朕命纂輯《四庫全書》，原以爲嘉惠天

下萬世，公諸同好。令外省藏書家進到之書，既經陸續給還，所有在京大臣等呈進書籍，亦應一體付還本家，俾其世守。若爲翰林院藏副計，則各處所進書函，長短寬狹不等，分籤插架，不能整齊。莫若俟四庫全書鈔錄四分完竣，令照式再鈔一分，貯之翰苑，既可備耽書之人入署就閱而傳布詞林，亦爲玉堂增一佳話。其各督撫購進諸書，將來仍可彙交武英殿，另行陳設收藏。將此諭令四庫館總裁等遵照辦理。」（《國朝宮史續編》卷八三）十月，乾隆帝翻檢四庫全書館進呈宋人《詠鳳凰臺》詩有「漢徹方秦政，何乃誤至斯」、《北史·文苑傳敍》中有「頡頏漢徹，跨躡曹丕」之句，認爲於理不順，「秦始皇焚書坑儒，其酷處不可枚舉，號爲無道秦，後之人深惡痛絕，因而顯斥其名，尚無不可。若曹丕躬爲篡逆，稱名亦宜。至漢武帝在漢室，尚爲振作有爲之主，且興賢用能，獨持綱紀，雖黷武惑溺神仙，乃其失之小疵，豈得直書其名，與秦政、曹丕並論乎？且自古無道之君，至桀紂而止，故有指爲獨夫受者。若漢之桓靈，昏庸狂暴，遂至滅亡，亦未聞稱名指斥，何於武帝轉從貶抑乎？」（《國朝宮史續編》卷八三）「朕命諸臣辦理四庫全書，親加披覽，見有不協於理者，如關帝舊諡之類，即降旨隨時釐正。惟准以大中至正之道，爲萬世嚴褒貶，即以此衡是非。此等背理稱名之謬，豈可不爲改正，以昭示方來？著交武英殿將《北史·文苑傳敍》改爲漢武，韻府內刪去此條，酌爲改刊。所有陳設之書，悉心改補。」（《國朝宮史續編》卷八三）本月，江西新昌舉人王錫侯，因編纂《字貫》不避「廟諱」、「御名」，直書玄燁、弘曆，被人告發。江西巡撫海成將此書粘籤進呈。王錫侯以「狂妄不法」、「罪不容誅」，於十一月被處斬。十一月，乾隆帝又諭曰：「前日披覽四庫全書館所進宗澤集內，將夷字改寫彝字，狄字改寫敵字。昨閱楊繼盛集內，改寫亦然。而此兩集中又有不改者，殊不可解。夷狄二字，屢見於經書，若有心改避，轉爲非理。如《論語》夷狄之有君，《孟子》東夷、西夷，又豈能改易？又何必改易？且宗澤所指係金人，楊繼盛所指是諳達，更何所用其避諱耶？因命取原本閱之，則已改者皆係原本妄易，而不改者原本皆空格加圈，二書刻於康熙年間，其謬誤本無庸追究。今辦理《四庫全書》應抄之本，理應斟酌妥善。在謄錄等草野無知，照本抄謄，不足深責。而空格則係分校所填，既知填從原文，何不將原改者悉爲更正？分校、覆校，俱係職官，豈宜失檢若此！至總裁等身爲大臣，於此等字面尤應留心細勘，何竟未能逐一校正？其咎更無所辭，非他書總核記過者可比。所有此二書之分校、覆校及總裁官，俱即著交部分別議處。除此二書改正外，他書有似此者，

並著一體查明改正。並諭該館臣，嗣後務悉心詳校，毋再輕率干咎。」（《國朝宮史續編》卷八三）

本年，嘉定錢大昕序浙中所刻郭世昌《金石史》；纂《後漢書補表》八卷。

直隸翁方綱續任四庫全書館，專辦金石篆隸音韻諸書。

青浦王昶復京職，此年與直隸朱筠、武進徐書受、嘉定錢坫、長洲胡量等會陶然亭。

南匯吳省欽在成都見段玉裁，從玉裁假鈔舊寫木薛尚功《歷代鍾鼎彝器款識》法帖。

安徽方正澍交袁枚，互相標榜，正澍此年作《隨園紫玻璃窗中看海棠》詩。

長洲褚廷璋初定所著《筠心書屋詩鈔》，陸續得十二卷。

江寧嚴長明客淮安，程晉芳爲序《歸求草堂詩集》。

安徽姚鼐以文壽劉大櫆八十，自述受學經過。

巡鹽御史伊齡阿奉旨於揚州設局修改劇曲。歷經圖思阿並伊公兩任，凡四年事竣。總校黃文暘、李經。（《揚州畫舫錄》卷五）

蔣士銓倡建本縣佛母嶺文峰塔，開焦溪壩，建試院，修衙內署，開黃柏阪水利，潤田六千畝。開縣東門兩耳門，皆告成。上南巡，賜彭元瑞詩謂：「江右兩名士，汝今爲貳卿。」注謂：「其一蔣士銓，與元瑞同年入翰林。」（《清容居士行年錄》）

張塤於八月二十日，奉母柩南歸，賦《南歸雜詩四十五首》。其第四十三首曰：「予年十五歲，讀書山斗堂。同里有葛丙，角藝爲文章。堂前青童童，梧桐棲鳳長。堂後花緼緼，叢桂小山芳。同時內兄蔣，送飯清嘉坊。是日有珍膳，鱻鱻聞魚香。豫戒弗下箸，封寘書籠旁。塾客完殘帙，樹影移斜陽。出錢付蒼頭，買得琥珀光。攜饌復攜酒，叫梟群兒忙。堂東一小樓，此是醼敘場。春庚逐秋蟀，真覺無愁腸。不知將來別，迺有參與商。不知人情惡，迺有虎與狼。葛生痛夭逝，玉樹埋山岡。蔣生不得志，里居困衣糧。挑鐙卜重聚，涕淚定淋浪」，可知其少年讀書之情狀。（《竹葉菴文集》卷一四）

金兆燕在揚州府學教授任，且與兩淮鹽運使朱孝純有交。（陸萼庭《金兆燕年表》，《清代戲曲家叢考》）

劉權之視學安徽，洪亮吉、孫星衍應約助學使校文，共爲《三禮》訓詁

之學。(《洪北江先生年譜》)

【本事】正月,元宵節,奉母往郡城看燈,節後即回。

　　《自郡城歸》:「一葉扁舟映曉霞,柴門將近落帆斜。人疑舊雨來尋友,我與春風共到家。蓬背白餘殘雪片,船頭紅載小梅花。上元節物惟燈事,略與高堂賞歲華。」(《甌北集》卷二三)

　　【按】該詩謂「上元節物惟燈事,略與高堂賞歲華」,知甌北此次去郡城
　　常州,意不在訪友,而在於奉侍高堂觀賞城中燈彩。

春日出遊,偶與當年所戀之女相值,相看皆老大,感慨再三。

　　《漫興》:「泥絮風情久不狂,如何竿木又逢場。阿難自是無禪定,不爲摩登咒力彊。」「誰把姻緣簿錯移,落花偏向潤邊吹。千金一笑猶難買,何福人間賣餅師。」「莫訝相看意倍親,徐娘也是過時人。白頭詞客青裙婦,同感琵琶老大身。」「燈光花影兩參差,有酒如淮酌滿卮。太息相逢吾已老,白家正擬放楊枝。」(《甌北集》卷二三)

　　《春來》、《行園》、《張貞女詩》(《甌北集》卷二三)諸詩,均寫於此
時。

　　【按】本譜曾於乾隆十九年(1754)對甌北早年之戀情略作考證。本詩既
　　稱「泥絮風情久不狂」,可知,當年實有此一段風情。「姻緣簿錯移」,知
　　婚姻未成,與雙方家庭境況、未得媒妁牽線有關。「莫訝」數句,則直白
　　道出時隔若干年不期而遇的尷尬情境,越發證明,甌北早年的確有一段
　　與該女相戀的經歷。否則,決不至於每每述起,擱置不下。

接戶部主事汪承霈來書,轉述去冬乾隆帝對其「垂詢再三」之事,令甌
北感動不已。

　　《汪時齋民部書來,述去冬十二月十四日上垂詢臣翼再三,並問何故在
籍,飭部查奏,吏部以翼乞假侍母病奏入報聞。臣感激之餘,恭紀二律》:「屏
蹟多年守里門,忽傳天語到江村。帝殷求舊思甄錄,臣乃何人荷記存。始覺
群生無棄物,只應一飯不忘恩。棲遲自爲衰親病,敢托虛名處士尊。」「已作
空山麋鹿群,從今忍復老耕耘。讀書可效惟循吏,知己難逢況聖君。歲晚滄
江人釣雪,春明絳闕史書云。終期了卻循陔願,頂踵還抒報國殷。」(《甌北
集》卷二三)

　　【按】《簷曝雜記》卷二《辛巳殿試》,甌北自述其遭際曰:「於是鄉、會
　　試,翼皆蒙欽點房考,每京察必記名,及授鎮安府、赴滇從軍、調廣州、

升貴西道，無一非奉特旨，上之恩注深矣。向使不歸田，受恩當更無限。尋以太恭人年高，乞歸侍養，凡五年。丁艱又三年。在家之日已久，服闋赴補，途次又以病歸，遂絕意仕進。此固福薄量小，無遠到之器，亦以在任數年，經歷事端，自知吏才不如人，恐致隕越，則負恩轉甚，是以戢影林下，不敢希榮進也。」

閒居江鄉，睹萬物而思物理，溯前事而味世情，多所感慨。

《戲詠蛛網》略曰：「咄哉造化奇，生理信難測。一物賦一技，俾各食其力。」（《甌北集》卷二三）

《雜題》（《甌北集》卷二三）組詩，論「萬物」，「皆行乎自然，即此驗天則」；談儒教，「立教因人情，萬有我皆備。飲食與男女，所欲咸得遂。但隨事設防，發情止禮義」；評說長城、運河，「豈知易代後，功及萬世長。周防鞏區夏，利涉通舟航」、「如何千載下，徒知嘗驕荒」；論生死，「要其所以死，則視人自爲」；說學術，「有明李何學，詩唐文必漢。中抹千餘年，不許世人看。毋怪群起攻，加以妄庸訕。宋儒探六經，心源契一貫。亦掃千餘年，注疏悉屏竄。書疑古文僞，詩斥小序亂。理雖可默通，事豈可懸斷？竹垞西河生，所以又翻案。」時有獨得之見。

《屋宇》（《甌北集》卷二三）亦寫於此時。

表弟杭汭朝遊幕於嶺南，回鄉探親。未幾，再赴粵幕，甌北賦詩送行。

《送汭朝赴粵幕》：「兩載遊蹤共嶺南，又看行色動征驂。多君刀筆文無害，笑我衣冠懶不堪。橐裏金應歸陸賈，樽前曲可有何戡。粵中舊好如相問，爲道幽棲味久諳。」（《甌北集》卷二三）

《題杭汭朝表弟小照》（《甌北集》卷二三）亦寫於此時。

【按】甌北稱杭汭朝爲表弟。然其祖父斗煃，《西蓋趙氏宗譜》未敘及其有女。此所謂表弟，或係外家親戚。《（光緒）武進陽湖縣志》卷八謂：「洪氏，杭汭朝繼妻，二十九寡，守三十五年。」《江蘇藝文志‧常州卷》據《清代毗陵書目》，載有杭源濬其人，著有《凌雲集》、《粵遊吟草》。汭，乃水的彎曲處。濬，疏濬。另，又有深之意。《詩‧小雅‧小弁》：「莫高匪山，莫濬匪泉。」《詩集傳》釋曰：「賦而比也。山極高也，而或陟其巔；泉極深也，而或入其底。」水彎曲處往往較深。由此看來，「汭」與「濬」，意義有一定關聯。未知爲同一人否？

夏，與鄉鄰頻有交往，時舉雅集，或至深夜。

《夜飲肇璜家》：「北斗闌干落月孤，沈沈夜飲到啼烏。沿流車麴原狂客，頭觸屏風笑倦奴。禮法豈爲吾輩設，酸鹹本與俗人殊。明朝街卒應嗔問，五鼓猶聞拇陣呼！」（《甌北集》卷二三）

《楊獻章招同肇璜、秋園諸同人近園雅集》：「門庭不出有丘樊，雅集勾留醉酒尊。古樹日斜陰漸轉，釣磯坐久石微溫。故家餘澤還池館，前輩流風到子孫。坊曲相連吾亦近，可容步屧日窺園。」（《甌北集》卷二三）

【按】楊獻章，其人事蹟不詳。據甌北《楊獻章招同肇璜、秋園諸同人近園雅集》詩注，僅知其爲舉人楊符蒼之孫，住常州婆羅巷，餘則不詳。

蔣南村龍昌以事謫戍新疆，甌北寄詩以慰問。

《寄蔣南村新疆戍所》：「驚聞謫戍出陽關，萬里黃沙道路艱。珠海有家成死別，玉門何日得生還。自烹羊酪餐誰勸，未白烏頭鬢早斑。曾是同官兼世好，相思但有淚頻潸。」「新疆生聚已多年，樂土傳聞冠九邊。聊比丁男簽出塞，且依戍尉策屯田。隨時錦鴈音書達，有日金雞赦令宣。絕域異聞先博采，歸來鑿空笑張騫。」（《甌北集》卷二三）

【按】蔣南村，即蔣龍昌。其或因文字獄遭謫戍。

身居荒村，仍關注國事。春，聞知金川奏凱，皇太后崩，後均曾賦有詩作。

《聞金川奏凱，詩以志喜》之二曰：「三十年前討伐勤，乞降頻已戢妖氛。訓狐據穴旋爲魅，杜宇歸山自號君。邊事群思小老子，廟謀果起故將軍。終看賊首懸西市，豈屑相如諭蜀文。」（《甌北集》卷二三）

《恭聞大行皇太后升遐敬製挽詩五章》（《甌北集》卷二三）亦寫於此時。

【按】皇太后鈕祜祿氏，崩於本年正月二十三。至四月十四日，乾隆帝奉皇太后梓宮詣泰東陵，奉安隆安殿，至月底始回京。甌北之挽詩，當寫於三、四月間。

早年好友毛今吾穎士被延入家，課兒輩讀書。

《贈毛今吾文學，時下榻草堂，課兒輩讀》：「三十年前兩少年，豈期相見各華顛。才名曾忝隨王後，慧業虛叨占謝先。一榻敬爲高士下，五經端賴宿儒傳。所慚通子頑愚甚，難領天龍一指禪。」「故物青氈累代餘，儒生世業只經畬。貧供賓客無加豆，老望兒孫肯讀書。風動絳帷翻卷帙，雨滋書帶長階除。從看指點津梁近，一線南針有捷車。」「我亦當年老塾師，講帷甘苦寸

心知。志公授記頻摩頂，匡鼎談詩妙解頤。爐火要防金躍冶，繅車徐引繭抽絲。望奢持狹吾言贅，一笑諸雛正作癡。」（《甌北集》卷二三）

【按】甌北此詩小注曰：「舊與君及時景岩孝廉有三才子之目。」毛今吾，見本譜乾隆九年考述。又據《收菴居士自敘年譜略》卷上：「（二十六年辛巳，十五歲）塾師爲毛今吾先生穎士。先生制藝之外，攻詩古文，與家雲松觀察翼、沈琢琦大令漺齊名。」《（光緒）武進陽湖縣志》卷二三：「毛穎士，字今吾，天姿穎異，與同縣沈漺、趙翼有『三才子』之目。爲諸生，屢試不售，從蔣汾功學古文辭，一時銘誄多出其手。篤內行，事叔母及姑咸中禮。讀書外無他嗜好。教人每就量之所造，各當其意，門下幾至百人。嘗曰：『內重則外輕，膏粱文繡非所羨，吾自有眞樂耳。』」

博覽群籍，涉獵學術，對理學「理」、「氣」之說、佛教輪迴之說均有所質疑。

《放言》略謂：「一物有不知，儒者引爲恥。豈知物難格，萬彙紛莫紀。」「齊諧非盡訛，燕說豈徒詭。陋儒論理氣，硜硜守故紙。謂氣從理出，此究是何理？乃知理之外，氣尚無窮已。茫茫化者機，未可測以咫。」（《甌北集》卷二三）

《題楊豆村小照》（之一）略曰：「佛家輪迴說，其理究可疑。茫茫天地間，化育日蕃滋。若只此人數，流轉無已時。將使大塊力，不容有生機。太平生齒繁，遇亂則漸稀。舊時化去者，又將於何依？可知去來今，立論原無稽。」（《甌北集》卷二三）

【按】楊豆村，錢維城《題楊豆村〈無雙傳樂府〉後四首》曰：「同著黃衫豈見疑，忍將一劍送蛾眉。我知姹女凌波日，定是媧皇煉石時。」「死者能生生不死，離中忽合合偏離。英雄兒女俱無賴，只有神仙是我師。」「田光刎向荊卿激，蒯徹烹緣韓信悲。不露端倪拂衣去，黃金難鑄女鴟夷。」「尚書歌舞逐雲移，觴詠東皋又一時。門巷即今誰管領，春風紅豆譜新詞。東皋園本曹尚書故第，後歸靜山先生，易絲什爲吟詠，見邵青門記中。」（《茶山詩鈔》卷一〇，《錢文敏公全集》）

顧光旭歸里後，以《響泉詩集》相贈，甌北讀後，引爲同調，賦詩答謝。

《顧晴沙觀察由莊涼奏調入蜀辦軍需，既蕆事，乞養歸里。以所著〈響

泉詩集〉見貽，奉題二首》：「各因親老早抽身，貽我瑤函句有神。仕宦肯歸非俗吏，交遊難忘是詩人。甘涼曲尚歌循績，黎雅山曾踏戰塵。莫怪挑燈吟未倦，與君心蹟較相親。」「君親兩字總無瑕，杕杜詩成賦黍華。萬里橋歸無蜀錦，二泉亭坐有蒙茶。蟬當身蛻惟餐露，蜂爲誰甜尚采花。自是吳儂呆未賣，書窗只覺勝官衙。」（《甌北集》卷二三）

門人祝芷堂德麟，視學陝甘，道經常州，前來探望，不得見。事後，甌北贈之以詩。

《門人祝芷堂編修典試閩中，旋奉視學陝甘之命，道經常州，枉詩投贈，依韻以答》：「苦憶都亭別，無緣樽酒論。何期龍節使，遠問雀羅門。贈縞人情厚，持衡士習敦。旌麾二陝路，桃李八閩村。官貴心逾下，詩工語不繁。君眞騁天驥，吾已老庭貙。客到收帆倦，僧從退院尊。農租新鶴料，官蹟舊熊轓。豈有傳衣囑，叼尋飲水源。句堪銘陋室，駕擬賦高軒。郢曲音難和，韓文道可原。扶輪君等事，聊臥雪中袁。」（《甌北集》卷二三）

另寫有《再寄芷堂二首》（《甌北集》卷二三）詩。

【按】祝德麟之事蹟，見本譜乾隆二十八年之考述。《甌北集》卷二三附有祝德麟原作，詩曰：「暌隔十年久，離愁安可論。今朝持使節，假道過恩門。立雪情彌切，披雲意久敦。遙尋絳紗帳，只在白雲村。薄采陔蘭潔，勤培玉樹繁。階應留故鶴，庭或少懸貙。出處九重問，詩篇四海尊。可曾添白髮，未欲戀朱轓。我亦神仙侶，難忘河海源。行遊敬草木，入里式車軒。此去慚衡鑒，斯文識本原。歐公門下士，近亦頗推袁。」可知師生之情深。清嘉慶二年姑蘇刻本《悅親樓詩集》卷八所收《過毗陵，不得見甌北先生，奉懷十二韻》即此，字句稍有不同。

六月，長夏無事，細閱袁枚《小倉山房集》，對其詩才多所推崇。

《題袁子才小倉山房集》：「其人與筆兩風流，紅粉青山伴白頭。作官不曾逾十載，及身早自定千秋。群兒漫撼蚍蜉樹，此老能翻鸚鵡洲。相對不禁慚飯顆，杜陵詩句只牢愁。」「舒卷閒雲在絳霄，平生出處亦超超。曾遊瀛苑空三島，愛住金陵爲六朝。富貴豈如名有味，聰明也要福能消。災梨禍棗知何限，此集人間獨不祧。」（《甌北集》卷二三）

《再題小倉山房集》：「只擬才華豔，誰知鍛煉深。殺人無寸鐵，惜墨抵兼金。古鬼忽聞泣，飛猱不可擒。挑燈重相對，何許妙明心。」（《甌北集》卷二三）

另寫有《小倉山房集中有詠物九首，戲用其韻》（《甌北集》卷二三）組詩。

六月二十三日，母丁氏年八十，病逝。

《舊譜》：「是年六月，太恭人以疾卒，先生守制。」

【按】程景伊《趙母丁太恭人墓誌銘》：「太恭人生於康熙戊寅三月九日，卒於乾隆丁酉六月二十三日，年八十。」（《西蓋趙氏宗譜·藝文外編》）又，惟寬，「配丁氏，邑庠生允猷女，康熙三十七年戊寅三月初九日戌時生，乾隆四十二年丁酉六月二十三日戌時卒，壽八十。」（《西蓋趙氏宗譜》）

冬，黃月山老人病卒。未幾，徐肇璜以腹疾卒。甌北均為詩以悼之。

《哭黃月山》：「堊廬方居憂，復驚喪耆耉。里社數交遊，惟翁誼最舊。曩與先子交，及見余童幼。迨余致政歸，翁面才稍皺。閱世恒河沙，始知黃髮壽。步屧肯來過，不策孤筇瘦。翦韭話深夜，一燈耿如豆。喜翁精力彊，險韻尚能鬥。何期奄忽間，天遽奪之驟。」「士之困不遇，未有若此翁。讀書七十年，苦如食蓼蟲。搖筆為詩文，鍛鍊期必工。出無千金幣，居無一畝宮。弱冠早授徒，生計落此中。一日罷館穀，便愁粥不供。晚更雙耳聵，難復求童蒙。肝誰饋閔貢，鄉莫置鄭公。何哉天才之，而獨遺之窮。所以酒闌語，時見氣吐虹。」「陶公居柴桑，丁劉數往還。昌黎在潮州，論交及大顛。由來索居苦，足音喜跫然。伊余歸江村，誰與談詩篇。皤皤有此老，時復逾陌阡。遊我紅藕池，醉我藥玉船。似天哀我窮，使翁相周旋。忽焉晨星落，不留一個圓。停雲望八表，隻影涕暗漣。」「翁有詩數冊，欲刻苦無資。期我刻集日，並為料理之。酒間已心許，力乏仍需時。遂令翁生前，不及卷帙披。聞翁歿猶視，毋乃意在斯。斯事吾諾責，幽明當弗欺。所悲不朽事，悠然未有期。翁詩恐不傳，欲附吾集垂。吾集傳不傳，亦尚未可知。安得歐陽公，來序宛陵詩。」（《甌北集》卷二四）

《哭徐肇璜》：「晼晚相依各二毛，何期遽隔酒爐遙。一腔熱肯逢人灑，兩耳聾常怕客嘲。野騖書成名自負，河魚腹痛疾難消。那禁腸斷雲溪渡，步屧頻過話寂寥。」「臥病仍聞志未灰，料量門戶翦蒿萊。埋文預乞傳人筆，昔酒猶溫宴客杯。白鶴化，憐君不返，青蠅弔與我同來。從今舊雨存還幾，老淚濡毫賦八哀。」（《甌北集》卷二四）

《讀書苦忘，以詩自歎》（《甌北集》卷二四）詩亦寫於此時。